古典文獻研究輯刊

二二編

潘美月・杜潔祥 主編

第9冊

《水滸傳》與山東資料彙編

杜貴晨・周　晴 編

國家圖書館出版品預行編目資料

《水滸傳》與山東資料彙編／杜貴晨‧周晴 編 ── 初版 ── 新
北市：花木蘭文化出版社，2016〔民 105〕
目 4+332 面；19×26 公分
（古典文獻研究輯刊 二二編；第 9 冊）
ISBN 978-986-404-502-0（精裝）
1. 水滸傳 2. 研究考訂
011.08   105001917

ISBN-978-986-404-502-0

9 789864 045020

古典文獻研究輯刊
二二編 第 九 冊   ISBN：978-986-404-502-0

《水滸傳》與山東資料彙編

編　　者	杜貴晨‧周　晴
主　　編	潘美月　杜潔祥
總 編 輯	杜潔祥
副總編輯	楊嘉樂
編　　輯	許郁翎
企劃出版	北京大學文化資源研究中心
出　　版	花木蘭文化出版社
社　　長	高小娟
聯絡地址	235 新北市中和區中安街七二號十三樓
	電話：02-2923-1455／傳真：02-2923-1452
網　　址	http://www.huamulan.tw 信箱 hml810518@gmail.com
印　　刷	普羅文化出版廣告事業
初　　版	2016 年 3 月
全書字數	298334 字
定　　價	二二編 15 冊（精裝）新台幣 28,000 元

《水滸傳》與山東資料彙編

杜貴晨・周　晴　編

作者簡介

　　杜貴晨（1950～）男。山東寧陽人。1982年畢業於中國人民大學語文系。短暫任全國人大常委會法工委辦公室秘書。先後執教於曲阜師範大學、河北大學，歷任至教授、博士生導師。長期擔任中國古代文學教研室主任、學科負責人。現爲山東師範大學文學院教授，碩士、博士生導師及博士後合作導師。主要研究中國古典文學，兼及文學理論。出版有《傳統文化與古典小說》《齊魯文化與明清小說》《數理批評與小說考論》等專著和古籍整理或選注《小豆棚（校注）》《明詩選》等10餘種，以及主編《紅樓夢百家言》（叢書）等；在《中國社會科學》《文學評論》《文學遺產》《北京大學學報》等刊發表論文200餘篇；提出並倡導「文學數理批評」和「羅（貫中）學」理論，揭蔽泰山與《西遊記》關係和泰山別稱「太行山」之秘。主要兼職有山東財經大學文學與新聞傳播學院教授，山東省水滸研究會（創會）會長，中國三國演義學會副會長，山東省古典文學學會副會長兼秘書長等。

　　周晴（1965～），女。山東金鄉人。2010年畢業於山東師範大學文學院，獲文學博士學位。現爲濟寧學院中文系教授，專業中國古代文學。出版專著和參加撰寫學術著作多部，在《文學遺產》《明清小說研究》等刊發表論文30餘篇。論著獲獎多次。兼任山東省古代文學學會，山東省水滸研究會理事，濟寧市第十一屆、十二屆政協委員等。

提　　要

　　山東尤其梁山泊，是北宋末年宋江之亂（或曰起義）與《水滸傳》故事發生與演變的主要地域，自然是梁山泊、宋江、《水滸傳》及其作者研究關注的中心。至今八百年，留下大量史籍、筆記、詩文、戲曲、小說、論述等相關文獻資料，而從無彙集，不易查找。本書主要圍繞《水滸傳》及其作者（或主要作者）「東原羅貫中」研究，或全文，或節錄，選編宋、元、明、清至今有關歷史資料與學術論述，分爲「古籍中的宋江與梁山泊」、「梁山泊、宋江與《水滸傳》的成書」、「《水滸傳》的描寫與山東」、「《水滸傳》作者『東原羅貫中』考」等四輯。部分內容爲前人所未曾參考或新近散見之作，全編內容均足代表一時學者之見，具有很高的學術價值，是《水滸傳》研究與水滸文化愛好者良好參考。

目

次

前　言 ·· 1

第一輯　古籍中的宋江與梁山泊 ············· 5

坐舊州驛亭上作　宋·宋庠 ················· 5

聞見後錄（節錄）　宋·邵博 ··············· 5

捕盜偶成　宋·李若水 ························ 5

孫公談圃（節錄）　宋·劉延世 ············ 6

東都事略（節錄）　宋·王偁 ··············· 6

夷堅志乙志（節錄）　宋·洪邁 ············ 7

毗陵集（節錄）　宋·張守 ················· 7

泊宅編（節錄）　宋·方勺 ················· 8

皇宋十朝綱要（節錄）　宋·李埴 ········· 8

宋故武功大夫河東第二將折公墓誌銘　宋·范圭 ······ 8

宋史（節錄）　元·脫脫等 ················· 9

大宋宣和遺事（節錄）　元·佚名 ········· 10

題《宋江三十六人畫贊》　元·陸友 ······ 15

所安遺集補遺（節錄）　元·陳泰 ········· 16

黑旋風雙獻功雜劇（節錄）　元·高文秀 ······ 16

同樂院燕青博魚雜劇（節錄）　元·李文蔚 ······ 17

梁山泊李逵負荊雜劇（節錄）　元·康進之 ······ 17

都孔目風雨還牢末雜劇（節錄）　元·李致遠 ······ 18

爭報恩三虎下山雜劇（節錄）　元·佚名 ······ 18

魯智深喜賞黃花峪雜劇（節錄）　元·佚名 ······ 19

分贓臺　明·劉基 ···························· 19

七修類稿（節錄）　明·郎瑛 ·············· 19

文海披沙（節錄）　明·謝肇淛 ··········· 20

大明一統志（節錄）　明·李賢等 ········· 20

（嘉靖）山東通志（節錄）　明·張寅 ····· 20

重建瑞相寺記　明·王琮　□式 ··········· 21

《重建瑞相寺記》介紹並書影　杜貴晨 ····· 22

《出像評點忠義水滸全傳》發凡（節錄）　明·袁
無涯 ·· 24

大明輿地名勝志（節錄）　明·曹學佺 ····· 24

過梁山記（節錄）　清·曹玉珂 ··········· 24

讀史方輿紀要（節錄）　清·顧祖禹 ┈┈┈┈ 25

（康熙）壽張縣志（節錄）　清·滕永禎、馬珩 ┈ 25

大清一統志（節錄）　清·高宗弘曆敕撰 ┈┈┈ 26

巾箱說（節錄）　清·金埴 ┈┈┈┈┈┈┈┈┈ 26

談書錄（節錄）　清·汪師韓 ┈┈┈┈┈┈┈┈ 27

韓門綴學續編（節錄）　清·汪師韓 ┈┈┈┈┈ 28

櫃軒筆記（節錄）　清·李超瓊 ┈┈┈┈┈┈┈ 29

第二輯　梁山泊、宋江與《水滸傳》的成書 ┈┈ 31

菽園贅談（節錄）　邱煒萱 ┈┈┈┈┈┈┈┈┈ 31

梁山濼　余嘉錫 ┈┈┈┈┈┈┈┈┈┈┈┈┈ 31

梁山泊考證　何心 ┈┈┈┈┈┈┈┈┈┈┈┈ 43

呼保義宋江　余嘉錫 ┈┈┈┈┈┈┈┈┈┈┈ 50

讀余嘉錫《宋江三十六人考實》札記二則　袁世碩

┈┈┈┈┈┈┈┈┈┈┈┈┈┈┈┈┈┈┈┈┈ 61

歷史上的宋江　嚴敦易 ┈┈┈┈┈┈┈┈┈┈ 64

從李若水的《捕盜偶成》詩論歷史上的宋江
馬泰來 ┈┈┈┈┈┈┈┈┈┈┈┈┈┈┈┈┈┈ 81

宮崎市定說水滸（節錄）　〔日本〕宮崎市定 ┈ 85

梁山義軍的歷史考證　劉奉光 ┈┈┈┈┈┈┈ 93

關於山東棘梁山「古宋梁王碑」問題之我見　李永祜

┈┈┈┈┈┈┈┈┈┈┈┈┈┈┈┈┈┈┈┈┈ 101

《水滸傳》是「『梁山泊故事』的結晶」　胡適 ┈ 107

宋江故事源流及《水滸傳》作者　魯迅 ┈┈┈ 117

《水滸全傳》是怎樣纂修的？（節錄）　王利器 ┈ 119

天書與泰山──從《宣和遺事》看《水滸傳》成書
之謎　〔日本〕大塚秀高 ┈┈┈┈┈┈┈┈┈ 126

試說泰山別稱「太行山」──兼及若干小說戲曲之
讀誤（節錄）　杜貴晨 ┈┈┈┈┈┈┈┈┈┈ 147

徽宗封禪與宋江起事　周郢 ┈┈┈┈┈┈┈┈ 157

東平「水滸文化」的新詩證──新見兩首詠宋江詩
周郢 ┈┈┈┈┈┈┈┈┈┈┈┈┈┈┈┈┈┈┈ 161

《覽勝紀談》中之宋江軼事　周郢 ┈┈┈┈┈ 166

東平水滸文化探賾──兼論梁山泊故地文化旅遊
蔣鐵生　范正生 ┈┈┈┈┈┈┈┈┈┈┈┈┈ 169

論「梁山泊遺存」——從《讀史方輿紀要》看「梁
山泊」並未完全消失　杜貴晨 ……………………… 185

第三輯　《水滸傳》的描寫與山東 ……………………… 193

《水滸傳》與山東　李永先 ………………………………… 193

《水滸》文史辨析　朱希江　周謙 ………………………… 202

《水滸》中的山東籍英雄　劉華亭 ……………………… 209

《水滸》對梁山附近的地理描述　劉華亭 ……………… 212

《水滸傳》與泰山文化　周郢 …………………………… 221

東平與水滸　馬成生 …………………………………… 235

「九天玄女」與《水滸傳》　杜貴晨 ……………………… 242

武松的籍貫與打虎處　杜貴晨 ………………………… 250

《水滸傳》「山神廟」尋蹤　劉玉文 …………………… 253

《水滸傳》語言的地域色彩與南北文化融合
李永祜 ……………………………………………………… 255

《水滸傳》與好漢敘事傳統　房福賢 …………………… 263

第四輯　《水滸傳》作者羅貫中考 ……………………… 275

羅貫中是鄆人　胡適 …………………………………… 275

誰把《水滸》的中心放到鄆州？　稜磨 ……………… 275

《水滸傳》的真正作者是山東東平人羅貫中
刁雲展 ……………………………………………………… 278

關於羅貫中生平的新史料　周楞伽 …………………… 286

近百年《三國演義》研究學術失範的一個顯例——
論《錄鬼簿續編》「羅貫中」條資料當先懸置或存
疑　杜貴晨 ……………………………………………… 295

《三國演義》作者羅貫中是山東東平人——羅貫中
籍貫「東原說」的外證與內證　杜貴晨 ……………… 302

羅貫中籍貫論爭小議　曲沐 …………………………… 309

兩個羅貫中　陳遼 ……………………………………… 315

羅貫中的籍貫——太原即東原　劉華亭 ……………… 321

太原的異名與羅貫中的籍貫問題　辛德勇 …………… 323

關於羅貫中原籍「東平」說的研究和調查（節錄）
泰山名人研究室羅貫中課題組（蔣鐵生） ………… 326

前　言

　　史載北宋政和、宣和間，「宋江以三十六人，橫行河朔、京東，官兵數萬，無敢抗者」（《東都事略‧侯蒙傳》）；又載「淮南盜宋江陷淮陽軍，又犯京東、河北，入楚海州」（同上《張叔夜傳》）；又載「宣和元年十二月，詔招撫山東盜宋江」（《皇宋十朝綱要》），以及「京東盜宋江出青、齊、單、濮間」（《泊宅編》），「宋江嘯聚亡命，剽掠山東一路，州縣大震，吏多逃匿」（張守《毗陵集》）等。是知北宋末年曾有宋江等三十六人揭竿起事，大舉活動在今河北、山東以及蘇、皖北部的大片地區，給當時朝廷和地方社會造成巨大震動與困擾。但同時也有多種資料表明，宋江等三十六人不久即被招安並最後受到鎮壓。

　　這個近世多稱之爲「宋江起義」的規模不大而轟動一時的歷史事件，在當時一定有不少驚世駭眾的故事，只是沒有被史家更具體地記錄下來，而是十口相傳，演義爲各種野史話本和雜劇等，並最終形成題爲「東原羅貫中編輯」，或「施耐庵的本，羅貫中編次」，或「施耐庵集撰，羅貫中纂修」等各種版本的《水滸傳》。《水滸傳》最早的書名或別名似即《宋江演義》，或簡稱《宋江》。由此可見，《水滸傳》成書的資料雖來源廣泛，但是故事的中心人物始終只是一個宋江，或說《水滸傳》是一部因「宋江起義」而產生的有關宋江故事的長篇小說。

　　雖然《宋史》等各種史籍並沒有關於宋江籍貫、生平確切一致的記載，但是自從至晚成書於元代的《大宋宣和遺事》首寫晁蓋、宋江等先後落草之地爲「太行山梁山泊」，和元雜劇中的水滸戲無一例外寫宋江爲「鄆州鄆城縣」人之後，至今學者研究也多以歷史上宋江活動的主要區域是北宋的「京東」、

「山東」一帶，其中心當即今魯西南地區的古梁山泊與東平、泰山毗連的區域。《水滸傳》寫得最多最好的部分，也正就是宋江等一百零八個好漢「撞破天羅歸水滸，掀開地網上梁山」的過程，而山東鄆城、梁山和密邇梁山的東平、陽谷等地，也因此成爲《水滸傳》描寫地域的中心。一部《水滸傳》就這樣使宋江三十六人故事與山東特別是與梁山泊的關係被置於文學與歷史的虛實之間。這在給予讀者審美愉悅的同時，也很自然地引發對《水滸傳》及其作者與山東關係的好奇之心和探秘欲望，並多年來成爲《水滸傳》研究的熱點之一。

應當還由於我國學術向來有考據和論從史出的傳統，所以雖然有學者以「讀者如把魯西的梁山說實爲《水滸》書中的梁山」是「指鹿爲馬」不無一定的道理，但是古今讀《水滸傳》的，包括有些認爲《水滸傳》還有所謂「太行山系統本」成分的學者在內，無不因《水滸傳》而念及宋江等與山東及梁山泊關係之眞贋及遠近者。從而自古及今，學術上有關《水滸傳》與山東關係的專門探討與隨文的涉及不時有之，逐漸積累了大量有關宋江、梁山泊及其作者或作者之一羅貫中考論的文字，並隨著討論的擴大與深入而在繼續增長中。

本編就是爲了總結自古及今《水滸傳》與山東研究的資料與成果，並從前瞻的意義上統稱之謂「資料」，以方便進一步研究的參考。

本編共分爲四輯，內容從目錄即可以概見，茲不贅述。彙錄的標準自然是切於《水滸傳》與山東關係的記載或論述文字。但由於搜羅未備，或見識不明，或不免遺珠之憾。又因資料來源複雜，時間跨度數百年，原文體例不一，雖彙錄大都仍其原式，但在個別情況下還是作了一點兒技術上的處理，如酌加小標題或書名號、統一爲頁下注等，卻也沒有能夠完全一律，又未免不盡恰當，請使用者酌量。

本編初稿成於 2006 年，曾在小範圍內贈閱流傳。此次出版從選目到文本內容的取捨都作了較大調整，補充了若干近幾年發現的新資料和產生的新論著，自以爲大體代表了國內外此項研究迄今的成就。當此書出版之際，我們非常感謝古今作者，特別是當今國內外有關學者的貢獻！感謝此書彙編過程中給予過這樣那樣幫助的師友！更感謝花木蘭文化出版社決定印行此書和編輯許郁翎先生的辛勞！這是對水滸研究的一個大力支持，也是對編者的一個鼓勵！使編者有點兒「歸來見天子」（《木蘭詩》）的感覺了！

　　按袁行霈、黃霖等諸先生編《中國文學史》（第二版）第四冊以《三國志演義》、《水滸傳》的作者（或作者之一）羅貫中爲「祖籍東原（今山東東平），流寓杭州……生活在元末明初，約在 1315 至 1385 年之間」（高等教育出版社 2005 年版，第 22 頁），今年是羅貫中誕辰七百週年。編者曾爲東平羅貫中紀念館羅貫中銅像撰聯曰：「至聖尼山孔夫子　大賢東原羅貫中」；又建議以羅貫中誕辰紀念爲晚於孔子誕辰公曆九月二十八日一個月即公曆十月二十八日。今當臨近羅貫中誕辰七百週年之日，謹以此編志永遠的紀念！

杜貴晨
二〇一五年十月十日於泉城歷下

第一輯　古籍中的宋江與梁山泊

坐舊州驛亭上作（亭下是梁山泊，水數百里）

宋・宋庠

廢壘孤亭四面風，座疑身世五湖東。長天野浪相依碧，落日殘雲共作紅。漁缶回環千艇合，（自注：泊中漁舟數百艘，各擊瓦缶以驚魚，然後眾舟若合圍狀。）巷蒲明滅百帆通。（自注：泊水無岸，行舟多穿菰蒲爲道，舟人謂之蒲巷。）恍然歸與無人會，閒向青冥數塞鴻。

（《全宋詩》卷一九六《宋庠九》）

聞見後錄（節錄）

宋・邵 博

王荊公好言利。有小人諂曰：「決梁山泊八百里水以爲田，其利大矣。」荊公喜甚，徐曰：「策固善，決水何地可容？」劉貢父在坐中，曰：「自其旁別鑿八百里泊，則可容矣。」荊公笑而止。（卷三十）

（據《學津討原》本）

捕盜偶成

宋・李若水

去年宋江起山東，白晝橫戈犯城郭。殺人紛紛翦草如，九重聞之慘不樂。

大書黃紙飛敕來，三十六人同拜爵。獰卒肥驂意氣驕，士女駢觀猶駭愕。仍年楊江起河北，戰陣規繩視前作。嗷嗷赤子陰有言，又願官家早招卻。我聞官職要與賢，輒啖此曹無乃錯。招降況亦非上策，政誘潛凶嗣爲虐。不如下詔省科繇，彼自歸來守條約。小臣無路捫高天，安得狂詞裨廟略。（《忠愍集》卷二）

（據影印文淵閣《四庫全書》抄本）

孫公談圃（節錄）

宋·劉延世

蒲恭敏宗孟知鄆州日，有盜黃麻胡者，劫良民，使自掘地倒埋之，觀其足動，以爲戲樂。恭敏獲其黨，先剔去足筋，然後置於法。先是，寇依梁山濼，縣官有用長梯窺蒲葦間者。恭敏下令，禁毋得乘小舟出入濼中。賊既絕食，遂散去。公爲憲日，一倚恭敏。凡獲盜，即日齎金至營中行賞。以故人人用力，斬捕略盡。（卷下）

（據《學津討原》本）

東都事略（節錄）

宋·王偁

宣和三年二月，方臘陷楚州。淮南盜宋江陷淮陽軍，又犯京東、河北，入楚海州。夏四月庚寅，童貫以其將辛興宗與方臘戰於青溪，擒之。五月丙申，宋江就擒。（卷十一《徽宗紀》）

宋江寇京東，蒙上書陳制賊計曰：「宋江以三十六人，橫行河朔、京東，官兵數萬，無敢抗者，其才必過人。不若赦過招降，使討方臘以自贖，或足以平東南之亂。」徽宗曰：「蒙居閒不忘君，忠臣也。」起知東平府，未赴而卒。（卷一百三《侯蒙傳》）

張叔夜……以徽猷閣待制出知海州。會劇賊宋江剽掠至海，趨海岸，劫巨艦十數。叔夜募死士千人，距十數里，大張旗幟，誘之使戰。密伏壯士匿海旁，約候兵合，即焚其舟。舟既焚，賊大恐，無復鬥志，伏兵乘之，江乃

降。（卷一百八《張叔夜傳》）

（據振鷺堂刊本）

夷堅志乙志（節錄）

宋・洪邁

　　宣和七年，戶部侍郎蔡居厚罷知青州，以病不赴，歸金陵，疽發於背。命道士設醮，倩所親王生作青詞。少日而蔡卒。未幾，王生暴亡，三日復蘇，連呼曰：「請侍郎夫人來。」夫人至。王乃云：「初如夢中，有人相追逮，拒不肯往。其人就床見執。回顧身元在床臥，自意已死，遂俱行。天色如濃陰大霧中，足常離地三尺許。約十數里至公庭。主者問：『何以詭作青詞誑上蒼？』某方知所謂，拱對曰：『皆是蔡侍郎命意，某行文而已。』主者怒稍霽，押令退立。俄西邊小門開，獄卒護一囚，杻械聯貫立庭下。別有二人舁桶血，自頭澆之。囚大叫頓掣，苦痛如不堪忍者。細視之，乃侍郎也。主者退。復押入小門，回望某云：『汝今歸，便與吾妻說：速營功果救我，今秖是理會鄆州事。』」夫人慟哭曰「侍郎去年帥鄆時，有梁山濼賊五百人受降，既而悉誅之。吾屢諫不聽也。今日及此，痛哉。」乃招路時中作黃籙醮。為謝罪請命。（卷六《蔡侍郎》）

（據清光緒五年陸心源重刊宋本）

毗陵集（節錄）

宋・張守

　　公諱圓，字粹仲，蔣氏。……未幾，徙知沂州。宋江嘯聚亡命，剽掠山東一路，州縣大震，吏多逃匿。公獨修戰守之備，以兵扼其衝。賊不得逞，祈哀假道。公嘿然陽應，偵食盡，督兵鏖擊，大破之。餘眾北走龜蒙間，卒投戈請降。或請上其狀。公曰：「此郡將職也，何功之有焉？」（卷十三《左中奉大夫充秘閣修撰蔣公墓誌銘》）

（據《常州先哲遺書》本）

泊宅編（節錄）

宋・方勺

宣和二年……十二月四日，（方臘）陷睦州。初七日，歙守天章閣待制曾孝蘊，以京東賊宋江等出入青、齊、單、濮間，有旨移知青社。（卷五）

（據《金華叢書》本）

皇宋十朝綱要（節錄）

宋・李埴

宣和元年十二月，詔招撫山東盜宋江。

宣和二年十月丙子，睦州青溪妖賊方臘反，據幫源洞，四出焚掠，聚眾幾萬人……

宣和三年……二月丁卯，禁臣庶於淮南、兩浙路般致花石入京……庚辰，宋江犯淮陽軍，又犯京東、河北路，入楚州界。知州張叔夜招撫之，江出降。（卷十八）

（據日本東方學會本）

宋故武功大夫河東第二將折公墓誌銘

宋・范圭

宋故武功大夫河東第二將折公墓誌銘

華陽范圭撰

公諱可存，字嗣長，府州之折也。惟折氏遠有世序，茅土相紹，垂三百年，代不乏賢豪。公為人剛直不撓，倜儻有大節，嘗慨然起功名之念，恥驕矜而羞富貴，篤學喜士，敏於為政，名重縉紳間，果公家一代之奇才也。

曾祖簡州團練使，贈崇信軍節度使，諱惟忠。曾祖妣劉氏，彭城郡夫人。祖果州團練使，贈太尉，諱繼閔。祖妣劉氏，雲安郡夫人；慕容氏，齊安郡夫人；郭氏，咸安郡夫人。考秦州觀察使，贈少師，諱克行，諡曰武恭。妣王氏，秦國夫人。

公以武恭蔭補入仕，為右班殿直，俄遷左侍禁。官制行，改忠訓郎，充

經略司準備差使。公之仲兄，今節制承宣公也，時爲統制官，辟公主管機宜
文字。夏人女崖，來擾我邊，西陲不寧者十有五年。女崖，酋之桀黠者，伺
吾虛實，洞察無遺，邊民苦之。朝廷立賞御逐，統制命公率所部捕之，眾不
滿百，公設奇謀，以伏兵生獲女崖，遂奠西土。功奏，遷秉義郎、閣門祗侯，
升第四副將。

宣和初元，王師伐夏，公有斬獲績，升閣門宣贊舍人。方臘之叛，用第
四將從軍。諸人藉才，互以推公，公遂兼率三將兵，奮然先登，士皆用命。
臘賊就擒，遷武節大夫。班師過國門，奉御筆捕草寇宋江。不逾月，繼獲，
遷武功大夫。

張孝純帥太原，辟河東第二將。雁門索援，公受命不宿，曰：「固吾事
也。」即駐兵崞縣。城陷，被質應州。丙午歲，自應間道而南也，季秋四日
終於中山府北寨，享年三十一。庚戌十月四日，葬於府州西天平山武恭公域
之東。

公娶吉州刺史張世景之女，封安人。一子彥深，保義郎，早亡；女一人，
許適蜀忠文公曾孫范圭。圭嘗聞公之來中山，蓋今太安人張氏乃公所生母，
尚在並門，公欲趨並拜母，無何數不少延，壽止於斯，哀哉！忠孝兩不得盡，
在公爲深憾矣！於其葬也，圭受命於承宣公而爲之銘，銘曰：

> 既冠而仕，仕已有聲。女崖巨猾，舉不再征。俘臘取江，勢若
> 建瓴。雁門之役，爲將治兵。受命不宿，懷忠允勤。間道自南，憶
> 母在並。公乎云亡，天道杳冥。誰爲痛惜，昭昭斯銘。

（1939 年陝西省府谷縣出土文物，據宋士彥《史料一則：〈宋故武功大夫河東
第二將折公墓誌銘〉》，《北京大學學報（哲學社會科學版）》1978 年第 2 期）

宋史（節錄）

元‧脫脫等

宗孟……徙亳、杭、鄆三州。鄆介梁山濼，素多盜，宗孟痛治之，雖小
偷微罪，亦斷其足筋，盜雖爲衰止，而所殺亦不可勝計矣。方徙河中，御史
以慘酷劾，奪職知虢州。明年，復知河中，還其職。帥永興，移大名。宗孟
厭苦易地，頗默默不樂，復求河中。卒，年六十六。（卷三百二十八《蒲宗
孟傳》）

候蒙⋯⋯罷知亳州。旋加資政殿學士。宋江寇京東，蒙上書言：「江以三十六人橫行齊、魏，官軍數萬無敢抗者，其才必過人。今青溪盜起，不若赦江，使討方臘以自贖。」帝曰：「蒙居外不忘君，忠臣也。」命知東平府，未赴而卒。（卷三百五十一《侯蒙傳》）

許幾知鄆州。梁山濼多盜，皆漁者窟穴也。幾籍十人為保，使晨出夕歸，否則以告，輒窮治，無脫者。（卷三百五十三《許幾傳》）

任諒提點京東刑獄。梁山濼漁者習為盜，蕩無名籍。諒伍其家，刻其舟，非是不得輒入。他縣地錯其間者，鑱石為表。盜發則督吏名捕，莫敢不盡力，跡無所容。（卷三百五十六《任諒傳》）

有胥吏杜公才者獻策於戩，立法索民田契，自甲之乙，乙之丙，展轉究尋，至無可證，則度地所出，增立賦租。始於汝州，浸淫於京東西、淮西北，括廢堤棄堰、荒山退灘及大河淤流之處，皆勒民主佃。額一定後，雖衝蕩回覆不可減，號為「西城所」。梁（編者案：梁，原作築，誤，今改正。）山濼古鉅野澤，綿亙數百里，濟、鄆數州，賴其蒲魚之利，立租算船納直，犯者盜執之。一邑率於常賦外增租錢至十餘萬緡，水旱蠲稅，此不得免。擢公才為觀察使。宣和三年，戩死，贈太師、吳國公，而李彥繼其職。（卷四百六十八《楊戩傳》）

大宋宣和遺事（節錄）

元・佚名

哲宗崩，徽宗即位。說這個官家，才俊過人：口賡詩韻，目數群羊；善寫墨君竹，能揮薛稷書；通三教之書，曉九流之法。朝歡暮樂，依稀似劍閣孟蜀王；論愛色貪杯，彷彿如金陵陳後主。遇花朝月夜，宣童貫、蔡京；值好景良辰，命高俅、楊戩，向九里十三步皇城，無日不歌歡作樂。蓋寶籙諸宮，起壽山艮嶽，異花奇獸，怪石珍禽，充滿其間；畫棟雕梁，高樓邃閣，不可勝計。役民夫百千萬，自汴梁直至蘇杭，尾尾相合，人民勞苦，相枕而亡。加以歲歲災蝗，年年飢饉，黃金一斤，易粟一斗；或削樹皮而食者，或易子而飱者。宋江三十六人，哄州劫縣；方臘一十三寇，放火殺人。天子全無憂問，與臣蔡京、童貫、楊戩、高俅、朱勔、王黼、梁師成、李彥等，取

樂追歡，朝綱不理。即位了二十六年，改了六番年號：改建中靖國，改崇寧，改大觀，改政和、改重和，改宣和……

又宋江等犯京西、河北等州，劫掠子女金帛，殺人甚眾……

宣和四年春，正月，加梁師成開府……先是朱勔運花石綱時分，差著楊志、李進義、林沖、王雄，花榮、柴進、張青、徐寧、李應、穆橫、關勝、孫立十二人爲指使，前往太湖等處，押人夫搬運花石。那十二人領了文字，結義爲兄弟，誓有災厄，各相救援。李進義等十名，運花石已到京城；只有楊志，爲在潁州等候孫立不來，在彼處阻雪。那雪景如何？卻是：

亂飄僧舍茶煙濕，密灑歌樓酒力微。

那楊志爲等孫立不來，又值雪天，旅途貧困，缺少果足，未免將一口寶刀出市貨賣。終日價沒人商量。行至日晡，遇一個惡少後生要買寶刀，兩個交口廝爭，那後生被楊志揮刀一斫，只見頭隨刀落。楊志上了枷，取了招狀，送獄推勘結案。申奏文字回來，太守判道：

楊志事體雖大，情實可憫。將楊志誥箚出身，盡行燒毀，配衛
州軍城。

斷罷，差兩人防送往衛州交管。正行次，撞著一漢，高叫：「楊指使！」楊志抬頭一覷，卻認得孫立指使。孫立驚怪：「哥怎生恁地犯罪」楊志把賣刀殺人的事，一一說與孫立。道罷，各人自去。

那孫立心中思忖：「楊志因等候我了，犯著這罪。當初結義之時，誓有厄難相救。」只得星夜奔歸京師，報與李進義等知道楊志犯罪因由。這李進義同孫立商議，兄弟十一人往黃河岸上，等待楊志過來，將防送軍人殺了，同往太行山落草爲寇去也。

是年正是宣和二年五月，有北京留守梁師寶將十萬貫金珠珍寶、奇巧匹段，差縣尉馬安國一行人，擔奔至京師，趕六月初一日爲蔡太師上壽。其馬縣尉一行人，行到五花營堤上田地裏，見路傍垂楊掩映，修竹蕭森，未免在彼歇涼片時。撞著有八個大漢，擔得一對酒桶，也來堤上歇涼靠歇了。馬縣尉問那漢：「你酒是賣的？」那漢道：「我酒味清香滑辣，最能解暑薦涼。官人試置些飲」馬縣尉口內饑渴疲困，買了兩瓶，令一行人都吃些個。未吃酒時，萬事俱休；才吃酒時，便覺眼花頭暈，看見天在下，地在上，都麻倒了，不知人事。籠內金珠、寶貝、匹段等物，盡被那八個大漢劫去了，只把一對酒桶撇下了。

直至中夜，馬縣尉等醒來，不見了那擔仗，只見酒桶撇在那一壁廂。未免令隨行人挑著酒桶，奔過南洛縣，見了知縣尹大諒，告說上件事因。尹知縣令司吏辨認酒桶是誰人家動使，便可尋覓賊蹤。把酒桶辨驗，見上面有「酒海花家」四字分曉。當有緝事人王平到五花營前村，見酒旗上寫著「酒海花家」四字。王平直入酒店，將那姓花名約的拿了，付吏張大年勘問因由。花約依實供吐到：「三日前日午時分，有八個大漢，來我家裏吃酒；道是往嶽廟燒香，問我借一對酒桶，就買些個酒去燒香。」張大年問：「那八個大漢，你認得姓名麼」花約道：「爲頭的是鄆城縣石碣村住，姓晁名蓋，人號喚他做鐵天王；帶領得吳加亮、劉唐、秦明、阮進、阮通、阮小七、燕青等。」張大年令花約供指了文字，將召保知在，行著文字下鄆城縣根捉。

有那押司宋江接了文字看了，星夜走去石碣村，報與晁蓋幾個，暮夜逃走去也。宋江天曉，卻將文字呈押，差董平引弓手三十人，至石碣村根捕。不知那董平還捉得晁蓋一行人麼？眞個是：

　　　網羅未設禽先遁，機阱才張虎已藏。

那晁蓋一行人，星夜走了，不知去向。董平只得將晁家莊圍了，突入莊中，把晁蓋的父親晁太公縛了，管押解官。行至中途，遇著一個大漢，身材疊料，遍體雕青，手內使柄潑鐮鐵大刀，自稱鐵天王，把晁太公搶去。董平領取弓手回縣，離不得遭斷吃棒。

且說那晁蓋八個，劫了蔡太師生日禮物，不是尋常小可公事，不免邀約楊志等十二人，共有二十個，結爲兄弟，前往太行山梁山泊去落草爲寇。一日，思念宋押司相救恩義，密地使劉唐將帶金釵一對，去酬謝宋江。宋江接了金釵，不合把與那娼妓閻婆惜收了；爭奈機事不密，被閻婆惜知得來歷。

忽一日，宋江父親作病，遣人來報。宋江告官給假，歸家省親。在路上撞著杜千、張岑兩個，是舊時知識，在河次捕魚爲生，偶留得一大漢，姓索名超的，在彼飲酒；又有董平爲捕捉晁蓋不獲，受了幾頓粗棍限棒，也將身在逃，恰與宋押司途中相會。是時索超道：「小人做了幾項歹事勾當，不得已而落草。」宋江寫著書，送這四人去梁山濼，尋著晁蓋去也。

宋江回家，醫治父親病可了，再往鄆城縣公參勾當。卻見故人閻婆惜又與吳偉打暖，更不睬著。宋江一見了吳偉兩個正在偎倚，便一條忿氣，怒髮衝冠，將起一柄刀，把閻婆惜、吳偉兩個殺了，就壁上寫了四句詩。若知其意，便看亨集，後有詩爲證。（元集）

詩曰：

> 殺了閻婆惜，裏中顯姓名。
>
> 要捉凶身者，梁山濼上尋。

是日鄆城縣官司得知，帖巡檢王成領大兵弓手，前去宋公莊上捉宋江。爭奈宋江已走在屋後九天玄女廟裏躲了。那王成跟捕不獲，只將宋江的父親拿去。

宋江見官兵已退，走出廟來，拜謝玄女娘娘；則見香案上一聲響亮，打一看時，有一卷文書在上。宋江才展開看了，認得是個天書；又寫著三十六個姓名，又題著四句道，詩曰：

> 破國因山木，刀兵用水工；
>
> 一朝充將領，海內聳威風。

宋江讀了，口中不說，心下思量：「這四句分明是說了我裏姓名。」又把開天書一卷，仔細觀覷，見有三十六將的姓名，那三十六人道個甚底？

> 智多星吳加亮
>
> 玉麒麟盧進義
>
> 青面獸楊志
>
> 混江龍李海
>
> 九紋龍史進
>
> 入雲龍公孫勝
>
> 浪裏百跳張順
>
> 霹靂火秦明
>
> 活閻羅阮小七
>
> 立地太歲阮小五
>
> 短命二郎阮進
>
> 大刀關必勝
>
> 豹子頭林沖
>
> 黑旋風李逵
>
> 小旋風柴進
>
> 金槍手徐寧
>
> 撲天雕李應
>
> 赤髮鬼劉唐

一撞直董平

插翅虎雷橫

美髯公朱同

神行太保戴宗

賽關索王雄

病尉遲孫立

小李廣花榮

沒羽箭張青

沒遮攔穆橫

浪子燕青

花和尚魯智深

行者武松

鐵鞭呼延綽

急先鋒索超

拼命二郎石秀

火船工張岑

摸著雲杜千

鐵天王晁蓋

宋江看了人名，末後有一行字寫道：「天書付天罡院三十六員猛將，使呼保義宋江為帥，廣行忠義，殄滅姦邪。」宋江看了姓名，見梁山濼上見有二十四人，和俺共二十五人了。

宋江為此，只得帶領朱同、雷橫，并李逵、戴宗、李海等九人，直奔梁山濼上，尋那哥哥晁蓋。及到梁山濼上時分，晁蓋已死；又是以次人吳加亮、李進義兩人做落草強人首領。見宋江帶得九人來，吳加亮等不勝歡喜。宋江把那天書，說與吳加亮等道了一遍。吳加亮和那幾個弟兄，共推讓宋江做強人首領。寨內原有二十四人，死了晁蓋一個，只有二十三人，又有宋江領至九人，便成三十二人。就當日殺牛大會，把天書點名，只少了四人。那時吳加亮向宋江道：「是哥哥晁蓋臨終時分道與我：他從政和年間，朝東嶽燒香，得一夢，見寨上會中合得三十六數；若果應數，須是助行忠義，衛護國家。」吳加亮說罷，宋江道：「今會中只少了三人。」那三人是：

花和尚魯智深

一丈青張橫

鐵鞭呼延綽

是時筵會已散，各人統率強人，略州劫縣，放火殺人，攻奪淮陽、京西、河北三路二十四州八十餘縣，劫掠子女玉帛，擄掠甚眾。朝廷命呼延綽爲將，統兵投降海賊李橫等出師收捕宋江等，屢戰屢敗；朝廷督責嚴切，其呼延綽卻帶領得李橫反叛朝廷，亦來投降宋江爲寇。那時有僧人魯智深反叛，亦來投奔宋江。這三人來後，恰好是三十六人數足。

一日，宋江與吳加亮商量：「俺三十六員猛將，並已登數；休要忘了東嶽保護之恩，須索去燒香賽還心願則個。」擇日起程，宋江題了四句放旆上道，詩曰：

來時三十六，去後十八雙。

若還少一個，定是不還鄉！

宋江統率三十六將，往朝東嶽，賽取金爐心願。朝廷無其奈何，只得出榜招諭宋江等。有那元帥姓張名叔夜的，是世代將門之子，前來招誘宋江和那三十六人歸順宋朝，各受武功大夫誥敕，分注諸路巡檢使去也。因此三路之寇，悉得平定。後遣宋江平方臘有功，封節度使。

（據中國古典文學出版社 1954 年印本）

題《宋江三十六人畫贊》

元・陸友

憶昔熙寧全盛日，百年未曾識干戈。江南丞相變法度，不恤人言新進多。蔡家京卞出門下，首亂中原傾大廈。睦州盜起隳連城，誰挽長江洗兵馬。京東宋江三十六，白日橫行大河北。官軍追捕不敢前，懸賞招之使擒賊。後來報國收戰功，捷書夜奏甘泉宮。楚龔如古在畫贊，不敢區區逢聖公。我嘗舟過梁山濼，春水方生何渺漠。或云此是碣石村，至今聞之猶褫魄。

（據顧嗣立《元詩選》三集錄陸友著《杞菊軒稿》，「睦州」句第五字原缺，「連城」原作「連北」，據盧嘉錫《宋江三十六人考實・呼保義宋江》引補改。又末句「褫」原作「虓」，據《元詩選》中華書局點校本 1987 年版改。）

所安遺集補遺（節錄）

元・陳泰

余童丱時，聞長老言宋江事，未究其詳。至治癸亥秋九月十六日，過梁山，泊舟，遙見一峰，山嵘嵽雄跨。問之篙師，日：「此安山也。昔宋江事處（按此句有脫誤）。絕湖爲池，闊九十里，皆藪荷菱茨，相傳以爲宋妻所植。」宋之爲人，勇悍狂俠。其黨如宋者三十六人。至今山下分贓臺，置石座三十六所。俗所謂「來時三十六，歸時十八雙」，意者其自誓之辭也。始予過此，荷花彌望，今無復存者，惟殘香相送耳。因記王荊公詩云：「三十六陂春水，白首想見江南。」味其詞，作《江南曲》（原注：「曲因蠹損無存」。）以敘遊歷，且以慰宋妻植荷之意云。（《江南曲序》）

（據陸心源寫本）

黑旋風雙獻功雜劇（節錄）

元・高文秀

（沖末扮孫孔目、搽旦扮郭念兒同上）（孫孔目詩云）人道公門不可入，我道公門好修行。若將曲直無顛倒，腳踏蓮花步步生。小生鄆城縣人氏，姓孫名榮。渾家姓郭，是郭念兒。嫡親的兩口兒家屬。我在這衙門中做着個把筆司吏。我許了這泰安神州三年香願，今年第三年也。這渾家要跟隨將我去，爭奈小生平昔間軟弱，泰安神州謊子極多，哨子極廣，怎生得一個護臂跟隨將我去方可……（下）（外扮宋江、吳學究領僂儸上）（宋江詩云）家住梁山泊，平生不種田。刀磨風刃快，斧蘸月痕圓。強劫機謀廣，潛偷膽力全。弟兄三十六，個個敢爭先。某姓宋名江字公明，綽號及時雨者是也。幼年曾爲鄆州鄆城縣把筆司吏，因帶酒殺了閻婆惜，被告到官，脊杖六十，迭配江州牢城。因打此梁山經過，有我八拜交的哥哥晁蓋，知某有難，領僂儸下山，將解人打死。救某上山，就讓我第二把交椅坐。哥哥晁蓋三打祝家莊身亡，眾兄弟拜某爲頭領。某聚三十六大夥，七十二小夥，半垓來小僂儸，寨名水滸，泊號梁山。縱橫河港一千條，四下方圓八百里。東連大海，西接濟陽，南通鉅野、金鄉，北靠青、齊、兗、鄆。有七十二道深河港，屯數百隻戰艦艨艟。三十六座宴樓臺，聚幾千家軍糧馬草。風高敢放連天火，月黑提刀去殺人。（第一折）（據明・臧晉叔

編《元曲選》第二冊，中華書局 1989 年重排版）

同樂院燕青博魚雜劇（節錄）

元‧李文蔚

（沖末扮宋江同外扮吳學究領僂儸上）（宋江詩云）幼小鄆城爲司吏，因殺閻婆遭迭配。宋江表字本公明，人號順天呼保義。某姓宋名江，字公明，綽號順天呼保義者是也。曾爲濟州鄆城縣把筆司吏，因帶酒殺了閻婆惜，一腳踢翻燭臺，延燒了官房，被官軍拿某到官，脊杖了六十，迭配江州牢城軍營。因打梁山經過，遇着晁蓋哥哥，打開枷鎖，救謀上山，就讓某第二把交椅坐了。不幸哥哥晁蓋三打祝家莊，中箭身亡。眾弟兄就推某爲首，聚三十六大夥，七十二小夥，半垓來的小僂儸。某喜的是兩個節令：清明三月三，重陽九月九。目今正是九月重陽節令，某放眾頭領下山，三十日假限，誤了一日笞四十，誤了二日杖八十，誤了三日處斬。有燕青去了四十日，至今未回，誤了某十日假限。常言道：「軍令無私。」怎好饒免？小僂儸，踏着山岡望者，若燕青來時，報復我知道。（僂儸云）理會的。（楔子）

（據明‧臧晉叔編《元曲選》第一冊，中華書局 1989 年重排版）

梁山泊李逵負荊雜劇（節錄）

元‧康進之

（沖末扮宋江同外扮吳學究、淨扮魯智深領卒子上）（宋江詩云）澗水潺潺繞寨門，野花斜插滲青巾。杏黃旗上七個字，替天行道救生民。某姓宋名江，字公明，綽號順天呼保義者是也。曾爲鄆州鄆城縣把筆司吏，因帶酒殺了閻婆惜，迭配江州牢城。路經這梁山過，遇見晁蓋哥哥，救某上山。後來哥哥三打祝家莊身亡，眾兄弟推某爲頭領。某聚三十六大夥，七十二小夥，半垓來的小僂儸，威鎮山東，令行河北。某喜的是兩個節令：清明三月三，重陽九月九。如今遇這清明三月三，放眾弟兄下山上墳祭掃。三日已了，都要上山。若違令者，必當斬首。（詩云）俺威令誰人不怕，只放你三日嚴假。若違了半個時辰，上山來決無干罷。（下）（第一折）

（據明‧臧晉叔編《元曲選》第四冊，中華書局 1989 年重排版）

都孔目風雨還牢末雜劇（節錄）

元·李致遠

（沖末扮宋江領卒子上）（詩云）自幼鄆城爲小吏，因殺娼人遭迭配。宋江表字本公明，綽號順天呼保義。我乃宋江是也，山東鄆城縣人。幼年爲把筆司吏，因帶酒殺了娼妓閻婆惜，迭配江州牢城。路打梁山泊經過，有我結義哥哥晁蓋，知我平日度量寬洪，但有不得已的英雄好漢，見了我時，便助他些錢物，因此天下人都叫我做及時雨宋公明，晁蓋哥哥並眾頭領讓我坐第二把交椅。哥哥三打祝家莊身亡之後，眾兄弟讓我爲頭領。今東平府有二人，乃是劉唐、史進，這兩個都一身好本事。他二人有心待要上梁山泊來，爭奈不曾差人招安去。我今差山兒李逵下山，去請劉唐、史進走一遭。小僂羅，說與山兒李逵，着他小心在意，疾去早來。（詩云）囑咐他兩次三番，休違限便索回還。招安了劉唐史進，一齊的同上梁山。（下）（楔子）

（據明·臧晉叔編《元曲選》第四冊，中華書局 1989 年重排版）

爭報恩三虎下山雜劇（節錄）

元·佚名

（沖末扮宋江引僂儸上）（宋江詞云）只因誤殺閻婆惜，逃出鄆州城，占下了八百里梁山泊，搭造起百十座水兵營，忠義堂高搠杏黃旗一面，上寫著「替天行道宋公明」。聚義的三十六個英雄漢，那一個不應天上惡魔星。繡衲襖千重花豔，茜紅巾萬縷霞生。肩擔的無非長刀大斧，腰掛的盡是鵲畫雕翎。贏了時，捨性命大道上趕官軍；若輸呵，蘆葦中潛身抹不着我影。某宋江是也。俺這梁山上，離東平府不遠，每月差個頭領下山打探事情去。前者差大刀關勝下山，去了個月程期，不見回來；第二個月差金槍教手徐寧，下山接應去，也不見回來。小僂儸，便說與弓手花榮，下山接應兩個兄弟去。着他小心在意，休違誤者。（詩云）傳軍令豈不分明，偏關勝違誤期程。着花榮速離營寨，下山去接應徐寧。（下）（楔子）

（據明·臧晉叔編《元曲選》第一冊，中華書局 1989 年重排版）

魯智深喜賞黃花峪雜劇（節錄）

元・佚名

（沖末扮宋江同吳學究引小僂儸上）（云）自小爲司吏，結識英雄輩。姓宋本名江。綽名順天呼保義。某姓宋名江，字公明，曾爲鄆州鄆城縣把筆司吏。因帶酒殺了閻婆惜，官軍捉拿甚緊，自首到官，脊杖了八十，迭配江州牢城營。因打梁山過，遇着哥哥晁蓋，打開了枷鎖，爲救某上梁山，就讓某第二把交椅坐。哥哥三打祝家莊身亡，眾兄弟拜某頭領。我聚三十六大夥，七十二小夥，威鎭於梁山。俺這梁山，寨名水滸，泊號梁山，縱橫河闊一千條，四下方圓八百里。東連大海，西接咸陽，南通鉅野、金鄉，北靠青、濟、兗、鄆。有七十二道深河港，屯數百隻戰艨艟艫；三十六座宴臺，聚百萬軍糧馬草。聲傳宇宙，五千鐵騎敢爭先；名播華夷，三十六員英雄將。俺這梁山，一年喜的是兩個節令：清明三月三，重陽九月九。時遇重陽節令，放眾兄弟每下山，去賞紅葉黃花。三日之後，都要來全。若有違禁某的將令的，必當斬首。小僂儸，你去傳了我的將令。學究哥，俺無事，後山中飲酒去也。宋公明武藝堪誇，吳學究又無爭差。眾頭領都離寨柵，下去賞紅葉黃花。（下）（第一折）

（據傅惜華等編《水滸戲曲集》第一集，上海古籍出版社 1985 年版）

分贓臺

明・劉基

突兀高臺累十成，人言暴客此分贏。飲泉清節今寥落，可但梁山獨擅名。

（據《全明詩》第 2 冊，上海古籍出版社 1993 年版）

七修類稿（節錄）

明・郎瑛

史稱宋江三十六人橫行齊、魏，官軍莫抗，而侯蒙舉討方臘。周公謹載其名贊於《癸辛雜志》。羅貫中演爲小說，有替天行道之言。今揚子、濟寧之地，皆爲立廟。據是，逆料當時非禮之禮，非義之義，江必有之，自亦異於他賊也。但貫中欲成其書，以三十六爲天罡，添地煞七十二人之名，又易尺

八腿爲赤髮鬼，一直撞爲雙槍將，以至淫辭詭行，飾詐眩巧，聳動人之耳目，是雖足以溺人而傳久失其實也多矣。今特書其當時之名三十六於左：

宋江　晁蓋　吳用　盧俊義　關勝　史進　柴進　阮小二　阮小五　阮小七　劉唐　張青　燕青　孫立　張順　張橫　呼延綽　李俊　花榮　秦明　李逵　雷橫　戴宗　索超　楊志　楊雄　董平　解珍　解寶　朱仝　穆橫　石秀　徐寧　李英　花和尙　武松（卷二十五《辯證類・宋江原數》）

（據耕煙草堂刊本）

文海披沙（節錄）

明・謝肇淛

宋徽宗時，山東賊宋江等三十六人，聚眾橫行，官軍莫敢攖其鋒。元順帝時，花山賊畢四等亦三十六人，聚集茅山，出沒無忌，官軍不能收捕。二賊相類，而皆三十六人。宋江中有一丈青、花和尙，而畢四中亦有一婦人一僧，最勇健，豈皆天罡之數耶？（卷五《三十六人》）

（據清光緒丁丑申報館印本）

大明一統志（節錄）

明・李賢等

梁山泊在東平州西。宋宋江爲寇，嘗保此中，有黑風洞。（卷二十三《兗州府・山川》）

（據萬壽堂刊本）

（嘉靖）山東通志（節錄）

明・張寅

梁山濼在東平州西五十里。宋南渡時宋江爲寇，嘗結寨於此，中有黑風洞。（卷五《山川上・兗州府》）

（據明嘉靖十二年刻本）

重建瑞相寺記

明・王琮　□式

郡邑養政龍溪前本省蕃司從事都掾　　王琮、□式　撰文

東魯隱士　　　　　　　　　　西湖卜產　□政　書篆

　　蓋聞佛道廣大無窮，光明無限，言天無始終，玄虛清潔，既濟之妙，願拔無量之苦，救濟普世之衍，□世無窮，開闢以來，伏羲、神農、黃帝、堯、舜、禹、湯、文、武、秦、漢、晉、唐到今，西域以入中國久矣。中華崇信尊奉其教，皆善賢也。地緣東阿西南四十餘裏，其集□曰西汪，左有古刹，名曰瑞相寺。□建本寺殿宇故者悠遠矣。又言天地山川，可一言而盡矣。天之昭昭，日月星辰；地載華嶽豈重，河海豈泄？山廣獸物□生，水隱魚龍而化，以上故曰，天地山川，非由積累。古刹地形，勢近黃山，嶺接臘、困，右鄰海津，亦通禦波，川源千古。前有台峰，歷代國師，謀勝肖張，匡扶□基，隱台士者，太公也，名釣魚臺。峰會古宋梁王名江，忠義聚寨，名立良山也。乾、銀、鐵峰，而聯鳳凰、豆山以來，遍野古名莊疃，園林美麗，而隱英豪；形勢□□，八方繞拱，成然古刹之地，佛僧所居之處。下言整建殿宇之由，正德年間，主持續端先師祖淨，視寺殿閣傾頹，起心修理。未就，師淨逝世，半途而廢。□致前功。端見未就，於嘉靖丙戌年，發心重修，工大難成。敦慕本集大度信官司文逵、司文進、司文瞿、司文遄、井士隆等，攢簇喜施，諸□構禦，將寺殿閣雲堂丈□，俱修完矣。今嘉靖丁未歲，又建右殿一所，金璧繪像全就，乃司文進之力也。今以通備，伏啓十方達士，諭會佛原，古鄆州須城縣登賢鄉白佛山處，覷□□奇，彩光聖臨，金軀石體，立素前殿腳□，繼今峰淵，旋稱鐘鼓，交音十方，耳□□僧，禮誦乞延，祝

　　我皇上萬載太平，洪基永固，天下庶士無慮也。講義先王，討論古典，上養衡政，百姓之懂也。其爲人也，參□才而靈於萬物，要謹慎，行敦篤，固厚絕恩，養善向上，守己時□，勿放溢也。籲嗟浮生禍惡損德，身遭戮患，暗室虧心，神目如電，幽府定墮沉淪，化遠□□，來歸三寶，祈福佑護，主持續端，素慈本業，固守清規，陰功甚大，修建弗薄，其功陟于泰嶽。言端俗業本縣地名斑鳩店，托父林文、母萬氏之遺體，天賦純質，積建德業，功至超塵，感拔先人，消衍迷途，臨覺清淨善者，故能克就。勒碑近士信官，永遠不朽雲。

大明嘉靖二十七年歲在戊申夏四月初八日立。

縣丞		木匠	王茂	權英	權旺
兗州府東平州東阿縣知縣馮	典史 僧會司缺 署印僧盛秣	石匠	張松	朱文友王倉	
主簿		塑匠	雷誥	雷□	熊濟

（杜貴晨據東平縣前文聯主席、作家郭雲策先生提供《重建天賜相寺記》書影迻錄校點）

《重建瑞相寺記》介紹並書影

杜貴晨

據山東省東平縣《東原文化報》第 4 期（2008 年 10 月 8 日）刊載《重修瑞相寺碑記》書影並介紹，可考原碑刻為明嘉靖《重建瑞相寺記》。該碑於 2005 年 6 月在山東省東平縣銀山鎮西汪村瑞相寺遺址出土，現存東平縣博物館。碑身高 254.5 釐米，寬 93 釐米，厚 24 釐米。正面楷書陰刻《重修瑞相寺記》，右起豎刻左行，正文 13 行，行滿 58 字。其中有「古宋梁王名江忠義聚寨名立良山也」之句，涉北宋政和、宣和間宋江起義事。碑身下半斷裂，以致字跡有若干損毀，無可辨識。碑記拓片照片（附後）由東平縣前文聯主席、作家郭雲策先生提供。

《出像評點忠義水滸全傳》發凡（節錄）

明·袁無涯

梁山泊屬山東兗州府，《志》作灤，稱八百里，張之也。然昔人欲平此泊，而難於貯水，則亦不小矣。《傳》不言梁山，不言宋江，以非賊地，非賊人，故僅以「水滸」名之。滸，水涯也，虛其辭也。蓋明率土王臣，江非敢據有此泊也。其居海濱之思乎？羅氏之命名微矣！

（轉錄自陳曦鍾等輯校《水滸傳會評本》，北京大學出版社 1981 年版）

大明輿地名勝志（節錄）

明·曹學佺

《河紀》云：「南旺湖在縣西南三十里，濟寧接界。其地特高，汶水西南流至此而分，上有禹廟及分水神祠。湖在漕河西岸，縈回百里，即鉅野大澤東畔也。宋時與梁山灤水匯而為一，圍三百餘里，即南渡時宋江軍所據梁山泊也。及會通河開，始畫而為二，漕渠貫之，有蜀山湖在東涯，即南旺東湖也。周回六十五里，有山一區，在水中央，望之若螺髻焉，曰蜀山，上有聖母祠。」（《山東省》卷四《兗州府·汶上縣》）

（據明崇禎三年刻本）

過梁山記（節錄）

清·曹玉珂

往讀施耐庵小說，疑當時弄兵璜池者，不過數十百人耳。宋勢雖弱，豈以天下之力不能即奏蕩平，應作者譏宋失政，其人其事，皆理之所必無者。繼讀《續綱目》載「宋江以三十六人轉掠河朔，莫能攖鋒」，又《宣和遺事》備書三十六人姓名。宋龔開有贊，侯蒙有傳，其人既匪誣矣。意梁山者，必峰峻壑深，過於孟門、劍閣，為天下之險，若輩方得憑恃為雄。丁未秋，改令壽張，梁山正在境內，擬蒞止之後，必詳審地利，察其土俗，以綢繆於未雨。至壽半月，言邁瑕丘，紆途山麓。正午，停輿騎馬，遊覽其山，壤然一阜，坦首無銳。外有二三小山同，亦斷而不連。村落比密，塍疇交錯，居人

以桔槔灌禾，一溪一泉不可得，其險無可恃者，乃其上果有宋江寨焉，於是進父老而問之，對曰：「昔黃河環山夾流，巨浸遠匯山足，即桃花之潭，因以泊名，險不在山而在水也。」

（據康熙五十六年刊《壽張縣志》卷八《藝文志》）

讀史方輿紀要（節錄）

清·顧祖禹

梁山，州西南五十里，接壽張縣界。本名良山。漢梁孝王常遊獵於此，因改爲梁山。《史記》「梁孝王北獵良山」是也。山周二十餘里，上有虎頭崖，下有黑風洞。山南即古大野澤。……宋政和中盜宋江保據於此，其下即梁山泊也。（卷三十三《東平州》）

梁山濼，在梁山南。汶水西南流，與濟水會於梁山東北，回合而成濼。《水經注》：「濟水北經梁山東。袁宏《北征賦》所云『背梁山，截汶波』者也。」又爲大野澤之下流，水嘗匯於此。石晉開運初，滑州河決，浸汴、曹、單、濮、鄆五州之境，環梁山而合於汶，與南旺、蜀山湖相連，彌漫數百里。宋天禧三年，滑州之河復決，歷澶、濮、曹、鄆，注梁山濼。……政和中，劇賊宋江結砦於此。《金史》：「赤盞暉破賊眾於梁山濼，獲舟千餘。」又「斜卯阿里亦破賊船萬餘於梁山泊」。蓋津流浩衍，易以憑阻也。既而河益南徙，梁山濼漸淤。金明昌中，言者謂黃河已移故道，梁山濼水退地甚廣。於是遣使安置屯田，自是益成不陸。今州境積水諸湖，即其餘流矣。（同前卷《壽張縣》）

（據中華書局 1955 年印本）

（康熙）壽張縣志（節錄）

清·滕永禎　馬珩

梁山在縣治東南七十里，上有虎頭崖、宋江寨、蓮花臺、石穿洞、黑風洞等蹟。舊志云：「漢文帝第二子梁孝王田獵於此山之北，因名梁山。」

凡天下山川，以史乘所紀爲據。小說誣民，在所必禁。梁山爲壽張治屬，其山周圍可十里。《水滸》小說乃云「周圍八百里」；即宋江寨，山岡上一小

垣耳。說中張皇其言，使天下愚民不至其地者，信以爲然。長姦萌亂，莫此爲甚。因拈出之，以告司治君子，並使天下人知之，小說之不可信如此。（卷一《方輿志》）

（據清康熙五十六年刊本）

大清一統志（節錄）

清‧高宗弘曆敕撰

梁山在壽張縣東南七十里，本名良山，以梁孝王遊獵於此而名。上有虎頭崖、宋江寨，其下舊有梁山濼。

梁山濼在壽張東南梁山下，久湮。按《五代史》：「晉開運元年，河決滑州，環梁山入於汶、濟。」司馬光《通鑑》：「周顯德六年，命步軍都指揮使袁彥濬五丈渠，東過曹、濮、梁山濼，通青、鄆之漕。」《宋史‧河渠志》：「天禧三年，滑州河溢，歷澶州、曹村、澶淵，北流斷絕，河道南徙，東匯於梁山張澤濼。」《宦者‧楊戩傳》云：「梁山濼，古鉅野澤，綿亙數百里，濟、鄆數州賴其蒲魚之利。」蓋梁山濼即古大野澤之下流，汶水自東北來，與濟水會於梁山之東北，回合而成濼。宋時決河匯入其中，其水益大。故政和中，劇賊宋江結寨於此。其後河徙而南，濼亦漸淤。迨元開會通河，引汶絕濟。明築戴村壩，過汶南流。歲久填淤，遂成平陸。今州境積水諸湖，即其餘流也。（卷一百二十九《兗州府‧山川》）

梁山在東平州西南五十里，接兗州府壽張縣界。《史記‧梁孝王世家》：「北獵良山。」注：《索隱》曰：「《漢書》作梁山。」《水經注》：「濟水北徑梁山東，袁宏《北征賦》曰『背梁山，截汶波』，即此處也。」舊志：「山周二十餘里，上有虎頭崖，下有黑風洞。宋政和中，盜宋江等保據於此。」其下爲梁山濼，詳見《兗州府》。（卷一百四十二《泰安府‧山川》）

（據清光緒二十三年杭州竹簡齋石印本）

巾箱說（節錄）

清‧金埴

往讀施耐庵《水滸記》，疑作者譏宋失政，其人其事，皆理之所必無者。

繼讀《續綱目》，載宋江以三十六人轉掠河朔，莫能攖鋒。又《宣和遺事》備書三十六人姓名，宋龔開有贊，侯蒙有傳，其人既匪誣矣。意梁山者，必峰峻壑深，過於孟門、劍閣，為天下之險，若輩方得憑恃為雄。及予親履其境，又曾輯修《兗志》，梁山為今壽張治屬，其山不過周遭五十里。耐庵乃云八佰里。即宋江寨，山岡上一小垣耳。說中鋪張其詞，使天下後世愚民不至其地者，信以為然。長姦萌亂，莫此為甚。因拈出之，以告司治君子；且使天下後世之人，知《水滸記》所載，雖有其人，而其事則不可盡信也。梁山濼，音「薄」。作「泊」，誤。

（據《古學彙刊》本）

談書錄（節錄）

清・汪師韓

《宋史・徽宗本紀》：「宣和三年二月，淮南盜宋江等犯淮陽軍，又犯東京、江北，入楚海州界，命知州張叔夜招降之。」《侯蒙傳》：「宋江寇京東。蒙上書言，『江以三十六人橫行齊魏，官軍數萬，無敢抗者，其才必過人。今清溪盜起，不若赦江使討方臘以自贖』。帝曰：『蒙居外不忘君，忠臣也。』命知東平府，未赴而卒。」《張叔夜傳》（張字嵇仲，張耆之孫）：「叔夜再知海州。宋江起河朔，轉略十郡，官軍莫敢攖其鋒。聲言將至，叔夜使間者覘所向，賊徑趨海濱，劫巨舟十餘，載鹵獲。於是募死士得千人，設伏近城，而出輕兵距海誘之戰。先匿壯卒海旁，伺兵合，舉火焚其舟。賊聞之，皆無鬥志。伏兵乘之，擒其副賊，江乃降。」按《侯蒙傳》雖有使討方臘之語，事無可考。宋江以二月降，方臘以四月擒，或藉其力。但其時擒方臘者，據《徽宗本紀》以為忠州防禦使辛興宗，據《童貫傳》以為宣撫制使童貫，而其實擒方臘者乃韓世忠，以偏將窮追至青溪峒，問野婦得徑，渡險數里，搗其穴，格殺數十人，擒臘以出。辛興宗掠其俘為己功，故賞不及世忠。此載在韓傳，於宋江何與焉。方勺《青溪寇軌》云：「歙所以陷也。而用宋江討方臘，則《青溪寇軌》亦無其事。若陸次雲《湖壖雜記》，謂「六合塔下舊有魯智深像，進龍浦下有鐵嶺關，說是宋江藏兵處。國初江滸人掘地得石碣，題曰武松之墓，當日進征青溪，用兵於此。稗乘所傳，不盡誣也。」此恐是杭州人附會為之。不然，南宋人紀錄多矣，何無一人言之，閱四百餘年，始有

此異聞與？（《宋江》）

（據《昭代叢書》本）

韓門綴學續編（節錄）

清‧汪師韓

　　梁山濼在宋爲盜藪，世俗以爲宋江據此。考《宋史‧蒲宗孟傳》云：「梁山濼素多盜，宗孟痛治之，雖小偷微罪，亦斷其足筋。盜雖爲衰止，而所殺不可勝計。」劉延世《孫公談圃》云：「蒲宗孟知鄆州，有盜黃麻胡依梁山濼，至是賊以絕食，遂散。」此神宗時事，在淮南盜宋江犯淮陽、京東事在宣和初者，相隔四十年矣。《徽宗本紀》及侯蒙、張叔夜等《傳》紀宋江事者，俱不及梁山濼。他若：「許幾知鄆州，梁山濼多盜，皆漁者窟穴。幾籍十人爲保，使晨出夕歸，否則以告，輒窮治，無脫者。」又：「任諒提點刑獄，梁山濼漁者習爲盜，蕩無名籍。諒伍其家，刻其舟，非是不得輒入，他縣地錯其間者，鑱石爲表。盜發則督吏名捕，莫敢不盡力，蹟無所容。」此俱及徽宗時，而未至宣和。宋江橫行在其後，其先或窟穴於此。逮至黃河移故道，梁山濼退地甚廣，民得恣意耕種，地已不屬於宋矣。《金史‧佞倖‧李通傳》：「正隆六年（即金世宗大定元年，宋高宗紹興三十一年），海陵南伐時，梁山濼水涸，戰船不得進。」《食貨志》云：「金刷梁山濼地，遣使安置屯田，民懼征租，逃者甚眾。大定二十二年，招復梁山濼流民，官給以田。」此乃宋孝宗淳熙九年，距宣和時又五十餘年矣。《元志》「河渠」、「食貨」都不及梁山濼，惟於決堤偶序及之。明洪武初，胡翰（字仲子，金華人。）有《夜過梁山濼》詩云：「洮河帶濼水，百里無原隰。葭菼參差交，舟楫窈窕入。」又云：「往時冠帶地，孰踵萑蒲習。肆噬劇跳梁，潛謀固懷蟄。」是明時猶有水有盜也。景泰間，河決沙灣。徐有貞請開廣濟河，謂「其外有八十里梁山泊，可恃以爲泄」，其地之窪下而閒空可知。今人見其無水，並疑小說言有水者謬。豈知地在宋、元爲眾水之所聚哉？（《梁山泊》）

（據清乾隆刻本）

櫃軒筆記（節錄）

清・李超瓊

　　《水滸傳》為施耐庵作，原不盡虛造。宋江起河朔，轉掠十郡，後降張叔夜，事備載《宋史》叔夜及侯蒙傳中。《癸辛雜誌》載龔聖予所作《宋江三十六人贊》，備列名號，即世所傳三十六天罡也。陸友仁《題三十六人畫贊》云：「睦州盜起塵連北，誰挽長江洗兵革？京東宋江三十六人，懸賞招之使擒賊。後來報國收戰功，捷書夜奏甘泉宮。」與《續水滸》所言江平方臘等事皆合。而《金史・劉豫傳》言：「豫知濟南府。撻賴攻濟南，有關勝者，濟南驍將也，屢出城拒戰，豫遂殺關勝出降。」勝即《傳》中所謂「大刀關勝」亦作「關必勝」者。是江降後，其黨不乏立功，且以節義著焉。草澤之雄，出邪即正，終於舍生成名，雖叔夜猶愧之，何論狗彘不若之劉豫輩哉！後人以《水滸》為詬病，抑未深考者也。

（據《石船居剩稿》本）

第二輯　梁山泊、宋江與《水滸傳》的成書

菽園贅談（節錄）

邱煒萱

今按《宋史》並無梁山泊，而有梁山濼。梁山濼雖爲盜藪，究與宋江無涉。宋江事，見《徽宗本紀》、《侯蒙傳》、《張叔夜傳》者，大略相同。三十六人，除宋江外，皆不著姓名，更何有於梁山泊？其屬杜撰可知。若梁山濼事，見諸《蒲宗孟傳》，言梁山濼多盜，宗孟痛治之，雖小偷必斷其足；盜雖衰止，而所殺甚多云云。微論與江無涉，且宗孟爲神宗朝人，其去徽宗朝，亦越數十年也。作者隨手扭捏一梁山泊地名，亦猶《三國演義》之落鳳坡，本無心於牽合，談者求其地以實之，不得，或遂指梁山濼爲梁山泊，如今時四川之有落鳳坡者，究未可知。要爲齊東野人之言，非大雅所宜出也。（《梁山泊辨》）

（據阿英《晚清文學叢鈔·小說戲曲研究卷·客雲廬小說話卷一》轉錄）

梁山濼

余嘉錫

韓琦《安陽集》卷五《過梁山泊》：「巨澤渺無際，齊船度日撑。漁人駭

鐃吹，水鳥背旗旌。蒲密遮如港，山遙勢似彭。不知蓮芰裏，白晝苦蚊蝱。」

蘇轍《欒城集》卷六《和李公擇赴歷下道中雜詠梁山泊》詩：「近通沂泗麻鹽熟，遠控江淮粳稻秋。粗免塵泥污車腳，莫嫌菱蔓繞船頭。謀夫欲就桑田變，客意終便畫舫遊。愁思錦江千萬里，漁蓑空向夢中求。」（原注：時議者欲乾此泊以種菽麥。）

《大明一統志》卷二十三《兗州府‧山川》：「梁山濼在東平州西，宋宋江為寇，嘗保此中，有黑風洞。」

　案：黑風洞在梁山，不當載入《梁山濼》條下。同卷別有《梁山》一條，紀載
　　尤略，第云：「梁武王葬於此。」蓋誤以梁王為梁武王，誤獵為葬，此繆可
　　笑。

明嘉靖《山東通志》卷五《山川上‧兗州府》：「梁山在東平州西南五十里壽張縣界，一名刀梁山，上有虎頭崖及古石盦跡，俗傳為梵王太子出家。或曰，本名良山。《史記》：『孝王北獵良山。』又古邑名曰良，漢縣名曰壽良，皆以此。今案：漢都於雍，其曰葬梁山，當在雍梁山，此或附會云。」

　案：《史記‧梁孝王世家》，《索隱》曰：「《漢書》作梁山。《述征記》云：『良
　　山際清水。』今壽張縣南有良山，服虔云：『是此山也。』」《正義》曰：「《括
　　地志》云：『梁山在鄆州壽張縣南三十五里，即獵處也。』」《索隱》又引《述
　　征記》：「碭有梁孝王之冢。」則《明統志》謂孝王葬梁山者固誤，《通志》
　　以為葬雍梁山者亦非矣。《漢書‧地理志‧東郡‧壽良縣》注：「應劭曰，『世
　　祖叔父名良，故曰壽張。』」然則良山之改梁山，亦避趙孝王諱也。

又同卷：「梁山濼在東平州西五十里，宋南渡時宋江為寇，嘗結寨於此，中有黑風洞。」

　案：以宋江為南渡時人，是並《宋史》亦未嘗讀也。

曹學佺《大明輿地名勝志‧山東省》卷四《兗州府‧汶上縣》：「《河紀》云：『南旺湖在縣西南三十里濟寧接界。其地特高，汶水西南流至此而分，上有禹廟及分水神祠。湖在漕河南岸，縈回百里，即鉅野大澤東畔也。宋時與梁山濼水匯而為一，圍三百餘里，即南渡時宋江軍所據梁山泊也。及會通河開，始畫而為二，漕渠貫之，有蜀山湖在東涯，即南旺東湖也。周回六十五里，有山一區，在水中央，望之若螺髻焉，曰蜀山，上有聖母祠。』」

　案：《明史‧藝文志》及《千頃堂書目》卷八均有謝肇淛《北河紀》八卷、《紀餘》
　　四卷，此所引疑謝氏書也。宋時梁山濼不止三百餘里，宋江屯軍亦不在南渡

時，《河紀》所言皆誤。胡渭《禹貢錐指》卷六嘗辨南旺湖非即大野澤，說詳彼書，茲不具論。

又同卷《壽張縣》：「《寰宇記》云：『梁山在縣南三十五里。』《郡志》：『在縣南七十里，本名良山。梁孝王嘗獵於此，改爲梁山。周回二十餘里，上有虎頭崖及古石盦跡。又有石臺，鑿石爲蓮花，周圍二丈。相傳有神僧說法於上。其下有洞，俗名黑風洞。山南爲古大野澤，《禹貢》所謂「大野既瀦」也。宋謂之梁山濼矣。』」

《明史》卷四十一《地理志・山東・兗州府・東平州》：「壽張縣南有梁山濼，故大野澤下流，東北有會通河，又有沙灣。弘治前，黃河經此，後湮。」

顧祖禹《讀史方輿紀要》卷三十三《東平州》：「梁山，州西南五十里，接壽張縣界。本名良山。漢梁孝王常遊獵於此，因改爲梁山。《史記》『梁孝王北獵良山』是也。山周二十餘里，上有虎頭崖，下有黑風洞。山南即古大野澤。宋政和中，宋江保據於此，其下即梁山泊也。」

案：宋宣和元年，已降詔招撫宋江，故江之據梁山，當在政和中。顧氏此言，必有所本，說詳《宋江》條下。

又同卷《壽張縣》：「梁山濼在梁山南，汶水西南流，與濟水會於梁山。東北迴合而成濼。《水經注》『濟水北經梁山東』，袁宏《北征賦》所云『背梁山，截汶波』者也。又爲大野澤之下流，水嘗匯於此。石晉開運初，滑州河決，浸汴、曹、單、濮、鄆五州之境，環梁山而合於汶，與南旺、蜀山湖相連，彌漫數百里。（案：此所言與今本《舊五代史》不合，詳見後《日知錄》條。）宋天禧三年，滑州之河復決，歷澶、濮、曹、鄆，注梁山濼。（案：事見《宋史》卷九十一《河渠志》。）政和中，劇賊宋江結砦於此。《金史》『赤盞輝破賊眾於梁山濼，獲舟千餘』，又『斜卯阿里亦破賊船萬餘於梁山泊』，蓋津流浩衍，易以憑阻也。既而河益南徙，梁山濼漸淤。金明昌中，言者謂黃河已移故道，梁山濼水退地甚廣。於是遣使安置屯田，自是益成平陸。今州境積水諸湖，即其餘流矣。」

顧炎武《日知錄》卷十二：「《五代史》：『晉開運元年五月丙辰，滑州河決，浸汴、曹、濮、單、鄆五州之境，環梁山，合於汶水，與南旺、蜀山連，彌漫數百里。』（案：《新五代史》卷九《晉出帝紀》，但云「河決滑州，環梁山，入於汶、濟」，此所引乃《薛史》也。然今本《舊五代史》卷八十二《少帝紀》記此事，不言有汴州，且無「與南旺、蜀山湖連，彌漫數百里」

二語，而兩顧氏並引之，知所據薛舊刻如此，今本輯自《大典》者有所偽脫也。惟新舊《史》均云「六月丙辰」，此作五月者，誤。）河乃自北而東。《宋史》：『熙寧八年（案：《宋史》卷九十二《河渠志》，乃熙寧十年事，此作八年，誤也。）七月乙丑，河大決於澶州曹村，北流斷絕，河道南徙，匯於梁山張澤濼，分爲二派，一合南清河入於淮，一合北清河入於海。』河又自東而南矣。元豐以後，又決而北。議者欲復禹跡，而大臣力主回東之議。降及金、元，其勢日趨而南而不可挽。今之河，非古之河矣。」

　　又：「《元史·河渠志》謂：『黃河退涸之時，舊水泊污池，多爲勢家所據。忽遇泛溢，水無所歸，遂致爲害。繇此觀之，非河犯人，人自犯之。』予行山東鉅野、壽張諸邑，古時瀦水之地，無尺寸不耕，而忘其昔日之爲川浸矣。近有一壽張令修《志》，乃云：『梁山濼僅可十里，其虛言八百里，乃小說之惑人耳。』此並五代、宋、金史而未之見也。（原注：《五代史》：「晉開運元年，滑州河決，環梁山，合於汶水。」《宋史·宦者傳》：「梁山濼，古鉅野澤，綿亙數百里，濟、鄆數州，賴其蒲魚之利。」《金史·食貨志》：「黃河已移故道，梁山濼水退，地甚廣，遣使安置屯田。」沙灣未築之前，徐有貞《疏》亦言「外有八百里梁山濼，可以爲泄。」）書生之論，豈不可笑也哉。」

　　案：亭林先生此條，題爲《河渠》，乃爲考古今治河利害而發，然兼辨梁山濼之實有八百里，則亦言宋江事者之所當知也。兩顧氏之考梁山濼形勢，審矣，然尙有未詳者。考《宋史》卷六十一《五行志》云：「熙寧十年七月，河決曹村，下掃澶淵絕流，河南徙，又東匯於梁山張澤濼。凡壞郡縣四十五，官亭民舍數萬，田三十萬頃。」（案：此事先見於《宋會要》，今載徐松輯本第五十二冊《瑞應門》，及一百九十二冊《方域門》。）卷九十二《河渠志》亦云：「凡灌郡縣四十五，而濮、齊、鄆、徐尤甚，壞田逾三十萬頃。」（此數句《日知錄》未引。）「此四十五郡縣，雖不必盡陷爲梁山濼，而其田廬之沒而不復者多矣。《宋史》言梁山濼廣數百里。邵博《聞見錄》卷三十云：「王荊公好言利。有小人諂曰：『決梁山泊八百里水以爲田，其利大矣。』荊公喜甚，徐曰：『策固善，決水何地可容？』劉貢父在坐中，曰：『自其旁別鑿八百里泊，則可容矣。』荊公笑而止。」（案：此事亦見《涑水紀聞》卷十五，但不云八百里。）然則《水滸傳》謂「梁山泊方圓八百餘里」，（見第十一回柴進告林沖語。）非誇大之詞矣。《金史》卷四十七《食貨志》云：「大定二十一年八月，尙書省奏山東所刷地數。上謂梁肅曰：『黃河已移故道。梁山濼水退，地甚廣，已嘗遣使安置屯田。民昔嘗恣意種之。

今官已籍其地，而民懼徵其租，逃者甚眾，恐失其所。可免其徵，赦其罪，別以官地給之。』御史臺奏：『大名、濟州因刷梁山濼官地。（孫楷第曰：「案：據此則舊梁山濼水北已浸及大名，非止南連濟州諸濼而已。宋江等宜可恃以爲險也。」）或有以民地被刷者。』上復召宰臣曰：『雖曾經通檢納稅而無明驗者，復當刷問。有公據者，雖付本人，仍當體問。』二十二年，又命招復梁山濼流民，官給以田。」（金人於梁山濼屯田事，《日知錄》及《韓門綴學》皆嘗引用《食貨志》而不詳。）是當南宋之初，（金大定二十一年，即宋孝宗淳熙八年也。）梁山濼已多涸爲陸地，非復八百里之廣矣。《金史》卷二十七《河渠志》又曰：「明昌五年春，正月，尚書省奏都水監丞田櫟同本監官講議黃河利害，嘗以《狀》上，言：『可於北岸牆村決河入梁山濼故道，依舊作南北兩清河分流。然北清河舊堤歲久不完，當立年限增築大堤，而梁山故道多有屯田軍戶，亦宜遷徙。』三月，尚書省謂：『以黃河之水勢，苦於牆村決注，則山東州縣膏腴之地，及諸鹽場，必被淪溺。城使修築壞堤，而又吞納不盡，功役至重，虛困山東之民，非徒無益，而又害之也。況長堤已加固護，復於南岸疏決水勢，已寢決河入梁山濼之議。水所經城邑，已勸率作護城堤矣。先所修清河舊堤，已遣罷之。』四月，以田櫟言河防事，集百官詳議以行，百官咸謂：『櫟所言棄長堤，無起新堤，放河入梁山故道，使南北兩清河分流，爲省費息民長久之計。臣等以爲黃河水勢，非人力可以斟酌、可以指使也。況梁山濼淤墊已高，而北清河窄狹不能吞伏。兼所經州縣，農民廬井非一。使大河北入清河，山東必被其害。凡櫟所言無可用。』遂寢其議。」自大定二十一年，於梁山濼屯田之後，下至明昌五年，已十有四年矣。雖有決河入梁山濼之議，而其事不行。可見當時濼水日益淤塞，與黃河不復相通。然河水遷徙不常，不久而有復趨梁山故道之勢焉。《元史》卷六十五《河渠志》云：「武宗至大三年十一月，河北河南道廉訪司言，近歲亳、潁之民，幸河北徙，有司不能遠慮，失於規劃，使陂濼悉爲陸地，東至杞縣三汊口，播河爲三，分殺其勢，蓋亦有年。往歲歸德、大康建言，相次湮塞南北二汊，遂使三河之水，合而爲一。下流既不通暢，自然上溢爲災。由是觀之，是自奪分泄之利，故其上下決益，至今莫除。即今水勢趨下，有復鉅野、梁山之意。蓋河性遷徙無常，苟不爲遠計預防，不出數年，曹、濮、濟、鄆，受害必矣。」袁桷《清容居士集》卷三有《次韻塤子（桷之子）過梁山濼詩》云：「大野瀦東原，狂瀾陋左里，交流千尋峰，會合百谷水。量深恣包藏，神靜莫比擬。碧瀾渺無津，綠樹失其涘。揚帆鳥東西，擊楫鷗沒起。長橋篙師歌，短渡販夫止。天平雲覆幕，灣回路成砥。鷹坊嚴聚屯，漁舍映渚沚。高椸列魚貫，遠吹生鳳觜，前奔何無休，後進復不已，繞如林鳥旋，疾若坡馬馳。」此詩之前二

首，爲《題子昂人馬圖》，自注有「時松雪下世一年。」之語。考子昂卒於至治二年，（見《元史》卷一百七十二本傳。）則此詩當作於至治、泰定間。（至治三年，英宗遇弒崩，晉王即位，改元泰定。）觀詩中所言波瀾之闊，舟楫之盛，知梁山濼在當時雖無八百里之廣，猶爲汪洋巨浸也。（元人詠梁山濼風景之詩尚多，茲不暇引。）自武宗以後，河水時時潰決，不及四十年，而廉訪司所謂有復鉅野、梁山之意者，竟不幸而言中矣。《元史》卷六十六云：「至正四年夏，五月，大雨二十餘日，黃河暴溢，水平地深二丈許，北決白茅堤。六月，又北決金堤。並河郡邑濟寧、單州、虞城、碭山、金鄉、魚臺、豐、沛、定陶、楚丘、武城，以至曹州、東明、巨野、鄆城、嘉祥、汶上、任城等處，皆罹水患。民老弱昏墊，壯者流離四方。水勢北侵安山，沿入會通運河，延袤濟南、河間，將壞兩漕司鹽場，妨國計甚重。省臣以聞，朝廷患之，命集郡臣議廷中，而言人人殊。唯都漕運使賈魯昌言必當治。十一年四月初四日，命魯以工部尚書爲總治河防使。是月二十二日鳩工，七月，疏鑿成。八月，決水故河。十一月，水土工畢。諸埽諸堤成，河乃復故道南匯於淮，又東入於海。」夫宋之梁山濼，所以廣至八百里者，蓋歷經晉開運、宋天禧、熙寧三次河決，（均詳見前。）合汴、曹、單、濮、鄆、澶、齊、徐數州所灌之水而匯於一也。今至正四年，黃河決堤，並河州縣罹水患者，案之宋時地理，單州爲宋舊治；曹州於宋爲乘氏縣，與定陶皆屬曹州；碭山、魚臺屬單州；豐、沛屬徐州，汶上宋名中都，屬鄆州，濟南即齊州；是皆宋時梁山濼之故道。餘如濟寧、金鄉、鉅野、鄆城、嘉祥、任城，於宋、金時皆濟州。觀其受災之區，與元人高文秀《黑旋風雙獻功雜劇》（見《元曲選》丁集下。）所謂「寨名水滸，泊號梁山，東連大海，西接濟陽，南通鉅野、金鄉，北靠青、齊、兗、鄆」者，正復相合。《元史》雖不言水匯於舊濼，然《明史》卷八十二《河渠志》，謂「至正中，濟寧、曹、鄆間漂沒千餘里」，則昔之梁山濼淤而爲田者，至此復成澤國，其勢然也。雖賈魯河成，旋復安流，然其積水之停於濼中者，必不能盡挾以去。胡翰《仲子集》有《夜過梁山濼》詩云：「日落梁山西，遙望壽張邑。洸河帶濼水，百里無原隰，葭葭參差交，舟楫窅窈入；劃若厚土裂，中含元氣濕；浩蕩無端倪，飄風向帆集。野闊天正昏，過客如鳥集。」（亦見錢謙益《詩集》卷十五。）翰歿於洪武十四年辛酉，年七十五。《明史·文苑傳》言其嘗遊元都，此詩必其自金華北上，取道運河之所作也。所寫風景，與袁桷詩無以異。其時梁山濼之廣闊，尚不止百里。《列朝詩集》甲集卷二十一黃哲《河渾渾》詩《序》云：「洪武辛亥（四年。）六月，工部主事仇公，中書宣郎歡公，奉旨按行黃河，北環梁山，逆折至鉅野、曹、濮，達盟津，發民疏濬淺壅，俾通糧漕。予亦承乏，令領東平之役，諸公

皆會梁山。余記元年春，奉命泝河北來，時兵始襲汴，舟師逾彭城，北入汴南塔張口，泝漫流而西。(《明史・河渠志》云「洪武元年，河決曹州雙河口，入魚臺。徐達方北征，乃開塌場口引河入泗以濟運」。此《序》所言，即其事也。塔場口即塌場口。)三年，余朝京師，道出其左，則塔張之津已淤，舟之汴、洛者，北趨戈泊口任城，開閘以西。今由梁山，則迂其故流，又及千里矣。且復晨夕徙遷無常，漕舟苦焉。蓋其彌漫奔決，能困兗、豫、徐、冀數州之民，而深不足引舟漕。有司常具舫尋源標幟以前導。翌日，則又徙而他流矣。塗路朽壞，流沙數百里間，篙楫畚鍤，無所施其功，故議者欲上聞，欲復堰黃陵岡之舉。噫，此季元之覆轍，曷足與議哉。因賦《河渾渾》。」案：《序》所言洪武四年濬河通漕之事，《明史》食貨、河渠兩志皆不載。然哲時方官東平府通判，躬董其役，則其言固足補史之缺矣。雖其疏濬之功績如何不可考，然足見自賈魯河成之後，不過十餘年，至洪武初元，黃河又復環梁山而流，折而至於鉅野、曹、濮，尤是梁山濼之故跡也。其後不知何時淤塞，不復與黃河通，而斷港殘潢，未嘗盡涸。故徐有貞於景泰間上治河三策，亦言有八十里梁山泊，可以爲泄也。(《明史》實作八十里，《日知錄》以爲八百里者，誤。)有貞以景泰四年五月，奉命治沙灣決口。六年七月功成。自此河流北出濟、漕，而阿、鄧、曹、鄆間，田出洳洳者百數十萬頃，(見《明史》卷八十三《河渠志》。)蓋至是並僅存八十里之梁山濼，亦涸而爲田。《日知錄》云，「沙灣未築以前，徐有貞……」云云，可見沙灣既築以後，無復有梁山濼矣。雖尤有蜀山、南旺諸湖存，然其去梁山也遠，不可謂爲即梁山濼也。《方輿紀要》謂「金明昌中，於梁山濼安置屯田，自是遂成平陸」，《乾隆一統志》謂「明築戴村壩，遏汶南流，梁山濼遂成平陸」者，皆非也。高文秀《雙獻功雜劇》，有「寨名水滸，泊號梁山，縱橫河港一千條，四下方圓八百里」之語。文秀籍隸東平，(見《錄鬼簿》卷上。)梁山泊即在境內，蓋得之目驗，證以傳聞，故其詞如此。《水滸傳》因而襲之，原非虛構。後人徒見梁山下無復水泊，遂疑爲小說家惑人，未免失考。亭林先生此條本不爲梁山濼而發，故徵引不能甚詳。然所言獨得要領，勝於諸家多矣。

《康熙壽張縣志》(康熙五十六年知縣滕永禎修。)卷一《方輿志》：「梁山在縣治東南七十里，上有虎頭崖，宋江寨，蓮花臺，石穿洞，黑風洞等蹟。舊志云，『漢文帝第二子梁孝王田獵於此，因名梁山。』」

又同卷：「凡天下山川，以史乘所紀爲據。小說誣民，在所必禁。梁山爲壽張治屬，其山周圍可十里。《水滸》小說乃云『周圍八百里』，即宋江寨，山岡上一小垣耳。說中張皇其言，使天下愚民不至其地者，信以爲然。長姦

萌亂，莫此為甚。因拈出之，以告司治君子，並使天下之人知之，小說之不可信也如此。」

案：《志》於《梁山》條下引舊志云，此條附於「山川」之後，蓋亦沿用舊志之文。舊志作於康熙元年，（見卷首所錄分守東兗道左參政張弘俊舊序，序文有缺頁，不知修志者姓名。）考職官志「知縣陳璜，進士，浙江臨海縣人，順治十六年任。」康熙元年，正其任內，則舊志殆璜所修歟。）於時亭林先生年五十歲。先生與友人書，自言五十以後著《日知錄》，（見文集卷四。）則錄中所謂近有一壽張令修志，乃云「梁山濼僅可十里」者，殆即指此。惟志所辯為梁山周圍僅十里，與《日知錄》引作梁山濼不合，不知是否為新志所刪改，抑係先生誤記也。考之諸書，並云山周二十餘里，志謂僅十里者，亦有意貶損之詞。此人記所目觀，尚復失實，況欲望其檢尋史傳，考梁山濼之實有八百里乎。

又卷八《藝文志》曹玉珂《過梁山記》：「往讀施耐庵小說，疑當時弄兵璜池者，不過數十百人耳。宋勢雖弱，豈以天下之力不能即奏蕩平，應作者譏宋失政，其人其事，皆理之所必無者。繼讀《續綱目》載『宋江以三十六人轉掠河朔，莫能嬰鋒』。又《宣和遺事》備書三十六人姓名。宋龔開有贊，侯蒙有傳，（案：此謂《宋史・侯蒙傳》中有蒙上書言宋江事也，而云龔開有贊，侯蒙有傳，似蒙嘗為宋江作《傳》矣，其拙於行文如此。）其人既匪誣矣。意梁山者，必峰峻壑深，過於孟門、劍閣，為天下之險，若輩方得憑恃為雄。丁未秋，（案：丁未，康熙六年也。）改令壽張，梁山正在境內，擬蒞止之後，必詳審地利，察其土俗，以綢繆於未雨。至壽半月，言邁暇丘，紆途山麓。正午，停輿騎馬，流覽其山，塿然一阜，坦然無銳。外有二三小山，亦斷而不聯。村落比密，塍疇交錯。居人以桔槔灌禾，一溪一泉不可得，其險無可恃者。乃其上果有宋江寨焉。於是進父老而問之。對曰：『昔黃河環山夾流，巨浸遠匯山足，即桃花之潭，因以泊名，險不在山而在水也。』又云：『祝家莊者，邑西之祝口也。關門口者，李應莊也。鄆城有曾頭市。晁、宋皆有後於鄆，舊壽張則李奎擾邑故治也。』且戰陣往來，多能歷述，多與《水滸傳》合。更津津豔稱忠義之名，里閈尤餘慕焉。」

案：本志卷四《職官志》：「曹玉珂，進士，富平縣人。康熙六年十月任。」記中頗信宋江有據梁山濼事。且謂其險在山而不在水，似欲糾正舊志之誤者。惜不能旁引史事以證明之耳。

《乾隆一統志》卷一百二十九《兗州府・山川》：「梁山在壽張縣東南七

十里，本名梁山。以梁孝王遊獵於此而得名。上有虎頭崖，宋江寨，其下舊有梁山濼。」

又：「梁山濼在壽張東南梁山下，久湮。案：《五代史》：『晉開運元年，河決滑州，環梁山入於汶、濟。』司馬光《通鑑》：『周顯德六年，命步軍都指揮使袁彥濬五丈渠，東過曹、濮、梁山濼，以通青、鄆之漕。』（見《通鑑》卷二百九十四。）《宋史・河渠志》：『天禧三年，滑州河溢，歷澶、濮、曹、鄆，注梁山濼。熙寧十年，河決於澶州、曹村、澶淵，北流斷絕，河道南徙，東匯於梁山張澤濼。』《宦者・楊戩傳》云：『梁山濼，古鉅野澤，綿亙數百里，濟、鄆數州賴其蒲魚之利。』蓋梁山濼即古大野澤之下流，汶水自東北來，與濟水會於梁山之東北，回合而成濼。宋時決河匯入其中，其水益大。故政和中，劇賊宋江結砦於此。其後河徙而南，濼亦漸淤。迨元開會通河，引汶絕濟。明築戴村壩，遏汶南流。歲久填淤，遂成平陸。今州境積水諸湖，即其餘流也。」

案：明築戴村壩事在永樂九年。（見《明史》卷八十五《河渠志》。）其後四十餘年，梁山濼猶存八十里，謂以築壩遂成平陸者，非也。《一統志》此條，可與《方輿紀要》參看。嘉慶重修本卷一百六十五刪去「故政和中，劇賊宋江結砦於此」一句，極謬。

又卷一百四十二《泰安府・山川》：「梁山在東平州西南五十里，接兗州府壽張縣界。《史記・梁孝王世家》『北獵梁山』注：《索隱》曰：『《漢書》作梁山。』《水經注》：『濟水北徑梁山東，袁宏《北征賦》曰，「背梁山，截紋波」即此處也。』舊志：『山周二十餘里，上有虎頭崖，下有黑風洞。宋政和中，盜宋江等保據於此。』其下為梁山濼，詳見《兗州府》。」

案：《嘉慶重修一統志》卷一百七十九沿用此條，刪去舊志以下四十一字，蓋纂修諸公不信宋江曾據梁山濼，遂奮筆刊削，殊失疑以傳疑之意。然其《兗州府・梁山》條，因全襲《乾隆志》之舊，致刪除未盡，尚存「宋江寨「三字，不悟其前後矛盾。書有愈修而愈亡者，此類是也。

汪師韓《韓門綴學續編》：「梁山濼在宋為盜蔽，世俗以為宋江據此。考《宋史・蒲宗孟傳》云：『梁山濼素多盜，宗孟痛治之，雖小偷微罪，亦斷其足筋。盜雖為衰止，而所殺不可勝計。』劉延世《孫公談圃》云：『蒲宗孟知鄆州，有盜黃麻胡依梁山濼，至是賊以絕食，遂散。』（案：《談圃》卷下云：「恭敏下令禁民毋得乘小舟出入濼間，賊既絕食，遂散去。」恭敏者，宗孟

證也。）此神宗時事，在淮南盜宋江犯淮陽、京東事在宣和初者，相隔四十年矣。《徽宗本紀》及侯蒙、張叔夜傳紀宋江事者，俱不及梁山濼。他若『許幾知鄆州，梁山濼多盜，皆漁者窟穴。幾籍十人為保，使晨出夕歸，否則以告，輒窮治，無脫者。』（案：見《宋史》卷二百三十幾本傳。）又『任諒提點刑獄，梁山濼漁者習為盜，蕩無名籍。諒伍其家，刻其舟，非是不得輒入，他縣地錯其間者，刻名為表。盜發則督吏名捕，莫敢不盡力，跡無所容。』（案：見《宋史》卷三百五十六諒本傳。）此俱及徽宗時，而未至宣和。宋江橫行在其後，其先或窟穴於此。逮至黃河移故道，梁山濼退地甚廣，民得恣意耕種，地已不屬宋矣。《金史‧佞倖傳》：『正隆六年，（原注：即金世宗大定元年，宋高宗紹興三十一年。）海陵南伐。時梁山濼水涸，戰船不得進。』《食貨志》云，『金刷梁山濼地，遣使安置屯田，民懼徵租，逃者甚眾。大定二十二年，招復梁山濼流民，官給以田。』此乃宋孝宗淳熙九年，距宣和時又五十餘年矣。《元志》河渠、食貨，都不及梁山濼，惟於決堤偶序及之。明洪武初，胡翰（原注：字仲子，金華人。）有《夜過梁山濼》詩云：『洸河帶濼水，百里無原隰，葭菼參差交，舟楫窈窕入。』又云：『往時冠帶地，孰踵萑蒲習，肆噬劇跳梁，潛謀固壞蟄。』是明時猶有水有盜也。景泰間，河決沙灣。徐有貞請開廣濟河，謂『其外有八十里梁山泊，可以為泄』，其地之窪下而閒空可知。今人見其無水，並疑小說言有水者為謬。豈知地在宋、元為眾水之所聚哉。」

　　案：《宋史》無宋江據梁山濼事，他書亦不言其根據地所在。《宣和遺事》始言
　　　　『晁蓋八個，劫了蔡太師生日禮物，不免邀約楊志等前往太行山梁山濼
　　　　去，落草為寇。』「宋江殺閻婆惜後，直奔梁山濼，晁蓋已死，吳加亮等
　　　　推讓宋江做強人首領。」小說家言本不可盡信，汪氏疑之是也。然元人陳
　　　　泰、陸友仁詩文，（均見前。）皆以宋江與梁山濼並言。袁桷《過梁山濼》
　　　　詩有句云：「飄飄愧陳人，歷歷見遺址，流移散空洲，崛強尋故壘。」所
　　　　為崛強故壘，意蓋指宋江寨也。明、清《一統志》及《讀史方輿紀要》，
　　　　亦言宋江嘗結砦保據於此，是則舊說相傳，歷歷有據。顧祖禹史學名家，
　　　　著述尤為不苟，又嘗與修《一統志》，得見《永樂大典》及天下郡國圖經。
　　　　（杭世駿《道古堂文集》卷三十八《胡東樵墓誌銘》云，「崑山徐大司寇
　　　　乾學總裁《一統志》，禮延太原閻若璩，無錫顧祖禹，常熟黃儀洎先生與
　　　　修，因得縱觀天下郡國之書。」劉獻廷《廣陽雜記》卷二云，「上因修《一
　　　　統志》，令天下皆具輿地圖冊以考疆域道里之遠近，皆聚於統志館中」。可

見館中地志之富。而《方輿紀要‧凡例》乃云，「近代《一統》、《寰宇》、《名勝》諸志，及十三司《通志》，余皆得見之。其天下郡縣志得見者十未六七也。局蹐田野，無從搜集」云云。蓋《凡例》作於未入一統志館以前，故其言如此。然得見天下郡縣志幾十之六七，亦不爲不富矣。）故《讀史方輿紀要》，考據精密，具有本源。其《凡例》云，「近世言方輿者，依據失倫，是非莫主，或一事而彼此相懸，一說而前後互異，稱名偶同，漫爲附會，傳習不察，竟昧繇來。欲矜博洽之名，轉滋繆戾之罪。余不敢妄爲附和也。」又云：「是書於宋、元諸史不能盡存，而近時聞見尤用缺如，蓋不欲以可據之方輿，亂以無稽之記載也」，其體例之嚴如此。知書中所採，並出故書雅記，必不至撼拾小說，漫爲附會，斷可識矣。宋江據梁山濼，既歷見於元人詩文及明、清地志，又爲《方輿紀要》所取，自必確有其事，無可疑者。余嘗考之《宋史‧張叔夜傳》，言「宋江起河朔」，汪應辰《文集》亦稱爲「河北劇賊」，似江本踞河北。然《東都事略》及《宋史‧徽宗紀》，於宣和三年二月，書「淮南盜宋江犯淮陽軍」，與《叔夜傳》又復不同。蓋因江自淮南路，出兵以進淮陽，（淮陽屬京東路。）遂就其屯駐之地以爲之目。其稱「河北賊」，亦特追敘其初起一時之事。故方勺《泊宅編》記宣和二年十二月事，又稱爲「京東賊」。江之未嘗久踞河北、淮南可知。然則江之根據地果在何處，未易明也。惟《十朝綱要》於宣和元年書「招撫山東盜宋江」，此其事載於詔旨，著於官文書，最可保信。是江之根據地，固明明在山東境內矣。但山東本非一地之專名，難於確指其處。顧亭林嘗言，「古者自函谷關以東，總謂之山東。唐人則以太行山之東爲山東，而非若今之但以齊、魯爲山東也」。（見《日知錄》卷三十一。）王西莊亦謂「唐以河北魏、博、鎭、冀諸鎭爲山東」。（見《十七史商榷》卷九十。）此其論唐以前之山東皆是也，而非所語於宋以後之山東。若閻潛邱之說，以爲「山東之名起於金，本宋之京東東路、京東西路，金以都既不在汴，易『京』爲『山』，而不知『山』字無著」，（見《潛邱札記》卷三《釋地余論》。）則殊大謬不然。宋之所謂山東，正是指京東兩路言之，（即今之山東省。）而非復唐以前之山東。今不暇遠引他書，姑以記南北宋間事者證之。《繫年要錄》卷十一記建炎元年十二月事云，「初，左副元帥宗維聞上幸維陽，乃約諸軍分道入寇。宗維自河陽渡河攻河南，十二月，入西京。右副元帥宗輔與其弟宗弼自滄州渡河，攻山東。明年春，陷青、濰」。（原誤作維。）青州、濰州皆京東東路也。是時金人已盡陷河北，引兵渡河，則此山東非指河北矣。又卷二十二記建炎三年三月事云：「金人陷京東諸郡。時山東大饑，人相食，嘯聚蜂起。金再犯青州，守臣劉洪道棄城去。於是右副元帥即宗輔左監軍昂摩乘勢盡取山東地。惟濟、

單、興仁、廣濟以水阻尙存焉。」陷京東諸郡而謂之盡取山東地，是山東即京東矣。濟、單、興仁、廣濟，皆京東西路也。又卷三十張匯進論曰：「黏罕（刻本改爲尼瑪哈，今用本名。）止有五六千騎。自建炎二年秋九月離雲中下太行，渡黎陽，攻澶、（即開德府，屬河北東路。）濮、（屬京東西路。）山東諸州郡，以至犯揚州。是時兩河州郡尙有未陷者。山東州郡，十陷二三」云云。上云兩河，下云山東，非指京東兩路耶。姑舉此數條證之，知京東之稱山東，由來已久，宋人著書，必不肯用金人所改之名也。閻氏之言，不然明矣。宋江據梁山，其地屬京東西路之鄆州，故稱之爲「山東盜」。《泊宅編》言：「京東盜宋江出青、齊、單、濮間。」青、齊、單、濮，皆京東路濱梁山濼之地也。元陸友仁詩云：「京東宋江三十六，懸賞招之使擒賊。」（詳《宋江》條。）不曰河北，不曰淮南，並不曰鄆城，（小說言江爲鄆州鄆城縣人。）而曰京東者，因梁山濼彌漫京東諸州郡，故舉其根據地之所在以稱之也。江所以能馳騁十郡，縱橫於京東、河北、淮南之間者，以梁山濼水路可通故也。凡此皆可以意會得之者。汪氏所考，殊爲未盡。梁山濼在宋江以前，已爲盜藪，誠如汪氏之言。然宋江之後，其地亦未嘗無人入據。洪邁《夷堅乙志》卷六云：「宣和七年，戶部侍郎蔡居厚罷知青州，以病不赴，歸金陵，疽發於背，命道士設醮，倩所親王生作青詞，少日而蔡卒。未幾，王生暴亡，三日復蘇，連呼曰：『請侍郎夫人來。』夫人至，王乃云：『初如夢中，有人相追逮，至公庭。俄西邊小門開，獄卒護一囚，扭械聯貫立庭下，細視之，乃侍郎也，回望某云：汝今歸便與吾妻說，速營功果救我，今衹是理會鄆州事。』夫人痛哭曰：『侍郎去年帥鄆時，有梁山濼賊五百人受降，既而悉誅之，吾屢諫不聽也。』」又徐夢莘《三朝北盟會編》卷一百四十三云：「張榮，梁山濼取漁人也。聚梁山濼，有舟師二三百人，（案：《繫年要錄》卷三十三作「有舟數百」，則不止二三百人矣。）常劫掠金人。杜充爲留守時，借補榮官至武功大夫，遙郡刺史，車號爲張敵萬。」蓋自宣和三年宋江離去之後，梁山濼旋爲他人所據，至六年降於蔡居厚，爲所殺。逮建炎初，張榮又起兵於此。其後，地雖入金，仍爲興兵反抗者之根據地。（見前引《方輿紀要》。）因其地蘆葦叢生，煙波無際，聚眾出沒其間，易於逃匿，難於捕捉，故隨撲隨起，迄不能定也。俞蔭甫乃以蔡居厚所殺者爲即宋江，（見《宋江》條。）由其習讀小說，而不考史事，第知梁山濼有宋江耳。

袁枚《隨園隨筆》卷十八《辨訛類下》：「俗傳宋江三十六人據梁山泊，此誤也。案：《宋史・徽宗本紀》、侯蒙、張叔夜兩《傳》紀江事者，並無梁山泊之說。惟《蒲宗孟傳》言『梁山濼多盜，宗孟痛治之，雖小偷必斷其足，

盜雖衰止，而所殺甚多』。《孫公談圃》云：『蒲宗孟知鄆州，有盜黃麻胡依梁山濼爲患』云云，此是神宗時事，與宋江之起事宣和初者，已相隔數十年矣。」

　　案：以此條與《韓門綴學》兩相比勘，所不同者才十許字，雖曰暗合，何其巧也。袁氏與韓門生同時，（汪長於袁十歲，卒於袁前。）疑其嘗見《綴學》而襲取之耳。如引《宋史》「所殺甚多」，引《談圃》「依梁山濼爲患」，皆非本書之語，蓋只顧點竄字句以掩剽掇之跡，而忘其與原書不合也，可謂欲蓋彌彰者矣。袁氏以文學著名，讀其書者不少。《嘉慶重修一統志》，於《梁山濼》條下，刪去宋江事，未必不由於此。故姑存其說云爾。（《宋江三十六人考實》）

（節錄自余嘉錫《宋江三十六人考實・楊家將故事考信錄》，雲南人民出版社 2005 年版，第 73～92 頁。原文稱引著作無書名號，選編者酌增。）

梁山泊考證

何　心

　　梁山泊古名大野澤。《書經・禹貢》云：

　　　　大野既瀦，東南底平。

《僞孔傳》云：

　　　　大野，澤名。水所停曰瀦。

《周禮・職方氏》云：

　　　　河東曰兗州，其山鎮曰岱山，其澤藪曰大野。

《爾雅・釋地》云：

　　　　魯有大野。

邢昺《疏》云：

　　　　《地理志》云：「大野澤在鉅野縣北。」鉅即大也。由其旁有大
　　　　澤，故縣以鉅野爲名，哀十四年《左傳》云：「西狩於大野。」以其
　　　　澤在曲阜西，故云西狩也。

《漢書・地理志》「山陽郡鉅野縣」下云：

　　　　大野澤在北。

大野澤亦稱鉅野澤。《史記・彭越列傳》云：

　　　　彭越者，昌邑人也，字仲，常漁鉅野澤中爲群盜。

北魏酈道元《水經注》引何承天云：

> 鉅野湖澤廣大，南導洙、泗，北連清、濟，舊縣故城，正在澤
> 中。

《明史》卷四十一《地理志》云：

> 壽張縣南有梁山濼，故大野澤下流，東北有會通河，又有沙灣。
> 弘治前，黃河經此，後湮。

明曹學佺《大明輿地名勝志》云：

> 《河紀》云：「南旺湖在縣西南三十里，濟寧接界，其地特高。
> 汶水西南流，至此而分，上有禹廟及分水神祠。湖在漕河西岸，縈
> 回百里，即鉅野大澤東畔也。宋時，與梁山濼水匯而爲一，圍三百
> 餘里．即南渡時宋江軍所據梁山泊也。及會通河開，始畫而爲二，
> 漕渠貫之，有蜀山湖在東涯，即南旺東湖也。周回六十五里，有山
> 一區，在水中央，望之若螺髻焉，曰蜀山，上有聖母祠。」

清胡渭《禹貢錐指》引于欽《齊乘》云：

> 大野澤即梁山泊也。梁山在壽張縣東南七十里，東平州西南五
> 十里，東接汶上縣。汶水西南流，與濟水會於山之東北，回合而成
> 濼。

又云：

> 南旺湖在汶上縣西南三十五里，會通河之西岸。湖即鉅野澤之
> 東偏，縈回百五十餘里，宋時與梁山濼合而爲一，周圍三百餘里，
> 亦曰張澤濼。

由以上諸說看來，梁山泊便是古時的大野澤，或稱鉅野澤，而張澤濼即
南旺湖，也是梁山泊的一部分。

梁山泊的得名，是因爲靠近梁山的緣故。梁山在壽張、鄆城、東平三縣
境。《壽張縣志》卷一《方輿志》云：

> 梁山在縣治東南七十里，上有虎頭崖、宋江寨、蓮花臺、石穿
> 洞、黑風洞等跡。舊志云：「漢文帝第二子梁孝王田獵於此山之北，
> 因名梁山。或曰『本名良山』。《史記》：『孝王北獵良山。』又古邑
> 名曰良，漢縣曰壽良，皆以此。」

清顧祖禹《讀史方輿紀要》卷三十三云：

> 梁山，州（指東平州）西南五十里，接壽張縣界，本名良山。

漢梁孝王常遊獵於此，因改爲梁山，《史記》「梁孝王北獵良山」是也。山周二十餘里，上有虎頭崖，下有黑風洞。山南即古大野澤。宋政和中，盜宋江保據於此，其下即梁山泊也。

清顧炎武《日知錄》卷十二云：

《五代史》：「晉開運元年五月丙辰，滑州河決，浸汴、曹、濮、單、鄆五州之境，環梁山，合於汶水，與南旺、蜀山連，彌漫數百里。」河乃自北而東。《宋史》：「熙寧八年七月乙丑，河大決於澶州曹村，北流斷絕，河道南徙，匯於梁山張澤瀼，分爲二派：一合南清河入於淮，一合北清河入於海。」河又自東而南矣。

可見梁山四周都是水鄉澤國。《壽張縣志·方輿志》云：

凡天下山川，以史乘所記爲據。小說誣民，在所必禁。梁山爲壽張治屬，其山周圍可十里，《水滸》小說乃云周圍八百里。即宋江寨，山岡上一小垣耳，小說中張皇其言，使天下愚民不至其地者，信以爲然，長姦萌亂，莫此爲甚，因拈出之，以告司治君子，並使天下之人知之，小說之不可信也如此。

其實《水滸傳》所謂方圓八百餘里，乃是指整個梁山泊而言。縣志所謂周圍可十里，不過一山的面積，當然不能相提並論。

《日知錄》卷十二云：

予行山東鉅野、壽張諸邑，古時瀦水之地，無尺寸不耕，而忘其昔日之爲川浸矣。近有一壽張令修志，乃云：「梁山瀼僅可十里，其虛言八百里，乃小說之惑人耳。」此並五代、宋、金史而未之見也。書生之論，豈不可笑也哉。

梁山泊範圍的擴大，皆黃河決水所造成。自五代至宋，黃河決水之有關梁山泊者，列舉如下：

《五代史》云：

後唐莊宗同光二年八月，宋州大水。鄆、曹等州大風雨。河水溢漫，流入鄆州界。

又云：

後唐明宗長興二年四月，鄆州上言：黃河水溢，岸闊三十里，東流。

又云：

石晉高祖天福六年九月，河決滑、濮、澶、鄆四州，水東流。兗州奏稱：河水東流，闊七十里。

又云：

石晉出帝開運元年六月，河決滑州，環梁山，入於汶、濟。

《宋史》云：

太宗太平興國七年，河大漲，蹙清河，凌鄆州。城將陷，塞其門，急奏以聞。詔殿前承旨劉吉馳往固之。

又云：

八年五月，河大決滑州韓村，壞居人廬舍，東南流，至彭城界，南入於淮。

又云：

真宗咸平三年五月，河決鄆州王陵埽，浮鉅野，入淮、泗，水勢悍激，侵迫州城。鄆州城嘗因赤河決，挾濟、泗，苦水患，至是復因霖雨盈月，積潦益甚，乃徒於東南十五里陽鄉之高原。

又云：

真宗天禧三年六月，河決滑州，漫溢州城，歷澶、曹、鄆，注梁山泊。又合清水古汴渠，東入於淮。州邑罹患者三十二。

又云：

神宗熙寧十年，河大決於澶州曹村。澶淵北流，斷絕河道，南徙，東彙於梁山張澤濼，分爲二派：一合南清河入於淮，一合北清河入於海，凡灌郡縣四十五，而濮、濟、鄆、徐尤甚，壞田逾三十萬頃。

又云：

神宗元豐五年八月，河決鄭州原武埽，溢入利陽、武溝、刁馬河，歸納梁山濼。

由此可知黃河每一次在山東決口，總是以梁山泊爲尾閭。因此湖泊的面積逐漸擴張，到了宣和年間，方圓有八百餘里，卻也不足爲奇。我還找到一個間接的證明。宋王闢之《澠水燕談錄》有一則云：

往年士大夫好講水利，有言欲涸梁山泊以爲農田。或詰之曰：「梁山泊古鉅野澤，廣袤數百里，今若涸之，不幸秋夏之交，行潦四集，諸水併入，何以受之。」貢父適在座，徐曰：「卻於泊之旁

鑿一池，大小正同，則可受其水矣。」座中皆絕倒，言者大慚沮。

此書有紹聖二年正月王辟之自序。紹聖距離宣和不遠，其時梁山泊廣袤已有數百里，可見《水滸傳》說梁山泊方圓八百餘里，並非誇大之詞。

因為梁山泊的區域如此遼闊，而且沙洲縱橫，港汊紛歧，所以盜賊出沒其間，非常便利。在宋江等之前，梁山泊早已成為盜窟，其中強盜多半是土著的漁民，這可以從《宋史》的列傳裏找出一點證據來。《宋史》卷三百二十八《蒲宗孟傳》云：

> 熙寧初，以資政殿學士徙亳、杭、鄆三州。鄆介梁山濼之間，素多盜，宗孟痛止之，雖小偷微罪，亦斷其足筋。盜雖為衰止，而所殺亦不可勝計矣。

又卷三百五十三《許幾傳》云：

> 政和時，以顯謨閣待（編者按：待，原作侍。據《宋史》本傳改正。）制知鄆州。梁山濼多盜，皆漁者窟穴也。幾籍十人為保，使晨出夕歸，否則以告，輒窮治無脫者。

又卷三百五十六《任諒傳》云：

> 徽宗時，諒提點京東刑獄。梁山濼漁者習為盜，蕩無名籍。諒伍其家，刻其舟，非是不得輒入。他縣地錯其間者，鑱石為表。盜發，則督吏名捕，莫敢不盡力，蹟無所容。

至於漁民為什麼會變成強盜？仔細研究起來，其中卻包含著許多血淚史。統治階級所主撰的史書，當然不肯彰明較著的寫出來，但是我們可以從旁窺見一二。《宋史》卷四百六十八《楊戩傳》云：

> 有胥吏杜公才者，獻策於戩，立法索民田契，自甲之乙，乙之丙，展轉尋究，至無可證，則度地所出，增立賦租。始於汝州，浸淫於京東西，淮南北，括廢堤、棄堰、荒山、退灘及大河淤流之處，皆勒民主佃，額一定，後雖衝蕩回覆，不可減。……梁山濼古鉅野澤，綿亙數百里，濟、鄆數州，賴其蒲漁之利。立租弄船納值，犯者盜執之。

讀了這一段，暴政虐民，已可概見。梁山泊一帶的居民，向來靠著「蒲魚之利」為生活，一旦加上許多苛捐雜稅，使他們無法生存，而交不出捐稅的人，又要被當做盜匪，拘捕治罪。他們在極端忿怒之下，鋌而走險，便乾脆做了強盜，拚死與貪官污吏對抗。《水滸傳》寫三阮本是石碣村漁民，因為劫奪了生辰綱而投奔梁山泊為盜，倒是有歷史根據，並不是作者憑空捏造出來的。

宋朝以後，黃河改道，梁山泊漸漸淤涸，成爲陸地。胡渭《禹貢錐指》卷五云：

> 此地屢遭河患。漢元光三年，河決濮陽瓠子，注鉅野，通淮、泗，後二十餘年始塞。自是以後，五代晉開運初，宋咸平三年，天禧三年，熙寧十年，金昌明五年，河皆決入鉅野，溢於淮、泗，或由北清河入濟。自漢以來，衝決填淤凡四五度，高下易形，久已非禹蹟之舊。逮元至正四年，河又決入此地。鉅野、嘉祥、汶上、任城等縣，皆罹水患。及河南徙，澤遂涸爲平地，而畔岸不可復識矣。

這一段紀載，對於梁山泊的滄桑變遷，說得頗爲詳盡。《壽張縣志》卷八《藝文類》錄有清人曹玉珂《過梁山記》云：

> 往讀施耐庵小説，疑當時弄兵潢池者不過數十百人耳，宋勢雖弱，豈以天下之力，不能即奏蕩平。或作者譏宋失政，其人其事，皆理之所必無者。繼讀《續綱目》，載宋江以三十六人轉掠河朔，莫能嬰鋒。又《宣和遺事》備書三十六人姓名。宋龔開有贊，侯蒙有傳，其人既非誣矣。意梁山者必峰峻壑深，過於孟門、劍閣，爲天下之險，若輩方得憑恃爲雄。丁未秋，改令壽張。梁山正在境内，擬蒞止之後，必詳審地理，察其土俗，以綢繆於未雨。至壽半月，言邁瑕丘，紆途山麓。正午，停輿騎馬，乃流覽其山，螻然一阜，坦首無銳，外有二三小山，亦斷而不聯，村落比密，塍疇交錯，居人桔槔灌禾，求一溪一泉而不可得，其險毫無可恃者，乃其上果有宋江寨焉。於是進父老而問之，對曰：「昔黃河環山夾流，巨浸遠匯，山足即桃花之潭，因以泊名，險不在山而在水也。」又云：「祝家莊者，邑西之祝口也。關門口者，李應莊也。鄆城有曾頭市。晁、宋皆有後於鄆。舊壽張則李奎擾邑故治也。武松打虎之景陽岡，今在陽谷縣。」且戰陣往來，皆能歷述，多與《水滸傳》合，更津津豔稱忠義之名，里閈猶有餘慕焉。

《大清一統志》云：

> 梁山濼在壽張東南梁山下，久湮。按《五代史》：「晉開運元年，河決滑州，環梁山，入於汶、濟。」司馬光《通鑒》：「周顯德六年，命步軍都指揮使袁彦濬五丈渠，東過曹、濮、梁山濼，以通青、鄆之漕。」《宋史·河渠志》：「天禧三年，滑州河溢，歷澶、濮、曹、

鄆，注梁山濼。熙寧十年，河決於澶州、曹村、澶淵，北流斷絕，河道南徒，東匯於梁山張澤濼。」《宦者・楊戩傳》云：「梁山濼，古鉅野澤，綿互數百里，濟、鄆數州，賴其蒲魚之利。」蓋梁山濼即古大野澤之下流，汶水自東北來，與濟水會於梁山之東北，回合而成濼。宋時，決河匯入其中，其水益大。故政和中劇賊宋江結砦於此。其後河徙而南，濼亦漸淤。迨元開會通河，引汶絕濟；明築戴村壩，過汶南流。歲久填淤，遂成平陸。今州境積水諸湖，即其餘流也。

清汪師韓《韓門綴學續編》云：

梁山濼在宋爲盜藪，世俗以爲宋江據此。考《宋史・蒲宗孟傳》云：「梁山濼素多盜，宗孟痛治之，雖小偷微罪，亦斷其足筋。盜雖爲衰止，而所殺不可勝計。」劉延世《孫公談圃》云：「蒲宗孟知鄆州，有盜黃麻胡依梁山濼，至是盜以絕食，遂散。」此神宗時事，在淮南盜宋江犯淮陽、京東事在宣和初者，相隔四十年矣。《徽宗本紀》及侯蒙、張叔夜傳紀宋江事者，俱不及梁山濼。他若許幾知鄆州，梁山濼多盜，皆漁者窟穴。幾籍十人爲保，使晨出夕歸，否則以告，輒窮治，無脫者。又任諒提點刑獄，梁山濼漁者習爲盜，蕩無名籍。諒伍其家，刻其舟，非是不得輒入。他縣地錯其間者，刻石爲表。盜發則督吏名捕，莫敢不盡力，蹟無所容。此俱及徽宗時，而未至宣和。宋江橫行在其後，其先或窟穴於此。逮至黃河移故道，梁山濼退地甚廣，民得恣意耕種，地已不屬宋矣。《金史・佞倖傳》：「正隆六年，海陵南伐，時梁山濼水涸，戰船不得進。」《食貨志》云：「金刷梁山濼地，遣使安置屯田，民懼徵租，逃者甚眾。大定二十二年，招復梁山濼流民，官給以田。」此乃宋孝宗淳熙九年，距宣和時又五十餘年矣。《元志》河渠、食貨，都不及梁山濼，惟於決堤偶敍及之。明洪武初，胡翰有《夜過梁山濼》詩云：「洸河帶濼水，百里無原隰，葭菼參差交，舟楫窈窕入。」又云：「往時冠帶地，孰踵崔蒲習，肆噬刷跳梁，潛謀固懷蟄。」是明時猶有水有盜也。景泰間，河決沙灣，徐有貞請開廣濟河，謂其外有八十里梁山泊，可以爲泄，其地之窪下而閒空可知。今人見其無水，並疑小說言有水者爲謬，豈知地在宋、元爲眾水之所聚哉。

由上述諸說看來，《水滸傳》所稱方圓八百餘里的梁山泊，除了梁山尚存之外，其餘水鄉澤國，早已變成陸地，現在簡直無法找到了。

（節錄自何心《水滸研究》，上海古籍出版社 1985 年版，第 179～187 頁。）

呼保義宋江

余嘉錫

李埴《十朝綱要》卷十八：「宣和元年十二月，詔招撫山東盜宋江。」

案：史不載宋江起事之年，《水滸傳》敘事無年月。《宣和遺事》敘楊志、晁蓋等同往梁山泊落草爲寇，事在宣和二年五月。其後宋江殺閻婆惜，事發後投晁蓋，則江之入梁山泊，當是在年六七月以後矣。今據《十朝綱要》，則元年已降詔招安，安得二年五月後方起事乎。李埴爲燾之子，其書蓋即《長編》之目錄，《長編》所據者，國史日曆，最爲可信。《宣和遺事》出於街談巷語，不足據也。元年有詔招撫，而江至三年始降，知《水滸》所載兩次招安不成，固非純出虛構矣。夫必官軍不能捕討，然後降詔招安，其勢已張甚。然則江之起，當在宣和紀元以前。《讀史方輿紀要》謂「宋政和中，宋江結砦於梁山濼」，其言必有所本。考《宋史》卷四百六十八《楊戩傳》云：「有胥吏杜公才者，獻策於戩，⋯⋯括廢堤棄堰荒山退灘，及大河淤流之處，皆勒民主佃，號爲西城所。梁山泊，（《宋史》「梁」誤作「築」，今改正。）古鉅野澤，綿亙數百里，濟鄆數州賴其蒲魚之利，立租算船納直，犯者盜執之。」此時江必尚未至梁山。使江已結砦於此，戩安能就其地算船租乎？故江之起，當在政和四年以後，或所結山砦，即因戩所築，逐官吏而據之也。《十朝綱要》此條及《方輿紀要》，從未經人引用，余故表而出之，亦讀史者所不廢也。

方勺《泊宅編》卷下：（據稗海本。）「宣和二年十月，睦州青溪縣堨村居人方臘，託左道以惑眾。⋯⋯十二月四日，陷睦州。初七日，天章閣待制歙守曾孝蘊以京東賊宋江等出青、齊、單、濮間，有旨移知青社。一宗室通判州事，守禦無策。十三日，又陷歙州。

案：此可見宋江當時聲勢之盛，致朝廷有東顧之憂。孝蘊《宋史》卷三百十二附《曾公亮傳》，不載宋江事。羅願《新安志》（新安郡即歙州。）卷九《牧守》題名：「曾孝蘊，天章閣待制，二年（宣和。）十月八日到官，十二月移知青州。」

《宋史》卷三百五十一《侯蒙傳》：「進尙書左丞中書侍郎，⋯⋯罷知亳

州，旋加資政殿學士。宋江寇京東。蒙上書言：『江以三十六人橫行齊魏，官軍數萬，無敢抗者，其才必過人。今清溪盜起，不若赦江使討方臘以自贖。』帝曰：『蒙居外不忘君，忠臣也。』命知東平府，未赴而卒。」

　　案：據《宋史》卷二十一《徽宗紀》，蒙罷中書侍郎在政和七年十月。《東都事略》卷一百三《侯蒙傳》云：「尋出知亳州，旋除資政殿學士，提舉崇福宮。」餘同《宋史》。惟「齊魏」作「河朔」，「居外不忘君」作「居閒不忘君」，「命知東平府」作「起知東平府」。蓋蒙知亳州未久，即罷職奉宮祠，此書上於奉祠之日，不在亳州任，故雲居閒，《宋史》誤也。方臘以宣和二年十月起事，蒙書當上於十月以後，意即《泊宅編》所言宋江等出青、齊、單、濮之時。元年有詔招撫，而江不降，其事旋寢，故蒙復有此請。於是朝廷以曾孝蘊知青州，蒙知東平，皆以備江，且謀招撫也。以諸書所載江事觀之，江之徒黨，少亦救千。此言三十六人者，意欲盛言江之才能，故僅舉其首領耳。

　　汪應辰《文定集》卷二十三《顯謨閣學士王公墓誌銘》：「公諱師心，字與道，世爲婺州金華人，登政和八年進士第，授迪功郎，海州沭陽縣尉。時承平久，郡縣無備。河北劇賊宋江者，肆行莫之禦。既轉略京東，徑趨沭陽。公獨引兵要擊於境上，敗之，賊遁去。」

　　案：梁玉繩《瞥記》卷七引此文，刪去「登」字，及「進士第」以下二十一字，直以師心之敗宋江爲政和八年事，非也。師心雖以政和八年授官，然是年必不能即到沭陽。蓋宋人初授官者，例須待闕。（亦謂之待次，或須次，需次。）凡待某人之闕者，非其人死或去官，則必待其任滿始得到任。官以三年爲一任，（高宗建炎間始改爲二年，見《宋史》卷一百十一《選舉志》。）有待至兩三任以上者。繼《長編》四百九十載蔡京《疏》云「三歲一舉，無慮萬計，員多闕少，五歲而後調一官。」周輝《清波雜誌》卷一云：「選人改秩，今當員多闕少時，須次動六七年」是也。洪邁《夷堅志》中敘此類事甚多，不可勝數。今姑舉兩事證之。其《支癸志》卷十云「天台王居敬謁劉樞幹問命。既退，改爲居安，再詣劉肆。劉喜曰：『今名甚利，幾於魁天下，而須待闕十年以上。』王默嗤笑其妄，曰：『烏有在魁甲，而需久次之理。』」由此觀之，可見登第授官者，亦須待闕也。又《三志》己卷五云：「陳茂英以乾道己丑登第，爲長興尉。淳熙乙未，方赴官。」與師心出身官職皆同，尤爲切證。己丑爲乾道五年，十年改元淳熙，其二年歲在乙未，是已待闕六年矣。師心以政和八年登第，是年改元重和，明年又改宣和，其到沭陽尉任，當在宣和二年間，蓋所待者猶近闕也。《墓誌》云：「宋江既轉略京東，徑趨沭陽。」考宋江以宣和三年二月曾進攻京東、江北，

入楚、海州界。（見後。）海州在楚州東北一百二十五里。（見《元豐九域志》卷五。）由楚至海，沭陽為必經之路。江「徑趨沭陽」，即在此時。蓋其前鋒順道經過，志不在此，故為師心所敗，要亦不過斬首數級耳。不然，江所至官軍數萬無敢抗者，張叔夜雖以奇計敗江，尚用兵千除人。師心區區一縣尉，所將不過士兵、弓手百數十人，烏能敗之乎。

張守《毘陵集》卷十三《秘閣修撰蔣圓墓誌銘》：「未幾，徙知沂州。宋江嘯聚亡命，剽掠山東一路，州縣大振，吏多避匿，公獨修戰守之備，以兵扼其衝。賊不得逞，祈哀假道。公嘿然陽應，偵食盡，督兵鏖擊，大破之。餘眾北走龜、蒙間，卒投表請降。或請上其狀。公曰：『此郡將職也，何功之有焉。』」《宋史》卷二十二《徽宗紀》：「宣和三年二月，甲戌，降詔招撫方臘。……是月，方臘陷處州。淮南盜宋江等犯淮陽軍，遣將討捕，又犯京東、江北，入楚、海州界；命知州張叔夜招降之。」

　案：據招降之語觀之，知徽宗嘗命叔夜招撫宋江。會江為叔夜所敗，遂承詔出降，即移軍隸童貫攻方臘。蓋猶用侯蒙前議也。

《東都事略》卷十一《徽宗紀》：「宣和三年，二月，方臘陷楚州。淮南盜宋江犯淮陽軍，又犯京東、河北，入楚、海州。夏，四月，庚寅，童貫以其將辛興宗與方臘戰於青溪，擒之。五月丙申，宋江就擒。」

　案：方臘未嘗陷楚州，「楚」當作「處」，以字形相近而誤。《事略》此節敘事謬甚。宋江為張叔夜招降後，即從童貫攻方臘，四月率師次幫源洞，六月破臘眾於上苑洞，皆有明文可考。五月正江與臘馳驅鏖戰之時，安得就擒乎。

《十朝綱要》卷十八：「宣和三年二月，庚辰，宋江犯淮陽軍，又犯京東、河北路，入楚州界。知州張叔夜招撫之，江出降。」

　案：「楚」下當有「海」字，傳寫脫去。江之攻淮陽入海州，非庚辰一日事也。蓋江以是日降，遂牽連書之耳。云『張叔夜招撫之』，可與《宋史》互證。

《續宋編年資治通鑑》卷十八：「宣和二年十二月，盜宋江犯淮陽及京西、河北，至是入海州界，知州張叔夜設方略討捕招降之。

　案：陳均《九朝編年綱目備要》卷二十九，與此同。黃以周等《續資治通鑑長編拾補》卷四十二云：「據諸史所書招降宋江事，俱在三年二月，而《續宋編年資治通鑑》獨繫之是年十二月，疑不無舛錯。」此書題李燾撰，雖非燾書，然實宋末坊賈就燾《長編》刪節為之，陳均書亦大體本之《長編》，皆不當有誤。考童貫之授江浙宣撫使攻方臘，《長編紀事本末》繫之宣和三年正月癸卯，而《宋史·徽宗紀》則係之二年十二月丁亥，《北盟會編》亦以為「宣

和二年，貫率劉延慶、劉光世、辛企宗、宋江等軍往討之。」（見後）使江之降在三年二月，則方貫出師之時，江尚未降，安得率之以往，疑江實以二年十二月末降於叔夜，而於次年正月隨貫出師。諸史謂三年二月始降者，傳聞異辭也。然李埴爲燾之子，所撰《十朝綱要》，亦書三年二月，不應故與其父立異。《長編》原書既亡，無所折衷，仍當存疑。

《宋史》卷三百五十三《張叔夜傳》：「……以徽猷閣待制再知海州。宋江起河朔，轉略十郡，官軍莫敢攖其鋒，聲言將至。叔夜使間者覘所向。賊徑趨海瀕，劫鉅舟十餘，載鹵獲。於是募死士得千人，設伏近城，而出輕兵距海誘之戰。先匿壯卒海旁，伺兵合，舉火焚其舟。賊聞之，皆無鬥志。伏兵乘之，擒其副賊，江乃降。」

　　案：諸史皆不言「擒其副賊」，獨見於此傳。金聖歎因《水滸傳》言盧俊義坐第二把交椅，遂影射此事，改第七十一回「梁山泊英雄排坐次」爲「英雄驚惡夢」，謂俊義夢見爲張叔夜所縛，而一百七人情願歸附朝廷。後人習焉不察，亦以《宋史》所言「副賊」必盧俊義也。不知《宣和遺事》所載三十六人姓名，第一名爲吳加亮，第二名始爲李進義，而宋江爲之帥。龔聖與《贊》則宋江第一，吳學究第二，盧俊義第三，是宋人無以俊義爲宋江之副者。若果稗史可信，則張叔夜所擒「副賊」當是吳加亮而非俊義也。俊義、加亮皆無他事可考，故不別爲專條，附辯之於此。

《東都事略》卷一百八《張叔夜傳》：「以徽猷閣待制出知海州。會劇賊宋江剽掠至海，超海岸，劫巨艦十數。叔夜募死士千人，距十餘里，大張旗幟，誘之使戰。密伏海旁，約候兵合即焚其舟。舟既焚，賊大恐，無復鬥志，伏兵乘之，江乃降。」

　　案：李幼武《宋名臣言行續錄》卷三，全與此同。

徐夢莘《三朝北盟會編》卷八十八：「張叔夜，字嵇仲，有文武大材。起知海州，破群盜宋江有功。」

又同卷引《張叔夜家傳·以病乞致仕宮觀劄子》：「臣本無技能，徒以片文隻字，誤歷華近。逮出守海壖，會劇賊猝至，偶遣兵斬捕，賊勢挫衂，相與出降，蒙恩進秩。」

《宋會要》第一百七十七冊：（《兵十二》第二十六頁。）「宣和三年五月三日，詔：『近緣諸州郡守臣，間非其人，以致盜賊竊發。唯徽猷閣待制知海州張叔夜，直龍圖閣知襲慶府錢伯言，直龍圖閣知密州李延熙，能責所部斬捕賊徒，聲績著聞，寇盜屏跡，宜各進職一等，以爲諸郡守臣之勸。』」

《北盟會編》卷五十二引《中興姓氏姦邪錄》：「宣和二年，方臘反睦州，陷溫、臺、婺、處、杭、秀等州，東南震動。以貫（童貫。）爲江浙宣撫使，領劉延慶、劉光世、辛企宗、宋江等軍二十餘萬往討之。」

楊仲良《續資治通鑑長編紀事本末》卷一百四十一：「宣和三年四月戊子，初，童貫與王稟、劉鎮兩路預約於睦、歙間，分兵四圍，包幫源洞於中，同日進師。至是王稟等已復睦州，將至洞前。劉顯（顯當作鎮。）等已復歙州，駐軍洞後。且密諭之，剋日既定，當縱火爲號，見焚燎煙升，則表裏夾攻，仍面縛僞囚，上副御筆四圍生擒之策。劉鎮將中軍，楊可世將後軍，王渙統領馬公直並稗將趙明、趙許、宋江，既次洞後。而門嶺崖壁峭，阪險徑危，賊數萬據之。劉鎮等率勁兵從間道掩擊，奪門嶺，斬賊六百餘級。是日平旦入洞後，且戰且進，鳴鏑縱火，焚其廬舍。稟等自洞前望燎煙而進。稟領中軍，辛興宗領前軍，楊維中領後軍，總稗將王淵、黃迪、劉光弼等與劉鎮合圍夾攻之。賊二十餘萬眾，腹背抗拒，轉戰至晚，凶徒糜爛，血流丹地。火其廬萬間。王稟以奇兵斬賊五千四十六級。劉鎮等兵斬賊五千七百八十餘級。生擒四百九十七人，脅從老稚數萬計，並釋之，而未得僞酋方臘。翌日搜山。庚寅，王稟、辛興宗、楊惟忠，生擒方臘於幫源山東北隅石澗中，並其妻孥、兄弟、僞相、侯王三十九人。振旅赴杭州宣撫司。」

《三朝北盟會編》卷二百十二，《林泉野記》曰：「宣和三年，方臘反，光世別將一軍自饒趨衢、婺、出賊不意，戰多捷。臘走入清溪洞。光世遣諜察知其要險，與楊可世遣宋江並進，擒其僞將相，送闕下。」

案：此條諸家考證無舉及之者。

《十朝綱要》卷十八：「六月，辛丑，辛興宗、宋江破賊上苑洞。」

案：《宋史》卷四百六十八《童貫傳》、《宋會要》第一百七十六冊，（《兵第十》。）《續宋編年資治通鑑》卷十八及《泊宅編》、《青溪寇軌》諸書，敘方臘事，均一字不及宋江。蓋以江非大將，故略之耳。然里巷傳聞，固皆知江有隨攻方臘事，南宋說話人逐編入小說。（如《宣和遺事》之類。）作《水滸傳》者，從而鋪張之，盡以戰績歸之於江。自金人瑞評《水滸傳》，僅取其前七十一回，（金並原本第一回入《楔子》，故其書七十回，實原本之七十一回也。）僞撰盧俊義一夢以結之，託爲施耐庵古本，而謂招安以下諸事爲羅貫中所續，詆爲惡箚。其書盛行，幾於家弦戶誦，致後來考證家，如畢沅、俞樾等，皆不信江曾預攻方臘。今以《長編》、《紀事本末》諸書考之，江之從攻方臘無疑。其戰績雖不如《水滸傳》所云，然非不預其事者。幫源

洞形勢，以洞後爲最險，而江與劉鎮諸軍實次洞後。於時分兵兩路，前後夾攻。其率先入洞縱火者，後路軍也。而江實隸後軍，且「擒其僞將相，送闕下」，又有上苑洞之捷。則江降後實曾隸屬童貫參與攻方臘之役。特以偏裨隸入麾下，史紀之不詳耳。其盛爲後來人所傳稱，不盡無因也。

《宣和遺事》亨集：「各人統率強人，（各人謂宋江等。）略州劫縣，放火殺人，攻奪淮陽、京西、河北三路二十四州八十餘縣，劫掠子女玉帛，擄掠甚眾。（此下敘呼延綽等三人投宋江及江往東嶽還願事，今略去。）朝廷無其奈何，只得出榜招諭。有那元帥姓張名叔夜的，是世代將門之子，前來招誘宋江和那三十六人歸順宋朝，各受武功大夫告勑，分注諸路巡檢使去也。因此三路之寇悉得平定。後遣宋江收方臘有功，封節度使。」

案：《遺事》此節敘事皆有所本，不甚失實。惟宋江僅縱橫十郡，無二十四州之多；張叔夜是知州，非元帥；皆不免誇大其詞。至謂三十六人初降即授武功大夫，宋江以裨將有功，遽建節鉞，皆太優，非故事。當攻方臘時，劉光世以鄜延路兵馬都監蘄州防禦使自將一軍，方臘事定，僅授耀州觀察使。王淵以故將爲先鋒，論功才授合門宣贊舍人。（均見《宋史》卷三百六十九本傳。）江之戰功不高於二人，安得獨授節度使。《宋史》卷一百十九《職官志》曰：「宣和末，節度使五六十人，議者以爲濫。」注曰：「親王皇子二十六人，宗室十一人，前執政二人，大將四人，外戚十人，宦者恩澤計七人。」宋江之資格與此各項皆不相當，其不得爲節度使亦明矣。蓋小說類多緣飾，不可以史例繩之也。《遺事》敘宋江事止於此，不言其究竟。考之諸書，方臘事定後，亦更不及江一字。觀宣和四年童貫伐遼，江不從行，而以楊志代將，（見後《楊志》條。）疑江於攻臘後，不久即死矣。方南北宋之際，天下多事，江之爲人，非甘於老死牖下者，使其不死，必不脫身兵間。而《北盟會編》、《繫年要錄》，於靖康、建炎間諸將及草莽英雄，紀述甚詳，獨不見江姓名。江於此時非已死即遠貶，宜乎《水滸傳》有飲御酒被毒之說也。《遺事》又謂：「宣和五年七月一日，太史奏毛頭星現。帝謂張商英曰：「今宋江叛於山東，方臘反於荊、楚，妖星現於燕北，天下紛紛，何時定乎？」其說大誤。江之降，臘之死，至是皆已二年有餘，安得復爲此語。其書雜採傳說，前後牴牾不合，類如此。

楊愼升菴《詞品拾遺》：「《甕天脞語》載宋江潛至李師師家，題一詞於壁云：『天南地北，問乾坤何處可容狂客。借得山東煙水寨，來買鳳城春色。翠袖圍香，鮫綃籠玉，一笑千金值。神仙體態，薄倖如何銷得。回想蘆葉灘頭，蓼花汀畔，皓月空凝碧。六六雁行連八九，只待金雞消息。義膽包天，忠肝

蓋地，四海無人識。閒愁萬種，醉鄉一夜頭白。』小詞盛於宋，而劇賊亦工如此。」

　　案：《甕天脞語》，《宋史·藝文志》、《千頃堂書目》、《補元史藝文志》皆不著錄，亦不見於各家藏書目，蓋已久佚。胡應麟《少室山房筆叢》卷四十一（《莊嶽委談下》。）引《詞品》此條論之云，「此即《水滸》詞，楊謂《甕天》，或有別據，」則應麟亦未見其書也，乃近人所著書如孫璧文《新義錄》之類，（其卷八十五引《甕天挫語》。）輒從《詞品》或《筆叢》轉錄，而諱所自來，一似其書尚存者，其實莫知《甕天脞語》為何等書，亦不辨何人所作也。考明鈔本《說郛》（涵芬樓排印本。）卷五十七，錄有邵桂子（姓名上下注曰：「宋末國初，字玄同，嚴陵人。」）《雪舟脞語》，其書名下注云：「一卷，先名《甕天脞語》。」又考《萬姓統譜》卷二百三云：「邵桂子，字德芳，淳安人，號玄同，吳攀龍之子也。鞠於所養，因從其姓。博學宏詞，文聲大著，登咸淳七年進士第，任處州教授。棄官歸隱，鑿池構軒其上，名曰雪舟。所著有《雪舟脞語》，《雪舟脞談》，《雪舟脞稾》，傳於世。又嘗作忍、默、恕、退四卦以自警。晚年遊松江，遂居修竹鄉。及終，乃歸柩淳安之諫坡，葬焉。」（《宋紀事》卷七十五有《邵桂子》，敘其仕履，與姓譜同。）是其人為宋末遺民，入元高蹈不仕者。故《說郛》錄其書十條，多黍離故國之思。但無升菴所引宋江事。案：百回本《水滸》第七十二回中，卻有此詞字句與《詞品》同。孫璧文疑為明代人附託。不知邵桂子非明代人。若謂《脞語》本無此詞，出於升菴杜撰，則邵氏著書於元初，必有刻板行世，故陶南村及升菴皆得而見之。升菴雖好偽撰古書，恐不至依託近代人小說以取敗露也。若其詞則為宋、元間人所擬作，決不出於宋江之手。何者，江以三十六人橫行河朔，見於《宋史》及《東都事略》侯蒙傳。他如《宣和遺事》及龔聖與《贊》、陳泰《江南曲》、陸友仁《題畫贊詩》（見後）。亦只言三十六人，無所謂七十二地煞者。至《元曲》中乃有兩說，一仍為三十六人（見《元曲選》甲集下，無名氏撰《爭報恩》。）一則有三十六人大夥七十二小夥，（亦見高文秀《雙獻功》。）為《水滸傳》所本。今此詞中「六六雁行連八九」句，即指一百八人言之，是宋末元初已有此說。此必南宋說話人講說梁山濼公案者，嫌其人數不多，情事落寞，不足敷演，遂增益為一百八人，以便鋪張。好事者復撰此詞以實之。信為宋江所作者固失之不考，疑為明代人所附託者，亦非也。

　　《七修類稿》卷二十五：「宋江三十六人，周公謹載其名於《癸辛雜志》，羅貫中演為小說，有替天行道之言。今揚子、濟寧之地，皆為立廟，據是逆料當時，非禮之禮，非義之義，江必有之，自異於他賊也。」

案：民間迷信祠祀，多出於小說。明時《水滸傳》已盛行，故爲宋江立廟。彼無是公之流如齊天大聖者，猶爲人所奉祀，況江乎。

《通俗編》卷二十：「陸友仁《題宋江三十六人畫贊》云：『睦州盜起塵連北，誰挽長江洗兵革。京東宋江三十六，懸賞招之使擒賊。後來報國收戰功，捷書夜奏甘泉宮。』則江降後自有攻討方臘等事，《續傳》所演。不爲無因。」

案：陸友字友仁，平江人，自號硯北生，柯九思、虞集薦於元文宗，未及用，卒。所著《杞菊軒稿》已佚。（見《元詩選》及《四庫提要》卷一百十五。）此詩見《元詩選》三《庚集》。其全篇云：「憶昔熙寧全盛日，百年曾未識干戈。江南丞相變法度，不恤人言新進多。蔡家京卞出門下，首亂中原傾大廈。睦州盜起隳連城，誰挽長江洗兵馬。（《通俗編》作「兵革」，非也，意翟氏既加刪節，有意改之以趁韻耳。）京東宋江三十六，白日橫行大河北。官軍追捕不敢前，懸賞招之使擒賊。後來報國收戰功，捷書夜奏甘泉宮。楚龔如古在畫贊，不敢區區逢聖公。我嘗舟過梁山濼，春水方生何渺漠。或云此是碣石村，至今聞之猶猿魄。」友仁此詩，即爲龔聖與《畫贊》作也。《宋遺民錄》卷十引《姑蘇志》云：「龔開居吳之日，高郵龔璛爲忘年交，時人謂之楚兩龔，以比漢之兩龔。」故云「楚龔如古在《畫贊》」。「在」當做「存」，聖與《三十六人畫贊》序云：「余年少時壯其人，欲存之畫贊。」友仁正用其語。後人不曉，妄改爲「在」。「聖公」謂方臘也。《青溪寇軌》云：「方臘託左道以惑眾，自號聖公」是也。友仁詩作於有元中葉，去宋亡未遠，典籍具在，故老猶存，故所言與史傳正合。碣石村，蓋即《宣和遺事》中之石碣村。然《泊宅編》稱睦州青溪縣堨村居人方臘。（見前。）《遺事》謂晁蓋住鄆城縣石碣村，而此又以石碣村爲即宋江所據之梁山濼。三人行事相類，乃其所居之地名，亦巧合如此。恐草野傳聞，不免轉相附會。詩言「或云此是碣石村」者，疑之也。宋江攻方臘始末，備見於此詩。翟氏能搜尋及此，洵不易得。《水滸傳》本有攻方臘事，翟指爲《續傳》者，用金聖歎刪削以後之本也。

汪師韓《談書錄》：（書只一卷，在《叢睦汪氏遺書》內。）「案：《侯蒙傳》雖有使討方臘之語，事無可考。宋江以二月降，方臘以四月擒，或藉其力。但其時擒臘者，據《徽宗本紀》以爲忠州防禦使辛興宗，據《童貫傳》以爲宣撫制使童貫，而其實擒臘者乃韓世忠，以偏將追至青溪峒，問野婦得徑，渡險數里，搗其穴，格殺數十人，擒臘以出。辛興宗掠其俘爲己功，故賞不及世忠。此事在韓傳，於宋江何與焉。用宋江討方臘，《青溪寇軌》亦無

其事。若陸次雲《湖壖雜記》，謂『六合塔下舊有魯智深像，追龍浦下有鐵嶺關，說是宋江藏兵處。國初江滸人掘地得石碣，題曰「武松之墓」，當日進征青溪，用兵於此。稗乘所傳，不盡誣也。』此恐是杭人附會為之。不然，南宋人記錄多矣，何無一人言之，閱四百餘年，始有此異聞乎。」

 案：宋江攻方臘事，已具見於前。以為無可考者，正坐未見南宋人書耳。擒方臘者雖非宋江，而江實嘗擒臘之將相。小說因之加以渲染，良不足異，據《續通鑑長編》：「二月癸未，王稟等克杭州。」宋江等此時是否身在行間不可知。（據《宋史》宋江始以是月降。）陸次雲所記，不見他書，疑以傳疑，存而不論，可也。梁章鉅《浪迹叢談》卷六《宋江》一條，剽竊汪氏之說，特於「稗乘所傳，不盡誣也」下改云：「汪韓門以為杭人附會為之，恐不足信耳。」

 《續資治通鑑長編拾補》卷四十二：「畢氏《通鑑考繫》云：『《北盟會編》載《童貫別傳》云：「貫將劉延慶、宋江等討方臘。」據《宋史》本紀，宋江之降在次年，《別傳》誤，今不取。』案：畢氏此言，似亦失考。今據《長編》所載：『三年，四月，戊子，童貫與王稟等分兵四圍包幫源洞，而王渙統領馬公直並裨將趙明、趙許、宋江等次洞後。』《十朝綱要》亦載：『三年，六月，辛丑，辛興宗與宋江破賊上苑洞。』是宋江之討方臘，固有明證，而畢氏乃疑《童貫別傳》為誤，其說殊未審也。」

 案：畢氏書殊牾疏，去取亦多失宜。如此條所謂《童貫別傳》，並無其書。《北盟會編》所引者，乃《中興姓氏姦邪錄》耳。（此書本名《中興姓氏錄》，見《會編》引書目。《姦邪錄》乃其中之一篇，猶正史之《姦臣傳》也。）《長編拾補》於攻方臘事，考證甚精。摭拾《續通鑑長編紀事本末》，《續宋編年通鑑》，《十朝綱要》等書亦甚詳。（惟《十朝綱要》「招撫宋江」一條遺漏未引。）自來考宋江事者，莫能及之。譬如探驪龍，已得其珠，吾之為此文，直從而補苴之耳。

 俞樾《小浮梅閒話》：「問宋江、方臘事。余曰：『宋江事見《叔夜傳》，方臘事見《童貫傳》。』又《韓世忠傳》：『方臘反，世忠以偏將從王淵討之。時有詔能得臘首者授兩鎮節鉞。世忠窮追至睦州青溪峒，問野婦得徑，即挺身仗戈直前，度險數里，搗其穴，格殺數十人，擒臘以出。辛興宗領兵截峒口，掠其俘為己功。』是擒方臘者韓世忠也。乃生前既為辛興宗冒功，而數百年後，稗官演說，又歸之於武松，抑何蘄王之不幸也。惟《侯蒙傳》：『蒙上書言不若赦江使討方臘以自贖，命知東平府，未至而卒。』是赦宋江以討

方臘，侯蒙有此意而實未行。小說家即本此附會耳。」

　　案：《水滸傳》敘事固非信史，然其言擒方臘者乃魯智深，未曾歸之武松，惟戲劇中有武松獨手擒方臘之事耳。戲劇固與小說不同。俞氏謂宋江未嘗攻方臘，蓋爲金人瑞、俞萬春（萬春作《蕩寇志》，《自序》謂：「當年宋江並沒有受招安平方臘的話，只有被張叔夜擒挐正法一句話。」）之說所惑，兩人固不讀書，且《北盟會編》諸書當時無印本，未可以此責之。俞氏以博雅負盛名，乃盡屏他書不觀，獨執一《宋史》爲據，不謂之疏漏不可矣。

　　又《茶香室續鈔》卷十六：「宋洪邁《夷堅乙志》云：『宣和七年，戶部侍郎蔡居厚……疽發於背，卒。……夫人慟哭曰：「侍郎去年帥鄆時，有梁山濼賊五百人受降，既而悉誅之，吾屢諫不聽也。」』案：此梁山濼賊，即宋江等也。宋江事見《宋史‧張叔夜傳》，但云：『擒其副賊，江乃降。』至降後爲蔡居厚所殺，……則人所未知也。」

　　案：宋江之降張叔夜，在宣和三年二月，蔡居厚之殺降，在宣和六年，且一在海州，一在鄆州，安得並爲一談。此似僅粗讀《叔夜傳》，並《徽宗本紀》亦未考矣。若謂降而復叛，又降於蔡居厚爲所殺，則諸書並無此說，豈可杜撰故事。《夷堅志》第言「梁山濼賊」，本無姓名。今謂即宋江等，不知何所見而云然。魯迅《小說史略》，謂「《乙志》成於乾道二年，去宣和六年不過四十餘年，耳目甚近，冥譴固小說家言，殺降則不容虛造，山濼健兒結局，蓋如是而已。」蓋亦未嘗深考也。

　　光緒《山東通志》卷百十六：（民國重修本。）「徽宗朝蔡京、童貫用事，淮南盜宋江掠京東十郡，張叔夜擊降之。其黨三十六人，《宣和遺事》能舉其名，有軍官失志從賊者。時方約金攻遼，不能用也。」

　　案：此所謂「軍官失志從賊者」，蓋據《宣和遺事》楊志等十二人皆押花石綱指使，呼延綽、李橫二人，嘗將兵收捕宋江故也。然其事信否不可知，至謂宋不能用江等，則不知江嘗與攻方臘，而伐遼之役，楊志實在行間也。

　　又案：宋江綽號呼保義，莫知其何所取義。龔聖與《贊》云：「不假稱王，而呼保義，豈若狂卓，專犯忌諱。」語意仍不明。考《宋史》卷一百六十九《職官志》：「政和二年，易武階官以新名，以舊官右班殿直爲保義郎。」宋江以此爲號，蓋言其武勇可爲使臣（宋制自內殿承制至三班借職皆爲使臣。）云爾。呼者自呼之簡詞，殆亦當時俗語。曰呼保義者，明其非眞保義也。或疑武選凡五十二階，而保義郎爲第四十九階，宋江既自負武勇，曷不取其稍貴重者稱之。不知江起於平民，以流俗所習知之卑秩自名，此猶王莽末，赤

眉軍之以三老祭酒稱其將率耳。宋時稱貴遊子弟輒曰幾承務，（承務郎即舊官之校書郎正字，於文官三十七階中爲第三十階。）稱文士輒曰某宣教，（宣教郎，即舊官之著作佐郎，爲第二十七階。）皆取其資地所能致者稱之，不必眞作此官。《夷堅支志》戊卷六云：「揚州人鬍子者，其家頗贍，故有承務之稱。」又《三志》辛卷九云：「弋陽稅戶易生，以門族有仕者，故冒稱承務。」可以爲證。《揮塵錄·餘話》卷二云：「靖康間有士子賈元孫者，多遊大將之門，自稱買機宜。時有甄陶者，奔走公卿之前，以善幹事，大夫多使令之，號甄保義。空青先生（曾紆。）嘗戲以爲對云：『甄保義非眞保義；賈機宜是假機宜。』」可見無官之人，皆可冒稱保義，宋江以之自呼，亦若此而已。龔明之《中吳紀聞》卷六「朱氏盛衰」條記朱勔事云：園夫畦子，藝精種植，及能疊石爲山者，朝釋負擔，暮紆青紫，如是者不以數計。勔死，前日之受誥身者盡褫之。當時有諢詞云：『做園子，得數載，栽培得那花木就中堪愛。時將介保義酬勞，反做了今日殃害』又云：『疊假山，得保義，襆頭上帶省百般村氣。做模樣偏得人憎，又識甚條制。今日伏惟安置。』」曾慥《高齋漫錄》云：「近年貴人僕隸，稱保義，又或稱大夫。」慥爲南、北宋間人，與宋江同時，由其言觀之，可知北宋末年官爵之濫。保義郎一階，尤爲容易，幾於盡人可得，故甄陶、宋江皆以此自稱。然江自命英雄，而所稱僅等於「貴人僕隸」。故龔氏《贊》曰：「不假稱王，而呼保義」，言其自呼甚卑也。其曰「豈若狂卓，專犯忌諱」者，蓋以董卓比張邦昌、劉豫，言董卓、張邦昌、劉豫輩以狂妄爲當時人所惡，江非其比也。《夷堅三志》己卷八云：「宣和間，保義郎唐革，爲城北壁巡檢。有貴瑄葬其父，革率眾迎引，頗盛於當時。瑄大喜，問：『目今是何官資』曰：『保義郎。』又問：『做得恁差遣？』曰：『不過兵馬監押耳。』可見宋之保義郎正當作巡檢。宋江自稱呼保義，而其投降後，得爲諸路巡檢使。則其所得官職資，正（編者按：正，原作王，據上下文改）與其所以自呼者相符合也。《宋會要》第一百七十七冊（《兵十二》之二十六頁。）云：「宣和三年十二月十九日，奉御筆，河北群賊自呼賽保義等，昨於大名府界往來作過。」則宋江降後，又有自名賽保義者，與江之綽號適同，可爲旁證。或者其人之取此爲號，即欲賽過宋江之意歟。（《宋江三十六人考實》）

（節錄自余嘉錫《宋江三十六人考實·楊家將故事考信錄》，雲南人民出版社 2005 年版，第 22～38 頁。原文稱引著作無書名號，選編者酌增。）

讀余嘉錫《宋江三十六人考實》札記二則

袁世碩

一

　　前輩學者余嘉錫《宋江三十六人考實》，文載《余嘉錫論學雜著》下冊，顧名思義，是以治史學的方法考索水滸故事之本事。其中對水滸故事近 20 人原型的考證，多與小說不相吻合，表明水滸故事是由宋江事附會生發，最初之 36 人，除宋江之外，難於一一坐實。文章最末一則考證「梁山泊」之變遷，徵引繁富，辨析精審，足以解近世讀《水滸傳》者所生之疑惑。撮其要點有三：

　　一、晚唐五代以來，黃河歷經晉開運元年、宋天禧三年、熙寧十年三次決口，河水流匯於梁山周邊，彌漫數百里，均載於史書。《邵氏聞見後錄》記王安石故事，便有「梁山泊八百里」之語。金代梁山泊雖曾一度淤平，時有墾田之議，然元至正四年黃河又數處決口，漂沒數州縣，梁山泊淤而為囙者又淪為澤國。高文秀《黑旋風雙獻功》雜劇中稱：「寨名水滸，泊號梁山，縱橫河汊一千條，四下方圓八百里。」高文秀為東平人，當是「得之目驗，證以傳聞，故其詞如此」。《水滸傳》第十一回中說：「地名梁山泊，方圓八百餘里。」並非小說家之妄言。明初，河道分流，水面漸小，尚有八十里，景泰間治河築沙灣，河流北出濟、漕，始「無復有梁山泊矣」。

　　二、宋元間，梁山泊煙波浩淼，蘆葦叢生，聚眾出沒其間，易於逃匿，官府難於捕捉，遂為「盜藪」。《宋史》中屢有「梁山泊多盜」之語。宋江據梁山泊，歷見於元人詩文，如袁桷《過梁山泊》、陸友仁《題宋江三十六人畫贊》詩。清史學名家顧祖禹嘗修《一統志》，得見《永樂大典》及《天下郡國圖經》，其所著《讀史方輿紀要》中，亦稱宋江嘗結砦保據梁山泊，「自必確有其事」。宋人著書，稱宋江「山東盜」、「京東盜」，是因梁山泊地屬宋之京東西路，而京東之稱山東又由來已久。宋江所以縱橫京東、河北、淮南之間，「以梁山泊水路可通故也。」種種解說，均十分中肯，無可置疑。

　　文中有插頁，為《壽張縣志》卷首「梁山圖」影印件，卻未做任何說明。《壽張縣志》存本有三：康熙六年陳璜纂修本，僅知有殘本，罕見；康熙五十六年滕永禎纂修本，卷首無此圖；光緒二十六年劉文焴纂本，卷首有圖十數幀，此圖在其中。據此，余氏文之插頁係據光緒本影印。此圖所繪梁山全

景，中有虎頭崖、宋江寨、灣山、黑風口、青龍山、雪山、平山，又有蓮臺寺、法興寺、天齊廟、玉皇閣等。宋江寨有寨垣，全景四周又有一大圓形牆，有「梁山北門」、「饅饅臺門」、「茶莊門」、「宋家胡同門」、「玉皇集門」、「張家垓門」、「邵家樓門」、「張家坊門」等門15座，儼然一大城。余氏於文中插入此圖，當是意在表明梁山在清代規模尚相當可觀，宋時宋江曾據梁山不假。我更覺得此梁山圖對今天開拓梁山的旅遊景點，進一步開發「水滸」之旅的潛力，亦具有參考價值。

　　附原圖：（見隔頁）

二

　　《宋江三十六人考實》「浪子燕青」一則，引《宋史·李邦彥傳》：「邦彥俊爽，美風姿，生長閭閻，習猥鄙事，應對便捷，善謳謔，能蹴踘，每綴街市俚語為辭曲，人人爭傳之，自號李浪子。」又引《三朝北盟會編》記韓之純輕薄：「平日以浪子自名，喜嬉遊娼家，好為淫蝶之語，又刺淫戲於身膚，酒酣則示人。」由之釋燕青之綽號，「浪子者，風流放浪之謂也。」《水滸傳》寫燕青風流倜儻，刺一身花繡，不僅武藝高強，而且多才多藝，吹、彈、唱、舞，無所不能，「果是藝苑專精，風月叢中第一名」。燕青雖不涉輕薄狹邪，也宜乎有「浪子」之名。

　　「女將一丈青」一則亦涉及到燕青。因為《水滸傳》裏綽號一丈青的是女將扈三娘，而龔開《宋江三十六人贊》對燕青的贊詞卻有「一丈青」三字，原文是：「平康巷陌，豈汝知名，太行春色，有一丈青。」清代便有人對此提出疑問。余氏對這個疑問的解說是：「一丈青三字，自是宋時俗語」，清人如俞樾等「以龔聖與燕青贊中有一丈青之名為疑，不知聖與自用俗語入文，並非實有所指。就『太行春色，有一丈青』二語推之，蓋青為春色，一丈青者以喻春色之濃耳。是必閭里浪子相傳俚語，以此指目男子婦人之年少美色者。」意思是龔開用「一丈青」三字指稱燕青年少而相貌俊美。

　　龔開贊燕青用了「一丈青」一詞，還可以作另一種解釋。宋元時，市井江湖中人喜在身體上刺花紋，一般呈黑色，叫做「雕青」。《宣和遺事》寫晁蓋：「身材迭料，遍體雕青。」前引《三朝北盟會編》記韓之純「刺淫戲於身膚」，也就是「雕青」，只是所刺圖紋涉於淫穢。《元典章·刑部》載「將妻沿身雕青」一案例：「錢萬二將妻狄四娘，沿身刀刺青繡，背上、兩腿刀刺龍、鬼，在街露體呈繡迎社。」見得婦女也有雕青者。《水滸傳》第六十

一回介紹燕青：「盧員外家中養的他大。爲見他一身雪練也似白肉，盧俊義叫一個高手匠人，與他刺了這一身遍體花繡，卻似玉亭柱上鋪著軟翠。」第八十一回又寫燕青進東京李師師家，李師師說：「聞知哥哥好身紋繡，願求一觀如何？」燕青笑答：「小人賤體雖有些花繡，怎敢在娘子跟前揎衣裸體？」禁不住李師師糾纏，燕青只得脫膊下來，李師師看了十分喜歡。燕青的遍體花繡甚美觀，早在元雜劇裏就寫到了。《燕青博魚》敘燕青落難時，他唱道：「瘦的來我這身子兒沒個麻稭大，兀的不消磨了我刺繡的青黛和硃砂。」（《元曲選》本）可見這是水滸故事裏燕青的一個特點。又，「一丈」是指人的身長，《水滸傳》第七十四回裏說泰安州的相撲手任原「身長一丈」，即可證。因此，我覺得龔開贊燕青用了「一丈青」三字，是指他遍體雕青，有一身美觀的花繡。

梁　山　圖

（選自李善奎、王振星主編《水滸文化探賾》，中國文聯出版社 1999 年版，第 11～14 頁。）

歷史上的宋江

嚴敦易

《水滸傳》是在好幾個世紀的期間之內，經過了好多次的演變，而形成的產物。

《水滸傳》是一部以農民起義軍爲主要題材的小說，他是有濃烈的階級反抗意識的。

《水滸傳》所描寫的時代背景和首要人物，並不是憑空虛構的，梁山，確有其地；宋江，也是一個眞實的人。

《水滸傳》形成演進的整個過程，以及他傳說故事的起源，是和他的題材思想，時代背景，以及人物歷史事件的社會基礎，完全分不開的。

倘若不充分瞭解他的演變情況，我們便不免在研究與分析《水滸傳》的思想性和藝術性，或是他的人物典型的創造與性格描寫時，發生困難或是隔膜。

現在從這部偉大的文學作品本身演變來進行論述，最先，也從他歷史上的眞實存在的人物來說起。

宋江，他是《水滸傳》的主角。我們知道，在公元十二世紀初年，他是眞實有過這樣一個人物的。

關於他的材料，也還不甚多。大致可以分爲兩個部分：一是見於官書，如《宋史》的記載；一是見於南宋以後的野史筆記等。論材料的時代，後者時期是較前的，但是零碎而不成系統，不過眞實性或可靠性，則也並不比後來官修的正史要能於信任一些。實際上正史也每每從之引用，不過並不注明出處。像《宋史》，他的纂修，就原也曾經採用了一些別的已成的野史的，他的敘述雖較爲詳盡，然而支離矛盾的地方，則格外顯著。我們不必去一一鈎稽他原據的史料，來全行覆勘，不過即以現存的另一些數據來旁證，也是足以看出他歪曲諱飾的某種眞相。自然，另外的數據倒轉來反替《宋史》附會的，也不是沒有。爲了敘述便利起見，我們先引錄比較全面些也稔知些的《宋史》記載，再來指出他的異說，並作出稍爲確切的理解。

《宋史》關於宋江的記載，計有三處。那是：

一、《徽宗本紀》

> 宣和三年二月，淮南盜宋江等犯淮陽軍，遣將討捕；又犯京東、江北，入楚海州界，命知州張叔夜招降之。

二、《侯蒙列傳》

　　宋江寇京東。蒙上書，言：「宋江以三十六人橫行齊魏，官軍數萬，無敢抗者，其才必過人。今青溪盜起，不若赦江，使討方臘以自贖。」帝曰：「蒙居外不忘君，忠臣也。」命知東平府，未至而卒。

三、《張叔夜列傳》

　　叔夜再知海州。宋江起河朔，轉略十郡，官兵莫敢攖其鋒，聲言將至。叔夜使間者覘所向，賊徑（編者按：徑，原作經，據《宋史》本傳改。）趨海瀕，劫巨舟十餘，載鹵獲。於是募死士，得千人。設伏近城，而出輕兵距海，誘之戰；先匿壯卒海旁，伺兵合，舉火焚其舟。賊聞之，皆無鬥志。伏兵乘之，擒其副賊，江乃降。

　　這三則記載，是現今敘述歷史上的宋江的主要依據。（因為另一些材料是更為片段的。）差不多論敘《水滸傳》的歷史題材時，都引用或提到過他。但對於這些記載相互間矛盾和並不近於事實之處，則不曾有過明白具體的分析。茲參引其它的數據，分別縷列如次：

　　一、《本紀》說宋江是「淮南盜」，《侯蒙傳》則云「宋江以三十六人橫行齊魏」，（本傳似是根據王偁《東都事略》卷一百三，《事略》「齊魏」二字作「河朔」。）而《張叔夜傳》卻稱宋江起「河朔」。這三種說法，對於宋江的所由起，言之各殊，竟是三種不同樣的記敘，到底應該以那一處為正確呢？淮南是淮水以南，今蘇皖兩省北部附近一帶地區；齊魏則係今山東河南地方；至於河朔，則是指的河北省；這三處顯然分隔，並不十分連貫。雖然盡可認做宋江是轉略橫行，實際流竄於上開各地，但不能確定他的根據地何在，而以梁山泊作為固定的根據地的懸測，也是無從想像的。《本紀》說「宋江犯淮陽軍」，「又犯京東河北，再入楚海州界」，這應是較具條理的敘次。宋時淮陽軍當現今徐州（下邳）宿遷等地，也屬於京東東路，海州則屬淮南路，依文意，宋江是一直在淮南地區活動的，（故稱之為淮南盜，）他在淮陽軍受到了阻擊，繞道魯南回「竄」，才來到了海州。《侯蒙傳》說他「寇京東」，《張叔夜傳》又記了海州擒降經過，這和《本紀》都部分符合的。但如照張傳或《東都事略》所稱「起河朔」，就南北互歧，不能替宋江的進軍途徑書一條假定的前進的路線。倘若認為他是先在河朔起義，然後再發展至淮南，那在當時（宣和二年）看來，宋江的聲勢規模，可能過分誇大一點，而較少尚屬於一定地域的亦即地方性質的局限性，這似乎不甚合理。事實上，這三種不同的說法，

是都有更早的文獻依據的。正緣宋江活動的地區相當大，《宋史》既想個別的壓縮弄小他，又不將他們連貫起來綜合敘述罷了。汪應辰《文定集》卷二十三，《顯謨閣學士王公（師心）墓誌銘》〔註1〕有云：

> 河北劇賊宋江者，肆行莫之禦，即轉略京東，經趨沭陽。

他是說宋江由河北來，在京東一帶活動，又到沭陽去，沭陽正近海州。又方勺《泊宅集》卷之下則云：

> 宣和二年十二月初七日，天章閣待制歆守曾孝蘊，以京東賊宋江等出青、齊、單、濮間，有旨移知青社。

又云：

> 宋江擾京東，曾公移知青社。

這裏的文意，則是宋江經由京東地區，向山東、河北邊境一帶移動，和《文定集》中所說趨向，是相反的。（《宋史·侯蒙傳》改「河朔」爲「齊魏」可能是受《泊宅編》的影響。）雖然我們不能確言那一個正確，但宋江即使本來不在京東地區，而他的主要活動地區是京東，並旁及於河北與淮南，則可以判定。這兩個材料是比《宋史》更可信任一些的，所以，梁山泊可能是他的根據地。

二、依《侯蒙傳》所云，上書使宋江討方臘的話，只是一種建議，並不曾確言已實行其事，這一層是必須提起的。本傳後面有一段話：「帝曰：『蒙居外不忘君，忠臣也』，命知東平府，未至而卒。」這一段話並不是毫無關係的，那是說侯蒙上書建議的結果，得到了朝廷的賞識，特地教他去知東平府，正和因爲宋江在青齊一帶活動，便調曾孝蘊去知青州，是一樣的布置。我們要知道，梁山泊正是東平府管轄之地。（梁山泊屬鄆城，即濟州，隸東平府，而東平又屬於京東。）宋江的根據地，如果是在梁山泊，那麼，當時封建統治者原是採納了侯蒙的意見，並派他去全權辦理「招安」的。但是侯蒙沒曾能夠到任，他便死了；他死了，自然也就未實現他的計劃。侯蒙上書，是在方臘起事之後，也就是應在宣和二年十月以後，又正巧是曾孝蘊由徽州移知青州的時候，那時，宋江的聲勢一定相當浩大，封建統治方面在密邇方臘起義地區的徽州，趕調幹員到青州防禦宋江，固然因爲接近京師，不無手忙腳亂，也可以旁證宋江的實力，並不在小，官方對他也並不曾忽略和輕視。

三、侯蒙的建議，既並未見諸實行，後來繼侯蒙之任的人，似也未有相

〔註1〕余嘉錫《宋江三十六人考實》引，頁15。

同的接洽。《宋史》的記載，宋江是「出掠」至海州，才失敗投降的。〔註2〕
《本紀》和《張叔夜傳》，都沒有宋江降後隨征方臘的敘述。這點，二者完全一致。所以，就《宋史》論《宋史》，他並不曾有宋江去討方臘的記載，不能因有侯蒙空中樓閣的建議，便坐實《宋史》提到宋江去討方臘。《宋史》以宋江投降作爲他的結局，不再說到後文，也許並不是他所掌握的材料沒有此事，主要的原因，是事實上這件事是不可能的。方臘起事在宣和二年十月，被擒在三年四月，前後共僅六七個月；依《宋史》，宋江之降則在三年二月，距方臘的被擒才早了約莫兩個月的功夫，時間這樣的相近，空間上有由淮南海州到浙江睦州的間隔，這是說不過去的。李燾《續宋編年資治通鑒》卷十八，〔註3〕把張叔夜招降宋江，繫於宣和二年十二月，提早了兩個月，這個記載是和其它記述衝突的，宣和二年十二月，曾孝蘊才因宋江在京東的活動，移知青州，同年同月，宋江怎麼會便在海州降了呢？所以時間路線，正都有些疑問。《宋史·童貫傳》，稱貫之討方臘，「帥禁旅以東」，所謂「禁旅」，指的是宋代中央直轄的馬步禁軍，童貫的基本部隊，是他帶往陝西一帶防遼的，剛受招安的淮南「寇盜」，或不致包括在內，事實上，調撥改編，也恐來不及。所以，《宋史》上並沒有宋江隨征方臘的話，毋寧是對的。上面說過，《宋史》也許並不是沒有掌握到這件事的材料，材料相當多，卻都是說宋江參加了對方臘的戰鬥，一些野史的記載，鑿鑿有據地，敘述到他。而且這些記載，其時間又大都繫在南宋所撰，要比《宋史》爲早，我們摘引如下：

李埴《十朝綱要》稱：

　　（宣和）三年六月辛丑，辛興宗與宋江破賊上苑洞。〔註4〕

楊忠良《續資治通鑒長編紀事本末》稱：

　　三年四月戊子，初，童貫與王稟、劉鎮兩路，預約會於睦、歙
　　間，兵分四圍，包幫源洞於中，……楊可世將後軍，王渙統領馬公
　　直並禆將趙明、趙許、宋江，既次洞後。〔註5〕

徐夢莘《三朝北盟會編》卷五十二，（《靖康中帙》二十七）引《中興姓氏姦邪錄》（秦湛）稱：

　　宣和二年，方臘反睦州，陷溫、臺、婺、處、杭、秀等州，東

〔註2〕《宋史》似本諸王偁《東都事略》卷一百八《張叔夜傳》。
〔註3〕據余嘉錫《宋江三十六人考實》引，頁17～18。
〔註4〕據同上書引頁二〇。
〔註5〕據同上書引頁19～20。

南震動。以貫爲江浙宣撫使，領劉延慶、劉光世、辛企宗，宋江等
軍二十餘萬往討之。

同書卷二百十二，（炎興下帙一百十二）引《林泉野紀》（秦湛）稱：

宣和二年方臘反於睦州，光世別將一軍，自繞趨衢、婺，……
臘敗走，入清溪洞。光世遣諜察知其要險，與楊可世遣宋江並進，
擒其僞將相。

這些材料，是相當蕪雜的。個別看來，好像頗爲信實，匯合起來一勘比，
就彼此牴觸矛盾了。即如方臘之敗，有的說是三年六月，有的說是四月；宋
江的主兵長官，有的說辛興宗，有的說劉光世，有的說楊可世，有的說王渙，
又有的竟說直接於童貫。就連《三朝北盟會編》所引的兩種書，雖全出秦湛
手，說法也就不盡相同。所以，這些野史的記載，可能是不足爲據的，正緣
是出於南宋人之手，在這一件事上，也就愈不可靠。這是南宋時期已經有了
宋江傳說的後果，和南宋時期，許多農民起義隊伍參加了抗金的戰爭，與封
建統治方面合作的結果；是封建統治方面，希望農民起義隊伍受他們的利用，
去自相殘殺的策略的後果（這些在下一章要詳細論到）。他們在寫作時，聯想
到有侯蒙建議的事實，便因此在有關方臘的敘事中，帶上一個宋江的名字，
這是輕而易舉的事。大家都這樣做，於是彼此也就不能合符了。（這些野史，
過去全賴抄存，有了刊本，是到了清末的事，長期抄傳過程中，被加上宋江
名字，更是極可能的。）此外，還有一個附會的來源，《三朝北盟會編》卷六，
（政宣上帙六）記童貫伐遼統率的將領，有「趙明楊志將選鋒軍」；同書卷四
十七，（靖康中帙二十二）引《靖康小雅》，（秦湛）記種師中之敗，有「招安
巨寇楊志爲選鋒，首不戰，由間道徑歸」云云；既稱楊志爲「招安巨寇」，楊
志又是梁山三十六人當中的，大概因楊志身上，便想到宋江，以爲宋江一定
也在童貫手下了。秦湛是如是想，楊仲良在「趙明」名字之後，加上宋江，
也並不是不能理解的了。楊志隨童貫伐遼，將選鋒軍，（選鋒是精銳的意思，
並不是招安的部隊稱爲選鋒）時期在宣和四年，但在早二年童貫平方臘時，
卻未有他的名字。顯然他的隸屬童貫，時期稍後。關於他下面當再敘及。

此外，還有一個比較更可證信的材料，能夠說明宋江絕對不能去隨征方
臘。一九三九年，陝西府谷地方，出土了《宋故武功大夫河東第二將折公墓
誌銘》〔註 6〕內稱：「公諱可存」，「宣和初方臘之叛，用第四將從軍」，「臘賊

_____

〔註 6〕據張政烺《宋江考》引，見一九五三年《歷史教學》一月號。

就擒，選武節大夫，班師過國門，奉御筆捕草寇宋江，不逾月，繼獲，遷武功大夫」。銘文又有「俘臘取江」字樣。宋末有一個武將，叫做折可求，《三朝北盟會編》常常有關於他的敘述，他後來叛降於金，折可存似是他的弟兄輩。照這個墓誌銘所說，折可存是參與討方臘的，在班師到了東京的時候，又奉命去對付宋江。那麼，宋江怎麼會隨童貫大軍往攻方臘呢？方臘被俘在宣和三年四月，折可存又曾續行去攻方臘部將台州呂師囊，平定呂師囊，已在四年三月，他回到汴京，應該還在以後。這時候，宋江大概還繼續在京東一帶活動，所以就由浙江回來的禁軍就便去打他了。這個材料，同時又證明了宋江於宣和三年二月在海州投降張叔夜一說的訛誤。王偁《東都事略》卷十一，稱「宣和三年五月丙申（三日）宋江就擒」，這日期雖然和墓誌銘也不合，早了一年，即使王偁的話也有依據，宋江就擒的年月，已比方臘的被俘遲了一個月了，他也是不能夠隨童貫前去的。這些材料，相互間的不統一，自表明了宋江委實沒有隨征方臘的這一件事實。

上引兩個記敘，宋江都是被擒的，被擒並不是投降，被擒的結果如何，則也全不知道。

四、《宋史》說是投降的，記載上，宋江原先「官軍數萬無敢抗者」，官兵「莫敢攖其鋒」，而張叔夜募得的死士千人，卻能夠取得勝利，這頗為寫的恍惚。說宋江的部眾有由海道行進的情形，不問他流動性質的進軍，或是根據地究在京東的梁山或淮南，以至於是河北，這種趨向，似乎有些不倫。傳中又明明說是「覘所向」和「聲言將至」，又絕不是力戰的結果，才將宋江逼迫到海濱，使其進退失據的。像這樣地容易對付，前此宋江的聲勢，就太覺誇張過份了。本傳接著下面又有一段道：

> 加直學士，徙濟南府。山東群盜猝至。叔夜度力不敵，謂僚吏曰：「若束手以俟援兵，民無噍類，當以計緩之，使延三日，吾事濟矣。」乃取舊赦賊文，俾郵卒傳至郡。盜聞，果小懈。叔夜會飲譙門，示以閒暇，遣吏諭以恩旨。盜狐疑，相持至暮，未決。叔夜發卒五千人，乘其惰，擊之，盜奔潰，追斬數千級。

這一段，是記述張叔夜由海州轉任濟南以後的事，但和上文有貫連的脈絡，我們可以看出，前面雖然宋江已經降了，接著山東群盜仍然向濟南「猝至」，張叔夜幾乎搞得狼狽不堪，後來又是奇蹟似地，以「五千人」「追斬數千級」。「山東群盜」，自然應還是宋江一夥，因為本傳所紀宋江的活動，並非

起自淮南，而是由河朔「轉掠十郡」南下的。所以，拿這一段和上文連接了來看，則宋江海州之降，究竟眞實與否，正復閃爍和可以懷疑。其所以要說得閃爍，則由於宋江的被擒，如是比較眞確的事實，投降則絕對是近於捏造的事實。在前面，已經提到過了，宣和四年，宋江還在京東，要等到折可存去「討伐」他，他怎麼會於宣和三年二月在海州投降呢。

以上就《宋史》的記載爲主體，加以剖析，足以說明過去歷史上關於宋江的記載，無論時間的後先，或是正史野史的區別，大體上是很有出入的，並且是不那麼簡單，豈但不盡可靠，更充滿了附會和歪曲的。我們不能依憑或信賴這些文獻，來構成宋江事跡比較信實的主要的輪廓。可惜的是我們很難從這些文獻以外，去掇拾其它有關的資料，來幫助歸還宋江在歷史上的眞面目。（時代相去八百餘年，已經湮滅粉飾殆盡，難於蹤跡了。）不過，縱然這樣，我們從以往的載籍裏，在新的觀點與理解之下，對於歷史上的宋江，多少可作一些較具體的認識。

北宋時代，階級矛盾，在他的初年本已相當尖銳地發展，到了王安石的變法，原是打算緩和社會危機一種措施，但是受到保守派的激烈反對，並沒有順利地推行，相反，新法變了質，卻又成爲統治方面對人民進行掠奪榨取的手段，到了趙佶（徽宗）即位，在一群官僚們的逢迎獻媚之下，大興宮室，創花石綱，浪費無度，勞役繁興；一方面，每年又要繼續送給遼國和西夏銀、絹、茶等物資，國家財政既然不足，就不得不向人民加緊搜刮。於是，規模較大的農民起義開始爆發了。方臘是最著名的一次。一直到了北宋的被淪亡於金，農民起義是一直不斷在發展的，在北方，情況的嚴重與普遍，尤超過了方臘。

宋江只是其中的一個，但又是代表性的一個。

爲什麼北方來的俞益普遍和嚴重呢？當時的環境背景，是有許多促成他發展的條件的。我們試根據《宋史·徽宗本紀》，從他即位起，到宣和二年止，摘記他所敍述的各處災荒水旱的情況如次：

> 建中靖國元年（公元一一〇一）「江淮旱」；
> 崇寧元年（一一〇二）「京東、淮南蝗」；
> 大觀元年（一一〇七）「京東水，河溢，遣官賑濟，貸被水戶租」；
> 政和元年（一一一一）「四月丁巳，以淮南旱，降囚罪一等，徒
> 以下釋之」；

重和元年（一一一八）「六月己巳，以淮西盜平，曲赦」；

宣和元年（一一一九）「十一月，淮甸旱，饑民失業」；

「十二月，京東東路盜賊竊發，令東西路提刑督捕之」；

「是歲京西饑，淮南大旱」；

宣和二年（一一二〇）「四月，江西、廣東兩界群盜嘯聚」；

「十月，方臘反」。

照上開的簡單零星記載，在這短短的二十年中間以淮河爲中心的地區（特別是淮南更甚），就經歷了六次旱災，京東一帶也頻遭水旱。這等屢逢荒歉，年穀不登，「饑民失業」的情況，正是被迫得無路可走的農民，揭竿而起，一呼百應，最適當發展的溫床，與最最可能爆發的地點。北宋末年，內政不修，外患淩虐，社會階級矛盾已到了磨擦的頂點，大動亂的因素，到處俱已潛伏著，只須等待一種外在的或然的導線，便能隨時勃發，所以，這若干年中淮河流域和京東一帶的災荒，當是孕育與醞釀宋江這一農民起義首領人物，及其許多夥伴的直接的現實的近因。這個地區，也便是他們倡義與活動最獲得擁護歸附的場所。宋江起於淮南，而入京東，這一說是更有其環境背景根據的。（後來小說將宋江歸宿在楚州南門外蓼兒窪，也是關合他起於淮南這一點的。）重和元年，有「淮西盜平」的記載，是淮西的農民起義，要比方臘、宋江早二年以前。（這是後來小說中御書四大寇姓名淮西王慶所從來的影子。）或許宋江的部眾，部分跟他有關，亦未可必。再下一年，所稱「京東東路盜賊竊發」云云，那分明即是說的宋江，呼之欲出了。李埴《十朝綱要》卷十八稱「宣和元年十二月詔招撫山東盜宋江」〔註7〕應即指此。統治方面一開始對他便是採用的招降政策。江西、廣東的嘯聚，自完全與宋江無涉，但後來小說中鬧江州的節目，正也不是無因創造的，這自是那時「盜賊」到處都在紛紛蜂起，即將成爲土崩魚爛局面的現象。《靖康要錄》（不著撰人）卷三，載孫覿劾奏蔡京的話，有云：「水旱連年，赤地千里，盜賊滿野，白骨如山，人心攜離，上下解體。」〔註8〕這幾句正是當時情況的絕好寫照。方臘、宋江，僅只是起義隊伍當中最最著名的而已。

我們可以想像，宋江及其部眾的起義，當尚未脫離農民暴動的較原始的方式，一是「橫掠」，一時散伏，所影響和波及的地區，雖或很廣，卻一時還

〔註7〕據余嘉錫《宋江三十六人考實》引，頁一三。

〔註8〕《三朝北盟會編》卷三十九（靖康中帙十四）所記，與此相同。

未到正式攻城略地的地步。（他的根據地只是梁山濼或一些另外的山寨。）所以，統治方面也還只認做他是「盜寇」，並想以招撫來解決他。兼之他的活動地帶京東，是密邇汴京的，宋代是兵力集中中央的，官方很爲注意，故他的鬥爭是較分散的，流動的，表面上沒有過大的企圖；像方臘，則形勢不同，較具組織，一下佔領了很多州縣，建號改元，做了皇帝，這樣便要被宣佈是「造反」，談不到招降，並由禁軍用全力加以「討伐」了。

宋江之起，既然是有淮南向京東發展的可能性居多，他即是流動性很大的，也有可能由京東再出河北，復行由河北回到淮南，所以便有了兩種記載不同的進軍路線，並是他被指爲「起自河朔」或「河北賊」的緣故之一。他在京東活動時期較長久，如果那些記載可信的話，他從宣和元年起，直至四年，至少要有兩個多年頭在那一地區。梁山濼正屬京東，後來傳說將宋江和梁山分不開來，似委係有其淵源的。不過，宋江之以梁山爲根據地，上述的任何材料裏，則均未曾確切提到這一點。

在宋代，梁山濼恰是已久爲「盜藪」。

《宋史》列傳八十七《蒲宗孟傳》，有宗孟知鄆州時，對於梁山濼「盜」，先剔去足筋，再置於法的殘酷記載。（宋孫陞的《孫公談圃》所記相同，云「盜」首名黃麻胡。）蒲宗孟是趙頊（神宗）時人，則在約略早三十年以前，梁山早就爲反抗者所利用。《宋史》中對於曾在京東一帶做過官的人的列傳中，每每提及梁山的「盜」況〔註9〕，是梁山一直爲京東的「萑苻」之患。並且在宣和三年或四年之後（假定宋江於是年投降或被擒的話），梁山還依就曾有人佔據著。宋洪邁《夷堅乙志》（六）云：

> 宣和七年，户部侍郎蔡居厚罷知青州，以病不赴。歸金陵，疽發於背卒。未幾，所親王生暴亡，三日復蘇，云：如夢中有人相追，逮至公庭。俄西邊小門開，獄卒護一囚，扭械聯貫立庭下，別有二人舁桶血，自頭澆之，囚大叫痛苦，如不堪忍者。細視之，乃侍郎也。復押入小門，回望某云：「汝今歸，便與吾妻説，速營功果救我，今只是理會鄆州事。」夫人痛哭曰：「侍郎去年帥鄆時，有梁山濼賊五百人，受降，既而悉誅之，屢諫不聽也。」乃作黃籙醮爲謝罪乞命。

〔註9〕如《宋史》卷三百三十《許幾傳》稱：「梁山濼多盜」，卷三百五十六《任諒傳》稱：「梁山濼漁者習爲盜」，俱在宣和以前。參閱余嘉錫《宋江三十六人考實》頁七五。

　　這一段話，雖事涉神怪，第蔡居厚對梁山上的人們有血債，和宣和六年梁山仍有「盜賊」，則當爲事實。《宋史》列傳一一五《蔡傳》，稱其「知東平府，復以戶部侍郎召，未至，又以知青州，病不能赴，未幾卒」，這與洪邁所志，正相符合。魯迅先生《中國小說史略》說，《夷堅乙志》「成於乾道二年，去宣和六年不過四十餘年，耳目甚近」，大概殺降之說，容或可靠，冥譴的敘寫，則是當時社會上反對這種殺降的做法的一種表現。

　　過去我們曾面臨著一個問題：——宣和六年蔡居厚殺降事件中的梁山上的人們，究竟還是不是宋江等呢？抑或是另一些嘯聚者呢？

　　清俞樾在他的《茶香室續鈔》裏，對洪邁的記述，持即係宋江之說，云：「按此梁山濼賊，即宋江等也。」《中國小說史略》也是類似意見，說：「江等且竟見殺。」「山濼健兒終局，蓋如是而已。」宣和六年去宣和三年或四年，僅僅二三個年頭，在宋江的根據地確係梁山，和某些有關材料未發現之前，在投降一說未曾動搖，尙爲定論，而被殺到底比投降要有骨氣的前提下，這樣設想，委是有其可能的。但是，折可存墓誌銘的發現，《東都事略》的記載，既都在說宋江是被擒，時間在宣和三年或四年，那麼，就不會和蔡居厚的宣和六年事，發生關係了。當然這兩個材料都還有問題。折可存墓誌銘只說「繼獲」或「取江」，究竟擒取之後，如何處理：被殺，投降，降而復「叛」，那一樣是對的呢？《東都事略》所紀擒江年月日，顯然是從這一天有詔獎勵並加進官級與張叔夜而來，該詔見於《宋會要》，並沒有明言擒江事，王偁多少是附會的，甚至連「就擒」的字樣，都很含混，因爲涉及張叔夜，宋江便該是投降了。所以，這並不能切實解決。

　　我們似乎應該這樣推想，在宋代，梁山濼既已早就成爲了「盜藪」，宋江之前，有黃麻胡，宋江之後，正亦可以有其它的人，這和梁山濼的地理形勢，當時的時代背景，都有現實的關係。宋江起義後的活動地帶，主要在京東，但旁及他區，（記載中除淮南、齊魏、河朔等之外，尙有未名的十郡，）無疑他是具有高度流動性或運動性的，他自然並不能始終局限在一定的狹小的某一個據點。梁山濼雖可能是他的重要根據地之一，但卻決不是唯一的老巢。倘使他只局促於水泊一隅，負嵎自固，這僅是過去的小「盜魁」黃麻胡的行徑，便不像是後來人民大眾所樂於傳說，轟轟烈烈的宋公明的威望和氣魄了。這跟記載中有關宋江的資料，也完全是不合符的，與當時現實的環境，也是違背的。把宋江故事緊縮到以梁山泊爲中心，並使其成爲一種聚義的象徵，

浸假至讓梁山跟宋江密切聯繫，具有了分不開、離不掉、割不斷的合一的概念，是後來的事。當時的事實，大概不會那樣的。所以，我們正無庸過於執著地來看問題，以為宣和六年的梁山濼，畢竟只能夠是由宋江來佔據。宋江如果真的是在宣和三年已經降了，或是在宣和四年被擒了，自然不成為問題，設或絕未投降或是被擒，則我們當亦不能想像，時隔三四年之久，他依舊株守山寨，只剩下五百人的很少的夥伴，到頭來竟沒奈何屈膝於郡守，身陷刑戮，那是不近情合理的。說他是旋降旋「叛」，雖比較有其可能，卻也沒有任何根據。所以，我們從梁山在宋代久為「盜藪」這一點理解上出發，似自不必認做梁山應為宋江所專用專有，他可能曾經以之為根據地，在那裏經營過一個時期，但他是以流動的進軍為主要活動方式的，他不是局限於梁山一隅的，和梁山更密切地達成不可分離的關係，只是往後傳說故事中的加強渲染，而不見得是當時真實的歷史情況，因之，我們也不能把蔡居厚所殘殺的梁山好漢，視作是宋江本人或其部屬。（較肯定一些的說法，也只可能是部屬。）他們盡有極大的可能是一些另外的反抗者，流亡者，和農民起義的隊伍。這個時候，這個地區的災荒仍在發展。《宋史》徽宗本紀，宣和五年還有「是歲京東、淮南饑，遣官賑濟」，宣和六年又有「兩河、京東、西水」的記載。農民們在天災人禍，瘦削兼併的因素完全存在，繼續加深的情況之下，自然在不斷的「叛亂」。《三朝北盟會編》卷四十九，（靖康中帙二十四）引《中興姓氏姦邪錄》（秦湛）云：「宣和四年五年，河北、京東、群盜蜂起，各十餘萬。」足徵農民們的暴動日益廣大，為什麼一定要以為梁山泊不會有新人前去，而只有一個宋江呢？據《三朝北盟會編》卷一四三，（炎興下帙一四三）到了趙構（高宗）的建炎四年時，梁山泊還有取魚人張榮，在那裏嘯聚，並和金人作對頭哩。就蔡居厚這一節記載的材料本身上說，將他擬議為與宋江有關，原是不容易成立的。

對於宋江的歷史事蹟，糾纏不清的，是投降或被擒的問題，這問題的關鍵，是在於過去記載的一貫遵循統治階級蒙蔽歪曲的立場和方策。

我們須知《宋史》侯蒙傳所稱，原是空話，《本紀》和《張叔夜傳》記宋江之降，表面上雖不像空話，但卻並不一致。「命知州張叔夜招降之」，除說明招降是朝廷的意旨與政策之外，（這和《十朝綱要》說宣和元年十二月招撫宋江一樣）究竟做到了與否並不一定是肯定著實的語氣；這與「擒其副賊，江乃降」云云對看，後者便也是恍惚的。又如折可存墓誌銘中，對宋江被擒

的情形，說「奉御書」後「不愈月」便達到了「取江」的任務，這也太快了。質言之，這都還是官吏將領進行招撫的老文章，「投降」「擒獲」，只是一種遮掩的要官腔的字眼。實際上招撫是否成功，農民隊伍是否甘心歸順，則又是另一回事。在封建社會中，統治方面對於農民起義的鎮壓對策，除了初起時的殘暴撲滅外，等到波動稍大的時候，照例是免不了要以議撫來應付一下，議撫便是招安，另一方面說，也便是所謂「投降」。同時，統治階級又是不講信義的，「降」了之後，照樣殘殺，那麼降就也可以稱為就擒了。這對策，非但可以在農民軍中收買和分化一些動搖的分子，投機的分子，同時更能夠能予堅強反抗的人以一種污蔑，來各為各個分別打擊和誘惑的手段。當然在農民起義方面，也可能利用這種情況，以緩和一時間的被圍攻，或不利於己的危迫局勢，再圖大舉，以及脫出被動的困難的地位〔註10〕。這是中國歷史上農民革命習見的事例，明末最顯著，北宋末年，自亦復如此。當時宋王朝面臨著浙江方臘和京東一帶的二處農民大起義爆發的情況，方臘聲勢更大一些，統治方面決定使用全力調遣大軍去「討伐」，但對於接近京師的京東一帶，則沒有餘力再作大規模的應付。京東一帶，是以宋江最佔勢力，並顯為首領的，這樣，招撫的策略，便不能不使用，並集中於他，地方官吏如命奉行，宋江投降或被擒的記述傳聞，也便都隨之而來了。儘管官方大吹大擂地談降談擒，事實上到底怎樣，則殊不可知，邀功虛報，既很可能，「旋降旋叛」，也有可能，解決了宋江的一部，而作為農民軍首領的宋江，照舊進行他的活動，更極為可能。任何記載，均未敘明宋江降或擒的處置，是殺掉或補官（野史部分隨征方臘的話除外），可略覘其中消息。試問：假使根據那些記載，宋江被擒或降之後，京東一帶地方便應安靜無事，沒有「盜寇」了，然而一翻開《徽宗本紀》，在宣和七年二月，便又有下列兩條記敘：

> 京東轉運副使李孝昌言，招安群盜張萬仙等五萬餘人，詔補官

〔註10〕如余嘉錫《宋江三十六人考實》頁16～17引張守《毗陵集》卷十三《秘閣修撰蔣圓墓誌銘》說：「徙知沂州。宋江嘯聚亡命，剽掠山東一路，州縣大振，吏多避匿，公獨修戰守之務，以兵扼其衝。賊不得逞，祈哀假道，公嘿然陽應，偵食盡，督兵麾擊，大破之。餘眾北走龜蒙間，卒投表請降。」就是這一種情況的具體反映。降只是保全或緩兵的手段，也不必便是宋江的主力隊伍。如果根據《毗陵集》的材料，那麼，宋江是降於蔣圓，地點在沂、蒙一帶，又和張叔夜與海州的說法完全矛盾了。故正確的解釋，這些情況只是宋江所屬許多彩（股）當中的一部分的事情。

犒賜有差。知海州錢伯言奏，招降山東寇賈進等十萬人，詔補官有
差。

這裏所說京東和海州的盜寇，就地區和源流言，似不能謂與宋江全無關
聯，海州，就是所謂張叔夜招降宋江的老地方，又明稱是「山東」寇，我們
雖或難以斷言他們即是宋江的餘黨或舊部，但這至少可以旁證在前幾年宣稱
宋江投降或被擒之後，事實上委係沒有解決了這一帶農民起義的活動，並且
聲勢愈來愈盛。《宋史》又載：「宣和六年，河北山東盜起，張萬仙、張迪、
高托山、眾皆十餘萬，自餘二三萬者，不可勝數。」人數和首領都大大的增
加了。（我們應該注意，這是連河北而言的，這可能與宋江「起自河朔」的說
法有關；也是御書四大寇姓名中河北田虎的影子。）張萬仙、賈進等的投降，
大概是眞實的，「捕官犒賜有差，」他們的下文都有了交代。這就反映出了對
宋江的未作交代了。宋江在這時期中，沒有露面，他的結局如何？雖然不知
道；既然河北山東一帶的農民起義運動，不會被扼殺，似乎他就是擒或降，
實際上也不會給予農民軍以大的影響。而他如果竟然投降，那就是宋江叛離
了繼續堅持並不斷在發展的起義群眾了。這樣，後來成爲傳說中有名人物，
作爲梁山首領的象徵代表人物的宋江，群眾對他就該有兩樣看法，甚至是鄙
棄而不復是尊崇了。宋江在傳說中的地位，是否定了這一種行徑的。

我以爲「擒其副賊」的一句話，很有意思，也許揭出了一些眞相。而許
多材料中關於宋江投降或被擒的記述，俱是由是而援附的。我們可以設想，
在海州被張叔夜擒降的（或是在京東被折可存擒取的），也許只是宋江手下的
一員頭領，（或即三十六人之一）正如張萬仙、賈進等，或者亦是在他的「副
賊」數內一般。宋江，無疑地是宣和二年以後，京東、淮南、以至河北廣大
地區內的農民起義最有力的一位領袖，「轉掠十郡」，正足以形容他的發展和
膨脹，他儼然已具有這許多地區「群盜」所率相尊奉，與秉承號令的「共主」
資格。後來所謂「三十六人」是淵源於東漢末年黃巾起義時的三十六方（有
大方或小方，也就是大夥或小夥），這原先應該視爲三十六個單位組織，亦即
三十六股來解釋，不能竟狹義地依文義，看作是三十六位副賊或頭領來對待。
在明刊的元雜劇「雙獻功」、「燕青博魚」、「李逵負荊」三種梁山戲中，宋江
的賓白，均自稱曰：

　　　　某聚三十六大夥，七十二小夥，半垓來小嘍囉。

云云，「半垓」是極言其多，「三十六大夥，七十二小夥」，正是以天罡地煞的

個人的單數，作為一群人的複數來使用，每一個人同時又代表和統率著一「夥」，這「大夥」，「小夥」應作「大股」、「小股」解，而不能只是作為一個人的夥伴解，似少疑問。是則傳說中的梁山好漢，擴充到了一百八人，便是影指著當日會有一百八股了。（我們可以就後此明末農民大起義初期的股數（營數）繁多的情形，來推想宋末的情況。）元雜劇中的賓白，指出了至少在元明之際，傳說中對三十六人，還是作如此認識的；——最遲在明中葉《水滸傳》多種刊本出現前，是這樣的。〔註 11〕分成許多股，每股又各有他的頭目，這是農民起義的最原始的組織形式和特徵。這些股，又各自保持他們半獨立的活動性質，共奉的領袖不完全指揮、駕馭和控制他們，也是真確的事實。那麼，在這些眾多的「大夥」「小夥」中間，有幾個夥離開了宋江，甚至頂了宋江的名義，被招安了，投降了，或是被擒取了，自係可能與應有之事；這樣，降的擒的，便不一定就是宋江。再說，宋江既有這麼多的「大夥」「小夥」，他又何至為「擒其副賊」，就此絕望地投降呢？又何至不踰月（月，原作「日」，選編者校改）便垮了呢？我們再舉一個佐證：《三朝北盟會編》卷八十八（靖康中帙六十三），記張叔夜，稱其「後起知海州，破群盜宋江有功，宣和末，京東大盜四起，擢叔夜知濟南府，與京東制置使梁方平協謀，屢平巨寇。」同卷引《張叔夜家傳》，他箚子中自敘是：

> 逮出守海壖，會劇賊猝至，偶遣兵斬捕，賊勢挫衂，相與出降，蒙恩進秩。其後濟南群賊蜂起，朝廷猶錄微效，於宮祠中擢知濟南，賊稍平，移青州。

這或是《宋史》張叔夜傳所據來源之一，敘述相當合符的。他用「破」字「群」字，都可注意，「破」並不是受降，而「群」字宋江實只是其中一部分。說「劇賊」，更不是確指宋江，而以後「群賊蜂起」，這和說他以後在濟南「屢平巨寇」對看，便更顯出《宋史》附會誇張的形跡了。

宋江究竟會否投降，或是是否被擒殺，不是一件重要的事實。重要的是，京東河北始終有農民起義隊伍在進行不斷的反抗，旋撲旋起，和他影響的廣

〔註11〕現存的元雜劇，其賓白完全的本子，幾於全部都是從明代內府傳出。在嘉靖以前，內府本已有在外間流通之蹟。（如晁瑮《寶文堂書目》著錄）故此類賓白，即使非盡元人之舊，亦必撰擬於明中葉以前。而現存見的最早的《水滸傳》刊本，還沒有超越嘉靖年間的。（參閱下面四五兩章所論）。天都外臣序本《水滸傳》第七十八回前的一篇賦，「寨名水滸泊號梁山」云云，及以下的好幾句，都和元雜劇中賓白相同，似雜劇實有所本。

泛，一直延續到金人入侵的時候，而這些農民隊伍，是打著他的旗幟的，或是和他有關係的。

在記載中，明確指出和宋江有關係的，現在只能找出一個，那是史斌。

李心傳《建炎以來繫年要錄》卷七云：

> 賊史斌據興州，僭號稱帝。斌本宋江之黨，至是作亂。

這是關於史斌的材料中最重要的一條，因爲他說明了史斌「本宋江之黨」。史斌的起事，在建炎元年。《宋史》高宗本紀，稱之爲「關中賊」，別的一些記載中，或稱之爲「叛將」，「叛賊」，〔註12〕似乎史斌或係宋江一夥當中受過招安，因而調遣到陝西興州（今陝西之略陽）來的。如果史斌原係陝西當地的農民起義隊伍，不問他是否宋江的嫡系，抑或是以宋江爲號召的，那宋江的聲勢，總已超越了河北，進入了西北了。史斌的失敗，據《三朝北盟會編》卷一百十六，（炎興下帙十六）在建炎二年四月。在他的起義期間，曾經準備入蜀，又攻興元，並據長安，和當地的忠義兵統領張宗諤合作，被官軍吳玠所擒害。從他的和忠義兵合作一點看來，他也是傾向民族鬥爭的一個。

這個史斌，我們很有理由相信他就是後來《水滸傳》中所描寫的九紋龍史進的影子。史進是被寫爲陝西華陰人，在少華山落草，梁山並且因爲他大鬧西嶽華山，破了華州的。這無疑的有部分原是史斌的舊傳說故事的來源。

還有一個是楊志。

關於楊志，前面已提到過一些材料，他既是「招安巨寇」，在童貫「討伐」方臘之後，便充了他選鋒軍的將領，可能他也原是宋江一夥，如果張叔夜確曾在海州擒降了宋江「副賊」的話，我疑心也許就是他。《三朝北盟會編》卷三十，（靖康中帙五）引《沈管與李綱書》說：「楊志昨在燕，曾受高托山極賂。志貪財色，今聞在軍，可說之要擊。」高托山也是農民起義的首領之一，後來投降的。楊志受他的賄賂，又貪財色，連抗金退敵都需要用這些去游說他，足見他本不是一強毅堅定的農民革命領導人物，和有民族思想的，他中途叛變了起義隊伍，原是不足爲怪的。這個叛徒，後來和金人作戰時，又首先不守紀律，以致種師中遭到潰敗，也正由於他是這種腐化蛻變了的性格所致。後來《水滸傳》寫了他是將門之後，他的重要事跡只是替大官僚梁師寶送生辰綱給蔡京，他忠實地替統治階級出死力，無可奈何地落草，別無什麼

〔註12〕 如《宋史》盧緒原傳稱「叛將」，《建炎以來繫年要錄》卷十一稱「叛賊」。又有稱爲「劇賊」的，如《宋史》吳玠傳。

出色的描寫，也許還是提高了他一些吧。在《宣和遺事》中，楊志佔了第三位，僅次於吳加亮、李進義（盧俊義），這是有其原因的。

除了史斌、楊志以外，在歷史記述上，宋江的夥伴或部屬，便沒有眞實的人物了。

曾經有人在北宋末年南宋初年的許多史部書籍裏，廣搜博引，尋見了許多《水滸傳》中人物的資料，正確一些說，是與《水滸傳》中人物同姓名的一些資料，論者或以爲那些就是《水滸傳》中人物的眞實影模，或是《水滸傳》撰作時的依據。如此做去，似是免不了近於附會的，穿鑿的。我們不能因爲某一個人名的湊巧和一百八人中的任何一個人偶然相符，便認爲已找到了某一位英雄的歷史來源和根據，這是膠柱鼓瑟的方式與方法。小說並不就是某些史實的再現，小說中的人物，也並不且不能都就是史實中所曾有過的眞人，而借用或援附史實中的眞人，用來寫入小說，也自有其一定的適合和取資的程度。小說如此，傳說以及用說話表現的口頭文學，格外有他的標準和限制。比方，史斌、楊志二人，他們或就是《水滸傳》中的史進、楊志的前身，這是有些可信的，因爲他們實係宋江所領導的京東一帶農民起義軍中一路的人，同夥的人，有關係的人，他們是眞實歷史人物，也是梁山上的重要人物，這有說得過去的理由。而其它的一些呢？舉幾個例子：如《建炎以來繫年要錄》卷十，卷二十一，卷二十七，都有李逵這個人的事，他本是軍士，幫助軍校杜彥在密州殺了棄城的知州趙野；杜彥和「巨寇」宮儀作戰，打敗了，他又殺了杜彥，自領州事；末了，以密州去降了金人。這是一個反對農民軍的投機分子，並且是不知道民族爲何物的漢奸分子，我們除了姓名上的「李逵」二字完全相同，和他們都是山東人以外，能說《水滸傳》中最具有群眾傳說基礎和性格形象，爲人民所渲染得頂深刻動人的黑旋風，就是這個密州的李逵，並和他有血肉的連繫嗎？這個李逵的行徑，眞實是傚忠封建統治階級，和「盜寇」爲敵，等宮儀受了招安，進行民族戰爭，不幸失敗了，他便投降異族，這樣的人，水滸傳說故事中會流行或採擇他來作爲主要的著力描寫的典型人物嗎？

又如《建炎以來繫年要錄》卷四，卷二十九，有李忠；卷五十九有宋萬；卷二十九有張青；《三朝北盟會編》卷一百四十四（炎興下帙四十四）有彭玘；卷二百三十九（炎興下帙三十九）有李雲；這些在史實和小說中都不是重要的人物，竟會有其一定的關係嗎？就是小說中比較著稱的董平，燕青，一丈

青等，也能夠勉強地去和史實捏合附會嗎？〔註13〕

回答是：不能的，不能指證的。

所以，我們須得瞭解，《水滸傳》中事實上只有宋江（也許並包括了史斌和楊志），才眞是歷史中間的眞實人物。當然，後來的故事傳說中，一定有好多與當時農民起義有關係的，或是抗金戰爭有關係的，眞實人物的事跡與描寫在內，一定有好多會被反映或容納進來，但是我們卻已無從去查考，去分別。史書筆記中既很少錄見，而且也是早被湮滅毀棄了的，我們似乎很不容易較確當地去一一尋求檢證。有幾個做代表，也就相當滿足了。像史斌、楊志，只有這幾個，才是比較可靠，和能予接受的。

至於已經到了《水滸傳》故事演進到稍後的一段時期中的人和事，例如將南宋末年襄陽張順的故事，擬之於《水滸傳》的張順，那就更是一種明顯的附會了。

水滸傳說故事的形成，是必須並只有以宋江爲主題，結合了時代環境背景的歷史反映，去體會和理解的。

以上，對於歷史上的宋江這人，大略根據了舊有的記載，澄清了一些傳統的觀點和概念，主要指出關於他的投降，被擒，或是殺掉，以及受了流治者的利用自相傷殘（征方臘）等等說法，都是不盡眞實的，是值得懷疑的。從作爲農民起義運動重要的首領宋江的身上，洗掉這些有意歪曲沾染的塵污，是需要的。我們雖然不能夠具體地查出宋江的正確的事跡，經歷，和他的結局，但是宋江及其夥伴，在那個時地所起的作用與影響，也就是稍後以他爲中心所盛行傳佈並形成爲故事傳說根芽的作用和影響，則是值得注意到的，他是一部《水滸傳》的內容和思想意識的源泉。

我們從研究《水滸傳》的角度與要求，來研究歷史上的宋江，是無庸執著於他的瑣碎的經歷部分的考證，而須體察他傳說故事所以能夠形成的緣故，並分析傳說故事形成的社會成因的。宋江或是梁山的傳說故事，才是這部偉大文學作品眞正的起源演變的開始。

在宣和七年的下一年，北宋滅亡了。

我們可以說，在宣和二年以前，就起了頭，而在過去的幾年間，特別熱烈在河北、山東、江蘇、安徽的北部，河南的東北部（甚至於有陝西、江西），宋江是一位活躍的縱橫一時的現實的英雄人物，是代表了反抗意識的階級鬥

〔註13〕參閱余嘉錫《宋江三十六人考實》頁36～63所記。

爭的領導人物。在廣大地區的群眾心目中，已經存在了深刻的記憶和印象，並且留下了傳說故事萌芽的種子。在這時候，反抗和鬥爭差不多還是在火熱地進行發展著的，也可以說傳說故事本身是尙在胎孕期，蘊積期，他直要等到南渡以後，方才達到了壯大，成熟，和花朵的爛漫怒放一樣地呈現的時候。

（節錄自嚴敦易《水滸傳的演變》，作家出版社 1957 年版，第 1～25 頁。原文稱引著作或無書名號，選編者酌增）

從李若水的《捕盜偶成》詩論歷史上的宋江

馬泰來

根據《宋史》，歷史上的宋江是投降了的。《宋史》三次提及宋江。卷二十二《徽宗紀》：「（宣和三年二月），淮南盜宋江等犯淮陽軍，遣將討捕。又犯京東、江北，入楚、海州界，命知州張叔夜（1065～1127）招降之。」卷三五一《侯蒙傳》：「宋江寇京東，蒙上書言：『江以三十六橫行齊、魏，官軍數萬無敢抗者，其才必過人。今青溪盜起，不若赦江，使討方臘（？～1121）以自贖。』帝曰：『蒙居外不忘君，忠臣也。』命知東平府，未赴而卒。」卷三五三《張叔夜傳》：「以徽猷閣待制再知海州。宋江起河朔，轉略十郡，官軍莫敢嬰其鋒。聲言將至。叔夜使間者覘所向。賊徑趨海瀕，劫臣舟十餘，載擄獲。於是募死士得千人，設伏近城，而出輕兵距海，誘之戰。先匿壯卒海旁，伺兵合，舉火焚其舟。賊聞之，皆無鬥志。伏兵乘之，擒其副賊，江乃降。」宋江投降後，曾否如侯蒙的建議，「討方臘以自贖」，《宋史》無明文。

以往對歷史上的宋江的考證，一般皆環繞宋江曾否征方臘這一問題，而並未對宋江投降一事置疑。肯定宋江投降後征方臘的，包括余嘉錫、牟潤孫（1908～）、鄭偓等。〔註14〕張政烺（1912～）則認爲宋江「曾一度詐降張叔夜，但是沒參加征方臘，後來又反正了」。〔註15〕嚴敦易始以爲「他的投降及

〔註14〕余嘉錫，《宋江三十六人考實》，《輔仁學誌》，8 卷 2 期（1939 年 12 月），頁 15～83，後增訂爲單行本《宋江三十六人考實》（1955 年），又收入《余嘉錫論學雜著》（北京：中華書局，1963 年），下冊，頁 325～416；牟潤孫，《折可存墓誌銘考證兼論宋之結局》，《文史哲學報》，2 期（1951 年 2 月），頁 139～158，又收入所著《注史齋叢稿》（香港：新亞研究所，1959 年），頁 197～220；鄭偓《歷史上的叛徒宋江》，《文史哲》，1976 年 1 月（1976 年 5 月），頁 58～65。
〔註15〕張政烺，《宋江考》，《歷史教學》，1983 年 1 期（1953 年 1 月），頁 14～19，又收入作家出版社編，《水滸研究論文集》（1958 年）頁 207～223，歷史月刊

平方臘二點，是否事實，俱成問題。後者時間上是衝突的」、「在海州被張叔夜擒降的……也許只是宋江手下的一員頭領。」〔註 16〕又因爲諸書有關宋江的記載，多牴牾不合，頗難統一，日本的宋史專家宮崎市定（1901～）乾脆就說北宋末有兩個宋江，從征方臘的將官宋江，與「淮南盜」投降的宋江非一人。〔註 17〕

1978 年，鄧廣銘（1907～）、李培浩提出宋江沒有投降的說法。「北宋期內的記載全無宋江受招安之說，此說是南宋期內編造出來的。」「宋江在舉行起義的全過程中並無詐降之事，更絕對沒有參加鎮壓方臘起義軍的罪惡活動」〔註 18〕，頗引起一番討論。大抵多不同意鄧、李的說法。〔註 19〕但各人所引用史料，陳陳相因，只是解釋各異，所以無法說服對方而解決問題。

最近翻閱北宋末李若水（1092～1126）的《忠愍集》（影印文淵閣《四庫

社編，《中國農民起義論集》（北京：五十年代出版社，1954 年），頁 85～100，李光璧等編，《中國農民起義論集》（北京：三聯書店，1958 年），頁 167～185。

〔註 16〕嚴敦易，《水滸傳的演變》（1957 年），頁 269、18。

〔註 17〕宮崎市定，《宋江は二人ゐたが》，《東方學》，34 期（1967 年 6 月），頁 1～2；法文譯本，略有修訂：Miyazaki Ichisada, "Ya-t-il eu deux Sung Chiang?", en Francoise Aubin, ed., *Etudes Song in memoriam Etienne Balazs*, Serie I, Vol.2（Paris: Mouton & Co., 1971），pp.171-178。另有通俗改寫本，見所著《水滸伝：虛構のなかの史實》（東京：中央公論社，1973 年），頁 24～46。

〔註 18〕鄭廣銘、李培浩，《歷史上的宋江不是投降派》，《社會科學戰線》，1978 年 2 期（1978 年 7 月），頁 137～146；《再論歷史上的宋江不是投降派》，《光明日報》，1978 年 8 月 1 日（《史學》，114 期）。

〔註 19〕支持鄧、李說法的有戴應新，《從折可存墓誌銘論宋江不是投降派》，《光明日報》，1978 年 12 月 5 日（《史學》，122 期）。認爲宋江曾投降的有：吳泰，《歷史上的宋江是不是投降派》，《光明日報》，1978 年 6 月 8 日（《史學》，108 期）；吳泰，《再論宋江的幾個問題》，《中國史研究》，1979 年第 2 期（1979 年 7 月），頁 88～98；葉玉華，《〈水滸〉寫宋江打方臘非出虛構》，《中華文史論叢》，8 期（1978 年 10 月），頁 71～78；張國光，《〈歷史上的宋江不是投降派〉一文質疑》，《社會科學戰線》，1978 年 4 期（1978 年 12 月），頁 146～151；張國光，《歷史上的宋江有兩個人》，《光明日報》，1978 年 12 月 5 日（《史學》，122 期）；萬繩楠，《宋江打方臘是難否定的》，《光明日報》，1978 年 12 月 5 日（《史學》，122 期）；裴汝誠、許沛藻，《宋江招安辯證》，《中華文史論叢》，1979 年 2 期（1979 年 4 月），頁 391～399；陸樹侖，《關於歷史上宋江的兩三事》，《遼寧大學學報》（哲學社會科學），1979 年 2 期（1979 年），頁 56～60，1979 年 3 期（1979 年），頁 61～67；北郭，《歷史上的宋江是投降派》，《北方論叢》，1979 年 4 期（1979 年 7 月），頁 101～105。其中張國光以爲北宋末有兩個宋江，其一投降後征方臘，另一則冒名起事，爲折可存所擒。陸樹侖則以爲宋江向張叔夜投降後，旋降旋叛，復被擒獲，既未征方臘，亦未嘗爲折可存所獲。

全書》抄本），發現了一首記載宋江受招安的詩，未曾爲前人所引用。茲先抄錄於下，再加說明：

> 去年宋江起山東，白畫橫戈犯城郭。
>
> 殺人紛紛翦草如，九重聞之慘不樂。
>
> 大書黃紙飛敕來，三十六人同拜爵。
>
> 獰卒肥驂意氣驕，士女駢觀猶駭愕。
>
> 仍年楊江起河北，戰陣規繩視前作。
>
> 嗷嗷赤子陰有言，又願官家早招卻。
>
> 我聞官職要與賢，輒啖此曹無乃錯。
>
> 招降況亦非上策，政誘潛凶嗣爲虐。
>
> 不如下詔省科繇，彼自歸來守條約。
>
> 小臣無路捫高天，安得狂詞裨廟略。

（《忠愍集》卷二《捕盜偶成》）

李若水生平，見《宋史》卷四四六（來源似爲王偁（？～1200）《東都事略》卷一一一），記靖康前事甚爲簡略：「上舍登第，調元城尉、平陽府司錄。試學官第一，濟南教授，除太學博士……靖康元年（1126），爲太學博士。」李若水作《捕盜偶成》時所任「小臣」爲何官職，尚無法考知。唯一可肯定的是此詩作於宋江投降後一年。

《水滸傳》第八十二回，記宋江受招安後，「帶領眾多軍馬，大小約有五七百人，徑投東京來……軍士各懸刀劍弓矢，眾人各各都穿本身披掛，戎裝袍甲，擺成隊伍，從東郭門而入。只見東京百姓軍民，扶老挈幼，迫路觀看，如睹天神。」雖爲小說家言，仍可作本詩「獰卒肥驂意氣驕，士女駢觀猶駭愕」二句注腳。

根據李若水詩，宋江在山東起事，後來三十六人並受招安。李若水是反對招安政策的，可以推想，假如宋江旋降旋叛，李若水必然會在詩中提及。因此，在宋江投降後一年，李若水應沒有聽到宋江復叛的消息。

李若水的《捕盜偶成》是目前所知提到宋江的最早記載。其次爲庚戌年（宋建炎四年，金天會八年，1130）范圭爲折可存（1096～1126）撰的墓誌銘。後者提到：「方臘之叛，用第四將從軍……臘賊就擒，遷武節大夫。班師過國門，奉御筆：捕草寇宋江。不逾月，繼獲，遷武功大夫」〔註20〕，二者並無

〔註20〕見注（1）牟潤孫，《折可存墓誌銘考證兼論宋江之結局》文，及宋士彥，《宋故武功大夫河東第二將折公（可存）墓誌銘》，《北京大學學報》（哲學社會科

衝突之處。

方臘被擒在宣和三年（1121）四月，但餘眾繼續抗拒幾達一年。《宋史》卷四四六《楊震傳》：「從折可存討方臘，自浙東轉擊至三界鎮，斬首八千級。追襲至黃岩，賊帥呂師囊扼斷頭之險拒守，下石肆擊，累日不得進。可存問計，震請以輕兵緣山背上，憑高鼓譟發矢石。賊驚走，已復縱火自衛。震身被重鎧，與麾下履火突入，生得師囊及殺首領三十人，進秩五等。」嘉靖《永嘉縣志》卷九《雜誌》：「（宣和三年）十月，大兵四合，殺俞道安於永康山谷中，擒呂師囊，群盜悉平。」方勺（1066～1141 以後）《泊宅編》卷五：「趙州剡縣魔賊仇道人、台州仙居人呂師囊、方岩山賊陳十四公等皆起兵，略溫、臺諸縣。四年三月討平之。」又李埴（1161～1238）《十朝綱要》卷十八、陳均（1174～1244）《九朝編年綱目備要》卷二十九、《宋史》卷四六八，及《泊宅編》卷五，皆謂宋師自出至凱旋凡四百五十日。童貫（1054～1126）於宣和二年十二月二十一日始受命為宣撫使，越四百五十日，應為宣和四年（1122）三月二十六日。〔註21〕折可存「班師過國門」，不可能早過宣和三年十月，而極有可能是宣和四年三月。根據《宋史》卷二十二和《十朝綱要》卷十八，宋江是在宣和三年二月向張叔夜投降，到了宣和四年三月已過了一年多。宋江之復叛（？）及被折可存擒獲，當在李若水撰寫《捕盜偶成》之後。

本文沒有討論到宋江曾否征方臘的問題。我個人是傾向宋江曾征方臘的，雖然今日所見南宋有關宋江征方臘的記載——李埴的《十朝綱要》、楊仲良（1241～1271）的《續資治通鑑長編紀事本末》、秦湛的《中興姓氏姦邪錄》和《林泉野記》——皆有明顯的錯誤。宋江在宣和三年二月向張叔夜投降，方臘在同年四月被擒，宋江可能趕不及赴浙；但方臘餘眾至次年三月始次第被鎮壓，宋江參與宋師軍事行動的可能性還是存在的。〔註22〕

1979 年 10 月 2 日初稿

1980 年 6 月 3 日改訂

學）1978 年 2 期（1978 年 8 月），頁 68、97。

〔註21〕據薛仲三、歐陽頤，《兩千年中西曆對照表》（香港：商務印書館，1956 年），頁 225。

〔註22〕本文主要介紹李若水的《捕盜偶成》詩，關於宋江的其它史料，可參看蘇金源、李春圃，《宋代三次農民起義史料彙編》（北京：中華書局，1963 年），及馬蹄疾，《水滸資料彙編》（1977 年）。

後　記

此文撰就後，陸續看到一些有關歷史上宋江的論文。宋江投降這一史實可說已爲史學界所公認。關於這問題的綜合敘述，可參看謝保成、賴長揚，《建國以來中國古代史問題討論簡介（上）》，《中國歷史學年鑒》，1986 年版，頁 498～499；陳高華，《宋史》，收入《中國史研究》編輯部編，《中國古代史研究概述》（南京：江蘇古籍出版社，1987 年），頁 254。論文細目就不詳列了。

注（1）所列牟潤孫文爲早期研究折可存碑的重要之作，原先在《文史哲學報》發表時，附碑文拓本大型照片，相當清晰。以後討論折碑的研究文字，多抄錄碑文，但複製拓本可能僅此一次。待該文收入牟氏的《注史齋叢稿》，拓本照片已被刪去。北京中華書局 1987 年重印《注史齋叢稿》，篇幅增加幾乎爲港版的一倍；該文收入頁 196～220，則無修改。牟氏逝世後，李學銘、佘汝豐代其編輯《海遺雜著》（香港：香港中文大學出版社，1990 年），該文不復收錄。

注⑨提到的蘇李書已爲資料極豐的何竹淇編，《兩宋農民戰爭史料彙編》（北京：中華書局，1976 年），所取代。

（原載《中華文史論叢》1981 年 1 期。據馬幼垣《水滸論衡》，北京三聯書店 2007 年版附錄選入）

宮崎市定說水滸（節錄）

〔日本〕宮崎市定

宋江其人

小說《水滸傳》的主人公宋江可是個來歷不明、形跡可疑的人物。自從當上了梁山泊的寨主，他是呼風喚雨，臨危不懼，多次擊退官兵的圍剿，且每次活捉了官軍頭目，都不許手下人動一根汗毛，英明聖賢讓人好生敬佩。而實際上他不過是一小縣城衙門裏的普通書記員。既手無縛雞之力，又大腦空空無物，卻是憑著一副俠義心腸，揚名天下。不管如何不知體面、不識抬舉的人，只要一聽是宋江，都會立刻俯首帖耳、甘心跪拜。而所謂的「熱心腸」，不過是有時候施捨給窮人點兒錢，抑或是被賭徒無賴敲詐勒索也仍是氣

定神閒。

如此能耐竟能當上統領一百零七位好漢的首領，這點很是讓人匪夷所思。其中的緣由，作者並未言明，在我看來，宋江這人甚有自知之明，瞭解自己無能，所以自然也不會去和別人一較高下、爭風吃醋了。人往往認爲自己才華橫溢，於是有了自信。而當有了自信，再遇到與自己水平相當的人時，爲了肯定自己，無意中就會和對方進行比較。如果覺得自己強於對方，就會覺得心安理得，而如果知道水平不如對方，就會在心裏埋下一較高下的種子。於是乎也就看不到對方的優點，或是將對方的優點看成了潛在的威脅。如果對方是自己的部下，就會千方百計地打壓他。然而很不幸的是，宋江實屬無能之輩中的無能之輩，連稍許可以與人爭鋒的才能都不具備。如果要拿歷史上眞實的人物作比較的話，與漢高祖劉邦倒是不相上下。可是在中國，人們常常會給這種無能且自知無能的人很高的評價。

宋江集團剛開始只有三十六人。經過北宋末期到南宋滅亡，將近兩百年的時間，三十六人的數目才確定下來。從南宋末年發現的名冊中可以看出，名冊上所記載的人物姓名與今天《水滸傳》中天罡星三十六人的名字基本一致。

「在三十六個大頭目下面還有七十二個小頭目」，這種說法可能到了元代才出現。元曲中經常會出現一句唱詞：「三十六大夥，七十二小夥。」

「夥」是同伴的意思，如果把頭目稱同伴，那麼「夥」還指頭目的意思。但是元代恐怕一百零八位頭目的名字還沒一一確定下來。我們推測在最後階段，即作者在寫完《水滸傳》的那一瞬間，才最終把一百零八將的名字確定下來。

眾所週知，小說《水滸傳》是章回體小說，一章相當於一回，而各回又以對句來做題。這其中的第七十回，可稱得上是分水嶺，前七十回講各路英雄豪傑因著各自的緣由齊聚梁山泊，酒過三巡排好座次，各司其職守護山寨，故事在此告一段落。

七十回之後筆鋒突然一轉，開始了宋江等一百零八位好漢順應朝廷、接受招安，作爲朝廷軍討伐叛軍的故事。其中最大的一次，是征剿起義浙江的方臘叛軍，雖是眾多將領戰死沙場，大半良將臥病床榻，但終至大獲全勝，生擒方臘凱旋。只是無奈是時朝綱腐敗，立下赫赫戰功的宋江不久就遭到懷疑，最後竟落得賜飲毒酒而亡。預感死期將至的宋江，擔心自己死後李逵懷恨造反，便叫來李逵一同喝藥酒死去。

一般認爲《水滸傳》在十六世紀末十七世紀初的時候，完整形成了現今版本。小說一經問世即好評如潮。明代人不喜歡艱澀難懂的書，正史之類的書一般都懶得去讀。他們把宋江完全當做小說中的人物來接受。偶讀《宋史》，發現《宋史》中也有關於宋江一夥三十六人在地方興風作浪，張叔夜受旨降服的記載。我很詫異，原來《水滸傳》並不是完全虛構的小說，而是以史爲據創作而成的。

《水滸傳》不是作爲單純的消遣娛樂讀物，而是以一部具有很高文學價值的優秀文學作品受到關注和研究，這在日本開始於大正時期，在中國則是到了民國以後。特別是作爲文學革命領軍人物的胡適，對這部白話小說更是情有獨鍾，結合自己的研究加注了新穎的點評，出版了更爲通俗易懂的《水滸傳》。從那以後不管是日本還是中國，有關《水滸傳》的研究均呈現一派空前的繁榮景象。

許多史料並未把宋江等人的事跡單獨列出來，只是在寫到方臘起義時作了附帶說明。這是因爲在歷史上宋江等人的活動遠不及方臘起義來得轟烈，而且這點兒名聲還是仰仗了宋江投靠官軍鎮壓方臘等人的起義。如此說來，宋江討伐方臘是有史證的。

新出土的史料

有關眞實人物宋江的史料，雖然在宋代的史書中隨處可見，但都是一些零碎的片斷，難以窺其全貌。史學家曾試圖將這些碎片拼湊起來，以形成完整的體系，遺憾的是，最後都因爲缺乏有力的證據而不了了之。

然而到了一九三九年，陝西省府谷縣出土了一塊珍貴的石碑，碑上有北宋末年一個叫范圭的人篆刻的《宋故武功大夫河東第二將折公墓誌銘》，碑文中出現的折公是指武將折可存。

府谷縣位於陝西省東北端，黃河大拐彎處，北與內蒙古接壤。宋代時這裏曾居住著外族出身的豪門——折氏家族。家族歷代名將輩出，率領部族效忠宋王朝。北宋末期，折可求率其家族抵禦金兵的入侵，終因寡不敵眾而戰敗投降。墓碑的主人就是這個折可求的弟弟。

新出土的折可存墓誌銘裏面，記載著重要的信息。宣和三年（1121），折可存作爲官軍的一名將領，討伐方臘叛亂有功，被封爲「武節大夫」。方臘戰敗被俘是在四月二十六日，也就在這一天，折可存率兵返都，沿途接到追捕草寇宋江的命令。墓誌銘上寫道：

> 臘賊就擒，遷武節大夫。班師過國門，奉御筆捕草寇宋江，不
> 逾月繼獲，遷武功大夫。

「班師過門」按字面意思來解釋，是指穿過國都開封府的城門。但是結合前後考慮，這個說法並不屬實。實際折可存是折兵返回到了離都城較近的京畿路邊界附近。

第二個疑問是這個草寇宋江是誰，這段文字到底意味著什麼？原因很簡單。因為在此之前就有一個宋江將軍參與討伐方臘叛軍，並立下赫赫戰功。

關於這個問題，臺灣的牟潤孫博士曾嘗試作過解答。牟氏在一九五二年發行的《臺灣大學文史哲學報》第二期發表了一篇題為《折可存墓誌銘考證兼論宋江結局》的文章。這篇論文秉承了中國自古以來的優良學術傳統，稱得上是真正意義上的學術論文。但不能因此就說他得出的結論是無懈可擊的。

據牟氏的考證，宋王朝不會輕易賦予有才能的武將權力，即便他戰功顯赫，不僅如此，還會懷疑他們處心積慮想要謀反。北宋中期有名的武將狄青就是最好的例證。南宋朝廷也一樣，岳飛為了宋朝的復興兢兢業業，到最後就因為懷疑其謀反，被處以極刑。宋江也遭遇了同樣的命運。征討方臘建立功勳反而招致朝廷文人政客的嫉妒，平定方臘後，朝廷的魔爪很快便伸向了他，被逼謀反，或者只是被懷疑謀反，最後淪為俘虜受盡磨難。雖然碑文上沒有記錄之後的事情，但如果朝廷本意如此，那麼宋江悲劇結局無需再著筆墨說明。所以我認為，小說《水滸傳》裏描寫的宋江淒慘死去，多少有些真實的意味在裏面。

牟氏的觀點裏明顯帶有個人情緒。宋江不過是小說的主人公，但他作為一個民族英雄的形象，已經深深印在人們的腦海裏。而即便是學者，終究也不能脫離大眾而獨立存在。我想牟潤孫博士是希望通過發掘《水滸傳》的形象，來試圖解決歷史問題。

可是在我看來，牟氏的這一學說有些急於求成的味道。他在得出最後的論斷之前應該以事實作為論據，作更深入的探究。也就是說牟氏疏忽了通過對折可存墓誌銘的研究來明確宋江被捕的年月。墓誌銘上說的「不逾月繼獲」中的「不逾月」到底是指什麼時候呢？

如前所述，如果將方臘被擒的四月二十六日作為起點，那麼不逾月應該是指在四月底，即宋江被捕是在四月二十六日到月末二十九日的這三天時間裏。這樣算來時間太短，不合邏輯。即便自折可存從討伐方臘的前線歸來算

起，也不可能在四月底返回到國都附近。因此這裏的不逾月，應該是以過了城門爲起點來計算的。但是這個「班師過門」到底是在幾月份，卻沒有任何相關的記載。這裏就暴露出了墓誌銘寫法的不科學性，甚至我們懷疑撰寫者自身都不清楚具體的日期。中國的文獻記錄裏，像這樣模棱兩可的記述隨處可見，不需要大驚小怪。這種情況下，我們只能求助於其它的文獻。

不過關於前文所論及的這個問題，手頭剛好有確鑿的材料可以利用。南宋王偁的《東都事略》宣和三年的條目下有如下記載：「五月丙申（三日），宋江就擒。」

《宋史》曾引證過《東都事略》的記事，因此它的可信度是很高的。但是只有這個事件寫得很唐突，而且找不到其它可以與之相印證的史料。所以迄今爲止史學界對此材料的利用是有所保留的。

現在隨著折可存墓誌銘的發現，事情有了很大的進展。我們可以推斷墓碑上所載，而知四月二十六日方臘就擒之後宋江被捕。於是《東都事略》中的記載就開始變得鮮活起來，五月三日「宋江就擒」就成了無可爭辯的事實。

可能這個論斷會招致很多人的非議，但這是根據歷史學研究方法的科學論證得出的。我想只要稍有點兒史學素養的人，恐怕都不會對此品頭論足吧。

受命征討方臘的朝廷統帥是童貫，另有部將二十多人，宋江是其中的一員。關於這部分的活動，主要記錄在南宋李埴的《皇宋十朝綱要》，以及楊仲良編寫的《續資治通鑒長篇紀事本末》裏面。這兩本書的史學價值已經得到了史學界的肯定。

這兩本書中有兩處記錄了宋江的重要功績。第一處，四月十四日官軍包圍方臘藏身的幫源洞時，宋江從後包抄斷了方臘退路，無處遁逃的方臘兩天後被擒。

首領雖然被捕，但起義規模浩大，波及近六個州，是故殘黨舊部捲土重來，終在朝廷各將領聯手下被剿。宋江也馬不停蹄地輾轉戰場，最後在六月五日與辛興宗等人一起，在上苑洞將殘軍殲滅，立了第二功。至此，方臘起義被鎮壓。

這樣看來，四月至六月，宋江在追剿起義軍，而這中間的五月三日，卻又說宋江就擒，顯然這種邏輯是不成立的，除非還有另外一個宋江存在。

兩個宋江

誠如上言，奉旨討伐方臘的大將軍宋江，四月底時還在前線指揮作戰，

而到了五月居然占山爲王，落草爲寇，不久即被朝廷生擒了去，接著到了六月又奉詔趕赴沙場。想來只要不是推理小說，就算宋末的時局再動蕩不安，也不會有這等謬論。通觀相關史料，新出土的折可存墓誌銘也好，古來已有的《東都事略》也罷，《皇宋十朝綱要》也可，當然還有《續資治通鑑長編紀事本末》，都是些可信度極高的史料。因此我以爲，大將軍宋江和草寇宋江實乃兩人。

得此結論後，重翻史料，發現文獻中其實一開始就記載有兩個宋江。

歷史上宋江的名字第一次出現是宣和元年（1119）十二月，身份是統領三十六人的賊盜頭子。文獻記載「山東盜賊宋江」。山東是一個很籠統的說法，大致相當於今天的山東省，梁山泊屬其管轄範圍。這個匪首宋江在之後的一年時間裏在山東境內爲非作歹，興風作浪，端的是無法無天，有關他們的情況很多文獻裏都有記載。

宣和三年（1121），宋江等人南下進入淮南路，後北上進犯京東東路的淮陽軍。《宋史》中有載：「二月，淮南盜宋江等犯淮陽軍，遣將討捕。」大意說的是，朝廷軍接到淮陽軍的奏報，派遣官軍討伐宋江。淮陽軍隸屬京東東路，而宋江是從淮南路方向攻來，故稱其爲淮南盜賊。如果他們是從離淮陽軍不遠的山東入侵的話，那就大大出乎地方官員預料了，但是對於當時的狀況而言，這也沒有什麼不可思議的。

被稱做山東賊寇或是淮南盜賊的宋江，宣和元年（1119）至宣和三年（1121）二月末，一直在山東興風作浪，這個事實很關鍵。因爲這也證明了同一時期，另有朝廷大將宋江的存在。

宋江作亂後一年，方臘在浙江揭竿而起。方臘起義可不似宋江的小打小鬧，那是舉六州，侵四海，建新政，潰官軍，鏟惡吏，其來勢之凶、聲勢之大，令朝廷大爲震驚。於是任宦官童貫爲將，舉兵二十餘萬力剿之。出征部隊在國都開封府會合後，於宣和三年（1121）正月七日正式出發。隨童貫出征的大將有劉延慶、劉光世、辛企宗、宋江等人。這都是些響當當的人物，可見宋江將軍也絕非泛泛之輩。此事見於可信度極高的《三朝北盟會編》引用部分《中興姓氏姦邪錄》。後童貫於正月二十一日過長江於鎮江駐兵，因此其麾下眾將也該前後抵達長江南岸。而過了正月，即宣和三年（1121）二月，盜賊首領宋江卻依然活躍在山東淮南地區。由此可以斷定，此宋江絕非

彼宋江。身爲眾寇之首的宋江一開始便是盜賊，而朝廷大將宋江一開始便是官軍；五月就擒的宋江乃草寇宋江，而四月到六月間平定方臘起義的卻是大將宋江。無論誰怎麼說，只要按照歷史研究方法，遵循史學研究規則，便不難同意有兩個宋江的存在。

接下來就有一個疑問，既然據史所載有兩個宋江，那爲什麼人們會產生只有一個宋江的誤解呢？這裏面有很多原因。

首先宋江這個名字在史料裏出現的時間極短，宣和元年（1119）到宣和三年（1121）不過短短的三年。宋江其名乍一出現就消失了，人們自然就會先入爲主地認爲這兩個宋江乃是同一人。宋江此名本並不奇特，宋姓常見，江字也平凡得很。但在那之前歷史上從未出現過一個名帶「江」字的名人，在宋江之後也再未有名帶「江」字的名人出現，因此後人自然形成了只有一個宋江的印象。

其次是《宋史》撰寫編排的問題。《宋史》中對宋江事跡的記錄方法顯然有失妥當。宋江於宣和三年（1121）二月在淮陽郡地區出現，這在其它史書中也有記載。可《宋史》緊隨其後記敘張叔夜受命招降宋江，似乎這兩件事是相連發生的。不過仔細研讀就不難發現，這後一件事發生的時間要晚很多。但稍不留神就會以爲宋江在二月接受招安，如此一來宋江於同年四月參加討伐方臘的戰爭顯然也是趕得上的。

《宋史》是二十四史之一，雖說是正史，但在史學界的地位很低，原因是杜撰的色彩太濃。但無論如何畢竟位列二十四史，所以接觸得也較爲頻繁，很容易先入爲主。其實《宋史》遠沒有《東都事略》可信度高。《宋史》編撰於元末，《東都事略》成書於南宋，而南宋時期自然還留有大量可資參考的文獻。對宋江招降的記錄，《東都事略》也沒有採用像《宋史》一樣容易讓人產生誤解的行文方式，而是採取了最直接的表述：「五月宋江就擒。」如果能先讀《東都事略》再看《宋史》的話，應該就不會被《宋史》誤導了。

第三，過於迷信《宣和遺事》。《宣和遺事》是帶有話本風格的歷史小說。書中列舉了宋江等三十六人的姓名，講述聚首的經過，最後以宋江參加討伐方臘收尾。正式的文書和史傳都沒有草寇宋江變宋朝大將的傳奇故事。只在《宋史・侯蒙傳》中有所記載，說的是侯蒙官至丞相，後上書望天子給宋江個戴罪立功的機會，降旨讓他去討伐方臘。可惜這個侯蒙在得到天子首肯之

後，就駕鶴西去了。除此之外再也沒有任何類似的記載，而《宣和遺事》第一次實現了侯蒙的計劃。

關於《宣和遺事》的成書時間眾說紛紜。有說成書於宋，可又似乎年代過於久遠。又有說編撰於元，但成書時間應該比《水滸傳》早一點是肯定的。可它畢竟是歷史小說，無論年代多麼久遠，書中的內容是無法成爲構築歷史細節的確鑿證據的。但是它給人們造成的「草寇宋江就是宋將宋江」的心理效果，卻是顯而易見的。

第四，《宋史》以外的其它史書中，經常出現諸如「朝廷招降宋江」，或是「宋江歸降」的語句。可招降也好歸降也罷，本來對宋江而言是無關宏旨的，但宋江歸降在《宋史·張叔夜傳》中卻有如下記載：

（叔夜）……知海州。宋江起河朔，轉略十郡，官軍莫敢嬰（攖）其鋒。聲言將至，叔夜使間者覘所向，賊徑趨海濱，劫鉅舟十餘，載鹵（擄）獲。於是募死士得千人，設伏近城，而出輕兵距海誘之戰，先匿壯卒海旁，伺兵合，舉火焚其舟，賊聞之皆無鬥志，伏兵乘之，擒其副賊，江乃降。

這裏所說的副賊在《水滸傳》裏相當於盧俊義的角色。

此時宋江的歸降是山窮水盡的無奈之舉，還是像《水滸傳》裏說的「不求同年同月同日生，但求同年同月同日死」的兄弟情誼，就手頭的這點資料我們不敢妄下定論。但有一點可以肯定，宋江的確是戰敗而降的。如此一來，在諸如《東都事略》的史料中寫到「宋江就擒」也就沒什麼不妥了。

我們應該注意到，宋江充其量也就是個地方州官。雖有一支千餘人的精銳部隊，卻難免落得小氣，最終一敗塗地、悻悻而降也在情理之中。由此看來，宋江的實力終究不能與方臘相比。就這點實力，即使被編入官軍，也不可與童貫麾下猛將運連、劉延慶、劉世光、辛企宗等人相提並論。而且跟隨童貫征戰的部隊都是經過嚴格篩選的精良兵團，其中對將校的選拔更是頗費心機，所有的將校一律必須有過實戰經驗，且立下過赫赫戰功。

經過對各種資料的反覆分析和比較，所謂「草寇宋江是討伐方臘的宋朝大將」這個可能性幾乎爲零。

（節錄自趙翻、楊曉鐘譯，〔日本〕宮崎市定著《宮崎市定說水滸——虛構的好漢與掩藏的歷史》，陝西人民出版社2008年版，第19～31頁）

梁山義軍的歷史考證

劉奉光

梁山泊人文地理

宋徽宗宣和元年（公元 1119 年），梁山泊屬京東西路東平府和濟州（今鉅野）界，在東平府壽張縣、濟州鄆城縣、濟州鉅野縣、東平府中都縣（今汶上）和東平府須城縣（今東平）地面，梁山島在今梁山縣。這裏水面時大時小，湖河溝渠相連，號稱 800 里水泊。今據宋史擬測，作示意地圖供參考。

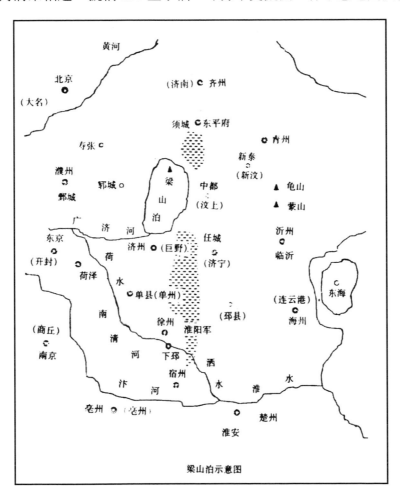

梁山泊示意圖

梁山泊地區旱澇不均，鹽鹼風沙爲害，倘官吏盤剝過重，則易激發農民反抗。據《宋史·蒲宗孟傳》載，宋神宗、蘇軾時代，「鄆界梁山泊，素多盜，宗孟痛治之，小偷微罪，亦斷其足筋，盜雖爲衰止，而所殺亦不可勝計矣」。

延及宋徽宗時代，有宦官楊戩（jiǎn）「立法索民田契，自甲之乙，乙之丙，展轉究尋，至無可證（即無田契），則度地所出，增立賦租。始於汝州（今河南臨汝縣），浸淫於京東西、淮西北，括廢堤、棄堰、荒山、退灘及大河淤流之處，皆勒民主佃（即強令民租種官家土地）。額一定後，雖衝蕩回覆不可減，號爲『西城所』。梁山泊古鉅野澤，綿亙數百里，濟、鄆數州，賴其蒲魚之利，立租算船納直，犯者盜執之。一邑率於常賦外增租錢至數十萬緡（mín，千文），水旱蠲（juān，減免）稅，此不得免」（《宋史・楊戩傳》）。

楊戩死後，李彥繼其職，「凡民間美田，使他人投牒（dié）告陳，皆指爲天荒，雖執印券皆不省……京東州縣吏劉寄、任輝彥、李士漁、王澔、毛孝立、王隨、江淳、呂坯、錢械、宋憲皆助彥爲虐，如奴事主，民不勝忿痛……發物供奉（皇室），大抵類朱勔（miǎn，興花石綱擾民 20 年，激方臘起義），凡竹數竿用一大車、牛驢數十頭。其數無極，皆責辦於民，經時閱月，無休息期。農不得耕墾，殫財靡筋，力竭餓死，或自縊轅軛間」（《宋史・楊戩傳》）。

此二人官至太傅，權傾朝野，謀行上下，爲害十餘年。梁山泊人多靠無主沼澤水面爲生，一旦盡括爲公田，計畝量船收租，則受害最深。可見梁山農民起義的直接原因是楊戩、李彥爲代表的宋朝貪官污吏的殘暴統治。

梁山義軍始末

梁山義軍的始末很難確定，大概真如《水滸傳》所描述的，是一個逐漸入夥的過程，它不像方臘起義那樣「椎（chuí）牛釃（shāi）酒」，萬眾響應，史書只稱其有 36 人。《東都事略・侯蒙傳》載：

> （侯蒙）出知亳州，旋除（升）資政殿學士，提舉崇福宮。於時宋江寇京東，蒙上書陳制賊計曰：「宋江以三十六人，橫行河朔、京東，官軍數萬無敢抗者，其材必過人。不若赦過招降，使討方臘以自贖，或足以平東南之亂。」徽宗曰：「蒙居閒不忘君，忠臣也。」起知東平府，未赴而卒。

由「起知東平府」揣測，宋江此時，即方臘起事的宣和二年，公元 1120 年，在東平府梁山泊地區。由「官軍數萬無敢抗者」揣測宋江的 36 人當是將領，而所統軍馬足以與數萬宋軍抗衡，則宋江軍馬亦以千、萬計。

《宋史・侯蒙傳》亦有雷同的記載：

> 宋江寇京東，（侯）蒙上書言：「江以三十六人橫行齊魏，官軍

數萬無敢抗者，其才必過人。今青溪盜起，不若赦江，使討方臘以
自贖。」帝曰：「蒙居外不忘君，忠臣也。」命知東平府，未赴而卒，
年六十八。

由「今青溪盜起」的時態推測。宋江義軍肯定發難早於方臘起義的 1120 年，
並早以擁眾以百、千、萬計。但宋徽宗招撫宋江並未拖延到難於抗衡的此時，
也不是起於侯蒙上書。據《皇宋十朝綱要》卷 18 載，早在一年前，朝廷就招
降過宋江：

宣和元年（1119）十二月，詔招撫山東盜宋江。

這次招撫肯定沒有成功，因為此後宋江義軍又轉戰青州、濟南、單縣、鄆城
一帶：

（宣和二年十二月）初七日（1120 年 12 月 28 日）歙（shè，今
安徽歙縣）守天章閣待制曾孝蘊以京東賊宋江等人出入青、齊、單、
濮間，有旨移知青社（青州）（《泊宅編》卷五）

歙州知州曾孝蘊以防方臘有功，有聖旨調他去青州任知州，以防禦宋江義軍。
此時方臘宋江南北呼應，可謂梁山好漢的黃金時代。此事在《宋史・曾孝蘊
傳》中亦有所對照，但對宋江義軍的行止則未提及。

梁山義軍並非路路皆勝，張守編著的《毗陵集》卷 13 所收《蔣公（圓）
墓誌銘》記載了梁山義軍一支在沂州（今臨沂）敗降之事：

（蔣）公諱圓，字粹仲……中元祐六年（1091 年，哲宗朝）進
士第……徙知沂州。宋江嘯聚亡命，剽掠山東一路，州縣大震。吏
多避匿，公獨修戰守之備，以兵扼其衝。賊不得呈，祈哀假道，公
嘸（fǔ）然陽應。偵（義軍）食盡，督兵麾擊，大破之。餘眾北走
龜蒙（今新汶縣東南二山）間，卒投戈請降。或請上其狀（請功），
公曰：「此郡將職也，何功之有焉。」除（升）開封府少尹（副尹），
輒乘駟詣闕，陛見賜對。上問宋江事，公數奏始末，益多其才（上
嘉之）。

古代墓誌銘乃家人私撰文章為其親人歌功頌德，土中一埋，死無對證，任憑
後人識讀。故其真實性有限。許多人讀此文會得到宋江兵敗投降之假象。這
其實是一文字遊戲，叫宋江成為全文的主語，再單敘某路義軍敗降之事。倘
真的由蔣圓捉了宋江，則何止授一開封府少尹，且其子孫必大書特書收降宋
江之事，以顯榮耀。可以推想蔣圓不過守住了城池，追殺了一陣，抓住幾個

俘虜而已，故未大報其功。小小陞遷亦在情理之中。

然而《宋史·張叔夜傳》所記宋江敗降一事，則不敢輕易否定：

（張叔夜）再知海州（今連雲港西）。宋江起河朔（黃河南北），
轉略十郡，官軍莫敢嬰其鋒。聲言將至，叔夜使間者（探子）覘（chān）
所向，賊徑趨海瀕，劫鉅舟十餘，載擄獲。於是募死士得千人，設
伏近城，而出輕兵距海（隔海），誘之戰。先匿壯卒海旁，伺兵合，
舉火焚其舟。賊聞之，皆無鬥志，伏兵乘之，擒其副賊，江乃降。

張叔夜一代名將，打個勝仗不難，但以小小海州四縣之力，迫宋江投降，則
難以致信。官修正史對農民起義百般醜化是歷代傳統。虛報戰績隨時都會發
生。也許是宋江小有損失，但包圍了海州，乘勝求降。因爲根據常理，義軍
敗而降則無異送死，方臘是其例；勝而降則可封官進爵。張叔夜素有賢將之
譽，宋江降於賢將求全是有可能的。當時海州所屬東海縣尚爲海島，長約 70
里，寬約 30 里，宋江爲避童貫征方臘的 20 萬大軍北伐，沿微山四湖及入海
水路進軍海濱，勝可執海州求降，敗可入東海固守，合情合理，斷不會兵敗
而降，吉凶難卜。倘眞是敵不過死士千人，敗而降，則難有後來征方臘成功
之事。但宋江義軍後來成爲征方臘的主力卻是眞的，《皇宋十朝綱要》卷 18 有
確定的記載：

（宣和三年）六月辛丑（1121 年 7 月 24 日），辛興宗與宋江破
賊上苑洞。

以毒攻毒是封建王朝的一貫策略。拿宋江打頭陣，辛興宗殿後或佯攻是在情
理之中的事。南宋的其它史書也有類似的記載：

宣和二年（1130）方臘反睦州（今浙江梅城縣），陷溫（今溫州）、
臺（今浙江臨海）、婺（今浙江金華）、處（今浙江麗水）、杭（今杭
州）、秀（今浙江嘉興）等州，東南震動。以（童）貫爲江浙宣撫使，
領劉延慶、劉光世、辛興宗、宋江等軍二十餘萬往討之（徐夢莘《三
朝北盟會編》卷 52 引《中興姓氏姦邪錄》）。

宋江在此與劉光世等名將並列，根據數學邏輯，帶兵可能在 5 萬左右，如此
則說明宋江降宋朝後仍有相當大的實力。因爲很難想像宋朝姦帥童貫會把宋
朝官兵撥歸宋江指揮。由此看來，宋江十餘船、百千人兵敗乞降之說是站不
住的。對宋江的戰功，另有南宋文獻記載：

宣和二年（1120），方臘反於睦州，光世別將一軍，自饒（今江

西波陽）趨衢（今衢州）、婺，出賊不意，戰多勝……臘敗，走入青

溪洞，光世遣諜察知其要險，與楊可世遣宋江並進，擒其僞將相，

送闕下（《三朝北盟會編》卷212引《林泉野記》）。

這「遣宋江並進，擒其僞將相」說明確是宋江爲前鋒，擒方臘君臣。只是礙於宋江出身，不便明說。倘果是宋官兵某人所擒，則史書、演義會大書特講，不會有武松單臂擒方臘的傳說。正因爲宋江軍士走死殆盡，破方臘的頭功便任人爭搶，眾說紛紜：

（宣和三年四月戊子，1121年5月12日）劉鎮將中軍，楊可

世將後軍，王渙統領馬公直並裨將趙明、趙許、宋江·既次（幫源）

洞後，而門嶺崖峭拔……劉鎮等率勁兵從間道掩擊，奪門嶺，斬賊

六百餘級（《長編紀事本末》卷141《討方賊》）。

這裏沒有提劉鎮擒方臘，只說斬首600，因爲從上段文字上看，宋江級別最低，卻最接近方臘藏身之洞。歷史上往往都是級別低的士卒衝鋒在前，其上司殿後，卻領功受賞。比如武松擒方臘僅傳說而已，史書便可寫成宋江擒方臘，或乾脆說江浙宣撫使童貫擒方臘。《宋史·徽宗紀》的權威國史就作了如此記錄：

（宣和三年二月，1121年2至3月）方臘陷處州，淮南盜宋江

等犯淮陽軍，遣將討捕，又犯京東、河北，入楚（今江蘇淮安）、海

州界，命知州張權夜招降之……夏四月……庚寅（1121年5月14

日）忠州（今四川忠縣）防禦使辛興宗擒方臘於青溪（今浙江淳安

縣）……秋七月……戊子（1121年9月9日），童貫等俘方臘以獻……

八月……丙辰（1121年10月7日），方臘伏誅。

童貫閹豎正是由於此功才得以統領北線軍馬，導致了北宋滅亡。然而南宋偏安以後，便有宋江義軍的故事流傳，宋元間的平話《大宋宣和遺事》和元雜劇中都有大量半文學半史學的梁山義軍故事，直到後來《水滸傳》成書。這些傳說都爲考證梁山義軍始末做出了一定貢獻。

《水滸傳》情節的有限考證

對《水滸傳》描述的主要事件，愚以爲不可不信，亦不可全信。這是由中國文史的傳統決定的。比如《戰國策》、《國語》，學術界通常把它們當史料引用，但其中卻不乏誇張和虛構。又如《說苑》、《吳越春秋》，學術界通常把它們歸入古典小說，但考古學、歷史學的不斷驗證，卻說明它們有相當高的

史料價值。再以明代的《三國演義》爲例，它基本上是《三國志》的藝術化，它描寫的多數故事都是眞人眞事的誇張聯想。與此不同，《水滸傳》則由於史料缺乏，很難判定其事件情節的眞假。但有一點可以肯定，明代史書有很多沒有流傳到今天，施耐庵的參考資料肯定要比上列引文多得多。鑒於史料奇缺，我們所能推測眞假的事件只能有下列五點：

一、宋江兵打北京城與史料所記義軍戰河北暗合。《水滸傳》第 63 回說宋江爲救盧俊義攻打北京（今河北省大名縣），這與史書所載義軍戰河北相符：

> 淮南盜宋江犯淮陽軍，又犯京東、河北，入楚、海州（《東都事略・徽宗紀》）。

> 宋江起河朔（黃河下游、河北），轉略十郡（《宋史・張叔夜傳》）。

由此推測，吳用賺玉麒麟、燕青救主、破北京救盧俊義等故事有所依據。

二、宋江義不擾民與方臘不同。官修史書記載方臘擾民的事很多，最突出的是《宋史・方臘傳》：

> 進逼杭州⋯⋯縱火六日，死者不可計⋯⋯臘復焚官舍、府庫、
> 民居⋯⋯破六州五十二縣，戕平民二百萬，所掠婦女自賊峒逃出，
> 裸而縊於林中者，由湯巖、蒪領八十五里間、九村山谷相望。

然而官史記宋江擾民的記載卻沒有。官方倘得知義軍擾民事，必添枝加葉，誇大宣傳、記載，不記宋江擾民，說明梁山義軍紀律嚴明。這和《水滸傳》描寫的「聚義」、「忠義」精神相符合。

三、招安宋江屬實。上述多種史料都記載了宋江受招撫、宋江投降及爲宋軍平叛等事，這說明《水滸傳》所記「招安」、「擒方臘」之事有事實根據。

四、征遼應在平方臘之後。《水滸傳》講宋江受招安後征遼、平叛 20 多回，時間至少數月。但史料記載卻是招安後立即征方臘，其間一、二月而已：

> 宣和三年二月，⋯⋯方臘陷處州，淮南盜宋江犯淮陽軍，又犯
> 京東、河北，楚、海州界。夏四月⋯⋯庚寅，童貫以其將辛興宗（該
> 有宋江）與方臘戰於青溪，擒之。五月丙申，宋江就擒（《東都事
> 略・徽宗紀》）。

> 宣和三年六月辛丑，辛興宗與宋江破賊上苑洞（《皇宋十朝納
> 要》）。

　　　　三年……夏四月……庚寅，忠州防禦史辛興宗擒方臘於青溪
　　（《宋史·徽宗紀》）。

這些記載大致說宋江二月尙爲義軍略州郡，四月就編爲宋軍擒了方臘，這之
間顯然沒有時間去征遼。

　　據《宋史》記載：方臘反前，金人即聯宋攻遼，宋調集兵將待發，遇方
臘反，改爲先征方臘，故方臘速敗。此後又聯金攻遼，復燕山：

　　　　二年……九月壬寅（1120 年 9 月 28 日）金人遣勃菫等來……
　　宴童貫第……四年春正月……癸酉（1122 年 2 月 21 日），金人來約
　　夾攻，命童貫爲河北、河東路宣撫使，屯兵於邊以應之……五年……
　　五月己未（1123 年 6 月 2 日）以收復燕雲……癸亥（6 月 6 日），童
　　貫落節鉞（覆命），進封徐豫國公（《宋史·徽宗紀》）。

這段史料說明北宋伐遼復燕雲歷時三年，中間夾帶著平息了宋江、方臘起
義。而《宋史·童貫傳》則說得更明確：

　　　　政和元年（1111 年），（童貫爲副使）副鄭允中使於邊，得燕人
　　馬植，歸薦諸朝，遂造平燕之謀，選健將勁卒，刻日發命。會方臘
　　起睦州，勢甚張，改（童貫）江浙淮南宣撫使，即以所聚兵帥諸將
　　討平之……進貫太師，徙國楚（公爵）……臘雖平，而北伐之役遂
　　起。既而以復燕山功，詔解（釋兵權）節鉞爲眞三公，加封徐、豫
　　兩國（原有楚）。

由此看來童貫將兵伐遼在平方臘之後，宋江有沒有隨童貫北征，要看他擒方
臘後又活了多少時間，但無可稽考。

　　五、宋江之死撲朔迷離，史書上從未有交待，只有兩種史料說宋江於平
方臘後月餘被擒：

　　　　夏四月……庚寅，童貫以其將辛興宗與方臘戰於青溪，擒之。
　　　　五月丙申（1121 年 5 月 21 日），宋江就擒（《東都事略·徽宗紀》）。

兔死狗烹，這是有可能的。1939 年陝西府谷縣出土了華陽范圭書撰的《宋故
武功大夫河東第二將折公（可存）墓誌銘》證實了此事：

　　　　公諱可存，字嗣長……方臘之叛，用（以）第四將從軍。諸人
　　籍（因）才，互以推公，公遂兼帥之將兵。奮然銜登，士皆用命。
　　臘賊就擒，遷武節大夫。班師過國門，奉御筆「捕草寇宋江」。不逾

月繼獲，遷武功大夫……銘曰：既冠而仕，仕已有聲。女崖（西夏人）巨滑，舉不再征。俘臘取江，勢若建瓴（ling）。雁門（山西代縣）之役，爲將治兵。受命不宿，懷忠允勤。間道自南，憶母在並（太原）。公乎云亡，天道杳冥。誰爲痛惜，昭昭斯銘（《北京大學學報》1978 年第二期）。

墓銘係折可存的女婿范圭所作，爲岳父貪功，稱折可存「俘臘取江」。俘方臘顯然不是折可存的頭功，宋代史料均未有此記載，只是《宋會要輯稿》記載平方臘的將軍中有「京畿一將——第四將」，屬中下級軍官。唯擒宋江一事，銘文稱奉旨「捕草寇宋江」，說得肯定明確，似可相信。且「不逾月即獲」與上引《東都事略》記四月擒方臘，五月擒宋江相符，說明宋江很可能在擒方臘班師請功前後被密令逮捕，如此說來，宋江平遼、從政皆屬《水滸傳》善良的願望。且宋江的死因是鴆是殺亦難判定。可想宋朝既然手詔密令行事，則亦是秘密殺害，以免引起公議。由此也可以想到，《水滸傳》所謂吳用、花榮、盧俊義、李逵等人從死、鴆亡之說亦難置信，可能均是秘密殺害。試想一代雄傑怎麼會這樣無能無識地死去！當是作書人對無奈的敗亡巧圓結局而已。

梁山義軍考證結論

總之，以宋江爲代表的梁山義軍是一支以封建倫理道德爲指南的農民起義隊伍。他們以愛皇帝、愛國家、愛人民、反貪官爲宗旨，尋求自身的解放，最後卻被封建王朝利用、扼殺。歷史無情地嘲弄了他們，只給他們留下了幾句可憐的污蔑之詞。幸而人民的文學留下了他們英雄的傳說，最後發展成《水滸傳》和其它評書、曲藝。經過史學考證，可以確認這些文學作品都有一定的事實爲依據。在史料極缺的情況下，可以把這些文學作品作爲野史來看待。就是說其中的多數重大事件確有其事，具體的人物、情節則僅供參考。這層文史合一、以文代史、諷喻社會、褒貶人生的文化積澱我們稱之爲「水滸文化」，而有歷史考證的水滸文化就更有影響力。

（原載李善奎、王振星主編《水滸文化探賾——山東省水滸文化研討會論文集》，中國文聯出版社 1999 年版）

關於山東棘梁山「古宋梁王碑」問題之我見

李永祜

歷史上的宋江，在宋代及元明兩代官私史籍中記載甚少，給研究工作造成了許多困難。因此，只要發現了哪怕是距宋代較晚的明代的記載，也值得重視。前些年在山東東平棘梁山發現了一幢明代嘉靖年間的寺碑，據傳有疑似關於宋江的記載。近日在東平的學術研討會上，見到了原碑的拓印件，與幾位學術界的同行共同辨析、討論，彼此的看法有同有異。此碑題名爲《重建瑞相寺記》〔註24〕。據拓印此碑文的東平縣郭雲策同志介紹：此碑所在的瑞相寺早在三十多年前即遭毀壞，今已蕩然無存。原碑前些年出土後，現存東平縣博物館。

此碑主要內容是記述寺院的方位、歷史沿革（但未說明始建的朝代）、前代的主持人等，最後表達祈福祐民之意。碑文中被研究者重視的是記述寺院方位、環境的一段：

> 地緣東阿西南四十餘裏〔註25〕，其集名曰西汪，左有古刹名曰瑞相寺，□建本寺殿宇故者悠遠矣……古刹地形，勢近黃山，嶺接臘、困；右鄰海津，亦通禦波，川原千古；前有台峰，歷代國師謀勝肖、張，匡扶□基；隱台士者太公也，名釣魚臺；峰會古宋梁王名江，忠義聚寨，名立良山也。乾銀、鐵峰而聯鳳凰、豆山以來，遍野古名莊疃園林，美麗而隱英豪。形勢□異，八方繞拱，成然古刹之地、僧佛所居之處。

此段最重要的是這三句：「峰會古宋梁王名江，忠義聚寨，名立良山也。」三句中含有宋江、忠義寨及與梁山音近的立良山這三個關鍵字，其所指似應是宋江及其起義軍。爲簡便、明瞭計，我們姑且稱此碑爲「古宋梁王碑」。此三句中首句和末句存有歧義，必須做一番梳理、論證，才能確定其準確的含義。首句，「古宋梁王名江」可有兩種含義：其一，是否指宋代宗室有名江而被封爲梁王者。查《宋史》之《宗室表》、《宗室傳》及人物列傳，整個宋代封同姓王三十九人，封郡王三人，均無名江者；其異姓王在靖康之變前，只

〔註24〕碑文題名中第二字殘缺，幾位研究者的文章中定此字爲「修」。我從子的右下方殘存的「聿」字及下端殘存的由左向右下方運行的清晰的一撇「捺」筆來看，斷定應爲「建」字。碑文中另有四個「建」字，亦可參照做出此判斷。

〔註25〕東阿：指明代東阿縣，當時隸屬東平州，今屬山東平陰縣，改稱東阿鎮。

有趙普先追封眞定王、後追封韓王，石守信追封威武郡王，別無他人。則此句之「宋」字非指宋代而爲姓氏，即指宋江，其義已明。有研究者謂「在水滸戲與小說中宋江向無王號」，對其多以頭領、寨主、或及時雨、呼保義、公明哥哥等相稱，未將其稱爲王者。誠然，南宋末龔開的《宋江三十六贊》中就說宋江「不稱假王，而呼保義」，在小說、戲曲中宋江的確也未以王自稱，但若謂小說、戲曲中未稱宋江爲王，則是閱讀文本的疏失。

在《水滸傳》第三十二回寫宋江在清風山上時，劉高的妻子就一連四次稱宋江爲「大王」。如果說這是劉高妻子的誤稱，那麼再看第五十八回孔亮上梁山找宋江搬救兵，在梁山泊岸邊的酒店裏與李立對話時，李立稱「山上寨中都是大王住處」，孔亮答「便是來尋宋大王」。第六十一回店小二對盧俊義說「山上宋公明大王……」，又說「官人莫不和山上宋大王是親麼？」在《水滸傳》中並非只稱宋江爲大王，在第五十八回少華山的朱武、第五回桃花山的李忠和周通、第五十八回少華山的史進等也都被他人、被作者稱爲大王（在第五回中李忠、周通被稱達二十二次之多）。

再看戲曲：明嘉靖間李開先的傳奇劇本《寶劍記》第四十出中，宋江被林沖和小嘍囉稱爲大王；第四十七出中宋江和林沖被李逵稱爲大王。與李開先同時而稍晚的陳與郊，其傳奇劇本《靈寶刀》第三十出中，林沖稱宋江爲大王。由此可見，在元明小說、戲曲中宋江等多人在水滸寨內外都曾被稱爲大王。在古代社會中，民間比較普遍地將落草爲寇的綠林好漢稱爲大（dai）王、山大王、草頭王等。小說、戲曲中稱宋江爲王，正是這一習俗的反映。對於上述碑文中所述的「古宋梁王名江」之句，我們既然已將宋代同姓和異姓王名江之人的可能排除，那麼此梁王就是統率三十六人佔據梁山的宋江；此句與第二句的「忠義聚寨」連在一起，其義更加顯豁，再聯繫到東平湖周邊有「宋江像」、「宋江碑」等許多民間傳說〔註26〕，則此梁王指稱宋江這是確定無疑的。第三句「名立良山」也有不同的解釋。一種解釋是「立」字爲動詞，與前二句相連意謂：梁王宋江以忠義相號召建立營寨，其名聲樹立在良山上。另一種解釋是「立」字與「良山」結合在一起形成一個名詞「立良山」，與前二句相連意謂：梁王宋江以忠義相號召建造營寨之處，名爲立良山。

〔註26〕東平境內棘梁山頂石室內有古代石像、東平湖南岸有明代古碑，在明清兩代被當地群眾盛傳爲宋江像、宋江碑；宋江碑甚至被作爲地名出現在朝廷的上諭中。詳情見周郢《東平「水滸」文化新史證》，載 2011 年山東東平《羅貫中與〈水滸傳〉、〈三國演義〉學術討論會論文集》。

兩種解釋均似可通。那麼哪種解釋更爲準確、更符合實際呢？看來僅就此三句本身難以索解，必須從上文所引的整段文字入手尋求答案。

在這段文字中，作者用了許多筆墨介紹瑞相寺的方位和周邊環境。如「古刹地形，勢近黃山，嶺接臟、困，左鄰海津……前有台峰」，而「峰會古宋梁王名江，忠義聚寨，名立良山」這三句，也屬於描寫瑞相寺環境的筆墨。從句式上看，三句原本應是「峰會立良山」一句，與「勢近黃山，嶺接臟、困，左鄰海津，前有峰台」相同，都是主謂句式。但此碑文的作者爲了要把有關宋江的傳說寫進此處，硬是將一個「古宋梁王名江，忠義聚寨，名立良山也」這樣的判斷句式作爲「會」（連接、交接之意）的賓語。結果就造成主語「峰」和以「會」爲動詞與「古宋梁王……名立良山也」這樣的判斷句作賓語構成了一個長長的主謂句。這樣複雜的主謂句，在元明以前的古文中是很少見的。何況，此判斷句的成分有所殘缺。如「忠義聚寨」之後本應有「處者」二字與下句「名立梁山也」相連，形成「峰會古宋梁王名江忠義聚寨處者，名立良山也」這樣的句子，則其含意十分顯豁、明白；或者即使省去「者」字，有一「處」字，亦不至於產生歧義。看來撰文者古文修養不高，文中有多處文理不通之處而又未做精心推敲、修改，此三句尤爲嚴重，結果造成了我們今人索解的困難。我們做了以上分析，並將此三句補充完整，那麼最後一句的意思也就清楚了：「名」是名稱之意。「立」不是樹立，而是與「良山」結合爲一個名詞「立良山」。這兩句的意思既已確定，則全三句的意思就是：「（釣魚臺）山峰連接古時梁王宋江所聚結的忠義山寨之處，名立良山也。這就是此三句的準確的含意。歷史上的宋江起義後，的確在以梁山泊爲中心包括東平縣在內的地區駐紮和活動過，這有侯蒙上皇帝奏章建議招安宋江和朝廷任命侯蒙爲東平知府（未及赴任而卒）準備處理此事的確鑿史料爲證。此「古宋梁王碑」記載的雖然是民間傳說，但應當是有歷史來歷的，宋江在此駐紮和活動過也是極有可能的。這一點應當肯定下來。

但是，我認爲並不能由此而得出結論說，此立良山就是宋江起義後的原始結寨地或第一駐紮地。

首先，自宋元明清歷代以來，在文人的歷史著作、詩文、筆記中，與宋江聯繫在一起的是梁山泊或水泊梁山；在官方的文獻中也是將梁山或梁山泊作爲宋江起義軍的老巢看待。如明天順間的《大明一統志》、嘉靖間的《山東通志》、清康熙間的《山東通志》、《壽張縣誌》等官修方志，均一致肯定梁山

泊或梁山爲宋江結寨、駐紮之處。至於元前期關漢卿、高文秀、康進之、李文蔚等至明代李開先、陳與郊等以來的戲曲中；自元末明初《水滸傳》及此後的《後水滸傳》、《蕩寇志》等小說中，也均寫明宋江山寨在水泊梁山。總之，在古代的史籍、戲曲、小說中，宋江的山寨、駐紮地均指稱在梁山或梁山泊，這是七八百年的歷史認定下來的，也是爲學術界眾所周知而無須現今再做論證的。反之，在這些歷史、文學典籍中從未提到過宋江的山寨是在「立良山」、「棘梁山」。甚至除極少數地方誌之外，在其他典籍中「立良山」、「棘梁山」這兩個名字都從未出現，這也是不爭的事實。

其次，梁山與立良山之山體上互不相連，互不相干，各自獨立存在。梁山原名良山。據《史記‧梁孝王世家》記載，梁孝王「北獵良山」。班固《漢書‧梁孝王傳》作「北獵梁山」。《漢書‧地理志》東郡壽張縣，原名「壽良縣」，書注引應劭曰：「世祖叔父名良，故曰壽張。」由此可知，是爲避東漢光武帝劉秀叔父劉良之名諱而改「良」爲「梁」的，良山改爲梁山，也是出於避諱這同一原因。此梁山即今山東梁山。自《漢書》至明清、民國以迄於今，各史籍、方志均稱「梁山」不變。立良山，在今見旳史籍方志如明天順《大明一統志》作「棘良山」；明嘉靖《山東通志》、清康熙《山東通志》嘉慶《大清一統志》、光緒《山東通志》、《東平州志》、民國《東平縣誌》等，均作「棘梁山」，此碑稱爲「立良山」實爲僅見。但雖用字不同實爲一山。或許「棘」、「立」兩字音近易淆而作兩字。但梁山與棘梁山並非一山，此事甚明。據嘉慶《一統志》載：梁山在東平州西南五十裏；棘梁山在東平州西四十裏。兩山南北相距有五十裏之遙，山體有別，所發生之事在當地人中無混淆之可能。

據有重要史料價值的《宣和遺事》記載，晁蓋、宋江起事後都先後走上梁山泊，最早起事的楊志、李（盧）俊義等人也由晁蓋邀約從太行山轉上了梁山泊。梁山泊「險不在山而在水」。〔註27〕四面環水的八百里梁山泊，進可攻，退可守，應當是宋江聚義後據守的首選之地，也是其營寨中心。如果宋江及其起義軍是以立良山爲中心根據地，何以歷代各種史籍、文藝作品不稱立良山或棘梁山而獨稱梁山或水泊梁山？這是無法解釋的。兩相比較，棘梁山位於水泊之外的旱地，雖山勢較梁山稍險，但難以長期固守。宋江派少數

〔註27〕見〔清〕曹玉珂《過梁山記》所引之梁山父老語，載康熙《壽張縣誌》卷八「藝文志」。

兵將駐守棘梁山以爲犄角之勢是可能的，但不會全部駐紮於此，甘冒被襲殲的風險。僅據山中發現過建築遺址和出土過焦糊的糧食，是難以斷定是否宋江山寨的。因爲據史籍記載，在宋江之前和其後，在梁山泊及其附近，都發生過漁民、農民起義和據守之事〔註28〕。爲知那些遺址、糊糧非彼時之物？此外，史籍明確記載，明末有一隻農民起義軍，一度據守於棘梁山。據民國二十五年（1936）修撰的《東平縣誌》載：明崇禎十四年，（1641）十一月十六日，有土賊李青山率眾破東平。當地民眾紛紛裹紅巾起義。「十二月官兵至，青山敗走，據棘梁山。潛遁，追至泰安之東，擒之獻俘京師。」〔註29〕梁山泊在元代後期及基本無水，到明代完全乾涸，故李青山未去梁山，敗給皇帝的題本中稱「李青山嘯聚梁山」；清道光《東阿縣誌》卷二十三亦稱「梁山寇李青山」。李按：梁山走至棘梁山，但此山無險可守，料想不久即東逃之泰安。他們倉皇中燒掉所掠部分糧米以便輕裝潛逃，自在情理之中。但那些建築殘跡則不是短時間所能建成而又焚毀造成的，或許是他們的前幾代同行所爲亦未可知。總之，遺跡、殘糧不足以作爲斷定宋江軍在棘梁山安營紮寨的依據。

其實，以建築遺跡和殘糧去論證宋江軍駐紮於棘梁山並不重要，因爲碑文中那段關於宋江的記載自有來歷，並非空穴來風，本文前已言及。重要的是宋江事蹟上碑及圍繞此一舉措所做的努力折射出來的意義。值得人們注意的是，此寺廟碑並非如一般廟碑那樣由普通百姓所立，而是由現任的「兗州府東平州東阿縣知縣馮」及現任的「縣丞」、「主簿」、「簽司」、「署印」等人，即整個東阿縣的官員所立；而由曾爲官吏的「郡邑養政龍溪前本省藩司從事都錄王琮式撰文」。這幫官員沒有就當是東不可能即已有的「宋江碑」等傳說做文章，因爲該碑系弘治七年平江伯陳銳、尚書劉大夏等爲治理黃河所立的紀事碑，與宋江毫無關聯〔註30〕，而且該碑距嘉靖二十七年僅五十四年，字跡清晰，平頭百姓的傳說絕對左右不了他們的視聽。文人出身的這班官吏重

〔註28〕 在《宋史》卷三五三《許幾傳》、卷三五六《任諒傳》中，都記載了約在宋徽宗宣和以前梁山泊漁民爲盜之事；〔宋〕洪邁《夷堅志乙志》記載宣和六年蔡居厚知青州時有盜賊五百余人盤據梁山泊，爲蔡居厚殺降事。

〔註29〕 見該書卷十六「大事·匪患」。另，崇禎十五年四月十七日刑科給師中左懋第「爲陳請禁毀《水滸傳》」以宋江據守之故，名聲遠播，人所共知。李青山據守之棘梁山名不見經傳，落寞寡聞，且距梁山不遠，外間人易與梁山混淆，而東平當地人則區分得很清楚。民國《東平縣誌》當是據前代的縣誌的記述據實而寫的。

〔註30〕 此碑所立的具體情況，及群眾的附會，見前注周郢之文。

視的是有歷史來歷的傳說和事蹟，於是在棘梁山側近重建瑞相寺之舉，便成
爲一難得的契機，是他們能將自己久有所聞而又深信不疑的「梁王宋江忠義
聚寨」之傳聞刻入碑中。他們本來可以直書其事：「宋宣和間宋江聚寨於此」。
但他們畢竟是現任的地方官員，對公然將被宋代以來歷朝都斥爲盜匪的宋江
寫入碑中宣揚，不能不有所顧忌。即令我們今人乍讀此碑文時也不免吃驚：
官方立碑竟寫入此等內容，何以如此大膽？但仔細推敲、體味其用字行文，
便可發現其中奧妙：「古宋梁王名江忠義聚寨」，「宋」字可解爲宋代，亦可
解爲姓氏；「梁王名江」，雖可解爲指宋江，但宋江從未被封王或自稱爲王。
這種模棱兩可的語言，完全可以搪塞上司的指責。可見，這班官員爲用「狡
猾之筆」打掩護，是煞費了苦心的。他們爲將宋江寫入碑中又預防惹禍而絞
盡腦汁，固然反映出他們背後強大的民意的推動，但說到底這是一種社會思
潮使然。

　　自嘉靖初年以來，通俗作品如《水滸傳》、《三國志演義》等受到了文人
學士甚至高官顯貴的重視和欣賞。在當時的國都北京，有人以朝廷都察院的
名義刻印了《水滸傳》，被稱「都察院板」〔註31〕；權勢顯赫的武定候郭勳
約在嘉靖三四年時刊刻了以上兩書，被號稱「武定板」〔註32〕，受到文士們
的追捧。同時期在禮部任職的以山東籍的李開先爲中心人物的「嘉靖八才子」
們，經常聚議、品評《水滸傳》〔註33〕。李開先致仕後在故里章丘還親自動
手創作了一部以林沖爲主人公、又有宋江作爲重要人物的傳奇劇本《寶劍
記》，於嘉靖二十八年問世，僅比「古宋梁王碑」晚一年；另有稍晚的陳與
郊在蘇州創作了亦寫林沖、宋江的《靈寶刀記》。與此同時，即嘉靖前後期
在杭州有文人學士田汝成、郎瑛，在上海有王圻，在浙江蘭溪有稍晚的胡應
麟等，都在自己的著作裏記載了《水滸傳》作者的傳聞及有關此作品本身的
內容〔註34〕。同時期在北京，有版本目錄學家高儒的《百川書志》、周弘祖
的《古今書刻》、晁瑮、晁東吳父子的《寶文堂書目》等，都著錄了當時可
見的《水滸傳》版本。同時期在蘇州，有「吳中四才子」文征明、祝允明、
唐寅、徐禎卿，早在他們青年時期的弘治年間就聽人講說《宋江》（即又被

〔註31〕見〔明〕周弘祖：《古今書刻》。
〔註32〕見沈德符：《萬曆野獲編》及李永祜《〈水滸傳〉祖本及「郭武定本」新議》
　　　　一文（收入李永祜《水滸考論集》，北京燕山出版社2015年版）考證。
〔註33〕見〔明〕李開先《一笑散・時調》。
〔註34〕分別見《西湖遊覽志餘》、《七修類稿》、《續文獻通考》、《少室山房筆從》諸書。

稱爲「施耐庵旳本」的《水滸傳》）〔註35〕；作爲書法家的文征明還於弘治、嘉靖之際，以精細小楷繕寫了一部手抄本《水滸傳》〔註36〕。至於像「吳中四才子」那樣聽說宋江書、看演宋江戲的黃河南北、大江上下的城市鄉村社會下層的平民百姓，更是何止萬萬千千。可以說，上述這些社會現象幾乎在同一時期出現，絕不是偶然的，它是當時社會文化思潮的變化在文學藝術領域的反映。正是上述這些因素共同構成了一股肯定、讚賞宋江和《水滸傳》的文化思潮在當時中國大地上緩緩湧動，而「古宋梁王碑」的出現，則是這一社會文化思潮在東平州窮鄉僻壤棘梁山下發酵、醞釀而成的產物。這就是「古宋梁王碑」非同尋常的意義。這樣獨特的古碑，迄今在全國屬於僅見，對它的意義和價值，我們應當有足夠的認識。

以上就是我對「古宋梁王碑」的兩點基本看法，願寫出來與諸位同行、同好交流和切磋。

2011 年 11 月於北京時雨園寓所

（原載山東《東原文化》2012 年第 1 期及《菏澤學院學報》2012 年第 4 期）

《水滸傳》是「『梁山泊故事』的結晶」

胡適

《水滸傳》不是青天白日裏從半空中掉下來的，《水滸傳》乃是從南宋初年（西曆十二世紀初年）到明朝中葉（十五世紀末年）這四百年的「梁山泊故事」的結晶——我先說這句武斷的話丟在這裏，以下的兩萬字便是這一句話的說明和引證。

我且先說元朝以前的《水滸》故事。

《宋史》二十二，徽宗宣和三年（西曆 1121）的本紀說：

> 淮南盜宋江等犯淮陽軍，遣將討捕，又犯京東、江北，入楚海州界。命知州張叔夜招降之。

又《宋史》三百五十一：

〔註35〕見〔明〕郎瑛《七修類稿》及李永祜《水滸考論集》（北京燕山出版社 2015 年版）第 197～215 頁《〈水滸〉成書「嘉靖說」質疑之二》一文對此事的考證。
〔註36〕見李偉實《文征明抄寫古本〈水滸傳〉的時間》一文，載 1996 年山東東平《羅貫中與〈水滸傳〉、〈三國演義〉學術討論會論彙編》。

宋江寇京東，侯蒙上書言：「江以三十六人橫行齊魏，官軍數萬無敢抗者，其才必過人。今清溪盜起，不若赦江，使討方臘以自贖。」

又《宋史》三百五十三：

宋江起河朔，轉略十郡，官軍莫敢攖其鋒。聲言將至〔海州〕，張叔夜使間者覘所向，賊徑趨海瀕，劫鉅舟十餘，載鹵獲。於是募死士，得千人，設伏近城，而出輕兵距海誘之戰，先匿壯卒海旁，伺兵合，舉火焚其舟。賊聞之，皆無鬥志。伏兵乘之，擒其副賊。江乃降。

這三條史料可以證明宋江等三十六人都是歷史的人物，是北宋末年的大盜。「以三十六人橫行齊魏，官軍數萬無敢抗者」——看這些話可見宋江等在當時的威名。這種威名傳播遠近，留傳在民間，越傳越神奇，遂成一種「梁山泊神話」。我們看宋末遺民龔聖與作宋江三十六人贊的自序說：

宋江見於街談巷語，不足採著。雖有高如、李嵩輩傳寫，士大夫亦不見黜，余年少時壯其人，欲存之畫贊，以未見信書載事實，不敢輕爲。及異時見《東都事略》載侍郎侯蒙傳，有書一篇，陳制賊之計云：「宋江以三十六人橫行河朔、京東，官軍數萬無敢抗者，其材必有過人。不若赦過招降，使討方臘，以此自贖，或可平東南之亂。」余然後知江輩眞有聞於時者。……（周密《癸辛雜識》續集上）

我們看這段話，可見（1）南宋民間有一種「宋江故事」流行於「街談巷語」之中；（2）宋元之際已有高如、李嵩一班文人「傳寫」這種故事，使「士大夫亦不見黜」；（3）那種故事一定是一種「英雄傳奇」，故龔聖與「少年時壯其人，欲存之畫贊」。

這種故事的發生與流傳久遠，決非無因。大概有幾種原因：（1）宋江等確有可以流傳民間的事跡與威名；（2）南宋偏安，中原失陷在異族手裏，故當時人有想望英雄的心理；（3）南宋政治腐敗，姦臣暴政使百姓怨恨，北方在異族統治之下受的痛苦更深，故南北民間都養成一種痛恨惡政治惡官吏的心理，由這種心理上生出崇拜草澤英雄的心理。

這種流傳民間的「宋江故事」便是《水滸傳》的遠祖。我們看《宣和遺事》便可看見一部縮影的「水滸故事」。《宣和遺事》記梁山泊好漢的事，共分六段：

（一）楊志，李進義（後來作盧俊義），林沖，王雄（後來作楊雄），花榮，柴進，張青，徐寧，李應，穆橫，關勝，孫立等十二個押送「花石綱」的制使，結義爲兄弟。後來楊志在潁州阻雪，缺少旅費，將一口寶刀出賣，遇著一個惡少，口角廝爭。楊志殺了那人，判決配衞州軍城。路上被李進義、林沖等十一人救出去，同上太行山落草。

（二）北京留守梁師寶差縣尉馬安國押送十萬貫的金珠珍寶上京，爲蔡太師上壽，路上被晁蓋，吳加亮，劉唐，秦明，阮進，阮通，阮小七，燕青等八人用麻藥醉倒，搶去生日禮物。

（三）「生辰綱」的案子，因酒桶上有「酒海花家」字樣，追究到晁蓋等八人，幸得鄆城縣押司宋江報信與晁蓋等，使他們連夜逃走。這八人連結了楊志等十二人，同上梁山泊落草爲寇。

（四）晁蓋感激宋江的恩義，使劉唐帶金釵去酬謝他。宋江把金釵交給娼妓閻婆惜收了，不料被閻婆惜得知來歷，那婦人本與吳偉往來，現在更不避宋江。宋江怒起，殺了他們，題反詩在壁上，出門跑了。

（五）官兵來捉宋江，宋江躲在九天玄女廟裏。官兵退後，香案上一聲響亮，忽有一本天書，上寫著三十六人姓名。這三十六人，除上文已見二十人之外，有杜千，張岑，索超，董平，都已先上梁山泊了；宋江又帶了朱全，雷橫，李逵，戴宗，李海等人上山。那時晁蓋已死，吳加亮與李進義爲首領。宋江帶了天書上山，吳加亮等遂共推宋江爲首領。此外還有公孫勝，張順，武松，呼延綽，魯智深，史進，石秀等人，共成三十六員。（宋江爲帥不在天書內。）

（六）宋江等既滿三十六人之數，「朝廷無其奈何」，只得出榜招安。後有張叔夜「招誘宋江和那三十六人歸順宋朝，各受武功大夫誥勅，分注諸路巡檢使去也。因此三路之寇悉得平定，後遣宋江收方臘有功，封節度使」。

《宣和遺事》一書，近人因書裏的「惇」字缺筆作「惇」字，故定爲宋時的刻本。這種考據法用在那「俗文訛字彌望皆是」的民間刻本上去，自然不很適用，不能算是充分的證據。但書中記宋徽宗、欽宗二帝被虜後的事，記載的非常詳細，顯然是種族之痛最深時的產物。書中採用的材料大都是南宋人的筆記和小說，採的詩也沒有劉後村以後的詩。故我們可斷定《宣和遺事》記的梁山泊三十六人的故事一定是南宋時代民間通行的小說。

周密（宋末人，元武宗時還在）的《癸辛雜識》載有龔聖與的三十六人

贊。三十六人的姓名，大致與《宣和遺事》相同，只有吳加亮改作吳用，李進義改作盧俊義，阮進改爲阮小二，李海改爲李俊，王雄改爲楊雄：這都與《水滸傳》更接近了。此外周密記的，少了公孫勝，林沖，張岑，杜千四人，換上宋江，解珍，解寶，張橫四人（《宣和遺事》有張橫，又寫作李橫，但不在天書三十六人之數），也更與《水滸》接近了。

龔聖與的三十六人贊裏全無事實，只在那些「綽號」的字面上做文章，故沒有考據材料的價值。但他那篇自序卻極有價值。序的上半——引見上文——可以證明宋元之際有李嵩、高如等人「傳寫」梁山泊故事，可見當時除《宣和遺事》之外一定還有許多更詳細的水滸故事。序的下半很稱讚宋江，說他「識性超卓，有過人者」；又說：

> 盜跖與江，與之「盜」名而不辭，躬履「盜」跡而不諱者也。
> 豈若世之亂臣賊子畏影而自走，所爲近在一身而其禍未嘗不流四海？

這明明是說「姦人政客不如強盜」了！再看他那些贊的口氣，都有希望草澤英雄出來重扶宋室的意思。如九文龍、史進贊：「龍數肖九，汝有九文；盍從東皇，駕五色雲？」如小李廣、花榮贊：「中心慕漢，奪馬而歸；汝能慕廣，何憂數奇？」這都是當時宋遺民的故國之思的表現。又看周密的跋語：

> 此皆羣盜之靡耳，聖與既各爲之贊，又從而序論之，何哉？太史公序游俠而進奸雄，不免後世之譏。然其首著勝、廣於列傳，且爲項羽作本紀，其意亦深矣。識者當能辨之。

這是老實希望當時的草澤英雄出來推翻異族政府的話。這便是元朝「水滸故事」所以非常發達的原因。後來長江南北各處的羣雄起兵，不上二十年，遂把人類有歷史以來最強橫的民族的帝國打破，遂恢復漢族的中國。這裏面雖有許多原因，但我們讀了龔聖與、周密的議論，可以知道水滸故事的發達與傳播也許是漢族光復的一個重要原因哩。

三

元朝水滸故事非常發達，這是萬無可疑的事。元曲裏的許多水滸戲便是鐵證。但我們細細研究元曲裏的水滸戲，又可以斷定元朝的水滸故事決不是現在的《水滸傳》；又可以斷定那時代決不能產生現在的《水滸傳》。

元朝戲曲裏演述梁山泊好漢的故事的，也不知有多少種。依我們所知，

至少有下列各種：

1. 高文秀的 ⊙《黑旋風雙獻功》（《錄鬼簿》作《雙獻頭》）
2. 又 《黑旋風喬教學》
3. 又 《黑旋風借屍還魂》
4. 又 《黑旋風鬥雞會》
5. 又 《黑旋風詩酒麗春園》
6. 又 《黑旋風窮風月》
7. 又 《黑旋風大鬧牡丹園》
8. 又 《黑旋風敷演劉耍和》（（4）至（8）五種，《涵虛子》皆無「黑旋風」三字，今據暖紅室新刻的鍾嗣成《錄鬼簿》為準。）
9. 楊顯之的 《黑旋風喬斷案》
10. 康進之的 ⊙《梁山泊黑旋風負荊》
11. 又 《黑旋風老收心》
12. 紅字李二的 《板踏兒黑旋風》（《涵虛子》無下三字）
13. 又 《折擔兒武松打虎》
14. 又 《病楊雄》
15. 李文蔚的 ⊙《同樂院燕青博魚》（《錄鬼簿》上三字作「報冤臺」，博字作「撲」，今據《元曲選》。）
16. 又 《燕青射雁》
17. 李致遠的 ⊙《都孔目風雨還牢末》
18. 無名氏的 ⊙《爭報恩三虎下山》
19. 又 《張順水裏報怨》

以上關於梁山泊好漢的戲目十九種，是參考《元曲選》《涵虛子》（《元曲選》卷首附錄的）和《錄鬼簿》（原書有序，年代為至順元年，當西曆 1330 年；又有題詞，年代為至正庚子，當西曆 1360 年）三部書輯成的。不幸這十九種中，只有那加⊙的五種現在還保存在臧晉叔的《元曲選》裏（下文詳說），其餘十四種現在都不傳了。

但我們從這些戲名裏，也就可以推知許多事實出來：第一，元人戲劇裏的李逵（黑旋風）一定不是《水滸傳》裏的李逵。細看這個李逵，他居然能「喬教學」，能「喬斷案」，能「窮風月」，能玩「詩酒麗春園」！這可見當時的李逵一定是一個很滑稽的腳色，略像蕭士比亞戲劇裏的佛斯大夫（Falstaff）

——有時在戰場上嘔人，有時在脂粉隊裏使人笑死。至於「借屍還魂」，「敷演劉耍和」，「大鬧牡丹園」，「老收心」等等事，更是《水滸傳》的李逵所沒有的了。第二，元曲裏的燕青，也不是後來《水滸傳》的燕青：「博魚」和「射雁」，都不是《水滸傳》裏的事實。(《水滸》有燕青射鵲一事，或是受了「射雁」的暗示的。）第三，《水滸》只有病關索楊雄，並沒有「病楊雄」的話，可見元曲的楊雄也和《水滸》的楊雄不同。

現在我們再看那五本保存的梁山泊戲，更可看出元曲的梁山泊好漢和《水滸傳》的梁山泊好漢大不相同的地方了。我們先敘這五本戲的內容：

一、《黑旋風雙獻功》。宋江的朋友孫孔目帶了妻子郭念兒上泰安神州去燒香，因路上有強盜，故來問宋江借一個護臂的人。李逵自請要去，宋江就派他去。郭念兒和一個白衙內有奸，約好了在路上一家店裏相會，各唱一句暗號，一同逃走了。孫孔目丟了妻子，到衙門裏告狀，不料反被監在牢裏。李逵扮做莊家呆後生，買通牢子，進監送飯，用蒙汗藥醉倒牢子，救出孫孔目；又扮做祇候，偷進衙門，殺了白衙內和郭念兒，帶了兩顆人頭上山獻功。

二、《李逵負荊》。梁山泊附近一個杏花莊上，有一個賣酒的王林，他有一女名叫滿堂嬌。一日，有匪人宋剛和魯智恩，假冒宋江和魯智深的名字，到王林酒店裏，搶去滿堂嬌。那日李逵酒醉了，也來王林家，問知此事，心頭大怒，趕上梁山泊，和宋江、魯智深大鬧。後來他們三人立下軍令狀，下山到王林家，叫王林自己質對。王林才知道他女兒不是宋江們搶去的。李逵慚愧，負荊上山請罪，宋江令他下山把宋剛、魯智恩捉來將功贖罪。

三、《燕青博魚》。梁山泊第十五個頭領燕青因誤了限期，被宋江杖責六十，氣壞了兩隻眼睛，下山求醫，遇著卷毛虎燕順把兩眼醫好，兩人結為弟兄。燕順在家因為與哥哥燕和嫂嫂王臘梅不和，一氣跑了。燕和夫妻有一天在同樂院遊春，恰好燕青因無錢使用，在那裏博魚。燕和愛燕青氣力大，認他做兄弟，帶回家同住。王臘梅與楊衙內有奸，被燕青撞破，楊衙內倚杖威勢，反誣害燕和、燕青持刀殺人，把他們收在監裏。燕青劫牢走出，追兵趕來，幸遇燕順搭救，捉了姦夫淫婦，同上梁山泊。

四、《還牢末》。史進、劉唐在東平府做都頭。宋江派李逵下山請他們入夥，李逵在路上打死了人，捉到官，幸虧李孔目救護，定為誤傷人命，免了死罪。李逵感恩，送了一對匾金環給李孔目。不料李孔目的妾蕭娥與趙令史有奸，拿了金環到官出首，說李孔目私通強盜，問成死罪。劉唐與李孔目有

舊仇，故極力虐待他，甚至於收受蕭娥的銀子，把李孔目弔死。李孔目死而復蘇，恰好李逵趕到，用宋江的書信招安了劉唐、史進，救了李孔目，殺了姦夫淫婦，一同上山。

五、《爭報恩》。關勝，徐寧，花榮三個人先後下山打探軍情。濟州通判趙士謙帶了家眷上任，因道路難行，把家眷留在權家店，自己先上任。他的正妻李千嬌是很賢德的，他的妾王臘梅與丁都管有奸。這一天，關勝因無盤纏在權家店賣狗肉，因口角打倒丁都管，李千嬌出來看，見關勝英雄，認他做兄弟。關勝走後，徐寧晚間也到權家店，在趙通判的家眷住屋的稍房裏偷睡，撞破丁都管與王臘梅的姦情，被他們認做賊，幸得李千嬌見徐寧英雄，認他做兄弟，放他走了。又一天晚間，李千嬌在花園裏燒香，恰好花榮躲在園裏，聽見李千嬌燒第三炷香「願天下好男子休遭羅網之災」，花榮心裏感動，向前相見。李千嬌見他英雄，也認他做兄弟。不料此時丁都管與王臘梅走過門外，聽見花榮說話，遂把趙通判喊來，趙通判推門進來，花榮拔刀逃出，砍傷他的臂膊。王臘梅咬定李千嬌有奸，告到官衙，問成死罪。關勝，徐寧，花榮三人得信，趕下山來，劫了法場，救了李千嬌，殺了姦夫淫婦，使趙通判夫妻和合。

我們研究這五本戲，可得兩個大結論：

第一，元朝的梁山泊好漢都有一種很通行的「梁山泊故事」作共同的底本。我們可看這五本戲共同的梁山泊背景：

一、《雙獻功》裏的宋江說：「某姓宋，名江，字公明，綽號及時雨者是也。幼時曾任鄆城縣把筆司史，因帶酒殺了閻婆惜，被告到官，脊杖六十，疊配江州牢城。因打此梁山經過，有我八拜交的哥哥晁蓋知某有難，領嘍囉下山，將解人打死，救某上山，就讓我坐第二把交椅。哥哥晁蓋三打祝家莊身亡，眾兄弟拜某為首領。某聚三十六大夥，七十二小夥，半垓來嘍囉。寨名水滸，泊號梁山；縱橫河港一千條，四下方圓八百里；東連大海，西接濟陽，南通鉅野、金鄉，北靠青、齊、兗、鄆。……」

二、「李逵負荊」裏的宋江自白有「杏黃旗上七個字：替天行道救生民」的話。其餘略同上。又王林也說，「你山上頭領都是替天行道的好漢。……老漢在這裏多虧了頭領哥哥照顧老漢。」

三、《燕青博魚》裏，宋江自白與「雙獻功」大略相同，但有「人號順天呼保義」的話，又敘殺閻婆惜事也更詳細：有「因帶酒殺了閻婆惜，一腳踢

翻燭臺，延燒了官房」一事。又說「晁蓋三打祝家莊，中箭身亡」。

四、《還牢末》裏，宋江自敘有「我平日度量寬洪，但有不得已的好漢，見了我時，便助他些錢物，因此天下人都叫我做及時雨宋公明」的話。其餘與「雙獻功」略同，但無「三十六大夥，七十二小夥」的話。

五、《爭報恩》裏，宋江自敘詞：「只因誤殺閻婆惜，逃出鄆城縣，占下了八百里梁山泊，搭造起百十座水兵營。忠義堂上高搋杏黃旗一面，上寫著『替天行道宋公明』。聚義的三十六個英雄漢，那一個不應天上惡魔星？」這一段只說三十六人，又有「應天上惡魔星」的話，與《宣和遺事》說的天書相同。

看這五條，可知元曲裏的梁山泊大致相同，大概同是根據於一種人人皆知的「梁山泊故事」。這時代的「梁山泊故事」有可以推知的幾點：（1）宋江的歷史，小節細目雖互有詳略的不同，但大綱已漸漸固定，成為人人皆知的故事。（2）《宣和遺事》的三十六人，到元朝漸漸變成了「三十六大夥，七十二小夥」，已加到百零八人了。（3）梁山泊的聲勢越傳越張大，到元朝時便成了「縱橫河港一千條，四下方圓八百里」的水滸了。（4）最重要的一點是元朝的梁山泊強盜漸漸變成了「仁義」的英雄了。元初龔聖與自序作贊的意思，有「將使一歸於正，義勇不相戾，此詩人忠厚之心也」的話，那不過是希望的話。他稱讚宋江等，只能說他們「名號既不僭侈，名稱儼然，猶循故轍」；這是說他們老老實實的做「盜賊」，不敢稱王稱帝。龔聖與又說宋江等「與之盜名而不辭，躬履盜跡而不諱」。到了後來，梁山泊漸漸變成了「替天行道救生民」的忠義堂了！這一變非同小可。把「替天行道救生民」的招牌送給梁山泊，這是水滸故事的一大變化，既可表示元朝民間的心理，又暗中規定了後來《水滸傳》的性質。

這是元曲裏共同的梁山泊背景。

第二，元曲演梁山泊故事，雖有一個共同的背景，但這個共同之點只限於那粗枝大葉的梁山泊略史。此外，那些好漢的個人歷史，性情，事業，當時還沒有固定的本子，故當時的戲曲家可以自由想像，自由描寫。上條寫的是「同」，這條寫的是「異」。我們看他們的「異」處，方才懂得當時文學家的創造力。懂得當時文學家創造力的薄弱，方才可以瞭解《水滸傳》著者的創造力的偉大無比。

我們可先看元曲家創造出來的李逵。李逵在《宣和遺事》裏並沒有什麼

描寫，後來不知怎樣竟成了元曲裏最時髦的一個腳色！上文記的十九種戲曲裏，竟有十二種是用黑旋風做主人翁的，《還牢末》一名《李山兒生死報恩人》，也可算是李逵的戲。高文秀一個人編了八本李逵的戲，可謂「黑旋風專門家」了！大概李逵這個「腳色」大半是高文秀的想像力創造出來的，正如 Falstaff 是蕭士比亞創造出來的。高文秀寫李逵的形狀道：

> 我這裏見客人將禮數迎，把我這兩隻手插定。哥也，他見我這威凜凜的身似碑亭，他可慣聽我這莽壯聲？諕他一個瘋掙，諕得他荊棘律的膽戰心驚！

又說：

> 你這茜紅巾，腥衲襖，乾紅裕膊，腿繃護膝，八答麻鞋，恰便似那煙薰的子路，黑染的金剛。休道是白日裏，夜晚間揣摸著你呵，也不是個好人。

又寫他的性情道：

> 我從來個路見不平，愛與人當道撅坑。我喝一聲，骨都都海波騰！撼一撼，赤力力山嶽崩！但惱著我黑臉的爹爹，和他做場的歹鬥，翻過來落可便吊盤的煎餅！

但高文秀的《雙獻功》裏的李逵，實在太精細了，不像那鹵莽粗豪的黑漢。看他一見孫孔目的妻子便知他不是「兒女夫妻」；看他假扮莊家後生，送飯進監；看他偷下蒙汗藥，麻倒牢子；看他假扮祗候，混進官衙：這豈是那鹵莽粗疏的黑旋風嗎？至於康進之的「李逵負荊」，寫李逵醉時情狀，竟是一個細膩風流的詞人了！你聽李逵唱：

> 飲興難酬，醉魂依舊。尋村酒，恰問罷王留。王留道，兀那裏人家有！可正是清明時候，卻言風雨替花愁。和風漸起，暮雨初收。俺則見楊柳半藏沽酒市，桃花深映釣魚舟。更和這碧粼粼春水波紋縐，有往來社燕，遠近沙鷗。（人道我梁山泊無有景致，俺打那廝的嘴。）
>
> 俺這裏霧鎖著青山秀，煙罩定綠楊洲。（那桃樹上一個黃鶯兒將那桃花瓣兒啖呵，啖呵，啖的下來，落在水中，──是好看也！我曾聽的誰說來？我試想咱。……哦！想起來了也！俺學究哥哥道來。）他道是輕薄桃花逐水流。（俺綽起這桃花瓣兒來，我試看咱。好紅紅的桃花瓣兒！〔笑科〕你看我好黑指頭也！）恰便是粉襯的

　　這胭脂透！（可惜了你這瓣兒！俺放你趁那一般的瓣兒去！我與你

　　趕，與你趕！貪趕桃花瓣兒）早來到這草橋店垂楊的渡口。（不中，

　　則怕誤了俺哥哥的將令。我索回去也。……）待不吃呵，又被這酒

　　旗兒將我來相迤逗。他，他，他舞東風在曲律杆頭！

這一段，寫的何嘗不美？但這可是那殺人不眨眼的黑旋風的心理嗎？

　　我們看高文秀與康進之的李逵，便可知道當時的戲曲家對於梁山泊好漢的性情人格的描寫還沒有到固定的時候，還在極自由的時代：你造你的李逵，他造他的李逵；你造一本李逵《喬教學》，他便造一本李逵《喬斷案》；你形容李逵的精細機警，他描寫李逵的細膩風流。這是人物描寫一方面的互異處。

　　再看這些好漢的歷史與事業。這十三本李逵戲的事實，上不依《宣和遺事》，下不合《水滸傳》，上文已說過了。再看李文蔚寫燕青是梁山泊第十五個頭領，他占的地位很重要，《宣和遺事》說燕青是劫「生辰綱」的八人之一，他的位置自然應該不低。後來《水滸傳》裏把燕青派作盧俊義的家人，便完全不同了。燕青下山遇著燕順弟兄，大概也是自由想像出來的事實。李文蔚寫燕順也比《水滸傳》裏的燕順重要得多。最可怪的是《還牢末》裏寫的劉唐和史進兩人。《水滸傳》寫史進最早，寫他的爲人也極可愛。《還牢末》寫史進是東平府的一個都頭，毫無可取的技能；寫宋江招安史進乃在晁蓋身死之後，也和《水滸》不同。劉唐在《宣和遺事》裏是劫「生辰綱」的八人之一，與《水滸》相同。《還牢末》裏的劉唐竟是一個挾私怨謀害好人的小人，還比不上《水滸傳》的董超、薛霸！蕭娥送了劉唐兩錠銀子，要他把李孔目弔死，劉唐答應了；蕭娥走後，劉唐自言自語道：

　　　要活的難，要死的可容易。那李孔目如今是我手裏物事，搓的

　　圓，捏的匾。拼得將他盆弔死了，一來，賺他幾個銀子；二來，也

　　償了我平生心願。我且吃杯酒去，再來下手，不爲遲哩。

這種寫法，可見當時的戲曲家敘述梁山泊好漢的事跡，大可隨意構造；並且可見這些文人對於梁山泊上人物都還沒有一貫的，明白的見解。

　　以上我們研究元曲裏的水滸戲，可得四條結論：

　　（一）元朝是「水滸故事」發達的時代。這八九十年中，產生了無數「水滸故事」。

　　（二）元朝的「水滸故事」的中心部分——宋江上山的歷史，山寨的組

織和性質——大致都相同。

　　（三）除了那一部分之外，元朝的水滸故事還正在自由創造的時代：各位好漢的歷史可以自由捏造，他們的性情品格的描寫也極自由。

　　（四）元朝文人對於梁山泊好漢的見解很淺薄平庸，他們描寫人物的本領很薄弱。

　　從這四條上，我們又可得兩條總結論：

　　甲、元朝只有一個雛形的水滸故事和一些草創的水滸人物，但沒有《水滸傳》。

　　乙、元朝文學家的文學技術，程度很幼稚，決不能產生我們現有的《水滸傳》。

　　（節錄自《水滸傳考證》，據胡適《中國章回小說考證》，安徽教育出版社1999 年版，第 9～24 頁，標題爲選編者擬）

宋江故事源流及《水滸傳》作者

魯　迅

　　《水滸》故事亦爲南宋以來流行之傳說，宋江亦實有其人。《宋史》（二十二）載徽宗宣和三年「淮南盜宋江等犯淮陽軍，遣將討捕，又犯京東，江北，入楚海州界，命知州張叔夜招降之」。降後之事，則史無文，而稗史乃云「收方臘有功，封節度使」（見十三篇）。然擒方臘者蓋韓世忠（《宋史》本傳），於宋江輩無與，惟《侯蒙傳》（《宋史》三百五十一）又云，「宋江寇京東，蒙上書，言宋江以三十六人橫行齊魏，官軍數萬，無敢抗者，不若赦江，使討方臘以自贖。」似即稗史所本。顧當時雖有此議，而實未行，江等且竟見殺。洪邁《夷堅乙志》（六）言，「宣和七年，戶部侍郎蔡居厚罷，知青州，以病不赴，歸金陵，疽發於背，卒。未幾，其所親王生亡而復醒，見蔡受冥譴，囑生歸告其妻，云『今只是理會鄆州事』。夫人慟哭曰，『侍郎去年帥鄆時，有梁山濼賊五百人受降，既而悉誅之，吾屢諫，不聽也。……』」《乙志》成於乾道二年，去宣和六年不過四十餘年，耳目甚近，冥譴固小說家言，殺降則不容虛造，山濼健兒終局，蓋如是而已。

　　然宋江等嘯聚梁山濼時，其勢實甚盛，《宋史》（三百五十三）亦云「轉略十郡，官軍莫敢攖其鋒」。於是自有奇聞異說，生於民間，輾轉繁變，以成

故事，復經好事者掇拾粉飾，而文籍以出。宋遺民龔聖與作《宋江三十六人贊》，自序已云「宋江事見於街談巷語，不足採著，雖有高如李嵩輩傳寫，士大夫亦不見黜」（周密《癸辛雜識》續集上）。今高李所作雖散失，然足見宋末已有傳寫之書。《宣和遺事》由鈔撮舊籍而成，故前集中之梁山濼聚義始末，或亦爲當時所傳寫者之一種，其節目如下：

> 楊志等押花石綱阻雪違限　楊志途貧賣刀殺人刺配衛州　孫立等奪楊志往太行山落草　石碣村晁蓋夥劫生辰綱　宋江通信晁蓋等脫逃　宋江殺閻婆惜題詩於壁　宋江得天書有三十六將姓名　宋江奔梁山濼尋晁蓋　宋江三十六將共反　宋江朝東嶽賽還心願　張叔夜招宋江三十六將降　宋江收方臘有功封節度使。

惟《宣和遺事》所載，與龔聖與贊已頗不同：贊之三十六人中有宋江，而《遺事》在外；《遺事》之吳加亮李進義李海阮進關必勝王雄張青張岑，贊則作吳學究盧進義李俊阮小二關勝楊雄張清張橫；諢名亦偶異。又元人雜劇亦屢取水滸故事爲資材，宋江燕青李逵尤數見，性格每與在今本《水滸傳》中者差違，但於宋江之仁義長厚無異詞，而陳泰（茶陵人，元延祐乙卯進士）記所聞於篙師者，則云「宋之爲人勇悍狂俠」（《所安遺集補遺》《江南曲序》），與他書又正反。意者此種故事，當時載在人口者必甚多，雖或已有種種書本，而失之簡略，或多舛迕，於是又復有人起而薈萃取捨之，綴爲巨袟，使較有條理，可觀覽，是爲後來之大部《水滸傳》。其綴集者，或曰羅貫中（王圻田汝成郎瑛說），或曰施耐庵（胡應麟說），或曰施作羅編（李贄說），或曰施作羅續（金人瑞說）。

原本《水滸傳》今不可得，周亮工（《書影》一）云「故老傳聞，羅氏爲《水滸傳》一百回，各以妖異語引其首，嘉靖時郭武定重刻其書，削其致語，獨存本傳」。所削者蓋即「燈花婆婆等事」（《水滸傳全書》發凡），本亦宋人單篇詞話（《也是園書目》十），而羅氏襲用之，其它不可考。

……，……

總上五本觀之，知現存之《水滸傳》實有兩種，其一簡略，其一繁縟。胡應麟（《筆叢》四十一）云，「余二十年前所見《水滸傳》本尚極足尋味，十數載來，爲閩中坊賈刊落，止錄事實，中間遊詞餘韻神情寄寓處一概刪之，遂既不堪覆瓿，複數十年，無原本印證，此書將永廢。」應麟所見本，今莫知如何，若百十五回簡本，則成就殆當先於繁本，以其用字造句，與繁本每

有差違，倘是刪存，無煩改作也。又簡本撰人，止題羅貫中，周亮工聞於故老者亦第云羅氏，比郭氏本出，始著耐庵，因疑施乃演爲繁本者之託名，當是後起，非古本所有。後人見繁本題施作羅編，未及悟其依託，遂或意爲敷衍，定耐庵與貫中同籍，爲錢塘人（明高儒《百川書志》六），且是其師。胡應麟（《筆叢》四十一）亦信所見《水滸傳》小序，謂耐庵「嘗入市肆紬閱故書，於敝楮中得宋張叔夜禽賊招語一通，備悉其一百八人所由起，因潤飾成此編」。且云「施某事見田叔禾《西湖志餘》」，而《志餘》中實無有，蓋誤記也。近吳梅著《顧曲塵談》，云「《幽閨記》爲施君美作。君美，名惠，即作《水滸傳》之耐庵居士也。」案惠亦杭州人，然其爲耐庵居士，則不知本於何書，故亦未可輕信矣。

　　四曰七十回本《水滸傳》。正傳七十回楔子一回，實七十一回，有原序一篇，題「東都施耐庵撰」，爲金人瑞字聖歎所傳，自云得古本，止七十回，於宋江受天書之後，即以盧俊義夢全夥被縛於張叔夜終，而指招安以下爲羅貫中續成，斥曰「惡箚」。其書與百二十回本之前七十回無甚異，惟刊去駢語特多，百廿回本發凡有「舊本去詩詞之繁累」語，頗似聖歎眞得古本，然文中有因刪去詩詞，而語氣遂稍參差者，則所據殆仍是百回本耳。周亮工（《書影》一）記《水滸傳》云，「近金聖歎自七十回之後，斷爲羅所續，因極口詆羅，復僞爲施序於前，此書遂爲施有矣。」二人生同時，其說當可信。

　　（節錄自魯迅《中國小說史略》，人民文學出版社 1973 年版，第 115～123頁。標題爲選編者擬）

《水滸全傳》是怎樣纂修的？（節錄）

王利器

一、引　子

　　由「施耐庵集撰、羅貫中纂修」〔註37〕的《水滸全傳》，我認爲他們所根據的底本，大致有三種：一是以梁山泊故事爲主的本子，二是以太行山故事爲主的本子，三是以述及方臘故事的施耐庵「的本」。

　　《水滸》的作者，自來異說紛紜，莫衷一是。嘉靖庚子（1540）序高儒《百川書志》卷六《野史》：「《忠義水滸傳》一百卷，錢塘施耐庵的本，羅

〔註37〕據《水滸全傳》本題署。

貫中編次。」萬曆己未（1614）鐫本《楊升庵批點隋唐兩朝志傳》林瀚序寫道：「《三國志》羅貫中所編，《水滸》則錢塘施耐庵集成。二書並行於世遠矣，逸士無不觀之。」郎瑛《七修類稿》卷二十三《三國、宋江演義》條寫道；「《三國》、《宋江》二書，乃杭人羅本貫中所編。予意必有本，故曰編。《宋江》又曰錢塘施耐庵的本。」胡應麟《莊嶽委談》卷下〔註38〕寫道：「郎謂此書及《三國》，並羅貫中撰，大謬。二書深淺工拙，若霄壤之懸，詎有出一手理？」這些說法，都強調《水滸》是編修或集成的，而不是由某一個人撰寫的。因之，《水滸全傳》的作者，今所見最早的天都外臣序本，其題署爲「施耐庵集撰、羅貫中纂修」，我認爲是比較合理的。

元、明以來，小說、戲曲，空前繁榮，同時也出現了疊床架屋的現象，於是「的本」之說應運而生。《元刊雜劇三十種》〔註 39〕有《古杭新刊的本關大王單刀會》、《新刊的本泰華山陳搏高臥》、《新刊關目三度任風子的本》等共十一種。《新刊參採史鑒唐書志傳通俗演義》八卷，題署爲：「金陵薛居士的本，鼇峰熊鍾谷編集」。明刊本《西廂記》附載《西廂別調·八聲甘州套》：「董解元大詞章，關漢卿新腔韻，參訂《西廂》的本，晚進王生多議論，把《圍棋》增。」這是說董、關之《西廂》爲「的本」，則晚進王生新增之《圍棋》非「的本」。影宋鈔本《揮塵餘錄·目錄》後附有龍山堂牌子云：「今得王知府舍眞本全帙云云。」然則所謂「的本」，蓋即「眞本」，所以別於僞本而言也。《水滸》既採用施耐庵「的本」，何不以此相號召，而乃名之爲《水滸全傳》呢？則以《水滸全傳》不是原封不動地把施耐庵「的本」搬來，而是綜合了梁山泊系統本、太行山系統本和施耐庵「的本」這三種本子編纂而成的；所謂「全」者，即所以區別於各種系統本之不全者耳。《水滸全傳》的編纂過程，大概是施、羅二人通力合作的，所以題署爲「施耐庵集撰、羅貫中纂修」。今試分別論述如次。

二、梁山泊系統本與羅貫中

人們都知道《水滸》是寫梁山泊故事的，因之，關於這一層，就用不著浪費筆墨去強聒。現在，我想試從《水滸》內證，去說明關於梁山泊故事這一部分，我初步認爲其中確有出自羅貫中手筆的。

《水滸》的纂修者羅貫中，人們知道有關他的材料，只有《天一閣鈔本

〔註38〕 《少室山房筆叢》卷四十一《辛部》。
〔註39〕 《古本戲曲叢刊》第四集。

錄鬼簿續編》有一則寥寥數十字的記載：「羅貫中，太原人，號湖海散人，與人寡合，樂府隱語，極爲清新。與余爲忘年交，遭時多故，各天一方。至正甲辰（1364）復會，別來又六十餘年，竟不知其終。」《續編》錄羅貫中不出其名。而弘治甲辰本《三國志通俗演義》、嘉靖壬午本《三國志通俗演義》俱題署爲「後學羅本貫中編次」。許自昌《樗齋漫錄》卷六引錢功甫說：「《水滸傳》成於南宋遺民杭人羅本貫中。」郎瑛《七修類稿》卷二十三：「《三國》、《宋江》二書，乃杭人羅本貫中所編。」田汝成《西湖遊覽志餘》卷二十五：「錢塘羅貫中本者，南宋時人，編撰小說數十種，而《水滸傳》敘宋江事，奸盜脫騙機械甚詳。」都說羅本字貫中，杭人。王圻《續文獻通考》卷一百七十七乃云：「《水滸傳》羅貫著，貫字貫中，杭州人。」明起北赤心子彙輯《繡谷春容選鍥騷壇摭粹嚼麝譚苑》「數集」卷之六亦謂：「錢塘羅貫，南宋時人，編撰《水滸傳》。」謂羅貫中名貫，顯然是錯誤的。《京本增補校正全像忠義水滸志傳評林》又謂「中原貫中羅道本名卿父編集」，於貫中之名和籍貫，都是信口開河，眞齊東野人之語耳。我認爲這個字貫中的羅本，就是理學家趙寶峰的門人羅本。知不足齋鈔本《趙寶峰先生集》，卷首有《門人祭寶峰先生文》，寫道：「至正二十六年，歲次丙午，十二月戊申朔，越十二日己未，門人：烏本良、鄭原殷……顧寧、羅本……高柔克……鄭愼、茅甫生等致祭於故寶峰先生趙公之柩日云云。」這個名單，後來黃宗羲、黃百家、全祖望相繼纂修的《宋元學案》卷九十三即本之，另加「秘監陳文昭先生麟」、「文裕桂清溪先生彥良」爲《寶峰門人》。寶峰先生即趙偕，《宋元學案》同卷《隱君趙寶峰先生偕》寫道：「趙偕，字子永，忠惠公與籌後，慈谿人也，學者稱爲寶峰先生。……然嘗謂孔子以道設教，而未嘗一日忘天下，故雖處山林，時有憂國之色。慈令陳文昭執經請業，行弟子禮，先生以治民事告之，文昭以是得慈民心。……遺文有《寶雲堂集》。」光緒二十五年馮可鏞等纂修《慈谿縣志》卷二十五《列傳》二寫道：「趙偕，字子永，（案：偕爲宋少師與籌後）學者稱爲寶峰先生。……遂隱於大寶山東麓，其鄉之秀烏本良輩皆從之。……邑令陳文昭詣門請業，行弟子禮，偕以治民事宜告之，文昭以是得民心。」〔註40〕據此，則寶峰之稱，本於大寶山，而《寶峰先生集》則原名《寶雲堂集》。這個名單最引人注目的就是大小說家羅本和大戲曲家高柔克〔註41〕之名赫然在目，爲我們進一步瞭解羅本、高柔克提供很好

〔註40〕又見雍正八年楊正簡《慈谿縣志》卷三《名宦傳》。
〔註41〕有作「高克柔」者，誤。《尚書，洪範》：「高明柔克。」名明字柔克，義正相

的資料。羅本即羅貫中，高柔克即高則誠名。然而黃宗羲、百家父子和全祖望，於此都不著一字。豈以二人者文獻無徵，故付之缺如耶？抑或以如查嗣琛所說「《續文獻通考·藝文》載及《琵琶記》、《水滸傳》謬甚。」〔註42〕阮葵生所說「《續文獻通考》以《琵琶記》、《水滸傳》列之《經籍志》中，雖稗官小說，古人不廢，然羅列不倫，何以垂後？」〔註43〕然二書之作者，竟為慈湖四傳弟子，為宋元理學名家，可以入鄉賢祠，可以分享春秋二祀一份冷豬頭肉，故不敢詳其人耶？不然，像黃氏父子和全榭山都是一時史學名家，難道對於羅本、高柔克竟然一無所知嗎？我看，恐怕是他們都認為《水滸傳》和《琵琶記》不能登大雅之堂，故存而不論耳。不料後來出了一個王梓材，為了彌縫其闕，為了維護理學家的尊嚴，竟使用移花接木的手法，於《寶峰門人》「羅先生本」下，以臆為之地寫道：「梓材謹案：《戴九靈集·書畫宴集詩序》言沈師程之友羅彥直氏，羅先生拱字彥威，則彥直蓋先生之字也。」企圖以彥直、彥威之字，把羅拱、羅本說成是弟兄行；殊不知其派名一從手一從木，固風馬牛不相及也。王梓材似亦自知有些牽強附會，故以疑以傳疑的語氣出之，不敢遽然肯定羅彥直就是羅本。

關於羅本、高柔克二人，今天我們所得見的資料，相當貧乏，尤以羅本為甚。即以他們的師友之有集傳於世者，也沒有從中得到一點消息。豈以羅、高二人雖列名「寶峰門人」，而其後一為小說家，一為戲曲家，與以道統自任的理學家分道揚鑣，故其名不見於諸如《趙寶峰先生文集》、《春草齋集》耶？〔註44〕高柔克以與本題無關，我另有《羅貫中、高則誠兩位大文學家是同學》一文論述之，這裏就把他付之缺如，而專言羅貫中。

關於羅貫中，僅有前面提到的那一些零星的記載。我認為王圻《續文獻通考》提到的字貫中的羅本，就是寶峰門人的羅本。所謂杭人，乃新著戶籍；《續編》以為太原人，「太原」當作「東原」，乃是貫中原籍，《三國志通俗演義》弘治本蔣大器序稱「東原羅貫中」是也。《新刻出像京本忠義水滸傳》十卷一百十五回本題：「東原羅貫中編輯」，古杭（陳）枚簡侯序《水滸全傳》十二卷一百二十四回本亦題「東原羅貫中參訂」，《繡像漢宋奇書》（亦名《英雄譜》），六十卷亦題「東原羅貫中編輯」。由於《錄鬼簿》傳鈔者，少見東

　　　應。
〔註42〕《查浦輯聞》卷下。
〔註43〕《茶餘客話》卷十六。
〔註44〕王直有《抑庵集》，未見。

原，習知太原，故爾訛誤。更有作「中原」者，亦是以訛傳訛耳。東原即東
平。《水滸傳》有一個東平太守陳文昭，是這個話本中唯一的好官，《水滸傳》
用了不少筆墨把他描繪一番。東平是羅貫中的父母之邦，陳文昭是趙寶峰的
門人，即是羅貫中的同學，把這個好官陳文昭說成是東平太守，我看是出於
羅貫中精心安排的。雍正八年楊正簡撰《慈谿縣志》卷八《儒林》寫道：「趙
偕，字子永，志尚敦實，不事矯飾。……隱居大寶山之東麓，邑令陳文昭詣
門受學。及行團練，就謀於偕，遂以布衣參軍事，盜賊屏息，鄉里恃以爲安。
平居躬行孝友，學者多從之遊，稱爲寶峰先生，歿而祀之於慈湖書院。」又
卷三《名宦》寫道：「陳麟，字文昭，永嘉人，少貧窶，爲吏，年二十，始
刻志讀書，登至正甲午進士，爲慈令。」〔註45〕戴良《九靈山房集》卷二十
三《元中順大夫秘書監丞陳君墓誌並序》寫道：「其孤汝賢持烏本良先生狀
來，……至正甲午，以《易經》貢春官，廷試對策百餘人，君獨指斥時事無
所隱，……遂置君乙科，授承事郎慶元路慈谿縣尹。……淮寇陷湖州，所在
繹騷；適有朝旨，令郡縣團結義民以自守，君曰：『教民知戰，古法也。』
乃敦閱丁壯，教之擊射坐作。……君生於皇慶壬子九月十七日，卒於洪武戊
申九月二十日。……故其生也，見者無不愛敬，死之日，聞者莫不哀焉。」
《趙寶峰先生文集》卷一《治縣權宜爲邑宰陳文昭設》寫道：「常下士無倦
講明，喜聞過以開言路，任忠直以爲耳目，稽於眾以采公論，用知識以爲股
肱，臨以莊使人敬畏，奉上司宜忠而敬，御群下以禮止亂，處重事宜預修辭，
各房事責有所歸，明人倫興古學校，彰善良以弭邪惡，義刑罰毋作好惡，考
貧富以均賦役，制吏卒宜察行止，治誑官以杜妄告，謹勾銷以考稽遲。以上
各項權宜，合用簿書，其名有十：一曰願聞過，二曰操公論，三曰謹禮節，
四曰彰善，五曰癉惡，六曰均賦役，七曰考吏行，八曰考卒行，九曰杜妄告，
十曰謹勾銷。」權宜十五項，名目十項，各有詳說，茲不備舉。《光緒慈谿
縣志》卷二十六《列傳》三引鄭梁《烏斯道傳》寫道：「至正辛卯，四方兵
起，斯道方書東皋〔註46〕，縣令陳文昭就謀團練，斯道爲之畫策，境無盜賊。」
關於團練之事，烏斯道《春草齋集》卷九《遺陳令尹書》寫道：「未幾，茲
邑舉行團結，先生必欲置賤子於賓館，故廁身諸公之列，而獲吐一緒之
論。……夫團結者，以民爲兵者也，可義舉而不可勢迫也。……始舉此事，

〔註45〕又見陳可等纂修《慈谿縣志》卷二十三《名宦傳》、全祖望《句餘土音》卷下
　　　　《甬上琴操・陳大令岱山操》題注。
〔註46〕東皋當即大寶山東麓，趙寶峰設教之所。

眾推趙子永先生為之贊。子永先生力學三十餘年，有喜其學者，日從其遊，方以世道多故，同期深遁，業在經營，適有是舉，不得不為之一出。子永先生既出，故賤子亦不得不出。先生是日大燕文武士於學宮，執符踞眾，灑淚誓天，故文武士無不喧傳感歎曰：『吾縣令果有父母其民之心，吾黨不忠其事，不為之用，可乎哉？』此實先生興其義也。」在師友讚助之下，陳文昭博得了「古循吏之遺風」〔註47〕的稱譽。戴良《陳文昭監丞像贊》寫道：「侯以文儒，施政海隅；人孰似之。曰召曰杜，為母為父；侯實似之。蓋於治民，去其敗群；餘悉子之。彼或其訛，我戈是荷；四國倚之。一忭強藩，十載海山；時竟使之。朝嘉乃績，好爵厚錫；卒莫起之。圖像如生，視其所行；誰不趨之。後有董筆，詢名考實；尚其紀之。」〔註48〕由此可見，陳文昭的德行政事，在寶峰之門，是師友都無間言的。羅本既與陳文昭為同門，又親見慈民對於這員親民之官，無比愛戴，於是把這真人真事，信手拈來，移植於《忠義水滸傳》中。《水滸全傳》第二十七回寫道：「將這一干人犯解本管東平府，申請發落。……且說府尹陳文昭，聽得報來，隨即升廳。那官人，但見：平生正直，稟性賢明。幼年向雪案攻書，長成向金鑾對策。常懷忠孝之心，每行仁慈之念。戶口增，錢糧辦，黎民稱德滿街衢。詞訟減，盜賊休，父老讚歌喧市井。攀轅截蹬，名標青史播千年；勒石鐫碑，聲振黃堂傳萬古。慷慨文章欺李、杜，賢良方正勝龔、黃。」這首讚歌，可以毫不誇張地說，句句都是言之有物的，簡直可以和戴九靈的《陳文昭監丞像贊》媲美。而陳文昭的政績，又顯然和趙寶峰的《治縣權宜為邑宰陳文昭設》分不開的。《宋會要輯稿》第六十五冊《職官》一〇之二〇：「凡考監司以七事：一曰勸農桑，興治荒廢；二曰招荒亡，增戶口；三曰興利除害；四曰劾有罪，平獄訟；五曰失案察；六曰屏盜賊；七曰舉廉能。」徐元瑞《習吏幼學指南·五事》寫道；「戶口增：謂生齒之最，民籍增益，進丁入老，批註收落，不失其實，若有流離，而能招誘復業者。田野闢：謂勸課之最，農桑墾殖，水利興修者。詞訟簡：謂治事之最，聽斷詳明，訟無停留，獄無冤滯者。盜賊息：謂撫養之最，取辦有法，催科不擾者。」〔註49〕這裏，我們毫不含糊地看出，《水滸》對陳文昭「戶口增，錢糧辦，詞訟減，盜賊休」的讚語，又顯然是本之當時

〔註47〕 戴良《元中順大夫秘書監丞陳君墓誌並序》：「生有榮名，死有遺愛，庶幾古循吏之遺風矣。」
〔註48〕 《九靈山房集》卷十八。
〔註49〕 《居家必用事類全集·辛集》，有徐元瑞大德五年序。

的考最之詞了。一部《水滸全傳》，只有一個陳文昭是好官，而且只有這個「府尹陳文昭哀憐武松是個有義的烈漢」〔註50〕；而陳文昭之於羅貫中，又以名宦而爲同門；於是羅貫中「借得《春秋》筆，忠良傳此人」〔註51〕，故直書其名曰東平府尹陳文昭。東平者，父母之邦，陳文昭者，寶峰門人，東平雖非陳文昭歷官之地，然「其人存則其政舉」〔註52〕，「易地則皆然」〔註53〕嘛，這是東平老百姓的願望，也是當時普天下老百姓的願望，謂之爲虛構也可，謂之爲實錄也無不可，正不必像《儒林外史》之嘲弄僞君子、假道學一樣，以假名假姓來影射眞人眞事了。

　　《水滸傳》裏，還有一個和羅貫中密切相關的插曲，這就是《水滸全傳》第一百十回、《百回本》第九十回，有一段說《三國志平話》的描寫：「聽的上面說評話〔註54〕，正說《三國志》。說到『關雲長刮骨療毒』：當時有雲長左臂中箭，箭毒入骨，醫人華陀道：『若要此疾毒消，可立一銅柱，上置鐵環，將臂膊穿將過去，用索拴牢，割開皮肉，去骨三分，除卻箭毒。卻用油線縫攏，外用敷藥貼了，內用長託之劑，不過半月，可以平復如初。因此極難治療。』關公大笑道：『大丈夫死生不懼，何況隻手！不用銅柱鐵環，只此便割何妨。』隨即取棋盤，與客奕棋。伸起左臂，命華陀刮骨取毒，面不改色，對客談笑自若。」這段平話，基本上和建安虞氏至治新刊《全相三國志平話》卷下相同，彼文寫道：「關公天陰覺臂痛，對眾官說，『前者，吳賊韓甫射吾一箭，其箭有毒，交請華陀。』華陀者，曹賊手中人，見曹不仁，來荆州見關公，請至，說其臂金瘡有毒。華陀曰：『立一柱，上釘一環，穿其臂，可愈此痛。』關公大笑曰：『吾爲大丈夫，豈怕此事。』令左右捧一金盤，關公袒其一臂，使華陀刮骨療病，去盡毒物，面不改容，敷貼瘡畢」。很顯然，《水滸》所寫的桑家瓦子說書人說的《三國志平話》，他的話本，正是用的建安虞氏刊本，故爾大同小異。今所見嘉靖壬午重刻弘治本羅貫中編次《三國志通俗演義》卷十五《關雲長刮骨療毒》，祖本雖是用的《平話》，其事雖同，而其文則繁了。彼文寫道：「此時，關公本是臂疼，恐慢軍心，無可消遣，正與馬良奕棋，平引陀入帳，拜見父親，禮畢，賜坐，茶罷，陀

〔註50〕　《水滸全傳》第二十七回。
〔註51〕　《水滸全傳》第一百十七回。
〔註52〕　《禮記・中庸》：「其人存則其政舉。」
〔註53〕　《孟子・離婁》下：「易地則皆然。」
〔註54〕　此用《天都外臣序本》，《新鐫李氏藏本忠義水滸全傳百二十回本》、《芥子園忠義水滸傳百回本》「評話」作「平話」。

請臂視之。公祖下衣袍，伸臂令陀看視。陀曰：『此乃弩箭所傷，其中有烏頭藥毒，直透入骨，若不早治，此臂則無用矣。』公曰：『用何物治之？』陀曰：『只恐君侯懼耳。』公笑曰：『吾視死如歸，有何懼哉？』陀曰：『當於靜處，立一標柱，上釘大環，請君侯將臂穿於環中，以繩繫之，然後以被矇其首，吾用尖利之器，割開皮肉，直至於骨，刮去藥毒，用藥敷之，以線縫其口，自然無事；但恐君侯懼耳。』公笑曰：『如此容易，何用柱環。』令設酒席相待。公飲數杯酒畢，一面與馬良奕棋，伸臂令陀割之。陀取尖刀在手，令一小校，捧一大盆子臂下接血。陀曰：『某便下手，君侯勿驚。』公曰：『汝割。吾豈比世間之俗子耶！任汝醫治。』陀下刀割開皮肉，直至於骨，骨上已青，陀用刀割之有聲，帳上帳下，見者皆掩面失色。公飲酒食肉，談笑奕棋。須臾，血流盈盆。陀刮盡其毒，敷上藥，以線縫之。公大笑而與多官曰：『此臂屈伸如故，並無痛矣。』陀曰：『某爲醫一生，未曾見此，君侯眞乃天神也。」今拿《平話》、《水滸》、《三國》比較研究，不難看出，《演義》雖以《平話》爲藍本，而鋪張揚厲，繁簡不可同日而語。由此可見，《三國志平話》成書在《水滸》之前，《三國志演義》成書又在《水滸》之後，《水滸》寫桑家瓦子說《三國》，不用《演義》而用《平話》作入話，正好說明「征方臘」故事之不出自羅貫中之手，而爲施耐庵「的本」耳。

一九八二年一月四日於北新橋爭朝夕齋

（全文原載《文學評論》1982 年第 3 期，收入王利器《耐雪堂集》，中國社會科學出版社 1986 年版，此據《耐雪堂集》選錄）

天書與泰山──從《宣和遺事》看《水滸傳》成書之謎

〔日本〕大塚秀高著　閻家仁，董皓譯

前　言

《三國志演義》之雛形是《三國志平話》，《西遊記》之雛形是《大唐三藏取經詩話》，同樣，《水滸傳》之雛形是《大宋宣和遺事》（以下簡稱《宣和遺事》）中的水滸說話。和《三國志平話》《大唐三藏取經詩話》一樣，《宣和遺事》的水滸說話，在內容與結構上也和後來成書的《水滸傳》有很大差異。本稿就著眼於此，將對原《水滸傳》成立以前講唱文藝期的水滸說話，以《宣

和遺事》爲端緒做多方面地討論。

　　以下把講唱文藝期，原《水滸傳》成立以前的，以宋江及梁山泊爲要素的說話群全稱爲水滸說話（在這種意義上，水滸說話是不斷擴展、兼收的說話群）。還有，在這裏我想把《水滸傳》的講唱文藝期暫定爲宋元時代；原《水滸傳》基本上是具備征遼和征方臘兩方面內容的容與堂百回本類，當然，並不是說連規模、細節都是完全相同的。筆者過去曾經論述過原《水滸傳》〔註55〕，但由於寫作時意識上有高島俊男《水滸傳的世界》（大修館書店1987，10），因此有未盡意表之憾。此後，又有幾點新的「發現」，見解也因之而有所變化。這就是我重新論述水滸說話的原因。

一、《宣和遺事》中水滸說話的問題

　　《宣和遺事》及其水滸說話，已有多方面的論著，雖有梁上架屋之虞，但因論題之需，筆者則不得不先說明本文的著眼點。至於《宣和遺事》的成立時期，筆者採取了元初說〔註56〕。

　　《宣和遺事》關於宋江的最初記述，「又宋江等犯京西、河北等州，劫掠子女金帛，殺人甚眾」，是採取插入方臘之亂的記述中的。後來，概括地記述了有關方臘之遺事、伏誅，話題轉入其它國事。宣和四年「九月，金使期會兵於中康」，接「先是」之後，才正式言及水滸說話。「宋江統率三十六將，往朝東嶽，賽取金爐心願。朝廷不奈何，只得出榜招諭宋江等。有那元帥姓張名叔夜的，是世代將門之子，前來招誘宋江和那三十六人歸順宋朝，各受武功大夫誥敕，分注諸路巡檢使去也。因此，三路之寇，悉得平定。後遣宋江取方臘有功，封節度使」。至此記述告終。

　　《宣和遺事》中的水滸說話，由下列長短不等的八段構成：

　　（1）運花石綱的由來、楊志賣刀殺人、與孫立等人落草太行山。

　　（2）鐵天王晁蓋等人詐取財寶，宋江幫助晁蓋等人逃往太行山梁山濼。

　　（3）宋江引薦杜千等人投奔梁山濼。

　　（4）宋江殺了閻婆惜，在九天玄女廟獲得天書。

〔註55〕請參閱拙論《關於水滸說話——以〈宣和遺事〉爲頭緒》，原載日本《中國古典小說研究動態》2，1988，10，東炎譯中文，載《寧夏教育學院·銀川師專學報（社會科學版）》1991，3。

〔註56〕關於《宣和遺事》的成立時期，佐竹靖彥在《梁山泊水滸傳·108豪傑》（中央公論社，1992，1）中主張明初說，但我沒有採用。還有，《宣和遺事》的引用文引自臺北中央圖書館所藏黃丕烈舊藏本。

（5）宋江上梁山濼就任首領，確認晁蓋的遺志。

（6）由於魯智深等三人來投奔，梁山濼結集 36 人。

（7）再次確認晁蓋的遺志，宋江參拜東嶽。

（8）宋江歸順，征伐方臘。

以上引用部分相當於（7）的後半部和（8）。

從以上《宣和遺事》的水滸說話的概要中，我們發現幾點與《水滸傳》的不同之處。依我之見，這些是該作相關、概括論述的根本問題。但是，爲了考察之便，下文將集中地就以下四點進行討論。

第一點是，宋江在九天玄女廟所獲得的天書上記載的天罡院 36 員猛將的名字，和《水滸傳》上記載的名字稍異，而且與《宣和遺事》的後文也不一致。因此派生出來的一些問題，余嘉錫等〔註57〕已有各種各樣的論述，下面只列舉與本稿有關的部分。

（1）爲什麼天書中沒有宋江的名字，而作「使呼保義宋江爲帥」的特別處理呢？

（2）爲什麼宋江的前任梁山濼首領鐵天王晁蓋排列於第 36 位呢？

（3）爲什麼儘管因晁蓋死後的缺額，吳加亮卻還對宋江說「俺三十六員猛將，並已登數。休要忘了東嶽保護之恩，須索去燒香賽還心願則個」呢？

（4）爲什麼宋江到梁山濼落草時，晁蓋已經死去了呢？

第二點是，36 人落草之處不同，起初楊志等 12 人是在太行山，接著晁蓋等八人是太行山梁山濼，後來的杜千等人是梁山濼（濼與泊同義，是淺水湖沼之意。下文引用之外，均改用泊字』）。依我之見，那正是關係到《水滸傳》演變史的重要事實。關於這一點後文將逐步闡明。

第三點與第一點之（4）相關，從晁蓋到宋江，梁山泊首領繼承的經過，在《宣和遺事》的水滸說話與《水滸傳》的記述形式不同。《水滸傳》中是說宋江落草梁山泊時，晁蓋還健在，二人對首領之位互相謙讓，爲了確定其中一人，而作了各自攻打一個目標的比賽，結果晁蓋中箭身亡。

最後一點是，《宣和遺事》的水滸說話，強調去東嶽泰山還願。具體地請看下文。

〔註57〕何心《水滸研究》（上海文藝聯合出版社，1954，7，上海古籍出版社，1985，9）、余嘉錫《宋江三十六人考實》（作家出版社，1955，1，後收《余嘉錫論學雜著》中華書局，1963）等。

（1）晁蓋等詐取財寶之際，是以「往嶽廟燒香」爲理由，從酒海花家借酒桶的。

（2）宋江一上梁山泊即任首領之位，吳加亮就對他說：「是哥哥晁蓋臨終時分道與我，從正和年間，朝東嶽燒香，得一夢，見寨上會中合得三十六數，若果應數，須是助行忠義，衛護國家。」後來宋江便按照此話，「統率三十六將，往朝東嶽，賽取金爐心願」了。

下面就圍繞上述四點進行論述。

二、太行山與梁山泊

與上文順序不同，在這裏我想首先對第二個問題，即好漢們落草地址的變化開始考察。

太行山也記作大行山，是界於河北省與山西省交界的山脈，因它是抗金義勇軍活動據點之一而知名〔註58〕。據龔開寫的《宋江三十六贊》上說，《宣和遺事》的天罡院 36 員猛將中，至少也有五人是以大行山（或太行山）爲活動據點。描寫這五人的贊詞，玉麒麟盧俊義是「白玉麒麟，見之可愛，風塵大行，皮毛終壞」；浪子燕青是「平康巷陌，豈知汝名，大行春色，有一丈青」；船火兒張橫（《宣和遺事》的火船工張岑）是「大行好漢，三十有六，無此火兒，其數不足」；神行太保戴宗是「不疾而速，故神無方，汝行何之，敢離大行」；沒遮攔穆橫是「出沒太行，茫無畔岸，雖沒遮攔，難離火伴」。而且，我們從船火兒張橫之贊中也可得知大行山 36 名好漢已齊。由於短命二郎阮小二之贊爲「灌口少年，短命何益，曷不監之，清源廟食」，所以，雖難於以「宋江三十六贊」的 36 名好漢來充當，但是，不能否定其中混著大行山的好漢。列舉 36 名好漢，呈現盛況，這種構想，可能不是來自梁山泊，而是淵源於太行山，至少可說那不是梁山泊所獨有的。

在《宣和遺事》中，太行山以楊志等人的落草之處而初次出現。楊志在潁州爲等待孫立等人時，想把寶刀賣掉作路費，而引起殺人案，招致發配衛州。在黃河岸邊得到孫立等人的相救，逕至落草太行山。強奪楊志案的現場，是潁州與衛州之間的黃河岸上。穎州無疑是潁州之誤，鑒於楊志等「前往太湖等處」這一點，可能是安徽省（淮泗道）阜陽縣，衛州是河南省（河北道）

〔註58〕請參閱孫述宇《水滸傳的來歷、心態與藝術》（時報文化出版事業有限公司，1981，9），黃寬重《南宋時代抗金的義軍》（聯經，1988，10）等。

汲縣〔註59〕。如果是這樣，去太行山落草也就自然了。

太行山第二次是以晁蓋等人的落草之處而出現。宣和二（公元 1120）年五月，北京留守梁師寶委託縣尉馬安國護送蔡太師生日禮物，中途發生了「十萬貫金珠、珍寶、奇巧段物」被詐騙案（以下仿照《水滸傳》，稱爲智取生辰綱事件）。犯人爲八個大漢，案情發生在五花營堤上。在現場上留下了犯罪人下蒙汗藥醉倒馬縣尉一行的酒桶，酒桶上記著酒海花家。捕役王平逮捕了五花營前村酒海花家店主花約。花約向審訊官張大年招供說，三天前中午時分，有八個大漢前來飲酒，他們以「往嶽廟燒香」之名借去酒桶，頭目是石碣村的鐵天王晁蓋。押司宋江接到張大年的公文後，立即飛報石碣村，讓晁蓋等人逃走了（「張大年令花約供指了文字，將召保知在，行著文字下鄆城縣根捉。有那押司宋江接了文字看了，晝夜走去石碣村，報與晁蓋幾個，暮夜逃走去也」）。這晁蓋等人的落草之處就是太行山梁山濼（「且說那晁蓋八個，劫了蔡太師生日禮物，不是尋常小可公事，不免邀約楊志等十二人，共有二十個，結爲兄弟，前往太行山梁山濼去落草爲寇」）。

鑒於馬縣尉擔著那物證酒桶奔向南洛縣之點，智取生辰綱的現場五花營堤上的所在地，該屬於南洛縣內。尹知縣得知是酒海花家的東西，便馬上派捕役王平到五花營前村，這也可證實這一點。因爲超越行政管轄區的搜捕活動，當時該是不可能吧。再看，晁蓋住的石碣村，花約供認的筆錄寫著：「爲頭的是鄆城縣石碣村住，姓晁名蓋，人號喚他做鐵天王」云云，顯然說明石碣村在鄆城縣管轄之內。宋江是鄆城縣的押司（「宋江回家，醫治父親病可了，再往鄆城縣公參勾當」）。石碣村所屬宋江當押司的鄆城縣，雖與金國的大定年間前後位置多少有所變動，但是一直屬於山東省（濟寧道），按當時的行政區分是屬於京東西路鄆州府。

南洛縣，正確地說該是南樂縣。南樂縣在唐五代以後是屬河北省（大名道）。現在屬（黃河以北的）河南省，按當時的行政區分是屬河北東路開德府，那時黃河流經南樂縣（及北京大名府）北部。因此，五花營堤上和五花營前村都該在黃河南岸。

從梁山泊來看，鄆城縣位於其東北方，南樂縣位於其西北方。太行山遠

〔註59〕以下地名是根據青山定雄編《支那歷代地名要覽》（東方文化學院東京研究所，1933）及譚其驤主編《中國歷史地圖集宋・遼・金時期》（地圖出版社，1982，10）。

在南樂縣西邊，與聳立鄆城縣東邊的泰山所處的位置正好相反。花約與晁蓋
等人有一面之識，知道他是石碣村人。可是，從上述地理位置來看，石碣村
的晁蓋去參拜泰山時，不可能經過南樂縣五花營前村。因此，自稱去參拜泰
山來借桶買酒的那一夥人，花約知道（看穿了）是晁蓋等人，由於他覺得狐
疑因而記憶鮮明。

　　至此，事情發生的經過，根據上述分析，可以大致明白。可是，有關在
南樂縣發生案件的公文，《宣和遺事》上是審訊官（付吏）張大年直接轉給了
鄆城縣押司宋江，這樣記載缺乏合理性。如上所述，按路次南樂縣和鄆城縣
的行政區分不同，而送公文又必須經過河北東路──京東西路才行。然而《宣
和遺事》裏本來就避開言及傳送這份公文的經過，只記述了起點和終點。那
麼，這一點也不算重要問題。

　　晁蓋等人的落草之處，正確地說，是「太行山梁山濼」。從以上引用的原
文就可明白，晁蓋等八人因心裏明白自己犯下了大罪，認爲有必要糾集同志
進行自衛，爲此，就急速和已在太行山落草的楊志等匯合。於是，他們便先
去了太行山，和楊志等人結義後，回到了靠近故鄉而且有地利之便的梁山泊。
這大概是《宣和遺事》上記載的經過，也算順理成章吧。不過，如果晁蓋等
人智取生辰綱的現場不是五花營堤上，而是太行山，那麼，就另當別論了。《水
滸傳》把智取生辰綱的現場改爲濟州府北門外 15 里之安樂村東 10 里的黃泥
崗（安樂村是不是南樂縣改變的呢？），單就護送生辰綱的軍漢的視覺來描述
路上景致的「但見」，其中，「休道西川蜀道險，須知此是太行山」〔註 60〕一
句就露了馬腳。如果事件本來就發生在太行山，那麼，落草之處爲太行山就
很自然了。那樣，石碣村之所屬，晁家莊之所在地，自不必說，晁蓋和宋江
的關係本身，是不是就如《宣和遺事》的水滸說話或者和《水滸傳》中的關
係呢，那也有必要進一步考察。另外，《水滸傳》中晁蓋是東溪村人，阮氏三
兄弟的住處是面向梁山泊的石碣村。

三、鐵天王晁蓋

　　《宣和遺事》既然標榜爲遺事，其中（包括出處不明的部分）素材顯然
有多方面的來源〔註 61〕。那麼，我們就沒有必要把其全部的記述（至少也包

〔註60〕請參閱注（1）的拙論。還有，《水滸傳》的引用據容與堂本。
〔註61〕請參閱魯迅《中國小說史略（上）》第 13 篇《宋元之擬話本》（北大第一院新
　　　　潮社，1923，12），汪仲賢《宣和遺事考證》（《中國文學研究》所收，1927），

括細節）都當作事實。

《水滸傳》是把 108 位英雄好漢集結於梁山泊爲高潮的。宋江實有其人，是「淮陽、京西、河北」「三路之寇」，但是，從其它資料的記載來看，實際上宋江應該屬於「流寇」，他不可能是以梁山泊爲根據地。梁山泊在宋代確實是「英雄好漢的落草之地」〔註62〕。可是，小嘍囉雖不得而知，但它並不是一個能把知名好漢 108 人全部集中在那裏的大根據地。然而，山巒連亙的太行山，範圍特別大，足以隱藏眾多的抗金游擊隊，當然，其中也有聞名的豪傑。對於水滸說話的說書人來說，他們無疑是想盡一切辦法「弄上」梁山泊的絕好素材。

《水滸傳》中宋江和梁山泊（及泰山）是不可或缺的兩大要素（這一點將於後面論述）。宋江落草梁山泊雖然確否未定，但是只要這一結構既存，他就不可能會上太行山。據我所見，過去的抗遼故事該以太行山爲舞臺；而現在含有抗遼故事的《水滸傳》，也在其搖籃期的某階段，太行山系統的「山林故事」，想必占較高的比率〔註63〕。《水滸傳》的演變史是出自不同的說書群體不斷交織、衍變的歷史。

楊志賣刀殺人的事件，很可能來於宋代說書人所說的「青面獸」，但是，「青面獸」是否能及楊志等人的太行山落草故事就說不定了。因此，我想換個角度來考慮楊志等人到太行山落草的可能性。本來，楊志的楊，從根本上就會使當時的聽眾普遍在心目中認爲，那就是先仕於北漢，太宗遠征太原時降了宋朝，後來征戰遼軍的楊家將的後裔。《水滸傳》中也有「灑家是三代將門之後，五侯楊令公之孫，姓楊名志，流落在此關西」的記述。那麼，楊志等人上太行山落草有可能是約定俗成的吧。因為太行山在成爲抗金根據地之前是抗遼的最前線。若是楊志等人先在太行山落草，那麼，原在太行山智取生辰綱的晁蓋等與其合流也就是自然的了。因此，晁蓋的石碣村（後文改爲晁家莊。可能原來就是晁家莊吧）設在遠離太行山的鄆城縣內，那一定是爲了把以宋江爲主人公的「水滸故事」與智取生辰綱事件聯結起來，使晁蓋等人上梁山泊而設定的。

氏岡眞士《平話所基於的史書——有關平話創作者的試論》（《日本中國學會報》49，1977，10）等。

〔註62〕洪邁《夷堅乙志》卷六《蔡侍郎》中有「侍郎去年帥鄆時，有梁山濼賊五百人受降，既而悉誅之」。這裏的去年是指宣和六年。

〔註63〕請參閱注④孫述宇的書。

不僅是《水滸傳》，就是講唱文藝期的水滸說話也一樣，其主人公始終都是宋江。其人物形象是否如《宣和遺事》之水滸說話和《水滸傳》中所描寫的那樣，且另當別論，但是，如前所述，宋江是實有其人的。可是，首任（《水滸傳》中是第二任）首領晁蓋是否實有其人，卻至今尚不清楚。除宋江、楊志、關勝三人之外，按何心的著述所說，「宋朝的公私史書中，還可以找到若干與梁山英雄同時代、同姓名的人，雖然不能武斷這些人便是宋江的部下，但是也不能完全無關」。這些人不過 12 名，那是李逵、董平、張青、孫立、楊雄、張橫、張順、彭玘、李忠、宋萬、李雲、一丈青。《宣和遺事》的水滸說話中，晁蓋及其同黨有吳加亮、劉唐、秦明、阮進、阮通、阮小七、燕青，何心都分類為「也有虛有實，有真有假」〔註64〕。

那麼，《宣和遺事》的水滸說話，為什麼先於實有人物宋江之前，而設置概為架空人物的晁蓋為第一代梁山泊首領呢？儘管這樣，為什麼宋江在九天玄女廟獲得天書上，把晁蓋的名字卻排在最後序列呢？首要的，為什麼晁蓋的遺志牽制著宋江此後的行動，而引出泰山還願呢？我們只有解開這全部疑問，才能明白《水滸傳》及水滸說話中晁蓋、宋江的關係吧。

四、泰山還願

《宣和遺事》的水滸說話中晁蓋與泰山是密切相關的，這與《水滸傳》不同。如上所述，晁蓋與太行山可能有緣，但是《宣和遺事》是否為了掩飾這一點而引入泰山還願呢，這種印象也不是沒有。吳加亮傳言的晁蓋遺志如下：

> 從正和年間，朝東嶽燒香，得一夢，見寨上會中合得三十六數，
> 若果應數，須是助行忠義，衛護國家。

其中，有點不夠明瞭，對此做如下解釋將不為過吧。晁蓋是在正和年間以後參拜泰山的，不知在哪處廟裏，夢中得到神諭，說他終究會成為統率強有力的部下 36 人的山寨（梁山泊）之主，那時做事該助行忠義，護衛國家。這樣，晁蓋先於宋江得到梁山泊首領之位，可說是由某神預定的吧（鐵天王的綽號也可能由此而來）。晁蓋想必已把夢中的神諭告訴周圍的眾人，宋江也會有所耳聞。那麼，宋江想利用這點（捏造天書）來坐鎮第二任首領，也不會不合理的。所以，宋江把實現晁蓋的遺志當作最優先解決的課題。

那麼，晁蓋夢見的神是何方之神呢？這有兩種可能性：一是，恭奉在岳

〔註64〕請參閱注 3 何心的書。

廟的泰山府君或其三郎炳靈公；另一是，祭奉在泰頂碧霞元君祠的碧霞元君，即所謂的泰山娘娘。關於泰山府君沒有重述的必要，在此毋庸多記。下文將論述炳靈公和泰山娘娘。

《醒世恒言》卷三十一《鄭節使立功神臂弓》是基於宋代瓦子所講的「小說」演目《紅蜘蛛》的主人公鄭信和金兀朮交戰，死後還在空中現身，用神臂弓從金兵那裏救出康王，後來受明靈昭惠王敕封。那個定鄭信的命運爲諸侯者就是炳靈公。最後成了鄭信主人的張俊卿在炳靈公殿中夢見其間一段經過。這樣，同樣的故事用在晁蓋身上也不足爲奇吧。智取生辰綱時，晁蓋向酒海花家借酒桶的藉口就是「往嶽廟燒香」。

據《問經堂叢書》所收的《黃帝問玄女兵法》（《隋書‧經藉志》所收）記載，該書是在太山（即泰山）由一位人首鳥形自稱玄女的婦人授予黃帝的。那麼，泰山娘娘和西王母一樣，是人首鳥形的玄女化身而成的。呂繼祥說，西王母是第一代泰山女神，玄女是其第二代，就是九天玄女，而不會是別人。其事實論據是，《水滸傳》第42回《還道村受三卷天書　宋公明遇九天玄女》中有詠九天玄女的「但見」，而《金瓶梅》第 84 回《吳月娘大鬧碧霞宮　宋公明義釋清風寨》中之「但見」，幾乎依樣吟詠泰山娘娘。據此，他說，「在《金瓶梅》的作者看來，九天玄女就是泰山娘娘。京津一帶民間也認爲泰山娘娘——碧霞元君爲九天玄女者」〔註 51〕。宋江如果有意做晁蓋的後繼者，那麼，他一定會說授予天書的神與晁蓋的一樣。晁蓋夢見的神是泰山娘娘，即九天玄女，這種可能性比炳靈公大。

回過頭來說，在《宣和遺事》的水滸說話中，在某種意義上，泰山比梁山泊更爲重要。可是，其間不用泰山（太山）一詞，而專用東嶽二字。當然，東嶽就是泰山（太山），那是常識。雖然沒有非寫成泰山（太山）不可的必然性，但是，不能否認那是奇特的現象。而且，表示晁蓋與泰山之關係的種種述說，《水滸傳》中如作了刪除，那也不可忽視吧。依筆者之見，那隱匿泰山（太山）之現象，在《宣和遺事》的水滸說話中就已經開始了。不過，要論述這一問題，必須把話題轉入稍遲於《宣和遺事》刊行的五種全相平話之一

〔註51〕 參考了《泰山娘娘信仰》（學苑出版社，1994，10）。劉慧《泰山宗教研究》第三章《泰山神論》（文物出版社，1994，4）等。還有，新枝奈苗《從聖姑姑到九天玄女——關於〈三遂平妖傳〉的改作》（《中國中世文學研究》24，1998，12，堀誠《九天玄女考——在於通俗小說的女神像》（《中國文學研究》24，1998，12）可用參考。

《三國志平話》。

五、太山與太行山

《三國志平話》中太山和太行山同時出現〔註65〕。以下我想先舉太山的例句，然後再舉太行山的。在《三國志平話》續卷上入話之後的部分有太山的第一個例文。

> 「有鄆州表章至，有太山腳下摺（搨）一穴地，約車輪大，不
> 知深淺。差一使命探吉凶」。

這個太山，從「鄆州表章至」之句來看，無疑就是泰山。

可是，同在卷上記載的，劉備奉十常侍之命鎮壓「賊寇」，從長安赴安喜縣的途中，出現太山的第二個例文，而這就不能看作泰山了。安喜縣在河北省（保定道）定縣。

> 「長安至定州幾程。若到定州，打算計幾日，都交打清。在前
> 拋下糧草，都交補訖。劉備赴定州附郭安喜縣縣尉。爲太山賊寇極
> 多，你將本部下軍兵鎮壓」。

劉備等三人，後因張飛殺了太守，而不得不落草太山。

以下舉第三個例句：

> 「有劉備、關、張眾將軍兵，都往太山落草」。

可是朝廷接到報告，召開朝議，劉備等三人的落草之處，卻如下述引文，當成太行山了。上文二例的太山，無疑指的是太行山。

> 「帝曰：『如何招安的劉備』』『今將十常侍等殺訖，將七人首級
> 往太行山，便招安得那弟兄三人。』帝：『依卿所奏。』問：『誰人
> 可去』』董成奏：『小臣願往。』董成將七人首級，前往太行山去」。

以上引用的太行山是《三國志平話》中的太行山第一和第二例文。還有一例在卷中：

> 「卻說關公與二嫂，往南而進太行山，投荊州去」。

這個太行山從地理位置上看，無疑就是太行山。

據以上諸例，可以確認，《三國志平話》中把泰山都寫作太山，而把太行

〔註65〕引用據「中央圖書館」編印的影印本（1977，10）。鍾兆年《元刊全相平話五
種校注》（巴蜀書社，1990，2）等作了參考。還有，關於《三國志平話》中
有太行山寫作太山之例，這一點二階堂善弘・中川諭在譯注（コーエー，1993，
3）中指出過。

山有寫作太行山，也有寫作太山的。大山及與之同音的太山原意都是很大的山。因此，把秀峰獨立的稱爲太山；把山巒連亙的稱爲太行山，那也合乎道理。可是，對於認爲沒必要區別的，把兩者都寫作太山。當時，太山之稱有可能不僅指泰山，也指太行山吧。水滸說話改編成原《水滸傳》時，編者積極利用了這種現象，把包括「山林故事」，把那些本來與宋江及梁山泊無關的說話群，都編入了「水滸故事」。大概因此，晁蓋才不是在太行山，而是在泰山附近的梁山泊落草吧。但是，僅憑這一點，還不能說明晁蓋、宋江泰山還願的由來。因爲這該另有淵源。

六、泰山與五臺山

「楊家將演義」〔註66〕是以抗遼戰爭爲契機而誕生的作品，在這個意義上，它與《水滸傳》有兄弟關係，有關這方面的研究也正在進行〔註67〕（在《宣和遺事》中落草太行山的楊志，在《水滸傳》中是楊家之後裔，關於這一點，前已論述過）。這裏依據《北宋志傳》，將與本稿有關的部分梗概地歸納如下：

宋太祖趙匡胤率領人馬攻打北漢劉鈞，劉鈞派名將楊令公出馬，太祖敗，而休戰返京都。太祖返回後患病臥床不起。遵杜太后的遺命，把皇位讓給其弟趙光義，於是，光義便成了第二代皇帝太宗。太宗遵太祖的遺囑，把呼延贊召來，先攻下河東，後在太行山使其同夥歸順，攻打北漢。太宗用反間計降服劉鈞，籠絡楊業（令公）。此後，楊業父子在抗遼戰爭中立了諸多的戰功。太宗爲補償太祖生前所許的願，決定上五臺山燒香。因而，太宗不納寇準之諫，而聽信潘仁美之言，率領了楊業等向五臺山進發。

這裏，太宗是遵兄太祖之遺囑而去五臺山還願的，這一點值得注意。太宗順利地還完願，赴幽州途中，在邠陽被遼軍包圍，楊業等總算設巧計使他得以脫離險境，可是，楊家卻付出了莫大的犧牲，大郎淵平、二郎延定、三郎延輝陣亡；死裏逃生的四郎延朗被俘後成了遼國蕭太后的附馬；五郎延德在五臺山削髮爲僧。這是「楊家將演義」達到的最高潮。

在「楊家將演義」中，太祖趙匡胤的夙願參拜五臺山，是由其弟太宗趙

〔註66〕　本稿把《北宋志傳》十卷五十回及其改題本，那前半部三十一回之別行六卷本，《楊家府世代忠勇通俗演義志傳》八卷本和六卷本，均總稱「楊家將演義」。

〔註67〕　請參閱中缽雅量《楊家將說話和水滸傳》（《愛知教育大學研究報告》41，1992，2，後收《中國小說史研究——以水滸傳爲中心》，汲古書院，1996，2）。

光義實現的。在《宣和遺事》的水滸說話中，第一代梁山泊首領晁蓋的夙願參拜東嶽泰山，是由第二代首領宋江實現的。在「楊家將演義」之前就有原「楊家將演義」〔註68〕，在此之前（當然及其後）也有楊家將說話。講唱文藝期的楊家將說話中是否有以還願爲主題的故事，這說不定。但只從「楊家將演義」（及原「楊家將演義」）和水滸說話來說，其所起的作用顯然很大。當然，那不會是偶然的結果。

　　兩者還願主題，所引起的結果，有天壤之別。一個是導致險情危篤，幾乎使宋朝瀕臨絕境，楊家眾將受到慘重創傷；另一個是帶來了碩果，宋江等人招安投誠。可是，《水滸傳》中刪去了以還願爲主題的這段故事，招安的過程也變得完全不同。當然，這樣，晁蓋和泰山的關係也就沒有什麼意義了。這就是，《水滸傳》從晁蓋身上消除了泰山蹤影的原因吧。那麼，《水滸傳》的這些變化是何時、何故而起的呢？我想這種改變有可能是，原《水滸傳》的集成者發現，原「楊家將演義」（或者楊家將說話）也一樣有還願這一主題，爲了避開這一點，而代之以李師師與燕青的故事。晁蓋和宋江之間的更替經過，恐怕也作了修改。其目的大概是爲了強調宋江的公明正大。我們不能否認，這才是原《水滸傳》作了替換的直接原因。

　　那麼，也能引出這樣的可能性，原《水滸傳》中刪除了還願這一主題，而在原「楊家將演義」中卻變了形，予以保留下來。比如《西遊記》的改變大概因永樂帝而造成的〔註69〕。小說（物語）中，與皇帝及其同等者相關的改變，也隱現著權力的陰影。

　　那麼，這種改變是何時發生的呢？當然，晁蓋與宋江之間的首領交替過程，也一定發生在掌權者（及其周圍的官宦）神經緊張的那個時期，所以，我估計不外乎永樂年間（1403～1424）或景泰年間（1450～1456）或嘉靖年間（1522～1566）。景泰年間的明景帝本是宣宗宣德帝的次子，其兄英宗親征瓦剌時被也先汗所俘虜，他就接替了帝位；嘉靖年間的嘉靖帝原是興獻王，武宗正德帝死後，他成爲養子即了帝位。還有，如果改變發生在嘉靖年間，

〔註68〕有關這一點請參閱注14的中缽論文，小松謙《武人的文學——楊家將物語考》（《阿賴耶宏·伊原澤周兩先生退休記念論集亞洲的歷史和文化》，汲古書院，1997，4），《詞話係小說考》（《東方學》95，1998，1），上田望《講史小說和歷史書（3）——〈北宋志傳〉、〈楊家將演義〉的成書過程和構造》（《金澤大學中國文學教室紀要》3，1999，3）。

〔註69〕請參照拙論《斬首龍的物語》（《埼玉大學紀要教養學部》31～1，1995，9）。

那就不是改在原《水滸傳》的成立階段,而是在《水滸傳》的成立階段。郭勳的武定版《水滸傳》才該是其改變版第一號。

晁蓋與宋江之間的關係刺激得明朝皇帝如此神經過敏,這究竟象徵著什麼呢?下文將就此進行論述。

七、太祖與太宗

一般來說,皇帝駕崩後,是由長子來繼位,而宋太宗是太祖之弟,卻繼了皇位。太祖趙匡胤並不是沒有兒子,然而,繼位的卻是其弟光義。所以,對其間的原委引起各種臆測。北宋滅亡後的亡命政權南宋皇統,從高宗趙構在他生前讓給了孝宗。南宋第一代皇帝高宗是北宋末代皇帝欽宗之弟,而孝宗卻是被排除出北宋皇統的太祖趙匡胤的第七世之孫,估計這也引起眾說紛紜。高宗的這種讓位,是因不願其兄歸還,而見死不救,儘管他有贖罪的一面,但是卻排擠了太宗系多數有資格繼承帝位的人,而選了孝宗,這總是有點蹊蹺。

北宋釋文瑩的《續湘山野錄》記錄了太祖臨終時,由其弟太宗繼承帝位的經過。下面引用其相關的部分。

太祖聽有舊交的道士說,10 月 20 日夜裏,如晴天則可增壽 12 年,否則,就該從速採取措施。那天,天氣晴朗,但突然轉陰甚至降起雪來,太祖見此情形,就召見其弟開封尹光義。

> 「延入大寢,酌酒對飲。宦官、宮妾悉屏之,但遙見燭影下,太宗時或避席,有不可勝之狀。飲訖,禁漏三更,殿雪已數寸,帝引柱斧戳雪,顧太宗曰:『好做,好做。』遂解帶就寢,鼻息如雷霆。是夕,太宗留宿禁內,將五更,周廬者寂無所聞,帝已崩矣。太宗受遺詔於柩前即位。」

屏退左右,室內只剩兄弟二人,見燭影好像是太祖有強求人宗即位的表現,此後,太祖沒再接見任何人就死了。太宗立即繼位。有沒有確切根據雖不明了,但釋文瑩顯然對那樣經過表示懷疑。這所謂的燭影斧聲之疑,宋・李燾的《續資治通鑑長編》卷十七抄襲了《續湘山野錄》等書,而暗示了其實際情態類似於王繼恩內通晉王光義所導演的皇位篡奪劇。其內容引用一段如下〔註70〕。

〔註70〕 以下《續資治通鑑長編》的卷次及引用,如未加說明的,都是根據《宋版續資治通鑑長編》(中華全國圖書館文獻縮微複製中心,1995,8)。

「初，有神降於盩厔縣民張守眞，自言：『我天之尊神，號黑殺將軍，玉帝之輔也。』守眞每齋戒祈請，神必降室中，風肅然，聲若嬰兒，獨守眞能曉之。所言禍福多驗，守眞遂爲道士。上不豫，驛召守眞至闕下。

壬子，命內侍王繼恩就建隆觀設黃籙醮，令守眞降神。神曰：『天上宮闕已成，玉鎖開，晉王有仁心。』言訖，不復降。上聞其言，即夜召晉王，屬以後事。左右皆不得聞。但遙見燭影下，晉王時或離席，若有所遜避之狀。即而上引柱斧戳地，大聲謂晉王曰：『好爲之。』

癸丑，上崩於萬歲殿。時夜已四鼓，宋皇后使王繼恩出，召貴州防禦使德芳。繼恩以太祖傳國晉王之志素定，乃不詣德芳，徑趨開封府召晉王，見左押衙程德玄先坐於府門，……扣門，與俱入見王，且召之。王大驚，猶豫不行，曰：『吾當與家人議之。』入久不出，繼恩促之曰：『事久，將爲他人有矣。』時大雪，遂與王於雪中步至宮。繼恩使王止其直廬，曰：『王且待於此，繼恩當先入言之。』德玄曰：『便應直前，何待之有。』乃與王俱進至寢殿。后聞繼恩至，問曰：『德芳來耶。』繼恩曰：『晉王至矣。』後見王，愕然，遽呼官家，曰：『吾母子之命，皆託於官家。』王泣曰：『共保富貴，勿憂也。』」

那麼，對這件事在小說（物語）中，是怎樣描寫的呢（《北宋志傳》第五回《宋太祖遺囑後事　潘仁美計逐英雄》，沒有言及燭影斧聲之疑。其記述如下：

「卻說太祖回至京師，因途中冒衝暑氣，養疾宮中，累日不設朝。延至冬十月，轉加沉重。召其弟晉王光義入侍，囑以後事，曰：『朕觀於汝，龍行虎步，他日必爲太平天子。但汝侄德昭，當善遇之。再有三件大事，朕未能全得，汝宜承之。第一件，河東近邊之地，不可不取。第二件，太行山呼延贊當召而用之。第三件，楊家父子，朕愛之爲將。我觀彼國有趙遂，可與此人通好，必誘他來降。且楊家父子之情，只愛中國富貴而已。可於金水河邊，預造無佞宅以待之，使人通消息於山後，其來必無疑矣。且朕中年在五臺山，許有醮願。蓋因國家多事，未曾還得。汝若值朝廷無事時，可代還

之。數事牢記勿忘。』光義拜而受命。太祖又喚其子德昭曰：『爲君
不易，今傳位與叔，正以代汝之勞也。今賜爾金簡□把。在朝如有
不正之臣，得專誅戮。』德昭曰：『君父之命，安敢遺忘。』太祖囑
罷，大聲謂晉王曰：『好爲之。』俄而帝崩，在位十七年。壽五十。……
時漏下四更。宋后入見晉王，愕然，亟呼曰：『吾母子之命，皆託於
陛下矣。』晉王泣曰：『共保富貴，無憂也。』」

在這部分所附的題評寫道：「按通鑑燭影斧聲之疑，實出野史。此本削
之。吉是然（？）好爲與共保之言，終是誣說。」據此，我們可以得知，在
《北宋志傳》以前的，許多題評所言及的「小說」，即筆者所說的原「楊家
將演義」中，有有關「燭影斧聲之疑」的記述（題評所指的《通鑑》，顯然
不是司馬光的《資治通鑑》，也不會是上面引證的《續資治通鑑長編》，可能
是指基於《續資治通鑑長編》的元代刊行的《續資治通鑑（續宋編年資治通
鑑）》，或者這個系統的某一書。

《楊家將世代忠勇演義志傳》是和《北宋志傳》一起構成「楊家將演義」
的，而比《北宋志傳》較接近原「楊家將演義」（當然不是原「楊家將演義」
本身），其卷一《太祖傳與太宗》中，還保存著一部分原樣。

「卻說開寶九年冬十月，太祖有疾。晉王入問安。太祖謂之曰：
『汝龍行虎步，他日當爲太平天子。然必得賢宰執相輔佐也。朕幸
西都，有一儒生，姓李名齊賢，學問淵源，因其狂妄，朕彼時怒之，
未及取用，至今尤悔。汝可擢爲宰輔。有文臣，必要有武將。朕征
太原，有一將，名繼業，人號爲令公。此人天文地理、六韜三略，
無不精通，行兵列陣，玄妙莫測。乃智勇兼全之士。朕恨未獲用之。
他日汝破太原，獲其人，當以兵柄授之。』又曰：『朕因太后昔疾，
曾許五臺山降香。朕想此疾難瘳。倘謝塵之後，卿當代往酬焉。且
太后遺命，深刻於心。此天位必傳於卿，卿宜恪遵朕命，無負所託
可也。』晉王曰：『願陛下萬萬春秋，臣安敢受之。』太祖曰：『卿
且退，來日定奪。』晉王遂退。是夜疾重。復召韓王趙普入內，囑
咐後事。太祖謂趙普曰：『卿今爲證。朕謹遵太后立長之命，將位傳
與晉王。日後亦當輪次傳之，無負朕之心也。』言罷，命立盟書，
置之金縢匱中，復命趙普及左右遠避，召晉王至臥榻之前，囑咐後
事。左右皆不聞聲，但遠見燭影之下，晉王時或離席，若有遜避之

狀，復後太祖引斧戳地，大聲謂晉王曰：『好爲之。』俄而帝崩。時
已漏下四更矣。王皇后見晉王，愕然，遽呼曰：『吾母子之命，皆託
賴於官家。』晉王曰：『共保富貴，無憂也。』」

當然，正史之《宋史》中，根本未提及燭影斧聲之疑。有關太祖之死，
於太祖本紀中記載：「癸丑夕，帝崩於萬歲殿，年五十。殯於殿西階。謚曰英
武聖文神德皇帝，廟號太祖。」在太宗本紀中記載：「開寶九年冬十月癸丑，
太祖崩。帝遂即皇帝位」，僅此而已。不過，這個「遂」字表示其間存在著異
常事態。

八、晁蓋與太祖、宋江與太宗

與眾不同的帝位繼承，該有與其相應的伏筆。陳橋兵變太祖取代後周恭
帝之位，那是由太祖之弟，後來的太宗趙光義策劃的政變，因此，太祖從即
位當初起對其弟光義就不得不讓他幾分，加之有其母太后的遺命（《宋史》卷
二四二后妃傳上），太祖一定慮及遺下來的妻子之身事，也就不得不讓位於光
義了。宋代之前的五代連續著短命的王朝，其最大的問題是，皇帝死後幼年
繼嗣（及年輕皇后）與跟先皇時代的權臣之間的對立。在太后看來，她念及
光義的功績，另考慮在國家尚未統一之時，爲防帝位繼承而帶來的政情不穩，
也爲了避免最壞的骨肉相殘的事態發生，她要求匡胤別傳位給兒子，而把帝
位讓給其弟光義。而太祖呢，也完全知道利害關係，認爲那是處於不得已的
情況，想到遺留下來的兒子，臨終時，向光義傳達了讓位之意後，並要他約
定將來讓位給太祖系的子孫（或者是太宗自己申請的），這種可能性也不是沒
有吧。可實際上太宗卻違約了。北宋全期的帝位一直由太宗系繼承，並沒有
回到太祖系，到高宗時帝位才回到太祖系。高宗曾坐視其兄窮死在北邊外而
不救，他又沒有兒子，他不從眾多的太宗系的皇族中選帝位繼承者，而選了
孝宗，那也許是企圖抵消其先祖和自己的欠賬吧。

宋初開寶九（公元 976）年十月癸丑深夜，趙氏兄弟之間發生的事情眞
相，本該隨太宗光義之死而暗中消失。可是，想要封住眾人之口，就連皇帝
也是不可能做到的。因此，高宗企圖使輿論平息而立太祖系的孝宗爲其繼承
者，可是，謠言卻依然不息。明代刊行的原「楊家將演義」中記述著「燭影
斧聲之疑」，可爲證據。但是，嘉靖年間刊行的楊氏刊本（及源於此的版本
——《北宋志傳》等書即是〔註 71〕）中那些基於野史的記述被刪去了。《楊

〔註71〕請參照拙論《從嘉靖定本到萬曆新本——以熊大木和忠義・英烈爲緒端》（《東

家府世代忠勇演義志傳》也明顯有使太宗的立場合法化的痕跡。〔註72〕

「楊家將演義」的時代設在宋初，「燭影斧聲之疑」不論你喜歡不喜歡，都不得不涉及。但也有的作品是特意安排這個情節的。《宣和遺事》中的水滸說話（及以此為核心而成書的原《水滸傳》）即是這種作品。因此，我們也可以說，晁蓋與宋江之間的交替過程影射了太祖與太宗之間的帝位繼承的經過。晁蓋的晁與朝（chao）字同音，因此，晁宋即朝宋，是宋朝的倒置，而且，《宣和遺事》的水滸說話中宋江就任首領的經過，總覺得不自然。宋江奉晁蓋的遺志上泰山還願，令人不禁聯想到「楊家將演義」中太宗奉太祖遺訓上五臺山（五太山）還願。這一定是為了使讀者、聽眾在腦子裏把晁蓋換成太祖，把宋江換成太宗。從這個意義上說，宋江的泰山還願無疑在水滸說話（及原《水滸傳》）中占重要地位。楊家將說話與原「楊家將演義」是直接了當的，而水滸說話（及原《水滸傳》）則是暗示的。手法雖然不同，但在記述那「燭影斧聲之疑」這一點上，兩者有表裏如一的關係。那麼授天書與宋江的九天玄女想必是太祖與太宗兄弟之母杜太后吧。

但是，當時代改變，連以暗示手法來表述（會令人不禁想到帝位繼承的）首領替代之疑，都無法被允許時，那麼，原「楊家將演義」也好，還是原《水滸傳》也好，都不得不按照各自的方式變換形式了。那轉變期在什麼時候雖然不甚清楚，但一定是從那時起，原「楊家將演義」刪卻了「燭影斧聲之疑」（或者變微薄了），原《水滸傳》的晁蓋——宋江的交替經過，改成了現在的形式。宋江始終要有堂堂正正的首領地位，而且，這一點必須無懈可擊。筆者曾論述過宋江的字公明和瘟神趙公明的關係〔註73〕，多數瘟神中選了趙姓的趙公明，那原因和其間的經過，應該不無關係吧。如晁（蓋）宋（江）中隱含著趙宋，對這點能瞭解的人，才會改變原《水滸傳》（或者《水滸傳》）趙公明的字公明作為宋江的字，為使晁蓋——宋江的交替劇光明正大化的可

洋文化研究所紀要》124，1994，3）。

〔註72〕《石印鼓詞》的《趙天保》，把其間經過記作「陳橋兵變為皇帝太祖傳位把基登 可恨元帝趙匡義 燭影搖紅害長兄」。《翠花記》中寫著「後來世宗歸天去 太祖立位把基登 對臣回來思賢弟 不覺染病在宮中 二弟匡義傷天理 燭影搖紅刺長兄」。有關《石印鼓詞》請參閱拙論《關於中央研究院歷史語言研究所傳斯年圖書館所藏的〈石印鼓詞〉——〈石印鼓詞〉和〈童子戲〉》（《饕餮》）8，2000，8）。

〔註73〕請參閱拙論《瘟神的物語——宋江的字為什麼是公明》（《宋代的規範和習俗（宋代史研究會研究報告第五集）》，汲古書院，1995，10）。

能吧。

九、泰山封禪和天書——太宗和真宗

據我所見，現在消失了的原《水滸傳》中的晁蓋——宋江之交替劇，很有可能影射了太祖——太宗之間的帝位繼承之疑。可是，《宣和遺事》中宋江奉晁蓋遺志去參拜泰山一事，不能作同樣的考慮。因爲，宋太宗有泰山封禪這未果之夢，大中祥符元年，太宗死後繼承帝位的、他的第三子眞宗得到了天書大中祥符三篇，實現了太宗之夢，這是歷史事實。眞宗在把帝位該還給太祖系皇族的議論聲中即位，遺憾地落入了結澶淵之盟的下場，對他來說，泰山封禪是無論如何都得實施的重要事情。

下面先記述太宗的泰山封禪之事。

太平興國八（公元 983）年六月己酉，兗州泰山的父老及瑕丘等七縣之百姓詣闕請求封禪。太宗「謙讓未遑，厚賜以遣之」。雖然表示辭退，而實際是給予褒獎，這暗示著民眾再來請求封禪。因此，第二年的雍熙元（公元 984）年四月乙酉，泰山父老再來請求封禪。這樣，群臣也不能默然置之，遂二次上表奏請，太宗終於答應。公佈的日程爲 11 月 21 日，降旨修整京師去泰山的道路。總之，他興致勃勃。可是，五月丁丑，乾元、文明二殿受火災，太宗雖然不情願但也不得不降詔停止泰山封禪。六月壬寅〔註 74〕，太宗對宰相所說的一番話顯得滿懷留連，現引用《續資治通鑑長編》卷二五所記載的文字如下：

> 「封禪之廢已久，今時和年豐，行之固其宜矣。然正殿被災，遽舉大事，或未符天意。且炎暑方熾，深慮勞人。徐圖之，亦未爲晚也。」

可是，此後太宗就沒有得到封禪的機會。

眞宗泰山封禪是在大中祥符元（公元 1008）年，他爲了挽回景德元（公元 1004）年澶淵之盟的不良名聲，企圖以泰山封禪來演示王朝盛世，似乎早與心腹王欽若愼重地擬定了計劃。其間的經過，《續資治通鑑長編》卷四八之二又有如下的記載：

> 「初，王欽若既以城下之盟毀寇準，上自是常怏怏。他日，問欽若曰：『今將奈何？』欽若度上厭兵，即繆曰：『陛下以兵取幽薊，乃可刷此恥也。』上曰：『河朔生靈，始得休息，吾不忍復驅之死地。

卿蓋思其次。』欽若曰：『陛下苟不用兵，則當爲大功業，庶可以鎮服四方，誇示戎狄也。』上曰：『何謂大功業？』欽若曰：『封禪是矣。然封禪當得天瑞希世絕倫之事，乃可爲。』既而又曰：『天瑞安可必得，前代蓋有以人力爲之。若人主深信而崇奉焉，以明示天下，則與天瑞無異也。陛下謂河圖、洛書果有此乎。聖人以神道設教耳。』上久之，乃可，獨憚王旦，曰：『王旦得無不可乎？』欽若曰：『臣請以聖意諭旦，宜無不可。』乘間爲旦言之，俛偠而從。然上意猶未決，莫適與籌之者。它日，晚，幸秘閣，惟杜鎬方值宿，上驟問之曰：『卿博達墳典，所謂河出圖、洛出書，果何事耶？』鎬老儒，不測上旨，漫應曰：『此聖人以神道設教耳。』其言偶與欽若同。上由此意決，遂召王旦飲於內中，甚歡，賜以尊酒曰：『此酒極佳，歸與妻孥共之。』既歸，發視，乃珠子也，旦自是不復持異。天書、封祥等事始作。」

就這樣，眞宗主演的天書、封禪之鬧劇開幕了。首先，景德四（公元 1007）年 11 月庚辰，殿中侍御史趙湘上奏請求封禪。眞宗當然推辭，說，「朕之不德，安敢輕議」。第二幕是於第二年大中祥符元（公元 1008）年正月乙丑上演的。眞宗親自對王旦、王欽若等輔臣說：「去年十一月二十七日夜將半，忽然室中光耀，見神人星冠絳衣，告曰：『來月三日，宜於正殿建黃籙道場一月，將降天書大中祥符三篇。』已復無見，適才皇城司奏，左承天門屋南角有黃帛曳鴟尾上，帛長二丈許，緘物如書卷。蓋神人所謂天降之書也」。因此，他親自去承天門，命人把天書取下來，其形狀爲「帛長二丈許，緘物如書卷，纏以青縷三道，封處有字隱隱」，上面寫著「趙受命，興於宋，付於昚，居其器，守於正，世七百，九九定」。內容是「其書黃字三幅，詞類書洪範、老子道德經，始言帝能以至孝至道紹世，次論以清淨簡儉，終述世祚延永之意」。這是第一次降下天書的經過〔註 75〕。

當然，此事也動員了父老。三月甲戌，兗州父老呂良等 1287 人詣闕請求封禪，說「國家受命五十年，已致太平，今天降祥符，昭顯盛德，固宜告成岱嶽，以報天地」。眞宗按照預定計謀推辭說，「封禪大禮，歷代罕行，難徇所請」，「此大事，不可輕議」。也沒應允知州邵煜等人的抗表。動員工作更在繼續。丁卯，兗州並諸路進士等 840 人詣闕請願；壬午，宰相王旦等率文武

〔註75〕 以上據《宋史》卷一○四禮志七、《續資治通鑑長編》卷四八之二、四九之一。
　　　　引用是依照《宋史》卷一○四禮志七。

百官、諸軍將校、州縣官吏、蕃夷、僧道、耆壽 2437 人，至東上閣門請求封禪。這場鬧劇餘韻未息，四月辛卯朔日，在功德閣第二次降下了天書。因而，甲午四日下詔，定於十月泰山封禪。第三次降天書，如眞宗五月丙子的夢中神諭，於六月乙未降在泰山醴泉之北。這些事情的經過，就不一一詳述了。總之，大中祥符元（公元 1008）年十月眞宗實現了泰山封禪〔註76〕。

　　由王欽若策劃、眞宗主演的泰山封禪之滑稽劇，使天下捲入紛亂的漩渦。我想這和宋江得到吳加亮協助而實現的泰山還願，不無關係，因爲兩者都是以泰山爲舞臺、以天書爲主要情節，不僅起到了重要作用，而且在第一次天書上寫著「趙受命，興於宋」。趙字讀作（zhao），雖不和晁蓋的晁（chao）同音，但朝字有 chao 和 zhao 兩種讀音，趙、晁和朝字相關，因此，「趙受命，興於宋」是「晁（蓋）受命，興於宋（江）」。那麼，吳加亮就影射了王欽若。

　　還有，據元代馬端臨之《文獻通考‧郊社考》卷二三與清代張爾岐之《蒿庵閒話》卷一所記述的，信仰碧霞元君盛行於眞宗泰山封禪以後（其實，這也是王欽若的策劃之一）。《續資治通鑒長編》卷五三之二，這樣記載著：大中祥符五（公元 1012）年 10 月，眞宗夢見神人告玉皇之命說：「先令汝祖趙某授汝天書，將見汝，如唐朝恭奉玄元皇帝」，第二天，他遵照神諭，在延恩殿設了道場，於是，九天司命上鄉保生天尊從天而降，對眞宗教諭：「吾人皇中九人一人也。是趙之始祖，再降乃軒轅黃帝。凡世所知少典之子，非也。母感電，夢天人，生於壽丘。後唐時七月一日降下，總治下方。主趙氏之族，今已百年。皇帝善爲撫育蒼生，無怠前志」。這些話雖然有點令人費解，但無疑是眞宗假借天尊神諭，在吹噓自己是黃帝的子孫，而且從黃帝那裏得了天書。關於這一點，車錫倫認爲，黃帝在泰山從玄女那兒得過天書，眞宗的泰山得天書是想把自己比作黃帝〔註77〕，那麼，宋江（眞宗）得到九天玄女授予的天書，該是必然的過程了。

小　結

　　至此本稿的論述已基本結束。最後，筆者還想作一大膽設想。《宣和遺

〔註76〕以上據《宋史》卷七眞宗本紀二、卷一〇四禮志七，《續資治通鑒長編》卷四九之一。引用依照《續資治通鑒長編》卷四九之一。
〔註77〕請參閱《東嶽泰山女神——泰山老奶奶》（《中國寶卷研究論文集》，學海出版社，1997，5）。

事》的水滸說話中，晁蓋與宋江兩代首領的泰山還願，是在影射太宗與眞宗的泰山封禪，這一點我想不會有錯。但那種直截了當的侮辱掌權者的態度，不僅是宋代，就是宋代以後也是危險的。因此，原《水滸傳》的集成者，想必不會就這樣採用水滸說話中的泰山還願的情節，結果晁蓋（及宋江）與泰山的關係被消除了。可是，這樣就不得不使晁蓋——宋江之間更替的經過，變得更曖昧。宋江和晁蓋一樣，從九天玄女，即泰山娘娘那兒得到天書，繼承晁蓋遺志實現了泰山還願，這才使兩者之更替順利進行。如果只有宋江個人得到天書，晁蓋的存在就會沒有份量。《宣和遺事》的水滸說話中是晁蓋死後宋江才落草，如果依照這樣的設定，宋江把九天玄女賜的天書作爲御旗，便輕鬆地登上了首領之位，這樣反而不會使人聯想到太宗即位之疑。因此，晁蓋與宋江之間的更替經過大概再次作了修改吧。

但是，既然還願這個主題本來不被特定的人名、地名限制，那麼，也可換上主人公，套用在水滸說話以外的說話中講述吧。於是，可能有人會認爲，把這樣的主題封鎖在龍虎山的伏魔殿裏實在可惜，因而，想改變人名、地名再加以利用。不就是因爲這樣，「楊家將演義」中才保留（或加進）了太祖、太宗的五臺山還願嗎？由泰山→太山→太行山來聯想，接近太行山，而與山頂上恭奉著九天玄女即碧霞元君的泰山相稱的，以文殊菩薩的靈地而有名的五臺山，選爲還願的山也可以理解吧。當然，《水滸傳》中也有改東嶽泰山爲西嶽華山的，如第 59 回《吳用賺金鈴弔掛　宋江鬧西嶽華山》即是。

還有，太宗系的末代、南宋的第一代皇帝高宗，在生前讓位給了孝宗，而那第一次天書的「趙受命，興於宋，付於昚」的昚字，是南宋第二代皇帝孝宗之諱（孝宗原名趙伯琮，紹興三（公元 1133）年二月爲和州防禦史時賜名瑗，紹興三十二（公元 1162）年五月冊立皇太子時改名昚）。這樣，儘管天書降下的本身，是眞宗與王欽若策劃的拙劣醜劇，但是，只從流傳於後世的第一次天書上的文字來看，有可能是，南宋時期，太祖系皇族（及其周圍的人），爲了使太祖系恢復，或者是爲了強調太祖系的正統性，而有意流播。因爲「付於昚」，先成於《宋史》，而成爲其根本資料的《續資治通鑒長編》卷四九之一中，記作「付於諱」。光緒七（公元 1881）年浙江書局刊本《續資治通鑒長編》的卷六九中記作「付於恒」。其注中寫道：「按原本作付於諱。蓋恒即眞宗諱也。今仍改本字，而附識以存其舊」。就是說，《續資治通鑒長編》的編者李燾（1115～1184）忌眞宗之諱，而寫作諱字。天書上的文字，按常理

說不可能是脊字。鑒於李燾四次上獻《續資治通鑑長編》，以及其死時孝宗在位這兩點，天書上的文字改為「付於脊」是在高宗紹興三十二（公元 1162）年以後。我想，大概在李燾死後的第二年，也就是太上皇高宗死的孝宗淳熙十四（公元 1187）年以後，該強調孝宗及孝宗系的正統性表面化了。因為，孝宗在冊立為皇太子之前，不能不經歷長期的圍繞帝位繼承與伯玖的苦心暗鬥。伯玖同屬太祖系的伯字行，是秉義郎趙子彥之子，紹興六（公元 1136）年正月賜名琚。因此，天書上所寫的文字不是真宗之諱恆改成了孝宗之諱脊嗎（不過，也有可能單純是由於《宋史》的編纂者的疏忽）。

　　太宗系的真宗為了強化自己的地位，而利用的天書，被太祖系的孝宗用於同樣的目的，那是歷史的嘲弄。宋代從北宋直至南宋，圍繞帝位繼承，以天書為道具的醜劇很可能被屢次策劃。《宣和遺事》的水滸說話大概也起過一些作用吧。

（原載《保定師範專科學校學報》2003 年第 1 期）

試說泰山別稱「太行山」──兼及若干小說戲曲之讀誤（節錄）

杜貴晨

四　《宋江三十六贊》中的「太行」

　　南宋末周密《癸辛雜識續集》所錄龔聖與《宋江三十六贊》（以下或簡稱《贊》）﹝註78﹞，是今存最早記載宋江三十六人姓名、綽號及主要特徵的文獻。《贊》中涉及宋江等人活動區域的地名不多，除贊阮小二有「灌口少年……清源廟食」和贊雷橫有「生入玉關」等語，提及「灌口」、「清源」、「玉關」三處其實無關大體的地名之外，其它稱「大行」即「太行」亦即「太行山」者，共有五處，分別是：贊盧俊義云：「白玉麒麟，見之可愛，風塵大行，皮毛終壞。」贊燕青云：「平康巷陌，豈知汝名，大行春色，有一丈青。」贊張橫云：「大行好漢，三十有六，無此夥兒，其數不足。」贊戴宗云：「不疾而速，故神無方，汝行何之，敢離大行。」贊穆橫云：「出沒太行，茫無涯岸，雖沒遮攔，難離火伴。」諸贊中五稱「太行」，除嚴敦易先生認為「這裏面當是龔氏有意的用太行來影射，隱寓寄希望於中原俊傑草莽英雄的說法」，而非

﹝註78﹞〔宋〕周密撰，吳企明點校《癸辛雜識》，中華書局 1988 年版，第 145～150 頁。

實指太行山〔註 79〕，與本文將要得出的認識有一定契合之外，其它論者無不以爲就是指太行山，唯是進一步的推論有所不同。如何心先生還止於說：「可見當時認爲宋江等三十六人聚集在太行山。」〔註 80〕孫述宇先生就不僅以「這卅六人的活動範圍與大本營所在地都是太行山」，還把《贊》中「太行好漢」故事作爲「水滸」故事的一個「分枝」，「標作『山林故事』，以別於講梁山泊的『水滸故事』」〔註 81〕；王利器先生則更明確說《水滸傳》成書的基礎之一是講宋江等人故事的「太行山系統本」〔註 82〕。現在看來，這很可能都是錯誤的，溯源即在對《贊》中「太行」爲太行山的誤判。筆者這樣認爲的理由有以下幾點：

第一，綜觀史載宋江等活動的大範圍，實際是以京東梁山泊爲中心包括泰山在內的廣大地域，倘以《贊》文五稱之「太行」爲太行山，則於史不合，所以當有別解。按宋人記宋江事，或稱「淮南盜」（《宋史‧徽宗本紀》），或稱「陷淮陽軍，又犯京東、河北，入楚海州界」、「宋江寇京東，（侯）蒙上書言：『宋江以三十六人，橫行河朔、京東……』」（《東都事略》。「河朔」，《宋史‧侯蒙傳》作「齊、魏」），或稱「河北劇賊宋江……轉掠京東，徑趨沭陽」（汪應辰《文定集》卷二十三《顯謨閣學士王公墓誌銘》），或稱「宋江……剽掠山東一路」（張守《毗陵集》卷十三《左中奉大夫充祕閣修撰蔣公墓誌銘》），或說「京東賊宋江等出入青、齊、單、濮間」、「宋江擾京東」（方勺《泊宅編》），或曰「盜宋江犯淮陽及京西、河北，至是入海州界」（李燾《續宋編年資治通鑒》卷十八），或曰「宋江起河朔，轉略十郡」（《宋史‧張叔夜傳》），或曰「山東盜宋江」、「犯淮陽軍，又犯京東、河北路，入楚州界」（李埴《皇宋十朝綱要》卷十八）等等〔註 83〕，今見除《贊》之外所有宋人關於宋江活動區域的記載，涉及不過「淮南」即「淮陽」、「京西」、「京東」即「山東」、「河北」即「河朔」、「齊、魏」、「青、齊、單、濮」、海州等地。這些稱說中雖然都不直接涉及泰山或太行山，但綜合其所構成之宋江活動的

〔註 79〕嚴敦易《水滸傳的演變》，作家出版社 1957 年版，第 44 頁。
〔註 80〕何心《水滸研究》，上海古籍出版社 1985 年版，第 386 頁。
〔註 81〕孫述宇《〈水滸傳〉的來歷、心態與藝術》，臺灣時報文化出版事業有限公司 1981 年版，第 195 頁。
〔註 82〕王利器《〈水滸全傳〉是怎樣纂修的》，《耐雪堂集》，中國社會科學出版社 1986 年版，第 49 頁。
〔註 83〕本段以上引文皆轉錄自朱一玄、劉毓忱編《水滸傳資料彙編》，百花文藝出版社 1981 年版，第 2～13 頁。

大範圍，明顯是汴京（今河南開封）周圍偏重京東的廣大區域。這一區域實際的中心是京東的梁山泊，正是遠不及太行山，而與泰山爲緊鄰。

這尤其可以從《東都事略》與《宋史》同是記「（侯）蒙上書言」稱宋江等，一作「橫行河朔、京東」，一作「橫行齊、魏」的不同而相通處看得出來。其中「河朔」與「京東」並列，可以認爲是指河北路。「齊」即齊州，今山東濟南，宋屬京東路；「魏」即「安史之亂」前的魏州，後改置爲「河朔三鎭」之一的魏博，入宋稱大名府，後改北京，即今河北大名，宋屬河北路。由此可知，「橫行河朔、京東」，一作「橫行齊、魏」的不同，實是前者以路一級範圍稱，後者以府一級範圍稱，其相通處在其所指具體都爲宋河北路毗連京東路之今河北大名與濟南東西相望間梁山泊與泰山毗連一帶地區。這一地區的重鎭爲鄆州（治須城即今東平），而鄆州於宣和元年（1119）升爲東平府，所以才會有《宋史・侯蒙傳》載蒙因上書言「不若赦江，使討方臘以自贖」而被「命知東平府」之事〔註84〕。否則，若以宋江「橫行河朔」爲在河北近太行山一帶活動的話，朝廷還會命侯蒙「知東平府」嗎？徽宗雖昏，亦不至如此。

第二，史載宋江事雖涉及「京西」與「河北」即「河朔」兩路，因此不排除宋江等偶而一至太行山的可能，但並不能得出宋江「這卅六人的活動範圍與大本營所在地都是太行山」的結論。按宋之「京西」、「河北」兩路各地域甚廣，不便一說到「京西」、「河北」就一定是到了太行山。按《宋史・地理志》載：「京西南、北路，本京西路，蓋《禹貢》冀、豫、荊、兗、梁五州之域，而豫州之壤爲多……東暨汝、潁，西被陝服，南略鄢、郢，北抵河津。」又載：「河北路，蓋《禹貢》兗、冀、青三州之域，而冀、兗爲多……南濱大河，北際幽、朔，東瀕海，西壓上黨。」這兩路屬今河南、河北、山西的部分地方如上黨（今山西長治）近太行山或在太行山，但這些地方分別爲宋京西之北界、河北之西界，而上引「宋江犯淮陽及京西、河北，至是入海州界」等涉及京西、河北的記載中，其征戰運動的路向，一致是京東、沭陽、楚海州界等偏於汴京東南之京東東路、淮南東路一帶去處。這一路向，倘非有意作大寬轉至京西路北界和河北路西界的太行山，然後折回以去京東等地，那麼其繞行京西、河北兩路的取道，一般說應是京西、河北兩路近汴京之地，便於去京東以至沭陽、楚海州的地方。這條以汴京爲向心點繞行的

〔註84〕參見嚴敦易《水滸傳的演變》，第4～5頁。

路線，在京西、河北境內，總體上爲背太行山而趨向於京東梁山泊，而後歸於淮南東路的海州。這一條路線，如果說其上半段自淮陽繞京西以至河北的部分言，尚不排除偶而一至太行山的可能，但也絕不會到可以稱「太行好漢，三十有六」的地步，那麼其下半段自河北走京東入淮南的部分，不僅與太行山爲漸行漸遠，而且中經八百里梁山泊，主要是水道，即如余嘉錫先生所說：「江所以能馳騁十郡，縱橫於京東、河北、淮南之間者，以梁山泊水路可通故也。」〔註85〕更是完全沒有一至太行山的可能。從而《贊》中五稱之「太行」，必非太行山。又自古舉事者，勝則攻城入據，敗則退保山林，宋江這支隊伍的流動性與戰鬥力極強，其且戰且行，既「轉掠十郡，官軍莫敢攖其鋒」，所向無敵，也就沒有在京西、河北遁入無可「掠」之太行山的必要，從而以《贊》之「太行」爲太行山，情理上也是說不通的。

第三，《贊》中所透露地理特色亦與太行山不合，而更合於別稱「太行山」的泰山。按《贊》中既稱「太行好漢，三十有六」，則諸贊中涉及地域的用語，除如上引「清源」、「玉關」等僅關乎個別人物來歷始末者之外，其它都應該與「太行」有關。倘以「太行」爲太行山，而太行山雖臨黃河，卻在河之中上游並無水域廣大的湖泊，那麼《贊》中如「出沒太行，茫無涯岸」所憑之湖山相倚之態，和相應寫有「夥兒」、「火伴」等水上英雄的內容便無所著落。而京東「八百里梁山泊」東與泰山毗連一帶，卻正是這樣一個可以水陸兩栖作戰的大舞臺。孫述宇先生因於余嘉錫等人的考證，僅執於「靖康」之後「太行忠義」活動的史實對水滸故事的影響，而不顧《贊》辭隱寫有水上英雄與廣大水域的事實，所做《贊》中所說是一個「活動範圍與大本營所在地都是太行山」的「山林故事」〔註86〕的結論，是不能令人信服的。

第四，從元陸友仁《題〈宋江三十六人畫贊〉》對《贊》辭的理解看，此「太行」也不會是太行山，而是泰山。陸詩一面誠如余嘉錫先生所論云：「友仁詩作於有元中葉，去宋亡未遠，典籍具在，故老猶存，故所言與史傳正合。」〔註87〕確有詩史的價值；另一面陸詩就《贊》而作，也是理解《贊》之內容的可靠參考。而正是這首詩稱「京東宋江」，而無一言及於《贊》中五出之「太

〔註85〕 余嘉錫《宋江三十六人考實・楊家將故事考信錄》，雲南人民出版社 2005 年版，第 91 頁。

〔註86〕 孫述宇《〈水滸傳〉的來歷、心態與藝術》，第 195 頁。

〔註87〕 余嘉錫《宋江三十六人考實・楊家將故事考信錄》，第 33 頁。

行」，反而若爲《贊》中寫有水域和「出沒太行，茫無涯岸」之說作注似的，明確寫出了「宋江三十六」活動過的地域有「梁山泊」、「石碣村」〔註88〕。這使我們一面不能不認爲，陸友仁是以《贊》所五稱之「太行」並非太行山，宋江等活動的中心是「京東」毗鄰泰山的梁山泊；另一面推測他也許還知道此「太行」爲泰山避諱之不甚流行的別稱，不便承《贊》之五稱以「太行」言宋江事，遂捨「太行」而僅言「梁山泊」、「石碣村」。

第五，從《水滸傳》的描寫看，其作者或寫定者也以《贊》之「太行」爲隱指泰山。《水滸傳》雖作年頗有爭議，但其寫宋江三十六人與《贊》中所記多相一致，某種程度上可視爲對後者的承衍。從而《水滸傳》對宋江三十六人形象的處理，可以看作對《贊》辭記敘的理解。以此而論，《贊》稱戴宗云：「不疾而速，故神無方。汝行何之，敢離太行。」但《水滸傳》寫戴宗並未著明爲山東人進而泰安人，卻最後到泰山歸神。倘若《水滸傳》的作者以爲《贊》之「太行」爲太行山，則不難寫他去彼終老，卻一定把《贊》中戴宗所不「敢離」之「太行」寫作泰山，這在泰山有別稱「太行山」之俗的情況之下，應是表明《水滸傳》作者知道而且認可此「太行」實爲泰山之別稱，從而在寫及戴宗歸神這一不同於《贊》之寫「群盜之靡」的褒揚性情節時，能斷然不用《贊》中容易引起誤會的別稱「太行」，而直書揭明爲泰山了。

綜上所論，我們寧肯相信《宋史》、《東都事略》等書完全不及「太行山」的記載，相信陸友仁詩與《水滸傳》以不同形式所表達對《贊》之內容的詮釋，而決不應該只據詩體的《贊》辭字面所顯示內容上亦不無自相矛盾的說法，相信其所謂「太行」是太行山並進而想入非非；反而是從亂中有序的歷史記載和泰山別稱「太行山」之俗，以及《贊》之並寫山水的特點中深窺其所寫「太行」，決不會是「天下之脊」的太行山，而應當是毗鄰梁山泊之別稱「太行山」的東嶽泰山。對《贊》中「太行」稱名的這一揭蔽，將有利於澄清宋元如《宣和遺事》等小說戲曲中稱「太行山梁山濼」等的讀誤。

五　《宣和遺事》等小說戲曲中的「太行山」

除上引陸友仁詩之外，宋元明文獻中把宋江三十六人與梁山泊聯繫起來的小說戲曲，有宋或元佚名《宣和遺事》（以下簡稱《遺事》）寫晁蓋、宋江等「同往太行山落草爲寇去也」、「前往太行山梁山濼去落草爲寇」〔註89〕；

〔註88〕顧嗣立《元詩選》三《庚集》陸友仁《杞菊軒稿·題〈宋江三十六人畫贊〉》。
〔註89〕《宣和遺事》，丁錫根點校《宋元平話》，上海古籍出版社1990年版，第301、

元末明初楊景賢《馬丹陽度脫劉行首》雜劇中有云：「你怎不察知就裏？這總是你家門賊。怎將蓼兒窪強猜做藍橋驛？梁山泊權當做武陵溪？太行山錯認做桃源內？」〔註90〕把蓼兒窪、梁山泊與太行山並舉；又晚明馮夢龍編著《古今小說·沈小霞相會出師表》中有「明日是濟寧府界，過了府去便是太行山梁山濼」，與「前途太行梁山等處」〔註91〕等語。此外，《水滸傳》中雖無「太行山梁山濼」的稱說，但百回本第十六回寫黃泥岡的賦贊中仍有「休道西川蜀道險，須知此是太行山」〔註92〕的句子，明確提及「太行山」。

以往有關如上表述的研究中，學者對「太行」、「太行山」與「梁山」、「梁山泊」之關係，或避而不談，如余嘉錫《宋江三十六人考實》、馬幼垣《〈宣和遺事〉中水滸故事考釋》〔註93〕；或以為「太行」為虛擬，如嚴敦易先生認為：「我們不必要去想像明萬曆以後，太行梁山連在一處，還有其特殊的解釋，或濟寧一帶，真有另外一個太行的山名。太行和梁山並稱，是傳說故事中對於草莽英雄，特別是抗金義軍的一種概括，太行梁山混用，是傳說故事在民間流傳弄不清空間與地理上的距離間隔的藝術現實，太行梁山，都是一種象徵。」〔註94〕或認為是敘事中的地理錯誤，如何心說：「太行山在東京之西，梁山濼在東京之東，把兩處地方牽扯在一起，這是《宣和遺事》編者的粗疏」〔註95〕；或以為雖非地理錯誤，但當別解，如王利器把「太行山梁山濼」斷句作「太行山、梁山濼」，進而認為《遺事》中「同往」、「前往」云云的兩句話，表明「《水滸》故事有太行山、梁山泊兩個系統的本子」，這兩個本子「一經傳開，後人便以太行山、梁山泊相提並論」〔註96〕！

如上問題的關鍵在於「太行山梁山濼」之稱，其「太行山」、「梁山泊」

---

303 頁。

〔註90〕臧晉叔編《元曲選》，中華書局 1958 年版，第四冊，第 1333 頁。

〔註91〕〔明〕馮夢龍編，許政揚校注《古今小說》，人民文學出版社 1958 年版下冊，第 666 頁、第 668 頁。

〔註92〕施耐庵、羅貫中著，李永祜點校《諸名家先生批評忠義水滸傳》，中華書局 1997 年版。

〔註93〕馬幼垣《〈宣和遺事〉中水滸故事考釋》，，見馬幼垣《水滸二論》，三聯書店 2007 年版。

〔註94〕嚴敦易《水滸傳的演變》，第 44 頁。

〔註95〕參見何心《水滸研究》，第 386～387 頁。

〔註96〕王利器《〈水滸全傳〉是怎樣纂修的》，《耐雪堂集》，第 67 頁。又，筆者雖然不同意王利器先生關於《水滸傳》有一個「太行山系統本」之說，但贊同余嘉錫等先生關於《水滸傳》可能吸納化用了太行山抗金義軍人物與故事的考論。

在宋一屬京西，一屬京東，絕不可能連屬稱同一區域。對此，除余嘉錫先生等持闕疑的態度可以不論之外，嚴敦易先生的解釋雖在小說美學上是說得通的，但出發點卻是「眼前無路想回頭」（《紅樓夢》第 2 回）。倘若他能夠顧及文學的虛構不當就實有之事指鹿為馬和牽東就西，又知道由唐至明泰山有別稱「太行山」之俗，他也許就不一定只往「概括」、「象徵」等處說了。至於王利器先生由此生出「太行山系統本」的推想，當是由於不敢相信「太行山梁山濼」間為連屬關係而不可以點斷，又在點斷作兩處地方以後，還忽略小說中「明日是濟寧府界上，過了府去」，不當先到「太行山」而後到「梁山泊」，從而失去了發現自己讀誤的可能。又何心先生以為「編者的粗疏」，雖常識常情，但也應該知道《遺事》雖為野史，其有關晁蓋、宋江故事一節敘事，卻並無多明顯地理錯誤。倘「太行山梁山濼」所指果係一在京西、一在京東，而將這二者扯在一起的錯誤還被後世淵博如馮夢龍等所信用容留，豈不也有些怪哉！所以，這個問題並不能至諸先生之說而了斷，還有必要尋求「特殊的解釋」。

於是上論泰山別稱「太行」即「太行山」成為釋此百年疑惑的關鍵。因為除了常識可知的太行山距梁山泊為遠，別稱「太行山」之泰山才真正與八百里梁山水泊為山水相連之外，更重要是如上實已論及，宋人文獻載宋江活動區域中，已包括了泰山一帶。余嘉錫論《泊宅編》言「京東盜宋江出青、齊、單、濮間」說：

> 青、齊、單、濮皆京東路濱梁山泊之地也。元陸友仁詩云：「京東宋江三十六，懸賞招之使擒賊。」不曰河北，不曰淮南，並不曰鄆城（小說言江為鄆州鄆城縣人），而曰京東者，因梁山濼彌漫京東諸州郡，故舉其根據地之所在以稱之也。〔註97〕

雖然余說也未及於泰山，但北宋泰山為齊州（後稱濟南府）南界，而地連梁山水泊，宋江等當年活動區域包括泰山，實可以意會得之。進而以泰山之別名稱「太行山梁山濼」，實在於無可無不可之間，恰是小說家敘事可取之境。在這種情況之下，如果我們不願意相信《遺事》作者等必是犯了東拉西扯的低級的地理知識錯誤，就應該相信「太行山梁山濼」之稱「太行山」，實是用了泰山的一個不夠廣為人知的別名，所指乃泰山與梁山泊相連一大片地域。

至於《遺事》作者別稱泰山為「太行山」而不直稱泰山之故，除上論泰

〔註97〕余嘉錫《宋江三十六人考實・楊家將故事考信錄》，第 91 頁。

山避諱的原因之外，一方面還當由於其既寫宋江等「落草爲寇」，就不能不說他們有山寨憑依，就只好用了泰山的別稱「太行山」並時或簡稱「太行」；另一方面太行山不僅與泰山一樣自古「多盜」〔註98〕，還如泰山與梁山泊相連地域一樣，是靖康之後抗金忠義軍活動的兩大主要區域之一，使二者確有嚴敦易先生所說「很悠久的精神聯絡」〔註99〕，實也有便於作者作此以「太行山」隱指泰山的安排。

關於《遺事》之「太行山」不是太行山，而是隱指泰山，從其敘事中也可窺見一斑。按《遺事》寫「太行山」或與「梁山泊」綴爲一體，故應與後者聯繫起來一併考察。而相關文字，除寫楊志賣刀殺人被捕發配衛州的途中，李進義等「兄弟十一人往黃河岸上，等待楊志過來，將防送軍人殺了，同往太行山落草爲寇去也」，和「且說那晁蓋八個，劫了蔡太師生日禮物……不免邀約楊志等十二人……前往太行山梁山濼落草爲寇」之外，其它有四處都作「梁山濼」。由此可見者有三：

一是楊志等十二人「同往太行山落草爲寇去」的「太行山」，也就是「不免邀約楊志等十二人」前往落草的「太行山梁山濼」的「太行山」，同是與「梁山濼」山水相倚的一座山。而由於「梁山濼」只在山東，所以此「太行山」不會是太行山；

二是《遺事》寫得清楚：楊志賣刀殺人是在潁州（今安徽阜陽），獲罪刺配衛州（今河南汲縣），途經汴京（今河南開封）。衛州雖近太行山，但楊志尚未至衛州，到了「黃河岸上」，就被孫立等殺公差救了。當時黃河流經汴京城北，這救了楊志的「黃河岸上」在汴京的郊區，北距衛州尚有約三百里。所以，孫述宇先生說「他的義兄弟孫立等在衛州黃河邊上，把防送公差殺了……從衛州上太行山」〔註100〕，又注說「楊志等人上太行，是從太行山區邊上的衛州去的」〔註101〕云云是錯誤的。楊志等人是從流經汴京城北的黃河舟行而下，去了京東梁山濼毗鄰的「太行山」，所以才有下文「不免邀約楊志

<hr />

〔註98〕 關於太行山多盜，參見《後漢書·鮑永子昱傳》、《宋史·王仲寶傳》；關於泰山多盜，除上引史載黃巢事之外，另參見《莊子·盜跖》、《三國志·魏書·涼茂傳》、《金史》卷八○《斜卯阿里傳》、卷八二《烏延胡里傳》、卷一○一《承暉傳》。

〔註99〕 嚴敦易《水滸傳的演變》，第45頁。

〔註100〕 孫述宇《〈水滸傳〉的來歷、心態與藝術》，第195頁。

〔註101〕 孫述宇《〈水滸傳〉的來歷、心態與藝術》，第207頁。

等十二人……前往太行山梁山濼落草爲寇」之說。由此也可見上列「太行山落草」與「太行山梁山濼去落草」的一致性，在於其所謂「太行山」都不是太行山，而是近「梁山濼」的同一座山，爲別稱「太行山」的泰山；

三是進一步聯繫《遺事》此節寫晁蓋、宋江諸事，凡涉及地理，除鄆州等之外，如晁蓋八個「劫了蔡太師生日禮物」的地方是「南洛縣」「五花營」也實有其地，即今河南濮陽南樂縣五花村，南距鄆城、梁山都在 200 華里以內。倘以「太行山」爲太行山，那麼一位敘事在「五花營」這種小地名都準確（合理）無誤的作者，會同時發生「太行山梁山濼」的所謂「粗疏」嗎？此外，還如嚴敦易先生所論：「《宣和遺事》記宋江攻奪的州縣，作『淮揚、京西、河北三路』，獨無京東，當因梁山濼本在京東之故；否則既在太行山，又何必再特提河北呢？」〔註102〕種種跡象，可見其「太行山」必非太行山；而且從《遺事》中極少虛擬地名看，這「太行山」也不便遽以爲僅是「一個象徵」，而與八百里水泊相倚的泰山別稱「太行山」，正可以備爲「特殊的解釋」。

《遺事》寫晁、宋故事以「太行山」隱指泰山的秘密，從其寫「太行山」、「太行山梁山濼」等同時寫及泰山也可見端倪。按《遺事》寫及泰山的文字，除九天玄女實爲泰山神之外，還寫了「吳加亮向宋江說及晁蓋政和年間，朝東嶽燒香」，又寫宋江與吳加亮商量「休要忘了東嶽保護之恩，須索去燒香賽還心願則個」，並「擇日起行……往朝東嶽，賽取金爐心願」〔註103〕。如此等等，是在「太行山梁山濼去落草爲寇」的「宋江三十六」受到的是「東嶽保護之恩」，晁、宋曾先後率眾朝拜的是泰山。倘以此「太行山梁山濼」之「太行山」爲太行山，那麼太行有北嶽恒山，「東嶽保護」豈非越俎代庖了嗎？而且晁、宋等既在此「太行山梁山濼」，則太行山才是其最大保障，怎麼可以不感恩太行山或北嶽的保護，而「往朝東嶽」呢？這些矛盾的唯一解釋，就是以其「太行山」只是東嶽泰山的一個別稱，從而感恩「東嶽」也就是感恩「太行山」。唯是《遺事》作者是在他視爲是正面描寫涉及泰山時直寫稱「東嶽」，視爲是負面描寫時則曲筆作「太行山」。後世劉景賢、馮夢龍等當因深悉此義，故能以不同方式襲用之。而今人一切有關「太行山梁山濼」爲「編者的粗疏」或奇特解會，皆是因不明此「太行山」爲泰山別稱之

〔註102〕嚴敦易《水滸傳的演變》，第 45 頁。
〔註103〕《宣和遺事》，第 305～306 頁。

故，而誤入了歧途。

至於《水滸傳》中只說梁山泊，僅一見「太行山」，當是由於《水滸傳》的作者或編訂者雖知泰山有別稱「太行山」之俗，但也知其流行未廣，故從眾之常識而有意避免牽合太行山以言梁山泊，並不見得就是為補《遺事》「粗疏」。否則，儘管其筆下要略加斟酌，但並不難「只說梁山泊，絕不提太行山」〔註104〕的。

綜上所考論，可以得出如下認識：

一、歷史上由於種種原因，一方面造就有「泰山」自古別稱「太山」，而唐宋元明諸代又有「太行山」、「泰行山」之俗；另一方面「太行山」之「太行」又自古音訓「泰行」或「泰杭」，後世或稱「泰行山」。兩山各稱名多歧與交叉共名的現象，導致唐宋金元明長時期中主要是泰山別稱「太行山」的混淆，並時或進入某些文獻的應用。

二、泰山別稱「太行山」在官書與正統詩文中較少，各類通俗文學特別是小說戲曲中時見。一般說來，泰山被作為襃揚的對象或與這類對象相聯繫時，往往直寫為「泰山」、「東嶽」或「太山」等，而在說唱有修辭上的需要如《二郎寶卷》、《泰山寶卷》及《水滸傳》之例中，和涉及「盜賊」等負面因素時如在《贊》、《遺事》、《殘唐》等有關黃巢、宋江故事的作品中，往往因諱言泰山而代之以別稱「太行」、「太行山」等。這時的「太行」、「太行山」等，不是太行山，而是東嶽泰山。明乎此，則知以往學者於「太行」、「太行山梁山濼」等的判讀及其推測中的所謂「太行好漢」的「山林故事」與「太行山系統本」，基本上都是錯誤的。

三、泰山別稱「太行山」只是一定範圍的小傳統。其始偶見於唐代小說，宋代及其以後文獻中迤邐有較突出的表現，並形成一個演變的過程，即宋人史籍涉「盜」記載的諱言泰山——宋元雜著及小說戲曲涉「盜」描寫的泰山別稱「太行山」——元明《水滸傳》的有意避言「太行山」。這同時是「梁山濼（泊）」在水滸故事中從無到有被突出為中心的過程。但至明代，泰山別稱「太行山」之俗及其對說唱文學與小說的影響，仍不絕如縷。

（原文載《文學遺產》2010 年第 6 期）

〔註104〕何心《水滸研究》，第 386～387 頁。

徽宗封禪與宋江起事

周 郢

宋徽宗在位期間，曾有一次封禪泰山之議，對此《宋史》卷一○四《禮志》有簡略記載：

政和三年（1113），兗、鄆耆壽、道釋等及知開德府張爲等五十二人表請東封，優詔不允。六年，知兗州宋康年請下秘閣檢尋祥符東封典故付臣經書。時蔡京當國，將講封禪以文太平，預具金繩、玉檢及他物甚備，造舟四千艘，雨具亦千萬計，迄不能行。

又《文獻通考》卷十七《郊社考》云：

徽宗政和四年（1114），兗、鄆、濮，開德、興仁、潁昌府，鄭州，廣濟、永興軍等上言，父老欲詣闕請皇帝登封，詔卻之。時蔡京當國，將講封禪，以文太平，預具金繩、玉檢及凡儀物甚備，造舟四千艘，雖雨具亦以十萬計，他皆稱是。然不果行。

這是歷史上最後一次籌辦封禪大典。在此之後，封禪之禮遂成絕響（雖有廷議但均未付實施）。宋徽宗泰山之封因何故而戛然中止，頗值探考。

宋徽宗崇寧元年（1102）以蔡京爲相（右僕射兼門下侍郎），倡豐亨豫大之說，欲借東封之典彰顯國威，粉飾太平，一時朝野封禪之議遂甚囂塵上。最議之封禪奏請，《宋史》繫之於政和三年，《文獻通考》繫之於政和四年，而參之他史尙早於此，按華鎭（元豐進士，政和初知潭州）《乞東封箚子》云：「崇寧之初，爰立賢輔（指蔡京），同心一德，協謀大政，經營講論，內外並作，修綱修紀，小大不遺。六年於茲，功德明茂，人安物阜，時和歲豐，政舉刑消，禮制樂作，羌戎款附，人神綏和。珍符嘉瑞，近自圻輔，逮及邊陲，日月進獻者，無有虛歲。竊以爲聖人之能事既備，帝王之功業著矣，議修東封，告成於天，宜在今日。」〔註 105〕自崇寧元年下推六年，爲大觀元年（1107）。說明至遲在大觀初年，封禪之議已在朝堂出現。

此後針對封禪之陳請，除去《宋史》所列知開德府張爲、知兗州宋康年等，上書請封可考者尙有趙鼎臣、傅察、張潨諸人。

趙鼎臣（元祐進士，宣和元年爲度支員外郎）《請車駕東封表》之一云：

恭惟皇帝陛下堯仁舜孝，文德武功，論極前王之所未嘗，政皆

〔註105〕《全宋文》卷二六四八，第 123 冊，第 19～20 頁。

近古之所不到，有四海之面内，無一夫之向隅。意所欲而動必成，心無求而福自至。昭然顧諟之命，煥乎錫予之符。超河圖而軼洛書，昔皆無有；發石室而探金匱，史不能名。治固莫盛於此時，神亦有望於今日。所以兆人胥合，百辟僉同，爭獻長卿之文，願上倪寬之壽，以爲接千歲之統，安可絜三神之歡。紛然陳義之高，殆若後予之怨。雖聖懷謙損，方且深閟於俞音；而靈貺昭明，無乃久稽於眷命。伏願皇帝陛下改容有穆，出詔惟溫，不憚陟嶺之勞，每重省方之遠。揭虔燔燎，報施堪輿，東方會諸侯之朝，南面受群臣之賀。屬車八十一乘，獲望清塵，祥符一百七年，再睹盛事。民所願也，天豈違之。

又其二云：

> 伏願皇帝陛下仰承帝謨，俯詢輿言，崇秘祀之閟規，抑撝謙之高行。涓辰誕告，先日戒期，命掌故以修方，詔秩宗而考禮。稽特巡於虞典，則先至者岱；紹祖武於章聖，則用事者東。渙百執以駿奔，儼六飛而順動。登封降禪，並交天地之歡；發政施仁，咸錫臣民之幸。臣等冀緣清道，獲望咫威。倘鳴鑾之暫從，故填壑之無憾。正憐此日，方馳海上之思；猶喜異時，無復周南之歎。〔註106〕

傅察（大觀進士，歷官太常博士，兵部、吏部員外郎）《擬請東封表》云：

> ……伏望皇帝陛下總集元命，順考前規，採遊童之歡謠，悉五緐之碩廬。鳴鑾按鐸，奏樂介丘，檢玉泥金，儲休岱嶽。追八九之遙跡，章祖宗之盛功，爲萬世無疆之休，實千秋一時之會。臣等不勝大願！〔註107〕

甚至君臣宴飲唱酬，也以封禪爲題目。宣和七年（1125）十二月二十一日，「徽宗就睿謨殿張燈預賞元宵，曲燕近臣，命左丞王安中、中書侍郎馮熙載爲詩以進。安中詩云：『……東擬封雲、岱，西將款澗、瀍。』」（宋王明清《揮塵錄·後錄》卷四）又王安中有《徵招調中腔·天寧節》詞，亦敘及徽宗擬封泰山：「紅雲茜霧籠金闕。聖運叶、星虹佳節。紫禁曉風馥天香，奏九韶、帝心悅。　瑤階萬歲蟠桃結。睿算永、壺天風月。日觀幾時六龍來，金縷玉牒告功業。」〔註108〕

〔註106〕《全宋文》卷二九七六，第 138 冊、第 139～140 頁。
〔註107〕《全宋文》卷三九六一，第 181 冊、第 6 頁。
〔註108〕《全宋詞》第 2 冊，第 750～751 頁。

　　寫詞謳歌者還有詞人晁端禮，大觀、政和間所作《鷓鴣天》中言：「萬國梯航賀太平，天人協贊甚分明。兩階羽舞三苗格，九鼎神金一鑄成。仙鶴唳，玉芝生，包茅三脊已充庭。翠華脈脈東封事，日觀雲深萬仞青。」又《壽星明》下闋：「朝罷仗衛再整，肅鳴鞘，又向瑤池高宴。海宇承平，君臣相悅，樂奏徵招初遍。治極將何報，檢玉泥金封禪。見說山中居民，待看雕輦。」〔註109〕詞中將「檢玉泥金封禪」之事作爲「治極而報」的標誌。〔註110〕

　　與朝野喧騰的封禪之請，在蔡京主導下，有司也緊鑼密鼓開始封禪典禮的籌備，從禮器到雨具，無所不備。如大觀年間宮中所製六璽，其中有「鎮國寶」、「受命寶」，「封禪用之」。〔註111〕相關巡行路線也已大置劃定，由此還引發泰山周邊州縣奏請皇帝封巒臨幸的熱潮。今可舉李昭玘（元祐進士，徽宗朝官太常少卿，知滄州）《代濟州命官學生道僧耆老請皇帝封泰山乞車駕幸經本州表》三表。

　　其一云：

　　　　……恭惟皇帝陛下亶聖智之才，邁帝王之德，仁被動植，孝感神明。朝廷正而庶官修，庠序興而眾賢出，禮極商周之盛，樂同《韶》《濩》之和。……顧茲東土，有曰泰山。泰言作鎮之尊，東乃資生之本。群靈之府，眾嶽之宗，近在大邦，素爲福地。升煙中頂，可近接於皇天；檢玉圓臺，亦深明於精意。不特享一人之慶，蓋將蒙萬世之休。幸詔諸儒，數求故實。矧規模之具在，皆耆老之能言。追眞皇已講之文，請從今日；繼神考方興之志，奚俟來年？惟麟野之舊封，附陶丘之大邑，去畿無幾，視魯爲鄰。路固少於縈回，地尤多於平衍，萬人無擁，六馬不勤，才經清沘之郊圻，已見東山之雲物。伏望皇帝陛下曲從人欲，俯屈帝尊，溯日馭以啓行，揭龍旗而來幸。肅傳鳴蹕，徑取便途。舜禮方修，敢願陪於群后；堯車倘過，竊有效於封人。庶仰矚於清光，不虛生乎盛世。

　　其二云：

　　　　……載言大野，俯次輔藩；參考舊經，最爲便道。五百里之非遠，東北望以甚平，乃汶陽接畛之區，正羽衛徐行之地。幸頒俞旨，

〔註109〕《全宋詞》第 1 冊，第 438 頁。

〔註110〕楊曉靄、楊晴《眞宗封禪文學的「生產」與「消費」》，《西北師大學報：社會科學版》2014 年第 5 期。

〔註111〕〔宋〕趙升《朝野類要》卷一《故事・八寶》。

凤戒候人。煌煌華蓋之來，四郊風動；隱隱春雷之轉，萬騎雲從。臣某等夢寐傾心，掃除先路。進陪朝序，敢希闕里之榮；親見聖時，誰復周南之歎。

其三云：

今復仰冒嚴誅，堅陳丹懇，幸稍回於淵慮，難終抑於輿情。魯邑儒冠，已顒顒而北向；岱宗雲物，每靡靡以西來。伏望皇帝陛下追祖武以聿修，奉天時而順動。自大野達東山之境，導屬車無五日之行，良出便安，最爲平易。塡金秘冊，罄一人昭事之心；刻石層崖，張萬世無前之烈。訪仙闉之縹緲，觀海日之騰陵。百神之御沓來，萬歲之聲相屬。回鑾夷路。瘞帛崇壇，庨仗雲屯，琛貢山積。先端晃以受四方之賀，大作樂以舉諸臣之觴。躬問高年，畢修群祀；尊儒闕里，款帝眞庭。賜酺飲以交歡欣，濡德音以蕩瑕穢。榮光均被，慶賚并行，永孚宗社之宏休，丕顯帝王之能事。臣某等敷言累牘，引領逾時，怳迷丹闕之峉嶸，想見翠華之彷彿。躊躇終日，搖役寸心。奏帝典之一篇，慚無宿學；望聖人而三祝，竊效前驅。〔註112〕

列舉上述史料，可知宋徽宗泰山封禪並非僅僅朝堂空議，而是已付之具體實施。萬事俱備，只待升封。然則何以籌劃數年的東封大禮，卻最終胎死腹中，《宋史》卷三五五《虞奕傳》中逗露出個中內幕：

襲慶守張滵使郡人詣闕請登封，東平守王靚諫以京東歲凶多盜，不當請封。爲政者不悅，將罪靚，奕言：「靚憂民愛君，所當獎激，奈何用爲罪乎？」靚獲免。未幾卒，年六十，贈龍圖閣學士。

原來，徽宗封禪未成行的眞實原因，乃在於王靚所言「歲凶多盜」，即因年歉而爆發的武裝起事。封禪在泰山舉行，能打斷封禪行進之「盜」，活動範圍必距泰山不甚遙遠，其「盜」爲誰？查考相關時地，不難覓得答案。

歲凶盜起發生於王靚出守東平之時，李之亮先生《北宋京師及東西路大郡守臣考》定王靚守東平在崇寧二（1103）至三年（《北宋京師及東西路大郡守臣考》，巴蜀書社 2001 年版，第 411 頁）。然當時封禪之議未興，靚自不應預行諫阻。史傳將其與兗守張滵請封並舉，滵知襲慶府在宣和四年（1122）至靖康元年（1126）。宋趙彥衛《雲麓漫鈔》卷三記其事云：「宣、

政間，張溎侍郎知襲慶府，特奉詔書《修東嶽廟碑》，嘗登泰山訪秦篆。」靚守東平亦應在政和、宣和之際。而此一時段，在京東（泰山時屬京東西路）起事而聲勢最著者則爲「宋江三十六人」。

《宋史·徽宗紀》云：「宣和元年……十二月甲戌，詔京東東路盜賊竊發，令東西路提刑督捕之。」李永祜先生考云「從宋徽宗發佈的這條詔令來看，所謂京東盜賊，指的就應是宋江及其起義軍；他們起義的時間當然是在十二月甲戌之前的三五個月甚至更早。」〔註113〕則宋江起事應在宣和元年（1119）之前。此後宋江以三十六人「橫行齊魏」，如《泊宅編》卷五所載宣和二年十一月，「京東盜宋江等出入青、齊、單、濮間」。直至宣和四年（1122）爲宋將折可存所敗。宋江主要轉戰地鄆、齊、青、沂等京東路州府，均在泰山附近，或爲封禪隊伍所必經（如鄆州），或逼近封禪舉行之地（如齊州）。設若宋徽宗東封泰山，「轉略十郡，官軍莫敢攖其鋒」的宋江義軍，勢必對封禪隊伍安全造成嚴重威脅。宋江敗後，餘部（如史斌等）仍有活動，京東地面難稱寧謐。面對這一險惡形勢，徽宗君臣籌畫數載、夢寐以求的封禪大典不得不黯然偃旗息鼓。

根據以上推考，「歲凶多盜」，特別是泰山周邊爆發的宋江起事，是宋徽宗封禪告停的主要緣因。《宣和遺事》中所寫宋徽宗遣太尉赴東嶽獻金鈴弔掛，極可能便是這一歷史事件的曲折投影（宋代帝王封禪前例遣重臣先詣泰山致祭，如《續資治通鑑長編》卷六九記宋眞宗行封前曾詔封禪制置使王欽若「就岳祠祭謝，仍禁其傷捕」，即爲一例）。

（泰山·水滸與傳統文化國際學術研討會論文）

東平「水滸文化」的新詩證——新見兩首詠宋江詩

周　郢

《水滸傳》與東平一地的關係極爲密切，對東平的影響也十分深遠。新近發現的兩首清人詠宋江詩，便再次證明了這一點。兩詩於各種「《水滸傳》研究資料」均未輯入，故作介紹。

一、蔣楷詩中之「宋江像」

先說蔣楷的《棘梁山觀造像》詩。原詩序及詩（二首錄一）云：

〔註113〕《宋江及其起義軍幾個關鍵問題的新探考》，《中國文學研究》第十八輯。

棘梁山望之不甚高，盡足力始隮其顚。有巨石矗起，因石爲室，室中佛像三，各高十數尺。室右石中斷，上有橋通焉。然斗絕不可上。兩面刻佛像，像旁紀年月，具姓氏妻孥，書工拙不一。其前兩石各一孔，土人曰：昔宋江先屯於此，其樹旗處也。室左石像九，四坐五立，指爲宋江等像。余審之非是。蓋當時軍府自造己像，題識剝蝕，莫知誰何耳。遊覽既竟，繫之以詩。

棘梁山上撐山骨，直上亭亭百尺高。諸佛威儀千手眼，四方善信幾脂膏。黥徒自昔曾營窟，點黨於今合賣刀。爲語鄆州良子弟，休將盜首詡人豪。

詩載《那處詩鈔》〔註114〕。蔣楷（1853～1912）字則先，湖北荊門人。以拔貢宦遊山東。光緒十六年（1890）署莒州知州，翌年轉東平州知州，留心古蹟，曾爲州人蔣作錦《東原考古錄》撰序。

所詠棘梁山，又名司里山，嘉靖《山東通志》卷五《山川上》云：「棘梁山，在東平州西四十里，山頂有石崖，東西判爲二，其上架石爲橋，可通往來，名曰天橋。西南有小石洞，鑱佛像數百。」〔註115〕棘梁山位於東平湖西畔，南臨古運河，山體上遍鑱佛像，共有大小造像千餘尊，完整清晰者六百餘尊。東崖多爲北齊、唐宋造像，有北齊一佛二弟子像、宋代嘉祐「三教通連」造像等；西崖多爲唐宋造像，有一佛二弟子、一佛二菩薩二弟子二天王二力士等組合像等；南崖多爲唐宋時單體佛像和羅漢像。山體周圍還分佈有少量的小龕像和唐代《般若波羅蜜多心經》刻經以及北朝殘經。

據蔣楷言：棘梁山「昔宋江先屯於此」，乃好漢首義之地。近年於東平縣銀山鎮瑞相寺遺址內，發現一方明嘉靖二十七年（1548）《重修瑞相寺記》，可證此說。是碑高254.5、寬93、厚24釐米。碑文豎刻11行，行滿57字，楷書陰刻。前題款「郡邑養政龍溪前本省藩司從事都錄王琮式撰文，東魯隱士西湖卜產政書丹」，後款「大明嘉靖二十七年歲在戊申夏四月初八日立」。碑文在述瑞相寺周環境時云：「東阿（即今之平陰縣東阿鎮，明時爲縣，隸屬東平州）西南四十餘里，其集□曰西汪，左有古刹，名曰瑞相寺，□建本寺殿宇故者悠遠矣。……古刹地形，勢近黃山，嶺接臘困，右鄰海津，亦通御

〔註114〕〔清〕蔣楷：《那處詩鈔》卷二，《清代詩文集彙編》第777冊，上海古籍出版社2012年版，第17～18頁。

〔註115〕嘉靖《山東通志》，《天一閣藏明代方志選刊續編》第61冊，上海書店影印本，第363頁。

波，川源千古。前有臺峰，歷代國師，謀勝肖張，匡扶□□，隱臺士者太公也，名釣魚臺。峰會古宋梁王名江，忠義聚寨，名立良山也。乾銀鐵峰而聯鳳凰豆山。以來遍野古名，莊疃園林，美麗而隱英豪。形勢□□，八方繞拱，成然古剎之地，佛僧所居之處。」按碑中之「立良山」，今學者或釋爲「名立」於「良山（梁山）」，不確。「立良山」實乃棘梁山之別名，今棘梁山有明代崇禎丁丑年（1637）二月《玉皇廟落成碑記》，碑文中有「力梁山舊無玉闕遺址」之句〔註116〕，足見棘梁山明代別稱「力梁山」，自也可寫作「立良山」。這段碑文，明確記述棘梁山即宋江立寨處。且稱其爲「梁王」，意或指「梁山王」──在水滸戲與小說中，宋江向無「王」號（「大王」之類稱呼並非王號），稱「梁王」獨見此碑。考歷史上宋江確曾轉戰東平〔註117〕。但其具體活動地點，史冊略而未記。嘉靖碑刻之說雖是「齊東野語」，但也未嘗不含有一定眞實成分。

　　蔣楷詩序中稱「室左石像九，四坐五立，指爲宋江等像」。這是棘梁山有宋江造像的惟一記錄，採之故老口碑，十分重要。

　　關於此組造像，蔣楷認爲像主並非宋江，而是「當時軍府自造己像，題識剝蝕，莫知誰何耳」。但此說存有疏漏，既然「題識剝蝕，莫知誰何」，如何能證明一定爲軍府而非宋江呢？相反，對這一組武臣造型的人物形象（蔣楷詩序中稱「軍府自造己像」，可知造像作武將裝束）故老指爲宋江，言之鑿鑿，必有所據。自宋元以後，由於話本、講史的傳播，宋江在民間成爲「忠義」的化身。《水滸傳》所言「立廟奉祀」乃小說家言，但民眾尊水泊英雄爲神祇，在其「忠義聚寨」之故址造像奉祀，完全具有可能。

　　對此還有一則旁證資料可作比勘。宋龔開在《宋江三十六人贊》中將宋江比作先秦大盜「盜跖」：「古稱柳盜跖爲盜賊之聖，以其守一至於極處，能出類而拔萃。」而此「盜聖」便被立像奉祀於泰山。清唐仲冕《岱覽》卷十二《分覽二・岱陽中》：「北爲金龍四大王廟，康熙初祠河神，祠前有像設獰惡者，或曰盜跖也。《莊子》云：『孔子往見盜跖，盜跖方休卒徒泰山之陽，膾人肝而餔之。』蓋魯人設祠以爲襘禳。」此外，宋江「敢笑不丈夫」之黃巢亦在泰山附近長清建有廟宇〔註118〕。因此，棘梁山造像爲宋江之說，頗可

〔註116〕陳其冬、楊浩：《忠義聚寨有新說》，姜廣智編：《東原羅貫中研究文集》，中
　　　　　國出版社 2006 年版，第 320～321 頁。
〔註117〕周郢：《宋江據梁山並非杜撰》，《史學月刊》1988 年第 1 期。
〔註118〕〔清〕王士禛：《居易錄》卷三十二記各地「逆賊」之廟，《王士禛全集》第

徵信。退一步說，即便原像主不是宋江，而民眾卻視之為「呼保義」，也反映了水泊英雄在民間之信仰狀況。至於蔣楷力關像為宋江之說，只不過出於其貶斥「寇盜」的正統觀念。──「為語鄆州良子弟，休將盜首詡人豪」之句，便是這一心態的真實披露。

為了證實此「宋江造像」，2011 年 9 月，筆者在參加「東平羅貫中與《三國演義》、《水滸傳》學術研討會」期間，偕同張總、郭雲策兩位學長同登棘梁山，進行實地考察。在山頂之東岩，獲見一組「四坐五立」造像，與蔣楷所記完全相合。由於歲深日久，今之所見較清末更加漫漶殘失，題識文字更剝蝕難辨，像主身份已難據以考定。據張總先生鑒定，這組造像排列較為奇特，似其非一般佛像形制。其究竟是宋江等像還是軍府造像，有待於文物工作者的進一步調查──如能在像側發現標識「宋江」的題榜或殘存題記文字，不但能最終坐實此案，更是對東平歷史與《水滸》研究的重大貢獻。

蔣楷又有《過梁山》詩，亦與《水滸》事有關，錄以備考：

> 梁山山下綠平鋪，濼水於今一勺無。八百里真開地利（昔荊公欲墾梁山濼為田，不知水有所歸，乃不為患，巨野既平，乃有梁山濼；梁山濼既平，乃有安山、南旺諸湖；雍正間安山壅塞，而運東坡水歲為民災；今南旺日淤，未知受患者又在何處？願當事之毋圖近利也），數千人合受天誅（近人以《水滸》為美談，實則宋江之降為張稽仲知海州時事，既而徙知濟南，乃斬群盜至數千級也。熊文燦輕言招撫，遂為黃虎所愚。盍取《張叔夜傳》一詳究之）。羊牛下上雲岩古，雞犬鳴猾風教殊。戰馬西歸羈不得，微聞伏莽遍江湖。
> 〔註 119〕

二、斌良詩中之「宋江碑」

在東平民間文學中，自古流傳有「宋江碑」故事：「東平湖南岸有塊龜馱碑，傳說是宋朝末年當地老百姓偷偷給宋江立的，人稱『宋江碑』。〔註 120〕又說宋江碑文上刻殺富濟貧及時雨，仗義疏財是宋江。碑陰有一行小字，是東平府安山鎮百姓宣和四年秋月立〔註 121〕。又據稱：「碑下中型龜座，龜頭向

---

6 冊，齊魯書社 2007 年版，第 4346 頁。
〔註 119〕〔清〕蔣楷：《那處詩鈔》卷二，《清代詩文集彙編》第 777 冊，第 18 頁。
〔註 120〕《宋江碑的傳說》，《東原羅貫中研究文集》第 347～348 頁；又見王太捷，朱希江主編：《水泊梁山的傳說》，中國民間文藝出版社 1985 版，第 227～228 頁。
〔註 121〕《宋江碑》，《民間文學》1983 年第 12 期。

北對聚義島，青石質地，高 1.2 米，長 2.4 米，寬 1.6 米，碑身已淹於水中。」
〔註 122〕

　　按：此宋江碑之傳聞，可證之於清人斌良的《張阿道旁碑》詩及序：

　　　　六月初七日，泊舟張阿。見隄岸左側石碣巋然，上隆下殺，土
　　　人稱爲「宋江碑」。相傳鑿碑上石屑敷金創，可立愈。土人神之。余
　　　登岸撫碑細視，始知明宏治初河水衍溢，每漲發，苦難宣泄，轉漕
　　　多阻滯。上命內侍李興、平江伯陳銳、尚書劉大夏鳩工建五空石閘，
　　　以泄泗、汶諸水。功成賞賚有差，因勒銘平安鎮（應爲安平鎮，即
　　　張秋鎮，在陽谷縣境內）減水壩，以誌永久。碑雖鑱損，字畫未盡
　　　曼漶，顛末尚堪辨識。土人所傳「宋江碑」者，妄也。作此以曉愚
　　　庶，勿爲浮言所惑，等循路之木鐸焉。

　　　　沙棠傍河口，亭亭樹圍灞。古碣嶧其間，苔痕溜石罅。共指宋
　　　江碑，蜂起綠林霸。披猖紹熙間，風雲變叱咤。聯翩振英聲，籍甚
　　　連城價。舊傳鑿碑陰，玉屑肆碾硟。石糝愈金創，功奏刀圭謝。余
　　　聞長年語，恢詭動驚詫。三十六雈苻，探丸剽里舍。一夕盡殲焉，
　　　史載張叔夜。嗟彼饕餮徒，早共沙蟲化。奈何污琳瑯，盜跖資假借。
　　　往觀以析疑，暫爾征帆卸。因知庶民愚，好奇眾多訝。勝國宏治初，
　　　河流漏卮瀉，甕過利轉輸，白石虹梁架。宣防興江伯，庇材劉大夏。
　　　功成各策勳，勒銘安鎮壩。貿貿齊魯民，強名妄憑藉。十姨設宗榮，
　　　五通僭八蠟。謝公或有墩，高光本無榭。因訛以作眞，鬼蜮含沙射。
　　　齊俗本剽悍，賈勇弄弓弛。蒼鶻動呼群，鵜刀目橫胯。蠱惑賊群黎，
　　　娿嬧託仙駕。流毒三百年，蓮教其流亞。野語固無稽，鬥心蓄可怕。
　　　我欲覺斯民，鞅掌鮮休暇。寄語舊芻牧，除惡去貪詐。勿妄加鞭菙，
　　　箕倨長官罵。囿之以禮教，囂漓俗遄乍。兼勖諸父老，力田實禾稼。
　　　人和年自豐，化美休祥迓。作歌靖訛言，盜風庶幾罷。

　　詩載《抱沖齋詩集》卷九〔註 123〕。斌良（1784～1847）字吉甫，瓜爾佳
氏，滿洲正紅旗人。嘉慶、道光間歷官山東兗沂道、江蘇蘇松糧道、刑部侍
郎等官，終駐藏大臣。據斌良之手摹目驗，所謂「宋江碑」，實爲明弘治間平
江伯陳銳等之治河記功碑，文字可辨，確鑿無疑。弘治七年（1494）明廷命

〔註 122〕吳毅源博客文章：《水滸文化勝蹟漫談》。
〔註 123〕〔清〕斌良：《抱沖齋詩集》，《續修四庫全書》第 1508 冊，117 頁。

內官監太監李興、平江伯陳銳往同都御史劉大夏治張秋河決，功成，大臣王鏊爲撰《安平鎮治水功完之碑》，碑文今存，載《明經世文編》卷一二○。「宋江碑」或即此碑。不過這只是金石學層面的結論，若從民間文學的視角，此碑被稱爲「宋江碑」，則別有一層文化內蘊。

首先，人們將（壽）張（東）阿附近的碑石與宋江相聯繫，顯然源於歷史上及小說故事中宋江曾活動於這一水域有關。梁山泊傳奇應是「宋江碑」得名之源。其次，據詩序所記，「相傳鑿金屑，敷金創，可立愈。土人神之」，關於「宋江碑」的這種神異傳聞，實體現了當地宋江信仰之盛。可見梁山英雄故事經過文學傳播，最後融入民間信仰之中，並演化出種種信仰風俗。其三，從詩中可以看出《水滸傳》故事對東平附近民風產生了深遠的影響——「齊俗本剽悍，賈勇弄弓弛。蒼鶻動呼群，鵜刀目橫胯。蠱惑賊群黎，姽嫿託仙駕。流毒三百年，蓮教其流亞」。詩人甚至認爲白蓮教起事都與此密切相關。而斌良於此碑石齗齗置辯，實基於「曉愚庶」、「破浮言」的政治機心。這從一個側面彰顯了《水滸》對東平文化的重大影響。

附帶指出：「宋江碑」雖係明治河碑之誤傳，但已形成地名，深入人心，最後連清廷公文也不得不予承認。如咸豐上諭檔載咸豐六年十一月二十日上諭云：「東平州安山湖宋江碑等三十四村莊，應徵本年湖租。」〔註124〕光緒時河東河道總督任道鎔摺中稱：「因伏秋汛內，迭經長水趨刷，仍多殘缺之處。以捕河廳之太倉廒、紅沙灣、三里堡、宋江碑等處爲尤甚。」〔註125〕從中也可看出小說影響力之巨大。

（原載《中國文學研究》第十八輯）

《覽勝紀談》中之宋江軼事

周 郢

近於明人陸采《覽勝紀談》中覓得一則宋江軼事，各種「水滸研究資料彙編」均未輯入，是一則考索「水滸」故事源流的新資料，故試加介紹。

〔註124〕中國第一歷史檔案館編：《咸豐同治兩朝上諭檔》第六冊，廣西師範大學出版社 1998 年版，第 326 頁。

〔註125〕中國第一歷史檔案館編：《光緒朝硃批奏摺》第九九輯《水利》，中華書局 1995年版，第 796 頁。

《覽勝紀談》卷一《仁欽》篇云：

> 宋徽宗時，（泰山靈巖寺）住持仁欽能詩，詠十二景刻石。大盜
> 宋江等初犯其地，山神發鼓以驅之，後夜至，又爲雞鳴，故今有石
> 鼓、雞鳴二岩。三至，盡取金帛以行，抵山門，群盜被釘其足，不
> 得一展。懼而禮佛懺悔，乃捨物遁去。諺云：「宋江三十六，回來十
> 八雙。若還經此地，不死亦遭傷。」蓋仁欽素諳黑夜釘身之術云。

按：《覽勝紀談》係筆記雜錄，明陸采撰。采字子元，長洲人。以善曲
擅名，有《明珠記》、《南西廂》等劇行世。《覽勝紀談》自序云：「比遊武夷，
客三山，旅建安，皆暑且病。長日無聊，追懷舊事，並新得於閩浙者又百餘
條。釐爲十卷，俾小史書之，以代口述。清齋佳客，未必不逾於俎醢之雜陳
也。」中國國家圖書館藏其書原刊本。按陸采於嘉靖十三年（1534）正月遊
泰山，書中錄於泰山所聞之傳說甚多〔註 126〕。「仁欽」條即所採泰山軼事之
一。

《覽勝紀談》中所記宋江軼事，不見於宋話本《宣和遺事》、元「水滸戲」
及今本《水滸傳》中。探討其傳說源頭及背後史實，有助於瞭解《水滸傳》
的文化背景。

故事中寫到的釋仁欽，史有其人。康熙《靈巖志》卷二《人物志‧高僧》
云：「仁欽，閩人。精詩文書篆。大觀初賜紫，並賜號靜（淨）照大師。宣選
住持靈巖，創建絕景亭，以宴賓客。重修崇興橋，以通往來，士大夫咸愛與
之遊焉。」〔註 127〕證之碑石，靈巖寺山門外《齊州靈巖崇光橋記》中云：「今
上（宋徽宗）嗣位，齊州眾求海內高德，得建州淨照大師仁欽，以聞之朝，
即有詔以仁欽爲靈巖住持主。欽公至寺之一年，寺境清。二年，學人來。三
年，佛法明。四年，天下四方知靈巖有人。而歲時香火供事，遂再盛。」後
識：「大觀二年歲次戊子九月壬子晦，齊州靈巖禪寺淨照大師、住持傳法釋仁
欽立石。」又清顧炎武《金石文字記》記寺有大觀三年（1109）釋仁欽書《心
經》，大觀四年（1110）仁欽作《五苦之頌》、《十二時歌》及《十二景》碑石。
又靈巖御書閣蔡卞行書《圓通經並楞嚴偈刻》後識：「崇寧元年（1102）十一
月，鄱陽齊迅施刻於靈巖寺，住持傳法淨照大師賜紫仁欽立石。」可見仁欽

〔註 126〕徐朔方：《晚明曲家年譜‧陸粲陸采年譜》，浙江古籍出版社 1993 年版，第
113 頁。

〔註 127〕〔清〕馬大相撰、孔繁信校點：《靈巖志》，山東友誼出版社 1994 年版，第
35 頁。

為北宋徽宗朝人，與歷史上宋江處同一時代。

又，故事中的雞鳴岩亦見於方志著錄。《靈巖志》卷一《山川》云：「雞鳴山：寺西十里，昔有群盜，夜過此山，忽聞雞鳴，奔回。夜尚未半，聚而復回，又聞雞鳴，如是者三，方知是山靈驚覺，皆迴心向善，故名。」〔註128〕證之《覽勝紀談》，所記「昔有群盜」，正是指宋江而言。明人孫瑜（成化中歷城舉人，太平府通判）《和宋僧仁欽靈巖十二景詩・雞鳴山》：「業障偷兒心性乖，貪求不解禮如來。山頭半夜雞聲唱，喚醒翻登般若臺。」清人韓章（歷城舉人）《置寺殿十二首・雞鳴山》：「松梢未曙亂雞鳴，保衛祇園功力宏。以自山靈逞異後，林無犬吠寺無驚。」〔註129〕，都是對這一傳說的吟詠。

《覽勝紀談》所述宋江劫掠靈巖寺故事，雖是小說家言，但也包含著一些史實背景。史載「京東賊宋江等出入青、齊、單、濮間」〔註130〕，「江以三十六人橫行齊、魏」〔註131〕。靈巖寺地屬京東東路齊州境，正在此地域之內。而北宋以來，靈巖香火繁盛，寺田眾多，以富聞。宋人張公亮《齊州景德靈巖寺記》中云：「寺之殿堂、廊廡、廚庫、僧房，間總五百四十。僧百、行童百有五十，舉全數也。每歲孟春迄首夏，四向千里，居民老幼，匍匐而來，散財施寶，惟恐不及，歲入數千緡。齋粥之餘，羨盈積多，以至計司管榷、外臺督責，寺僧紛擾，應接不暇，大違清淨寂寞之本教。」〔註132〕又史載元豐三年（1080）四月，知齊州王臨向宋廷上言：「州有靈巖寺，地課幾萬緡，皆為僧徒盜隱，乞差官監收，每歲計綱上京。」〔註133〕獲得允准。因之，宋江「起河朔，轉掠十郡」〔註134〕時，曾掠靈巖，與寺僧發生交涉，不是完全沒有可能。在《宣和遺事》所錄早期宋江故事中，有宋江「統率三十六將，往朝東嶽」，或是宋江曾轉戰泰山的曲折反映〔註135〕。

〔註128〕〔清〕馬大相撰、孔繁信校點：《靈巖志》，山東友誼出版社 1994 年版，第25頁。

〔註129〕〔清〕馬大相撰、孔繁信校點：《靈巖志》，山東友誼出版社 1994 年版，第112、178頁。

〔註130〕〔宋〕方勺：《泊宅編》卷五，中華書局1983年版，第29頁。

〔註131〕《宋史》卷三五一《侯蒙傳》，中華書局1977年版，第11114頁。

〔註132〕〔宋〕張公亮：《齊州景德靈巖寺記》，〔清〕馬大相撰、孔繁信校點：《靈巖志》，山東友誼出版社1994年版，第45頁。

〔註133〕〔宋〕李燾：《續資治通鑒長編》卷三〇三，上海古籍出版社1986年版，第2850頁。

〔註134〕《宋史》卷三五三《張叔夜傳》，中華書局1977年版，第11141頁。

〔註135〕周郢：《〈水滸傳〉與泰山文化》，《泰山與中華文化》，山東友誼出版社 2010

　　由於這一歷史淵源,「於是自有奇聞異說,生於民間,輾轉繁變,以成故事」(借魯迅《中國小說史略》中語),因此滋生出諸多水泊豪客與泰山的傳說自不爲異。此類傳說除個別爲今本《水滸傳》所採錄外(如燕青打擂、戴宗坐化),大部分則傳播民間。這些傳聞記錄時間與今本《水滸傳》的刊行年代大致同時,其源頭當更爲久遠。顯示了早期(《水滸傳》刊行之前)宋江故事與泰山文化的密切聯繫。

東平水滸文化探賾——兼論梁山泊故地文化旅遊

蔣鐵生　范正生

前　言

　　東平自宋元以來一直是梁山泊地區的經濟文化中心,得天獨厚的歷史條件造就了偉大的作家羅貫中,也孕育了偉大的英雄傳奇小說《水滸傳》。東平是羅貫中的父母之邦,也是水滸文化的故鄉。今天的東平湖是古代梁山泊的殘留水域,東平湖及周邊地區存在著豐厚的水滸文化事象,東平的水滸文化是豐富多彩的文化資源,是一個巨大的無形資產,是東平文化旅遊產業開發的不竭源泉。但是,水滸文化博大精深,要全面發掘和揭示其全貌,是一項浩繁的工程,要做踏實的調查和研究工作,不能急功近利,方能取得成功。我們認爲這項工程任重道遠,這大概是東平縣連續召開兩次有關羅貫中與《三國演義》、《水滸傳》國際學術探討會的原因。

　　本文試圖對東平的水滸文化淵源、流變及表現進行深度考察論證,同時也對梁山泊故地的文化旅遊開發建設發表我們的見解,以求教於方家。

一　昔日水泊今安在？

　　水滸文化在山東的分佈是一個相當廣闊的區域概念,要開展以水滸文化爲主要載體的文化旅遊,必須先弄清梁山水泊的歷史變遷。根據我們的研究:小說《水滸傳》中所描繪的八百里梁山水泊在歷史上是有籍可循的。從歷史地理的視角看,它的演變狀況大致如下:

　　梁山泊的歷史源遠流長。據史料記載,它是古代大野澤遺跡。春秋至漢,大野澤(也叫鉅野澤)位於鉅野縣東 5 里,南北 300 里,東西百餘里。南北

年版,第 320～331 頁。

朝時期，桓公瀆縱穿，澤分爲二，瀆東稱茂都澱，瀆西稱鉅野澤。隋代澱澤合一，仍稱鉅野澤。

在至聖先師孔子生活的時代，正是鉅野澤規模最大的時期，巨野澤之水是有大川注入的，川者河也，流入鉅野澤的大川有兩條，一條是泰山之陽的汶水河，一條是流經孔子家鄉曲阜附近的泗水河。只有大川才可以造就大澤，從春秋戰國時期大野澤地圖（見插圖）來看，這兩條由東向西流淌的大河，將泰山和沂蒙山區的大水源源不斷的注入大野澤，兩條河成爲大野澤的不竭之源。

春秋戰國時期齊魯地圖

子在川上曰：「逝者如斯夫，不捨晝夜。」（《論語・子罕》）凡熟知中國文化的人都耳熟能詳，但很少有人把它和大野澤聯繫在一起。我們認爲：孔子作爲審美對象的大川之水，就是指大野澤的源頭汶水與泗水。聖人的原意是告訴人們，一個眞正的智者，會從波濤洶湧的大海中，領悟到風波之患；會從滔滔不絕的江河中，體會到時光的流逝、生命的短暫；會從潺潺的小溪中，體悟到流水不腐的眞諦；會從水滴石穿的現象中，明曉柔能克剛的道理；會從積水成淵裏，感受到力量的源泉；會在山不轉水轉中，領略到智慧的魅力。但我們在兩千五百多年後，從歷史地理學的角度來考察，它會引導我們

找到水滸文化的歷史源頭。

　　五代至唐宋，黃河下游不斷決口改道，多次流注鉅野澤，澤底淤高，澤水南北分流。北流澤面與東平、梁山、鄆城一帶窪地相連，構成「周圍港汊數千條，四方環繞八百里」的梁山泊。唐代梁山泊地區屬於河南道管轄，當時是梁山泊的形成時期，水勢兇猛。

唐代河南道地圖局部

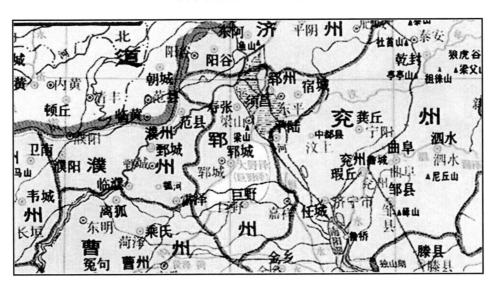

　　唐代詩人高適，曾有《東平路大水》一詩，詩中說：

　　　　天災自古昔，昏墊彌今秋。霖淫溢川原，潢洞涵田疇。指圖適
　　汶陽，掛席經蘆洲。永望齊魯郊，白雲何悠悠。傍沿鉅野澤，大水
　　縱橫流。蟲蛇擁獨樹，麋鹿奔行舟。稼穡隨波瀾，西城不可求。

該詩說明，在唐代梁山泊的形成時期，靠近齊魯交界處的東平、梁山、鄆城一帶正在被鉅野澤北來的大水淹沒。因此，《水滸傳》中所描繪的八百里水泊，是符合歷史事實的。

　　如唐代河南道地圖所示，在唐代除黃河下游之水不斷注入大野澤外，從東向西注入大野澤的河水只有大汶河，由於大野澤的北移，泗水不再直接注入大野澤，而成為淮河流域的主要支流。

宋代京東西路局部地圖

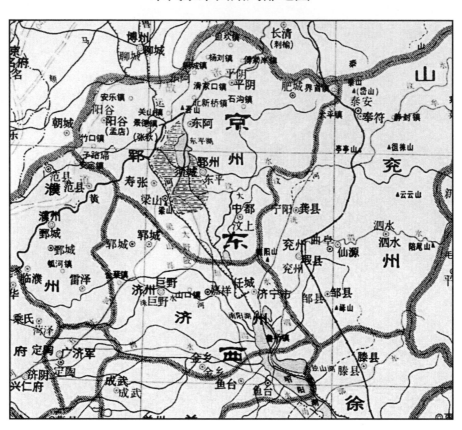

　　宋代梁山泊地區屬於京東西路管轄，這時大野澤之水繼續北移，與原來東平梁山一帶的窪地相連。這片面積不小的濕地，魚多蟹肥，水草茂密，宋代蘇轍《夜過梁山泊》說「更須月出波光靜，臥聽漁家蕩槳歌」。這就是舊時梁山泊的真實寫照。從宋代京東西路地圖可以看出，此時的大汶河仍然是梁山泊的主要補給水源。

　　宋代以後，梁山泊的「水面大減，退地甚廣，已償遣使安置屯田。」〔註136〕。元代，水面北移，原水泊分為安山、南旺兩湖。安山湖在安民山北，周長 83 里。從元代中書省南部的東平路和泰安州地圖來看，運河南北縱貫東平路，東平成為南北交通樞紐，東平州城成為這個地區的經濟文化中心。而此時的大汶河又成為運河的濟運水源和安山湖唯一入庫河流。

〔註136〕《金史・食貨志》。

元代東平路和泰安州地圖

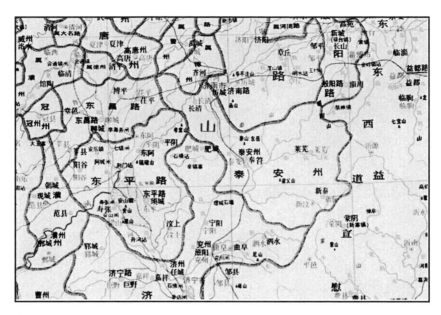

到了明代原梁山泊的水域進一步減少，在大片低窪中，安山湖已經小的可憐。但此時從地圖可以看出，大汶河仍然是這片濕地的重要補給水源。

明代東平州附近地圖

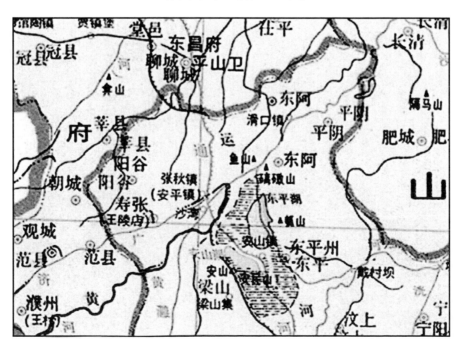

明永樂九（1411）年，隨著重開會通河（大運河的一段），將安山湖列爲濟運水渠。到明萬曆六年（1578 年）丈量，安山湖方圓百餘里，面積 4.93 萬畝。〔註 137〕

　　1855 年黃河決銅瓦廂，奪清河入海。嗣後，逢大訊黃河水常倒灌入湖。爲防黃河水南侵，湖東多次修築圍堤，形成周長 87 公里的自然滯洪區。時因大部湖面在東平境，故改安山湖爲東平湖，這便是東平湖得名之始。建國後的東平湖，是國家確定的黃河自然滯洪區，總面積 943 平方公里（包括東平、梁山兩縣），近幾年，由於行政區劃變更，東平湖已全部劃歸東平縣管轄。

　　據東平縣志記載：50 年代在擴建東平湖水庫工程中，發現大運河西岸和小清河故道，小安山周圍地下四至六米處有一層二至八米的黑色灰褐色湖積層，俗稱「宋江土」。土中有植物根莖、淡水動物殘骸，經鑒定爲梁山泊底。

　　南部的梁山泊遺址南旺湖，在山東汶上縣南部，大運河以西。到近代已逐漸乾涸，退湖成田。筆者在 1998 年到汶上縣南旺鎮考察，看到昔日的湖區已變成萬畝良田，土地爲黑色，當地人稱爲「湖地」，以別於岸上的黃土地。

　　從以上歷史地理的角度可以看出，今天的東平湖是從古代的大野澤經過長期的滄海桑田衍變而成。因此，我們認爲當年孔子時代的「川水」仍在不斷流淌，梁山泊從來沒有消失，東平湖就是古代梁山泊歷史的見證。我們說東平湖是古代大野澤的遺跡或者說她是古代八百里梁山泊的殘留水域，從學理上有案可稽。

二　尋找東平的水滸古寨

　　地名是文化的重要載體，在東平湖周邊地區中涉及到水滸的地名，現在還有很多，需要仔細考察認眞求證。如東平的花籃店、前泊、後泊、宋江碑、石廟等，這些地名中包涵許多故事和風物傳說，都要進行系統的整理。僅就「梁山」地名而言，也有許多地方值得探究。

　　從前的「梁山」叫「良山」，前後同名異詞。在東平湖西地區的不少小山，過去都是良山的組成部分。最新的史料發現，宋江起義聚寨的地方並非現在梁山縣城附近的梁山一地，在東平也有水滸英雄聚義的遺址，就是位於東平縣銀山鎮西望集的「立良山」。

　　2005 年 6 月在山東東平縣銀山鎮西汪村瑞相寺遺址出土的一方《重建瑞

―――――――――――――――――――

〔註 137〕靳輔：《治河方略》。

相寺記》碑刻，此碑刻於明嘉靖二十七年（公元 1548 年），距今已有近 500
年歷史。2007 年銀山鎮的楊傳珍先生曾專門送來該碑的拓片，我們反覆研讀
以後，覺得其中大有文章。我們結合對碑刻的研讀，將我們的觀點陳述如下：

首先，我們肯定《重建瑞相寺記》是一方官修碑，從碑文可知立碑者是
明朝兗州府東平州東阿縣的馮知縣。此碑非常高大，通高 252.5 釐米，碑寬
93 釐米，厚 24 釐米，碑文豎刻 13 行，滿行 58 個字，是楷書體。碑刻的下半
身雖已斷裂，但碑文大多可讀通。

其次，本文透露的重要地名信息是，宋江起義的地點就在「立良山」，碑
文點校如下：

《重建瑞相寺記》：

……地緣東阿西南四十餘里，其集曰西汪，左有古刹名曰瑞相
寺。創建本寺殿宇故者悠遠矣。又言天地山川可一言而盡矣，天之
昭昭，日月星辰，地載蕫嶽，豈重河海，豈淺山廣。獸物□生水，
隱魚龍而化。以上故曰：天地山川，非有積纍。古刹地形，勢近黃
山，嶺接臕囷，右鄰海津，亦通御波，川源千古。前有臺峰，歷代
國師，謀勝肖張，匡扶□基，隱臺士者太公也，名釣魚臺。峰會古
宋梁王名江，忠義聚寨，名立良山也。乾、銀、鐵峰而聯鳳凰、豆
山以來。遍野古名莊疃，園林美麗而隱英豪。形勢□□八方繞拱成
然。……

碑文中所指「立良山」，當地群眾稱之爲「棘梁山」，因爲此地在明朝設
立「巡檢司」，因而此山今名「司里山」。

其實東平湖西的山脈群統稱爲「梁山」，「梁山」在明代和「良山」是通
用的，許多山頭都在前面加一個字，如「立良山」、「棘梁山」等。根據濟寧
地名網可知：今梁山縣名城由來有幾說：梁山縣以梁山得名，梁山，本名「良
山」，後易名「梁山」。易名原因有三說：一說良山屬梁國境域，傳說爲皇家
獵場，梁孝王劉武曾遊獵於此，故更名爲「梁」。二說梁孝王田獵終於此，中
暑身亡葬良山之陽，遂易名「梁山」。據傳梁山北麓，小梁峰陽坡的松柏林爲
梁孝王墓地，舊有石碑「帝子遺碑」，爲壽張八景之一，明代因黃泛淤沒。三
說是因避東漢光武帝叔父劉良的名字，便改「良」爲「梁」。壽張縣原名壽良，
亦屬因避劉良而名。〔註138〕據此分析，第二種說法可以排除，因爲梁孝王墓

〔註 138〕http://www.jndm.gov.cn/onews.asp?id=442。

地已經出土，他的墓是在河南商丘永城市的芒碭山。所餘一、三條也都說明今之「梁山」是由「良山」更名而來。其實我們檢索文獻可知，司馬遷的《史記》中記載就是梁孝王「北獵良山」。〔註139〕雖然「良山」後來被改爲「梁山」。但官方的更名並不影響民間對地名的傳承，在民間和以後的朝代「梁山」和「良山」是通用的。

碑文所記「古宋梁王名江，忠義聚寨，名立良山也」，表明至少在明代當地人認爲這裏是宋江等梁山英雄聚義之地。我們認爲起碼這是聚義地點之一，因爲宋江起義是一個規模從小到大的過程，隨著起義隊伍的壯大，他們的水寨也不會只有一處。但這方碑刻清楚的告訴我們，宋江曾在立良山「忠義聚寨」。

立良山緊靠東平湖的西岸，在明代屬於東阿縣，建國後屬於梁山縣，上個世紀末劃歸東平縣。此山所在的西汪集（也稱「西望」）是個歷史文化名鎮，與汶上縣的南旺鎮齊名，都是大運河沿岸的古鎮。碑文中的「御波」即指大運河。根據清道光九年《東阿縣志》記載：「西望集在城西南四十五里，故濟水入海道也，蒲葦所生，緯蕭織蓆者在焉，每逢三八五十日集」〔註140〕說明此地到清代道光年間還是一個非常繁榮的集鎮，而且周邊還是遍佈蘆葦的濕地，還可以看出過去梁山泊的痕跡。

《重建瑞相寺記》和地方志的資料，不僅爲我們論證東平湖是梁山泊的唯一殘留水域提供了又一例證，也爲東平提供了一個重要的水滸遺跡歷史證據。

此碑是至今我們發現的距《水滸傳》成書時間最近的記載水滸故地的碑刻，且爲官立碑，史料的可信度高，足以說明宋江在東平活動的遺蹟是客觀存在的，應引起水滸學者的關注。

三　東平是羅貫中的父母之邦

羅貫中是《水滸傳》的作者或編著者之一，他的父母之邦是東平。由於歷史資料的繁雜及爭議，關於羅貫中故里的判斷也是見仁見智。明代以來，關於羅貫中故里的爭論主要有四種說法。現介紹如下：

1. 「錢塘」說，即說羅貫中是浙江省杭州人。「杭人」、「越人」意同。主要史料有郎瑛《七修類稿》卷二十三稱「《三國》、《宋江》二書，乃杭人羅本

〔註139〕《史記》卷五十八。
〔註140〕《東阿縣志》（清道光九年），民國二十三年鉛印本，第 111 頁。

貫中所編」；田汝成《西湖遊覽志餘》卷二十五稱「錢塘羅貫中本者，南宋時人，編撰小說數十種，而《水滸傳》敘宋江事，奸盜脫騙機械甚詳」。周亮工《因樹屋書影》稱爲「越人羅貫中」。王圻《續文獻通考》卷一則說：「《水滸傳》羅貫著，貫字本、杭州人。」明清時持此說的爲數還不少。

對於「杭州」說，學術界大都認爲杭州是羅貫中新籍。認爲號稱「湖海散人」的羅貫中年輕時即外出遊歷。青壯時就來到杭州。在元代，很多北方文人寄寓杭州，羅貫中也許是其中的一位。據《慈谿縣志》記載，羅貫中於元至正二十六年（1366 年）在浙江慈谿以「門人」的身份，參加祭奠趙偕（寶峰）的活動。同爲趙偕門人的李善，籍貫也是山東東平，流寓於浙江慈谿等地。因而，杭州不是羅貫中原籍，而是「寄寓」之地。

2.「廬陵」說，即說羅貫中是江西吉安人。只有舊本《說唐傳》上說他是廬陵人。對於這一條孤證，一直不被學界重視。此說在沒有更多的史料、文物證明以前，難以取信。何況本世紀初就有人認爲《說唐傳》一書非羅貫中所作。

3.「太原」說，即說羅貫中是山西太原人。史料只有一條，來自元末明初人賈仲明於明永樂二十年（1422 年）所著《錄鬼簿續編》，云：「羅貫中，太原人，號湖海散人，與人寡合，樂府隱語，極爲清新，與余爲忘年交，遭時多故，各天一方。至正甲辰復會，別來又六十餘年，竟不知其所終。」

「太原」說雖也是孤證，但它是自《錄鬼簿續編》被發現六十餘年來最流行的觀點。因其主要根據是說羅貫中是「太原」人，而且其作者自稱羅貫中「與余爲忘年交」，因而影響較大。建國以來幾部比較權威的文學史，如中國科學院文學研究所編寫的《中國文學史》、游國恩等主編的《中國文學史》、北京大學中文系編寫的《中國小說史》均主太原說。不過這幾部著作都僅僅是摘取《錄鬼簿續編》的記載，而沒有作出任何解釋。因此，立論顯得很單薄。

4.「東原」說，即認爲羅貫中是山東東平人。主要史料有：明弘治甲寅（1494 年）本，庸愚子（蔣大器）序《三國志通俗演義》稱羅貫中爲東原人；《三國演義》的多種明刻本亦署名「東原羅貫中」；《三遂平妖傳（二十四回本）署「東原羅貫中編次」；百十五回本《忠義水滸傳》前署「東原羅貫中編輯」；楊愼《鑴楊開庵批評隋唐兩朝志傳》中，也提到「東原羅貫中」。

今天主張「東原」說的學者，主要根據《三國演義》和《水滸傳》的古

本所署為「東原羅貫中」，並對《錄鬼簿續編》提出質疑的基礎上，來認定羅貫中為東平人。近年來，「東平」說日益受到學術界重視，以劉知漸、王利器和沈伯俊三位先生為代表。

劉知漸先生指出：「嘉靖本《三國志通俗演義》卷首，有一篇『庸愚子』（蔣大器）在弘治甲寅（1494 年）年所作的序文中稱羅貫中為東原人。這個刻本很早，刻工又很精緻，致誤的可能性較小。賈仲明是淄川人，自稱與貫中『為忘年交』，那麼，羅是東原人的可能性似乎更大一些。《錄鬼簿續編》出於俗手所抄，『太』字可能是『東』字草書之誤。」

王利器先生認為：大多數明刻本《三國》都「認定羅貫中是元東原人。」所謂杭人，亦即錢塘人，是新著戶籍；《續編》以為太原人，『太原』當作『東原』，乃是貫中原籍，由於《錄鬼簿》傳抄者，少見東原，習知太原，故爾致誤。」他又說：「我之認定羅貫中必是東平人，還是從《水滸全傳》中得到一些消息的。《水滸全傳》有一個東平太守陳文昭，是這個話本中唯一精心描寫的好官。東平既然是羅貫中的父母之邦，而陳文昭又是趙寶峰的門人，也即是羅貫中的同學，把這個好官陳文昭說成是東平太守，我看也是出於羅貫中精心安排的。」王先生因而認定「東平是羅貫中的父母之邦。」他在給友人的信中說：「最近山西有人謂羅貫中是太原人，這些謬論俱當謹慎思之，則得矣。」

著名歷史學家羅繼祖教授和山東省地方史研究所所長李宏生教授都認為「王利器先生的文章值得重視。」

沈伯俊先生認為：不能把《錄鬼簿續編》的記載視為理所當然的「鐵證」。他提出三種理由：

第一，有比「《續編》」更值得重視的珍貴史料，這就是羅貫中的作品本身。現存的《三國演義》明代刊本，大多署名『東原羅貫中』；羅貫中創作的另外幾部小說，多數也署名『東原羅貫中』，誰也沒有理由說這些署名，只是根據『故老傳聞』所記，恰恰相反，人們一般都認為這是羅貫中本人的題署。同時他指出「實際上，在文學史上，作家的同輩也好，『忘年交』也好，誤記其籍貫、生平的情況並非罕見。《錄鬼簿續編》的作者是在青少年時代認識羅貫中的，從認識『至正甲辰復會』中間隔了若干年；而『復會』之後又過了『六十餘年』，才來回憶羅貫中，誤記其籍貫的可能性不是沒有」。

第二，「現存的《錄鬼簿續編》只有天一閣舊藏的明代藍格抄本一種，

天一閣乃是明代范欽所建，而范欽是嘉靖進士，因此，《續編》抄本的年代肯定在嘉靖元年之後，也就是晚於嘉靖本《三國志通俗演義》，當然更晚於庸愚子寫於弘治甲寅（1494 年）的《〈三國演義〉序》了。如果拿嘉靖元年精工刊刻的《三國志通俗演義》與嘉靖元年以後手抄的《錄鬼簿續編》相比，哪一種更可信呢？顯然也是前者。」

第三，《錄鬼簿續編》的抄寫有許多錯訛之處，如將「風波」誤抄爲「風破」將「至正間」誤抄爲「至正門」等，證明了將「東原」誤抄爲「太原」的可能性。在 1994 年 6 月出版的，由沈伯俊先生校理的《三國演義》前言中，他再次寫到：對於《三國演義》的作者羅貫中的籍貫，「近年來集中爲『東原』說與『太原』說之爭，我個人是持『東原』說的。」

主張「東原」說的學者還有葉維四、冒忻的專著《三國演義創作論》（江蘇人民出版社，1984 年 9 月版）、刁雲展的論文《羅貫中的原籍在哪裏》﹝註141﹞。另據本文作者的走訪，北京大學的吳小如教授和山東教育學院的徐北文教授也都贊同「東原」說。

1996 年泰山學院泰山研究中心蔣鐵生在山東東平縣主持「泰山名人研究室羅貫中課題組」時，帶領課題組成員在進行大量調研的基礎上，寫成的調查報告。原發《泰安師專學報》1997 年第 2 期，中國人民大學報刊複印資料《中國古代近代文學研究》1997 年第 12 期全文複印。

本文的修改稿曾提交 2006 年 8 月 19 日至 22 日在山東省泰安市和東平縣兩地召開的「羅貫中與《三國演義》《水滸傳》國際學術研討會」，作爲大會交流論文。會後王立教授發表仕《遼東學院學報》2006 年第 5 期上的《羅貫中與〈三國演義〉〈水滸傳〉國際學術研討會綜述》一文，對本文有如下評價：「1996 年下半年，泰安師專泰山名人研究室應東平縣縣長張廣勝先生的邀請與東平縣政府聯合成立了「羅貫中課題組」，對羅貫中籍貫進行了田野調查和史料整理，在此基礎上，由蔣鐵生執筆撰寫了《關於羅貫中籍貫「東平」說的研究和調查》一文，這是國內首篇在東平進行調查研究基礎上寫出的關於羅貫中籍貫的論文。該文一是發現了羅貫中在東平的相關史料，二是提出了「太原」是「東太原」，也就是東平的新見解，否定了傳統上山西「太原說」的科學性，文章發表後影響較大。本次會議蔣鐵生（泰山學院）在此基礎上，對「水滸聖地」東平湖周圍地區進行了大量調查研究，進一步論證了羅貫中

﹝註141﹞《三國演義學刊》第二輯、四川省社會科學院出版社，1986 年 3 月版。

是東平人的觀點。」

近些年來關於羅貫中的籍貫問題雖然仍有爭論，但東平說已經佔據上風。

羅貫中是東平的文化名片，是一種巨大的無形資產，我們很高興地看到東平縣的各級領導已經認識到了這點，關於羅貫中的研究和旅遊開發已經起步。

四　水泊故地民俗調查

文化的傳承在很大程度上是以口傳和非物質文化形態傳播的，水泊故地歷史悠久，民俗文化遺產十分豐富，是開展民俗旅遊的重要資源。但民俗文化遺產的調查和整理工作，需要專家們通力合作進行大量的文獻搜集和田野調查才能完成。

行走古代梁山泊故地，可以發現很多民俗文化事象。《水滸傳》中描繪的水泊梁山地區的風物，現在很多尚在傳承中，如人們飲食習俗中的「武大郎的炊餅」等。還有在汶上縣城許多賣肉的佳肴店叫「肉鋪」，這也和「水滸傳」中描寫的飲食民俗十分相似。

檢索最近幾年在我國實行的民俗文化保護工程中，東平縣申報的「臘山道教音樂」、「東平硪號子」等分別被山東省人民政府公佈爲第一批和第二批山東省非物質文化遺產。還有大量的泰安市和東平縣的非物質文化遺產項目，也都登記在冊。實際上還有數不勝數的口頭和非物質文化遺產項目，因爲沒有人進行深入的挖掘和整理，至今無人所知。

本文作者曾經在水滸故地的局部區域進行過考察論證工作。在早幾年在東平進行過的民俗調查並在《民俗研究》發表過調查報告，內容是在梁山北部和東平湖西流行的「說唱水滸葉子牌」，它給我們提供了一個鮮活的民俗調查的個案。〔註142〕

我們調查並命名的說唱水滸葉子牌是一種民間娛樂的紙牌，這種紙牌爲長方型，每張紙牌寬 2 釐米，長 8 釐米，紙牌的內容和現在流行的麻將大致類同。其中一至九「並」，每樣四張，共計 36 張；一至九「條」，每樣四張，共計 36 張；一至九「萬」每樣四張，共計 36 張；加上、「千」、「紅花」和「白花」各 4 張，共 12 張；這副牌總共 120 張。與其它在民間流行的紙牌不同的是，這副牌的一至九「萬」上的圖案全是水滸人物。一萬是燕青、二萬是花榮、三萬是關勝、四萬是柴進、五萬是李逵、六萬是李俊、七萬是秦明、八

〔註142〕蔣鐵生：《東平縣說唱水滸葉子牌的調查報告》，《民俗研究》，2007 年第 1 期。

萬是朱仝、九萬是宋江。

　　據說「葉子牌」是世界上最早的紙牌，是當今國際流行的撲克牌的前身，是由我國唐代天文學家張遂（名僧一行）發明的一種娛樂用品。由於這種紙牌只有樹葉那麼大，故稱爲「葉子戲」。中國古老的「葉子戲」至今沒有見到實物佐證，一般認爲在中國已經失傳。但是作爲紙牌鼻祖，由「葉子戲」變化而影響的紙牌卻非常豐富，有不少具有地方特色的紙牌更是琳琅滿目。我們常見的紙牌包括四川川牌、湖南字牌、客家象棋紙牌、麻將紙牌、天九紙牌等，從馬弔紙牌變化而來的各地紙牌如東莞紙牌、曹州紙牌等中國各地紙牌。我在諶志生先生家中看到的就是在魯西南和豫東地區廣爲流傳的曹州紙牌，它是流傳中的「葉子牌」的一種。

　　據史料記載，現在保留下來最早的葉子牌，是明末清初著名畫家陳洪綬繪製的三種葉子牌，分別爲：「白描水滸葉子」、「水滸葉子」和「博古葉子」，其中的「白描水滸葉子」只剩下了 5 張，而「水滸葉子」和「博古葉子」比較完整，分別有 40 張和 48 張。隨著規則的不斷翻新，人們感到紙牌的張數太少，玩起來不能盡興，於是把兩副牌合成一副，並發展到 120 張。我看到的這副紙牌應該是明末陳洪綬繪製的「水滸葉子」的變異，陳洪綬繪製的「水滸葉子」是人物畫像，而這副「水滸葉子」則是後來的木刻版，紙牌中人物被刻畫的眉目傳神，服飾絢麗，線條清晰，個性鮮明。

　　水滸故地流行的「老葉牌」，從明清以來在魯西南地區就很盛行，目前農村還有人打這種牌。諶先生說，在舊中國，過去這種娛樂的工具往往伴隨著賭博活動。他小時候生活在東平湖畔東平州城，農閒時，尤以春風時節，有人搭棚擺桌打水滸牌爲樂，人數不限。賭東發牌，每人手中三張爲止，橫豎都可成行，如一併二條三萬，三並三條三萬，都可和（「和」讀「胡」，贏的意思）。但是在東平縣的州城和湖西的一些地方，打這種「水滸葉子」時是伴隨著說唱進行的。如果你首發三張牌不能和，就要打出一張，然後由賭東，也就是莊家再發給你一張，在參與者往外打牌時，如果這時你打出的牌是一萬至九萬，就要先唱後打。另外，也有在莊家發牌時說唱的。

　　說唱的曲調有兩種，一種是當地一種叫做「鍋大缸」的民間小調，即第一句後加上一個「當拉個當，的拉個當。」在後面一句後加上「當拉個當，的拉個當，當的當的的各朗當。」當地叫這種在打牌過程中的說唱爲「數九萬歌」，目前還有少數傳承人會唱。另一種唱法，曲調不盡相同，據諶志生先

生說他小時候在東平州城就聽到過不是「銅缸調」的另外一種唱法，我請諶志生先生給我唱了幾句，聽起來基本上是又說又唱，即前面的歌詞是數，最後一個字的尾音拉的很長。因此，我們認為應該叫「說唱九萬歌」比較確切。所以我們將在調查中發現的這種在打牌時帶有說唱情節的紙牌，稱作「說唱水滸葉子牌」。

我們調查整理的「說唱九萬歌」，全文如下：

一

打了個一還是一，一萬燕青了不起。
保著宋江鬧東京，泰山打擂數第一。

二

打二萬是花榮，掂弓拉箭有神通。
大雁排隊天空過，一箭一個倒栽蔥。

三

打三萬偏偏臉，大刀關勝不簡單，
水火二將同被捉，好漢英雄威名傳。

四

打四萬是柴進，他的外號小旋風。
仗義疏財人緣好，結義宋江為弟兄。

五

打五萬是李逵，手使板斧有神威。
性急火烈有力氣，叫他殺東不殺西。

六

打六萬是李俊，他的外號混江龍，
揭陽嶺上救宋江，情深誼厚義意重。

七

打七萬是秦明，他的朋友叫董平，
董平來把東平守，宋江他就攻不動。

八

打八萬是朱仝，他是梁山真英雄，
救宋江兩肋插了刀，朱仝義釋宋公明。

九

打九萬是宋江，他是梁山頭號王，

劫富濟貧殺貪官，弟兄一百單八將。

我們對照《水滸傳》的明代容與堂百回本，對收集到的這份珍貴的「說唱九萬歌」進行研究，覺得這些東平的打紙牌者說唱的小曲，簡直就是一個個內容基本完整的水滸故事，雖然為了說唱的壓韻，這些故事並不是前後連貫的，但大多是人們耳熟能詳的水滸英雄故事。「一萬燕青」的說唱詞，講的是第七十二回「柴進簪花入禁院，李逵元宵鬧東京」中，燕青護送宋江到東京汴梁，去見李師師的故事；還有第七十四回「燕青智撲擎天柱，李逵壽張喬坐衙」中，燕青在泰山岱廟打擂的故事；「二萬花榮」的說唱詞，講的是第三十五回「石將軍村店寄書，小李廣梁山射雁」中，小李廣花榮在梁山表演射雁絕技，博得眾采的故事；「三萬關勝」的說唱詞，則是指第六十七回「宋江賞馬步三軍，關勝降水火二將」中，大刀關勝活捉聖水將軍單廷圭和神火將軍魏定國的故事；「四萬柴進」的說唱詞，則是指第九回「柴進門招天下客，林沖棒打洪教頭」中，小旋風柴進、柴大官人仗義疏財，廣結天下豪傑的事和第二十二回中「朱仝義釋宋公明」後，宋江兄弟投奔柴進的故事；「五萬李逵」的說唱詞，則是指第四十三回「假李逵剪徑劫單人，黑旋風沂嶺殺四虎」中，李逵在山東沂山一人殺四虎的神勇和在水滸故事中他對宋江的耿耿忠心；「六萬李俊」的說唱詞，則是指第三十六回「梁山泊吳用舉戴宗，揭陽嶺宋江逢李俊」中，號稱混江龍的李俊在揭陽嶺上救宋江的驚險故事；「七萬秦明」的說唱詞，則是指第六十九回「東平府誤陷九紋龍，宋公明義釋雙搶將」中，秦明的朋友董平，守東平府使宋江攻而不下，後轉而先佯攻汶上縣，然後派人隨難民打入東平城，最後智取東平後，捉放董平的故事；「八萬朱仝」的說唱詞，則是指第二十二回「閻婆大鬧鄆城縣，朱仝義釋宋公明」中，在宋江怒殺了閻婆惜後，朱仝在執法中為一個「義」字，故意放走宋江的故事；「九萬宋江」的說唱詞，則是指第七十一回「忠義堂石碣受天文，梁山泊英雄排座次」中，以宋江為首的梁山泊英雄108將的雄偉陣容。把宋江排在「說唱九萬歌」的最後，大概數字中「九」是最大的緣故吧。

我們在調查中還發現，東平「水滸葉子牌」的「說唱九萬歌」，在民間口頭傳承的過程中，也有不同的版本。如現年63歲，原東平縣文物考古所所長吳緒剛先生，就收集到了與上述「說唱九萬歌」中不同的兩條，即：「打了個

一又是一，宋江殺了閻婆惜……」；「打了兩萬兩條龍，解珍、解寶親弟兄……」。這裏的順序是「一萬宋江」、「二萬解珍、解寶」，這說明東平「水滸葉子牌」可能還有不同的印刷版本和說唱版本。

調查還發現，這種紙牌在東平和各地有多種打法，牌的叫法也不一樣。我通過進一步調查得知，此牌有六人共打的，叫「抹 20 張」，有四人共打的叫「抹 30 張」。還有把紙牌減去一半，剩下 60 張，也一樣打，諶志生先生告訴我的一句民謠：「腰裏掖著半筒牌，走到那裏那裏來」，就是指這種打法；至於紙牌的叫法，各地關於「萬」、「條」、「並」的叫法基本相同，但關於「千」、「紅花」和「白花」的叫法各地略有不同，我電話請教了河南省民權縣程莊鎮黃堂村現年 90 歲的杜王氏，她稱「紅花」為「花」、稱「白花」為「鬥律」。

而今，這種紙牌還有許多人在打，只是已經很少有賭博的現象。但是，東平人大多在打這種「水滸葉子牌」的時候，已經不再說唱九萬歌，尤其是年輕人。考其原因是記起「說唱九萬歌」的人越來越少了，諶志生先生說，目前就是在他的生活圈內，想湊起一班人打「說唱水滸葉子牌」已經很不容易了。這說明，這種傳統的民俗已經出現了衰微，流行在水滸故地的非物質文化遺產，急需發掘、整理和保護。

五　開展梁山泊故地文化旅遊的戰略思考

旅遊可以分為休閒旅遊、度假旅遊和文化旅遊三個遞進的層次，而文化旅遊在中國起步較晚。文化旅遊是通過旅遊實現感知、瞭解、體察人類文化具體內容之目的的行為過程。泛指以鑒賞異國異地傳統文化、追尋文化名人遺蹤或參加當地舉辦的各種文化活動為目的的旅遊。尋求文化享受已成為當前旅遊者追求的一種風尚。

古典小說《水滸傳》中所描繪的百八里梁山水泊故地，歷史悠久，民風淳樸，文化璀璨，有開展文化旅遊的良好條件。根據我們多年對東平文化的瞭解結合文化旅遊的規律，特對東平的文化旅遊做如下戰略思考：

（一）文化旅遊的基礎是學術研究

文化旅遊不是無源之水和無本之木，它不可以憑空捏造，而是需要有強大的學術研究作為支撐。也就是說，要想很好的開展文化旅遊，打造相關文化產業，首先要將區域內的文化類型和文化內容的家底摸清。否則，僅憑主觀臆想開發出來的所謂文化產業項目是沒有生命力的。我們認為東平縣在這方面做的很好，且不說他們至今已經連續召開兩次羅貫中與《三國演義》、《水

滸傳》國際學術探討會，而且東平人自己也擁有一大批熱愛本土文化，致力於地方歷史、民俗等研究的飽學之士，他們長期從事地方文化的挖掘和探究，爲東平文化的傳承孜孜以求，取得了豐碩成果，爲東平文化旅遊開發奠定了基礎。

（二）水滸文化旅遊不能大題小做

水滸文化旅遊是個大課題，要大題大做而不是大題小做。文化旅遊要求盡可能展現文化的全部而不是殘缺的局部。雖然我們認定東平湖是過去八百里水泊唯一的殘存水域，但水滸旅遊卻不僅是東平一地的事情。上帝眷顧東平，將東平湖留給了東平，東平就應該有過去大澤接納百川的氣魄，要開放地辦旅遊，主動挑起水滸旅遊的大旗，聯合同樣擁有水滸文化資源的周邊各市縣，把水滸文化旅遊做大做強。從縣域內的資源整合到與外部各區域的聯合，使水滸旅遊開發實現從各自爲戰到資源共享的戰略轉變。只有這樣，水滸旅遊才能越做越大，越做越強。才能逐漸和「山水聖人」線一樣，成爲山東乃至全國的黃金旅遊線。

（三）水滸文化旅遊線路的整合

確立大水滸的概念，從八百里水滸故地的大範圍上做文章。打破縣域觀念，要跳出水滸看水滸。水滸文化旅遊與運河文化申遺相結合，將各個歷史文化承載的主體串聯起來，串珍珠爲項鏈。科學規劃水滸文化旅遊線路，打造魯西南地區文化旅遊的高端產品。

初步設想：陽谷的景陽岡——東平的現存水面——梁山的水滸大寨——郓城的宋江故里——汶上的南旺古鎮形成涵蓋聊城、泰安、濟寧、菏澤四市的水滸文化旅遊線。水滸文化旅遊的大格局將逐步形成。

（原載《東平與羅貫中〈三國演義〉〈水滸傳〉研究》，中國出版社 2006年版）

論「梁山泊遺存」
——從《讀史方輿紀要》看「梁山泊」並未完全消失

杜貴晨

歷史上梁山泊是古大野澤近梁山的部分，數千年間因黃河屢有決口注入的影響而時大時小，至宋代號稱「八百里水泊」。後世黃河改道，梁山泊漸以

水退爲田，至今梁山周圍，一望平疇，而世間似再無「梁山泊」了。這個結果導致不僅現行中國地圖不再有梁山泊的任何標注，而且梁山當地人也多承認「梁山泊早就消失了」。這個說法未嘗不是今人的眼見爲實，但仔細想來，似乎缺乏歷史的觀點，也不是從以當年山東梁山爲中心的「八百里水泊」故地的全部看問題，所以不夠準確，有必要進一步探討做出科學的結論。

按梁山泊因梁山得名，其作爲古水域，漢唐以降多見於史籍，明清人也多有關注。明末清初著名歷史地理學家顧祖禹《讀史方輿紀要》（以下或簡稱《紀要》）卷三十三《山東四·兗州府下·東平州》述其沿革曰：

> 梁山，州西南五十里，接壽張縣界。本名良山，漢梁孝王常遊獵於此，因改爲梁山。《史記》「梁孝王北獵良山」是也。山周二十餘里，上有虎頭崖，下有黑風洞，山南即古大野澤。唐乾寧二年朱全忠擊鄆帥朱瑄，戰於梁山，瑄兵敗走。宋政和中盜宋江等保據於此，其下即梁山泊也。又棘梁山，在州西四十里。頂有崖，東西判爲二，其上架石爲橋，可通往來，名曰天橋。〔註143〕

又載東平州「領縣五」，曰「汶上」、「東阿」、「平陰」、「陽谷」、「壽張」。「壽張縣」條下載：

> 梁山，縣南三十五里，以梁孝王遊獵於此而名，其東北即東平州界。今有梁山巡司。又西南十七里有土山，又南有戲狗山，亦梁孝王遊獵處。

> 梁山濼，在梁山南。汶水西南流，與濟水會於梁山東北，回合而成濼。《水經注》：「濟水北經梁山東，袁宏《北征賦》所云『背梁山，截汶波』者也。」又爲大野澤之下流，水嘗彙於此。「石晉開運初，滑州河決，浸汴、曹、單、濮、鄆五州之境，環梁山而合於汶，與南旺、蜀山湖相連，彌漫數百里。宋天禧三年滑州之河復決，歷澶、濮、曹、鄆，注梁山濼。咸平五年詔漕臣按行梁山濼，開渠疏水入於淮。天聖六年，閻貽慶言廣濟河出濟州合蔡鎮，逼梁山泊，請治夾黃河引水注之。元豐初議者復以梁山等濼澱淤，易於泛浸，乞行疏濬。政和中，劇賊宋江結寨於此。《金史》：「赤盞暉破賊衆於梁山濼，獲舟千餘。」又「斜卯阿里亦破賊船萬餘於梁山泊」，蓋津

〔註143〕〔清〕顧祖禹撰，賀次君，施和金點校《讀史方輿紀要》卷三十三《東平州·梁山》，中華書局2005年版，第三冊，第1554頁。

流浩衍，易以憑阻也。既而河益南徙，梁山濼漸淤。金明昌中言者謂黃河已移故道，梁山濼水退地甚廣，於是遣使安置屯田，自是益成平陸。今州境積水諸湖，即其餘流矣。《志》云：「縣南五十里至南旺湖。」〔註144〕

顧祖禹字復初，一字景範（一作字瑞五，號景範），世稱宛溪先生。江蘇無錫人。生於明毅宗崇禎四年（1631），卒於清聖祖康熙三十一年（1692）。清初沿革地理學家和學者。所著《讀史方輿紀要》，魏禧《序》稱為「此數千百年所絕無而僅有之書也」，彭士望《序》稱「讀古今上下數千百年之書以自成一書，兼括數千百年之上，使數千百年下之人不能不讀」，是中國沿革地理學最具代表性的著作。因此，上引該書紀梁山泊沿革值得重視，總體上也應該是可以相信的。但若準確把握其意義，尚須細讀分析，給以具體的說明，主要有以下幾個方面：

第一，清初「梁山濼」名實俱存，其水域在「在梁山南」。《紀要》列「梁山濼」條，表明作者顧祖禹以言東平州、壽張縣地理，不可不說「梁山濼」，而「梁山濼」在顧氏意識中不僅是當存之域名，而且是顧氏作書當時尚存之水域，其具體位置即如上引所載「在梁山南」。《紀要》雖未載當時「梁山濼」之水域之大小，但其名實俱存並未完全消失是一個事實。這值得今天治歷史地理者重視和思考，即顧氏身後距今雖經三百餘年，當年尚存在於「梁山南」的「梁山濼」後來何時乾涸？如今「梁山濼」之名是否一定要完全廢止？

第二，古「梁山泊」為環梁山之水。這是《紀要》言「梁山泊」的真意，但其說不明，還需解釋。

首先，《紀要》區別於明末「在梁山南」之「梁山濼」而言古「梁山濼」。上引《紀要》說「梁山濼在梁山南」，是說明末之梁山濼，言外之意即明末梁山濼之水只在山南，而山之北、東、西無水。但接下所說「汶水西南流，與濟水會於梁山東北，回合而成濼」，「梁山濼」之水域顯然已經到了「梁山東北」，而不限於南面。這顯然就不是說顧氏當年尚存的「梁山濼」，而是古梁山泊了。這就是說，上引顧氏文一面列「梁山濼，在梁山南」是指其當代可見古「梁山濼」水域之遺存；另一方面上溯古「梁山濼」盛大之時，就不僅「在梁山南」，而是擴及「梁山東北」，梁山至少三面環水了。

〔註144〕〔清〕顧祖禹撰，賀次君，施和金點校《讀史方輿紀要》卷三十三《東平州・壽張縣》，中華書局 2005 年版，第三冊，第 1569〜1570 頁。

其次，《紀要》顯示古「梁山濼」盛大之時有「環梁山」之勢。上引文雖然僅舉「石晉開運初，滑州河決，浸汴、曹、單、濮、鄆五州之境，環梁山而合於汶，與南旺、蜀山湖相連，彌漫數百里」，但由此大體也可以認爲，宋代一般說爲「數百里」說法中偏大的「八百里水泊」也必是「環梁山」的了。

最後，《紀要》因言宋江事而再次表明其以古「梁山濼」曾爲「環梁山」之水泊。《紀要》說「宋政和中，盜宋江保據於此，其下即梁山泊也」，如果梁山泊不是環山聚水，則其山無險可守，宋江等怎麼「保據於此」？所以除了上論《紀要》說「梁山泊在梁山南」應是指明末清初的「梁山濼」之外，《紀要》更突出強調的是「汶水西南流，與濟水會於梁山，東北回合而成濼」之「環梁山」的「梁山泊」，才是歷史上眞正的「梁山濼」。這個「梁山濼」因其水勢浩大，曾在「宋政和中，盜宋江保據於此」而名揚天下，傳之永遠，才是最值得治史與治文學者所關心的。

第三，《紀要》以今環梁山八百里內自古積水之湖泊，均爲「梁山泊」遺存。上引《紀要》云「今州境積水諸湖，即其餘流矣」。其所稱「今州境」即顧氏所處清初的東平州境。《紀要》成書於清康熙間，當時省、府、州、縣尚承明末建制，而東平州時屬濟南府。《明史·地理志》載：

　　東平州　元東平路，直隸中書省。太祖吳元年爲府。七年十一月降爲州，屬濟寧府，以州治須城縣省入。十八年改屬。北有瓠山。東北有危山。西南有安山，亦曰安民山。下有積水湖，一名安山湖。山南有安山鎮，會通河所經也。汶水在南，西流入安山湖。又西北有金線閘巡檢司。東南距府百五十里。領縣五。

　　汶上　州東南。西南有蜀山，其下爲蜀山湖。又西爲南旺湖，其西北則馬踏河，運道經其中而北出，即會通河也。又汶水在東北，舊時西流入大清河。永樂中，開會通河，堰汶水西南流，悉入南旺湖。

　　東阿　州西北。故城在縣西南。今治，本故穀城縣也，洪武八年徙於此。南有碻磝山。西有魚山。會通河自西南而北經此，始與大清河分流。又西有馬頰河，俗名小鹽河，東流入大清河。又張秋鎮在西南，弘治二年，河決於此。七年十二月塞，賜名安平鎮。

　　平陰　州東北。南有汶河。西南有大清河，又有滑口鎮巡檢司，後廢。

　　陽谷　州西北。東有會通河。又東有阿膠井。

壽張　　州西。洪武三年省入須城、陽谷二縣。十三年十一月復
置，屬濟寧府，後來屬。東南有故城，元時縣治在焉。今治，本王
陵店，洪武十三年徙置。南有梁山濼，即故大野澤下流。東北有會
通河，又有沙灣，弘治前黃河經此，後堙。西南有梁山集巡檢司。
〔註145〕

以上引《紀要》說「今州境積水諸湖，即其餘流」而論，可知在顧祖禹
看來，上引文中東平州所領五縣（汶上、東阿、平陰、陽谷、壽張）及州治
須城（今東平）境內「積水湖，一名安山湖」，汶上縣「蜀山湖」、「南旺湖」、
壽張「南有梁山濼」等古遺水泊，其實都屬古「梁山濼」遺存，而所涉及境
內河流也都屬於梁山泊水系，均顧祖禹所謂梁山泊之「餘流」。

綜合以上三點可以知道，在顧祖禹看來，一方面是清初東平州所領五縣
中，壽張縣當時有名爲「梁山濼」的水域「在梁山南」，另一方面其它四縣境
內「積水諸湖」皆古「梁山濼」之「餘流」。這也就是說，《紀要》有關梁山
濼「今州境積水諸湖，即其餘流」之說，不僅表明了顧氏認可清初梁山泊尚
有遺存，而且可以據此對照地志，確認哪些「湖」爲梁山泊之「餘流」！

顧氏身後至今又三百餘年，雖陵谷變遷，但考諸實際，今山東梁山所謂
「馬營濕地」、東平古「安山湖」（今東平湖前身）、汶上縣「蜀山湖」、「南旺
湖」等顧氏所謂「梁山濼」之諸「餘流」俱在。那麼實事求是，「梁山泊」當
然還可以是今「環梁山」周邊古遺湖泊及其水系的總稱。

作爲我國歷史上沿用千餘年的區域地理傳統，「梁山濼」即「梁山泊」與
「梁山」山水一體，相得益彰，既是一個屢經變遷的巨大的水系，又是自古
兵家相爭的要地，特別是古典文學名著《水滸傳》賴以產生的地方，積澱或
說負載了極爲豐富的古代自然與人文的內涵，從而這一名稱既能夠在古代文
獻中誕生以來就是重要的存在，又在今天的現實中仍有被應用的理由與價
值，理應得到一定的認可與提倡。

因此，本人在 2010 年 10 月 18 日梁山召開的「天下水滸論壇」上曾經建
議梁山縣把他們所稱的「馬營濕地」命名爲「梁山泊遺存」，得到與會專家與
當地領導的支持，會議爲此增加了「梁山泊遺存命名儀式」，到會來自全國的
百餘專家學者還爲此簽名。

〔註145〕〔清〕張廷玉等撰《明史》卷四一《地理志二・山東・東平州》，中華書局
1974 年版，第四冊，第 943～944 頁。

我之所以提出「梁山泊遺存」，而不主張稱「梁山泊遺址」的理由，是「梁山泊」以「梁山」爲標誌，本是水域，而非古建築之類的遺留。梁山的「馬營濕地」當古代「八百里梁山泊」之中心地區，既屬古遺水系，今人爲之命名，當然就應視以爲古梁山泊之遺存水域。稱之爲「遺址」的話，則名實不符。即使勉強可以流行，那麼梁山方圓八百里中低田窪地，豈非都是梁山泊「遺址」了，那對於強調其爲一古水域之遺的特質，還有什麼意義？

「環梁山」周邊古遺湖泊及其水系總稱「梁山泊」（即「梁山泊遺存」），在今地名應用中有例可循。如新疆羅布泊自上世紀 60 年代以來，2 萬平方公里的湖區滴水無存，湖底結成堅實的鹽殼，被人們稱爲「死亡之海」，但由於其極大的自然與人文歷史價值，建國後通行中國地圖冊上仍標其遺址名爲「羅布泊」，更組織專家於 2007 年 12 月繪製出羅布泊地區地形圖，續後的開發利用是可以想見的。以此例論，「梁山泊遺存」同樣具有高度的自然與人文歷史價值，而且比較前者至今還多有「餘流」，當然更可以在現實生活和通行中國地圖中存其名號。爲此，本人提出以下看法：

一、應當重視古「梁山泊」的歷史，仿「羅布泊」之例，對其在人文地理上最有價值時段宋代之「八百里梁山泊」區域予以標識；

二、應當明確當今古「梁山泊」並沒有完全消失的事實，承認明末清初古東平州境內即今山東東平、梁山、鄆城、汶上、陽谷等縣內古遺「積水諸湖」與河流等爲「梁山泊遺存」；

三、組織專家對「梁山泊遺存」進行自然與人文地理的勘察和標識；

四、開展「梁山泊」歷史地理研究，以爲歷史與文學研究以及當今魯、冀、豫、皖之間黃淮河流域水利建設提供可能的參考。

本人認爲，提出「梁山泊遺存」的意義約有以下幾點：

一、有利「梁山泊」歷史的揭蔽與深入探討。「梁山泊」因整體久已不存而造成的人們對其認知上的逐漸「失憶」，其所對應現實區域乃至國內外對這一區域的關注，也幾乎不再有「梁山泊」視角的考量，從而歷史上「梁山泊」所形成的文化久被遮蔽。「梁山泊遺存」的提出有利於揭蔽「梁山泊」的歷史與文化，促進這一區域的文化開發建設；

二、有利黃淮海地域歷史文化研究的拓展。歷史上「梁山泊」實爲以魯西爲中心關係冀、魯、豫、皖、蘇數省的水域，在諸如戰爭、水利、漕運、交通等政治、經濟和社會文化等多方面都發生過許多大事，予中國歷史有深

刻影響。「梁山泊遺存」的提出，將進一步吸引人們對這一地域歷史文化的關注，同時與運河文化山東段的研究有交叉，也是後者一個有益的參照。

三、有利山東「水滸文化圈」的整合與開發。「梁山泊遺存」所涉古東平州梁山、汶上、東平、鄆城、陽谷等縣，在魯西地相鄰，水滸文化實爲一體，不可分割，但由於分屬濟寧、泰安、菏澤、聊城四市，行政上不便就水滸文化形成統一的領導，彼此不宜協調，甚至發生鄰縣間爲爭「水滸」資源而對簿公堂的憾事，嚴重影響了這一地域的旅遊文化開發。「梁山泊遺存」的提出將有利於在觀念與文化上打破行政區劃的隔閡，促進有關地區的平等交流與合作；

四、有利「中原經濟區」的實際形成與科學發展。雖然今山東省梁山縣沒有被劃入「中原經濟區」，但宋代「八百里」梁山泊的大部分地域都在最近新劃定的「中原經濟區」內。「梁山泊遺存」的提出，可有利於加快現實中這一區域在經濟上對「中原經濟區」的認同與歸屬，促進「中原經濟區」結構的整合，以利建設與發展；

總之，「梁山泊遺存」不是無端之想，虛妄之思，無益之說，而是一個有歷史根據、學術價值和現實功用的重要課題，需要有關學者的共同關注與探討，有關黨政領導的重視與支持。相信只要上下一致認識到位，「梁山泊遺存」該做和能做的事情，都會逐漸被提出來並做快做好。

（原載《菏澤學院學報》2013 年第 3 期）

第三輯　《水滸傳》的描寫與山東

《水滸傳》與山東

李永先

我國著名古典小說《水滸傳》與山東有著密切的關係。這部小說主要是描寫發生在山東的農民起義故事，書中寫了許多山東的方言土語和風俗習慣。馬克思曾指出：「必須充分地佔有材料，分析它的各種發展形式，探尋這些形式的內在聯繫。」〔註1〕從書的內容看，作者是親自到過山東的，熟悉山東的情況。因為《水滸傳》主要是寫山東的人和事，所以它深深地影響著山東的廣大人民。山東人民非常喜愛水滸故事和水滸英雄，它鼓舞著山東人民前赴後繼地起來和反動統治階級作殊死的鬥爭。

《水滸傳》的百回本、百二十回本的前七十回，與七十回本的內容是相同的。百回本寫梁山起義軍接受朝廷招安後，離開山東梁山泊根據地去東京。接著寫征遼，主要活動地區是今河北、北京、天津一帶。最後寫征方臘，那是發生在今浙江、江蘇、江西、安徽一帶的故事。百二十回本則在百回本的基礎上，又加上征田虎、征王慶部分，那是活動於今河南、山西、河北一帶的故事。《水滸傳》所寫的地名，除征田虎、征王慶部分，虛構的地名比較多以外，其它的地名則大部分是真實的。七十回本《水滸》與山東的關係最為密切。

〔註1〕《馬克思恩格斯全集》第二十三卷第23頁。

《水滸傳》主要是寫山東的故事

七十回本《水滸傳》所寫的絕大部分故事是發生在山東境內的。從第十一回、十二回寫林沖上梁山開始,接下去第十四回到第十六回吳用智取生辰綱,第十七回魯智深上二龍山落草,第十八回宋江私放晁蓋,第十九回、二十回晁蓋上梁山、林沖火併王倫,第二十一回、二十二回宋江怒殺閻婆惜、朱全義釋宋江,第二十三回到二十六回武松景陽岡打虎、紫石街殺嫂,第三十三回、三十四回宋江避難清風寨,第三十五回、三十六回宋江接家書回鄉,第四十二回寫宋江還道村受三卷天書,第四十三回李逵回鄉接母,第四十六回到五十回三打祝家莊,第五十一回鄆城縣都頭雷橫、朱仝的故事,第五十二回攻打高唐州,第五十五回到五十七回呼延灼攻打梁山泊,第五十八回三山聚義打青州,第六十三回關勝攻打梁山泊,第六十九回攻打東平府、第七十回攻打東昌府。

書中所寫的州府縣名,大部分符合北宋時京東東、西路(即今山東省)的情況,青州州治在今益都縣,濟州州治在今鉅野縣,沂州州治在今沂水縣,登州州治在今蓬萊縣,東平府即今東平縣。濮州在河南濮縣,曾一度屬山東,濮州所管轄的鄄城、雷澤、臨濮、範縣四縣,今大部分仍屬山東。泰安州即今泰安縣,高唐州即今高唐縣。書中所寫的梁山泊及鄆城縣、陽谷縣、壽張縣也都是山東的地名。

有一些地名北宋時尚未設置,但卻是金、元、明的山東實有地名。例如第六十回提到的濟寧州係元朝所置,第六十九回提到的汶上縣係金代所置,第七十回提到的東昌府係明代洪武元年所置。

第六十回寫晁蓋曾頭市中箭,第六十七回寫關勝降淩州團練使、聖水將軍單廷珪及神火將軍魏定國,第六十八回寫宋江二打曾頭市中所提到的淩州、曾頭市,是作者虛構的地名,沒有寫明確切的位置,但卻寫著曾頭市離青州和高唐州不遠。第六十八回寫青州地區的強人郁保四,奪了梁山泊段景住、楊林、石勇的二百匹北地好馬,解送曾頭市。第七十三回寫「淩州高唐縣」,第六十回寫「淩州西南上曾頭市」。高唐縣是山東地方,那麼淩州、曾頭市也無疑是山東的地方。這樣,這幾回的內容,也應是發生在山東的故事。

書中寫的縣以下地名,除極少數的以外,則全是虛構的,晁蓋家住鄆城縣東溪村,宋江家住鄆城縣宋家村及受天書的還道村,阮氏兄弟家住石碣村,李逵家鄉沂水縣董店百丈村,獨龍岡前的祝家莊、李家莊、扈家莊、鄆城縣

黃泥岡及梁山上的蓼兒窪、宛子城、鴨嘴灘，登州的登雲山，青州的清風山、白虎山、清風鎮、清風寨、赤松山等，都是虛構的地名。其中有些地名有民間傳說的原型，例如：黃泥岡據說是現在鄆城縣黃堆集，祝家莊是陽谷縣的祝口村，宋江的宋家村係鄆城縣水堡村。

有一些地名，至今還保存著原來的名稱。武松打虎的陽谷縣景陽岡，武松鬥殺西門慶的獅子樓，武大郎賣炊餅的紫石街，魯智深、楊志、武松落草的青州二龍山，李忠、周通等落草的桃花山及宋江攻打東平府時曾駐軍過的、離東平四十里的安山鎮等。

書中寫的一些情節，也是合乎山東的地理環境的。例如寫武松鬥殺西門慶、手刃潘金蓮以後被發配孟州。河南孟州即今河南西北部孟縣。第二十七回寫道：「如今來到孟州路上，正是六月前後。」「約莫也行了二十餘日，來到一條大路，三個人已到嶺上」，「這嶺正是孟州道，嶺前面大樹邊，便是有名的十字坡。」從山東陽谷到河南孟州，約有一千多里地，走了二十餘日，這是合乎實際的。第三十一回寫道：「武松在張青家裏，將息了三五日」，「武行者辭了張青夫妻二人，離了大樹十字坡，便落路走，此時正是十月間天氣。」第三十二回寫武松「迤邐取路，望著青州地面來」，「又行了十數日……時遇十一月間，天氣生嚴寒。」從河南西北部的孟州，到山東中部的青州約二千里遠，時間上從「十月間天氣」到「十一月間」，中間行走了一個月，日行七十里左右，這也是合理的。

書中寫正月二十三日，秦明續娶花榮妹為妻。第三十五回寫道：「吃了三五日筵席……又過了五、七日」，應為二月初。宋江於這時離開清風山，打算往梁山泊入夥。他們在路上行了五七日，過對影山收呂方、郭盛，又在路上行了兩日，宋江遇石勇下書，回家被捕。從青州到鄆城有六百多里，五、七日加兩日，共走了八、九天，這是合理的。

當然，書中也寫了一些不符合地理知識的情節。例如第三十六回寫宋江在鄆城被發配到江州，經過梁山泊。江州即今江西省九江市。鄆城在九江以北，梁山在鄆城以東，從鄆城到江州，不會繞道梁山泊。第四十回寫宋江派戴宗往薊州尋公孫勝。書中說：「在路行了三日，來到沂水縣界。」按薊州即今河北省薊州，在梁山泊以北，沂水縣在梁山泊以南，從梁山泊到薊州，決不能繞道沂水縣。第十六回寫楊志押送生辰綱，從北京大名府即今河北省大名縣，到東京即今河南省開封市，不能走鄆城縣的黃泥岡。就是走這條路，

也用不了書中所說的「十四、五日」。第五回寫魯智深從五臺山到東京的路上，經過周通、李忠等佔據的桃花山。但是第五十八回寫「三山聚義打青州」。桃花山又成了青州地區。地理位置不對。

有些同志根據這些描寫，指責《水滸傳》作者不瞭解山東的地理環境。我認為，這不一定能說明作者不瞭解山東情況，也可能是作者有意作這樣的虛構。中國古典小說寫的地理環境真假糅合的例子是很多的，《紅樓夢》中的大觀園，就是不符合建築構造圖紙的園林。魯迅曾說：他的小說「所寫的事蹟，大抵有一點見過或聽過的緣由，但決不全用這事實，只是採取一端，加以改造，或生發開去，到幾乎完全發表我的意思為止。」〔註2〕我們不能完全以是否合乎地理環境去過高地要求作者。

《水滸傳》中所寫的人物，也是山東籍的最多。梁山泊一百單八將，有三十八人是山東人，占百分之三十五。特別是主要頭領宋江及掌握梁山泊軍事指揮大權的軍師吳用，還有早期梁山泊的頭領晁蓋，都是山東鄆城人。天罡星三十六人，山東籍的十二人，除了上面所說的宋江、吳用以外，還有李應是鄆城縣莊主；朱仝是鄆城縣富戶、縣衙都頭；雷橫是鄆城縣鐵匠、縣衙都頭；阮小二、阮小五、阮小七是濟州石碣村漁戶；花榮是青州清風寨知寨；李逵是沂水縣百丈村人；解珍、解寶是登州獵戶。地煞星七十二人中有二十六人是山東人，即：青州都監黃信，濟州秀才蕭讓，萊州販軍馬客人燕順，獨龍岡莊主小姐扈三娘，登州解珍、解寶，族姐顧大嫂，青州白虎山莊戶孔亮、孔明，濟州刻匠金大堅，鄆城縣宋家莊莊戶宋清，梁山泊開山頭領宋萬、杜遷，萊州閒漢鄒潤、鄒淵，沂水縣人朱貴、朱富，沂水縣都頭李雲，鄆城縣安樂村閒漢白勝，高唐人時遷，青州盜郁保四，東昌府副將丁得孫、龔旺，淩州團練使單廷珪、魏定國，祖貫濮州（今鄄城一帶）人氏樊瑞，祖貫茅州火氏，（北宋無茅州建置，茅乃古國名；在今金鄉縣西北）先祖挈家到登州居住的樂和，青州桃花山寨主周通。

還有些頭領，雖然祖籍不是山東，但上梁山以前長期在山東居住，或作官、或經商，或幹其它行業，實際上也應算是山東人。例如王英祖貫兩淮人氏，車家出身，為青州清風山寨主，娶山東扈三娘為妻；鄭天壽祖貫蘇州，打銀為生，也是青州清風山寨主；秦明原是山後開州人氏，青州兵馬統制；孫立、孫新是瓊州人氏，軍官子孫，調登州駐紮，兄弟就此為家；董平係河

〔註2〕《魯迅全集》第五卷第108頁，人民文學出版社1973年出版。

東上黨郡人，東平府兵馬都監；張清係彰德府人氏，東昌府守將；武松原為河北清河縣人，係陽谷縣都頭，兄嫂遷陽谷縣賣炊餅；曹正係開封府人，來青州後被召贅為婿；皇甫端是幽州人氏，東昌府獸醫；杜興祖貫中山府，是鄆城縣李應的大管家；李忠是濠州定遠人，原以賣藥為生，為青州桃花山寨主；呂方是潭州人，原以販賣藥為生，為山東對影山寨主。如果把這些人也加上去，即共有五十一人，占總數的百分之四十七多。

有人說山東省是明代的建置，北宋只有京東路，《水滸傳》中大量使用山東這個地名，說明這部小說成書於明代中葉。我認為這個說法不能成立。因為齊、魯山東這個地名，早在秦漢即已開始使用。《史記·酷吏傳》記載：「御史大夫（公孫）弘曰：『臣居山東為小吏時，寧成為濟南都尉。』」又《史記·儒林傳》記載：伏生「教於齊魯之間，學者由是頗能言《尚書》，諸山東大師，無不涉《尚書》以教矣。」這裏所說的山東，即是現在意義的山東，這是山東這個地理名詞的最早記載。北宋時，山東為京東路。金大定八年（公元 1168 年）置山東東西路統軍司，山東才正式成為地方行政區劃。元置山東東西道肅政廉訪司及山東東西道宣慰司。明洪武元年（公元 1368 年）置山東行中書省，山東省才開始成為地方行政區名。山東這個地名，在宋代即已通用。有關宋江的記載，北宋李若水《捕盜偶成》詩：「去年宋江起山東，白晝橫戈犯城郭」（《忠愍集》）。《皇宋十朝綱要》於宣和元年記載：「招撫山東盜宋江」。這說明北宋即使用山東這個地理名詞。在南宋、金時，使用就更多。《宋史·劉豫傳》記載：「金人南侵，豫棄官避亂儀真。豫善中書侍郎張愨。建炎二年正月，用愨薦除知濟南府。時盜起山東，豫不願行，請易東南一郡。」汪藻《浮溪集》卷十六載：建炎三年，諭李逵、宮儀、張成等敕書：「敕李逵等，朕惟疆寇憑陵，山東震擾，保此數州之地，皆爾諸將之功」。《三朝北盟會編》卷一百二十九，建炎三年五月也載此敕。這幾處記載中的山東，也是指齊魯之地這個山東。《建炎以來繫年要錄》中，提到山東的地方也很多，卷七一建炎元年十二月記載：「右副元帥宗輔與其宗弼自滄州渡河，攻山東。明年春，陷青、濰。」又卷二十記：「建炎三年二月丁巳，武經大夫閤門宣贊舍人丁進既受招，以其軍從上行……會御營都統制王淵自鎮江踵至。進懼，欲入山東。」又卷二十一建炎三年三月記載：「金人陷京東諸郡，時山東大饑，人相食，嘯聚蜂起。」又卷三十記：「黏罕……攻澶州、濮、山東諸州郡。」這方面的例子很多，在此就不一一列舉了。

元末明初成書的《水滸傳》使用山東這個詞是不足為奇的，不能據此斷定成書於明中葉。

《水滸傳》裏的山東方言土語和風俗習慣

《水滸傳》在寫山東的人和事中，使用了大量的山東方言土語。例如自我稱「俺」，稱女青年是「妮子」（51 回）。據清朝翟灝《通俗編》說：「今山左目婢曰小妮子」。山左即山東。阮氏兄弟和李逵等人的口頭語「鳥」，浙江讀音屌，山東不少地方，特別是鄆城縣，今天仍然使用這個口頭語。第五十六回寫時遷到徐寧家中盜雁翎甲時，用了山東諺語：「熱鏊子上的螞蟻，走投無路。」

李逵這個山東好漢，是《水滸傳》中描寫得最成功的人物形象之一。李逵的對話，相當大的部分是使用山東方言土語。魯迅曾稱讚《水滸傳》對話的巧妙，「有些地方，是能使讀者由說話看出人來的。」即使「並不描寫人物的模樣，卻能使讀者看了對話，便好像目睹了說話的那些人。」〔註3〕李逵的說話，就可以達到這個高度。第三十八回寫李逵在江州奪了小張乙的賭錢銀子，正走之間，聽到背後一人趕上來，扳住肩臂喝道：「你這廝如何卻搶擄別人財物？」李逵口裏應道：「干你鳥事！」回過臉來看時，卻是戴宗，背後立著宋江。李逵見了，惶恐滿面，便道：「哥哥休怪，鐵牛閒常只是賭直，今日不想輸了哥哥的銀子，又沒得些錢來相請哥哥，喉急了，時下做出這些不直來。」山東土話「干你鳥事！」是「該你什麼事」的意思。「賭直」是「賭錢講鯁直」的意思，「閒常」是「平常」的意思，「又沒得些錢來相請哥哥」是「又沒有一些錢來請哥哥吃喝」的意思。「喉急了，時下做出這些不直來」就是「著急了，現在才做出這些不正直的事來。」第四十三回寫李逵回鄉接母，於路上又饑又渴，四下裏都是山徑小路，不見有一個酒店飯店。正走之間，只見遠遠在凹裏露出兩間草屋。李逵見了，奔到那人家裏來，只見後面走出一個婦人來。李逵放下樸刀道：「嫂子，我是過路客人，肚中飢餓，尋不著酒食店，我與你一貫足錢，央你回些酒飯吃。」這裏的「央」「回」都是山東土話。「央」有請求的意思，「回」是有代價地請求出讓非賣物。李逵回到家中，娘對他說：你的大哥，只是在人家做長工，止博得些飯食吃，養娘全不濟事。「博得」就是「賺得」的意思，「養娘全不濟事」就是養活老母完全不頂事。

〔註3〕《魯迅全集》第五卷第 587 頁，人民文學出版社 1973 年出版。

李逵接母越沂嶺時，他去取水給娘喝，娘被老虎吃掉，李逵看到老虎時說：「正是你這業畜吃了我娘。山東有些地方，至今還稱老虎是「業畜」。

　　《水滸傳》中另一個話生生的人物就是武松。書中交代武松是河北、山東交界地方的人，又長期在山東生活，所以也說得一口山東土話。第三十二回寫武松離開十字坡，走到青州地面的土岡上，進得一家酒店，大呼：「主人家你眞個沒東西賣！你便自家吃的肉食，也回些與我吃了，一發還你銀子。」「也回些與我吃了，一發還你銀子」，這是多麼生動的山東土話。

　　《水滸傳》是部偉大的現實主義作品，它的一切描寫都是合乎生活眞實和歷史眞實的。書中寫山東人的衣、食、住、行，也是符合山東地方的眞實情況，有些至今還如此生活。第十五回寫阮小五圍著一條間道棋子布手巾，阮小七身上穿個棋子布背心。鄆城縣到前幾年還穿用一種農婦自織的土布和手巾，用紅線、藍線、灰線、白線、綠線相間織成一種棋盤方格的樣式的土棉織品。吃的方面，第六回、第二十四回、第二十六回、第五十六回所寫的炊餅，就是現在的蒸餅，宋人因避仁宗聖諱而改稱炊餅。第六回、第四十九回、第六十二回所寫的燒餅及第九回所寫的麵餅，至今還是山東人常用食品。第二十回寫梁山上產桃、杏、梅、李、枇杷、山棗、柿、栗、藕，第二十四回寫鄆哥賣的雪梨，至今還是這一帶出產的乾鮮果品。住的方面，書中寫潘金蓮靠街大門口掛簾子，鄆城、陽谷一帶至今有這種習慣。關於載運工具，第十六回、第六十一回所寫的太平車子，是一種四輪無蓋大車，可套幾頭牛拖拉，行走緩慢、安適，所以叫太平車。解放以後，魯西南及北方平原地方，還使用這種交通工具。

　　書中還寫了一些山東的風俗習慣。第二十四回寫王婆請潘金蓮做壽衣，王婆對潘金蓮說：「老身十病九痛，怕有些山高水低，頭先要置辦些送終衣服。……又撞著如今閏月，趁這兩日要做；又被裁縫勒揩，只推生活忙，不肯來做。」這裏說的閏年閏月做壽衣，我們山東至今還有這個風俗。第三十二回寫山東人年例，臘月初八上墳。山東人確有這個風俗。

《水滸傳》對山東的影響

　　《水滸傳》和山東的關係極為密切，對山東的影響也極為深遠。早在宋、元時代，在山東即流傳著許多水滸故事的民間傳說。元代延祐二年進士陳泰於公元 1323 年經過梁山泊時，聽撐船篙師說：「昔宋江事處（此句有脫誤），絕湖爲池，闊九十里，皆桑荷菱芰，相傳以爲宋妻所植。宋之爲人，勇悍狂

俠，其黨如宋者三十六人。至今山下有分贓臺，置石座三十六所，俗所謂『來時三十六，歸時十八雙』，意者自誓之辭也。」〔註4〕元代山東東平人高文秀、棣州（今惠民縣）人康進之，都是寫水滸戲的作家，他們根據傳說、平話創作了許多水滸劇，傳世的即有十種黑旋風的雜劇。明代蘭陵笑笑生根據《水滸傳》中武松、潘金蓮與西門慶的故事，又撰寫了長篇小說《金瓶梅》。章丘人李開先根據《水滸傳》中的林沖故事，撰寫了傳奇《寶劍記》。清初新城（今桓臺縣）人王漁洋寫的《香祖筆記》《居易錄》等，多次記載關於《水滸傳》的軼事。明、清時代的山東地方志《山東通志》《東平州志》《壽張縣志》也都記有宋江起義和梁山泊義軍傳說古蹟的記載。

明清以來，《水滸傳》幾乎成了山東農民起義的兵書，他們以《水滸傳》描寫的戰例，指導自己的鬥爭。清人查繼佐《罪惟錄》載：「徐鴻儒，山東鉅野人，遷鄆城。萬曆末年，用白蓮教惑眾……儒誤信梁山泊演義故事，巢於梁家樓。」徐鴻儒農民起義就是在水滸故事的鼓舞下而起事的。

清代宋景詩起義，以《水滸傳》上的「替天行道」「劫富濟貧」號召群眾。從山東興起的義和團，旗上也常書「替天行道」，號召群眾。清人劉治襄記載：「義和團之亂，所以釀成此大戾者，原因固甚複雜，而根本癥結」和「構成義和團之原質」是《水滸》「等小說教育可也。」（《庚子西狩叢談》）這是分析義和團起義的根本原因之一，是《水滸》等小說影響的結果。

明代有許多農民起義者，以水滸英雄的名字稱呼自己，從而得到力量。崇禎十四年（公元1641年）《山東總兵楊御蕃題為塘報畿省會兵合剿等事》記載：「共計剿殺有名賊首大膽黃文、燕青、焦贊等二十三名。……賊首宋江被大攻，……生擒賊首柴進。」〔註5〕同年《山東巡按李近古題為塘報防河事》記載：「又據王李口防官劉哲報稱……土賊頭目稱宋江、一條龍等賊，自馬牧集起營。」〔註6〕崇禎十七年（公元1644年）《河道總督楊方興揭為備陳「兗屬」土寇情形並剿撫機宜事》記載：「……該職看得兗屬東西州邑土寇不下數萬，其最著者，如滿家洞之擎天大王宮文采……桑科集之插翅虎閻清宇……皆積年巨寇，不比尋常土賊也。」〔註7〕這些官方奏摺記載中所提到的宋江、燕青、柴進、插翅虎，都是水滸人物，他們以水滸人物的名字

〔註4〕《所安遺集補遺》·《江南曲序》。
〔註5〕鄭天挺、孫鉞等編輯《明末農民起義史料》，中華書局1964年出版。
〔註6〕鄭天挺、孫鉞等編輯《明末農民起義史料》，中華書局1964年出版。
〔註7〕鄭天挺、孫鉞等編輯《明末農民起義史料》，中華書局1964年出版。

來稱呼自己，從而激勵自己，鼓舞群眾，壯大起義隊伍。

　　《水滸傳》小說所描寫的農民起義根據地梁山泊，成了農民起義的實際發源地。崇禎十五年（公元 1642 年）「李青山諸賊嘯聚梁山，破城焚漕，咽喉梗塞，二東鼎沸。……青山雖滅，而鄆（城）、鉅（野）、壽（張）、範（縣）諸處、梁山一帶，恐尚有伏莽未盡解散者。《水滸傳》一書貽害人心，豈不可恨哉！」〔註8〕從這些反動的記載可以看出《水滸傳》如此巨大的影響，因此，反動統治者下令山東道府有司，嚴禁《水滸傳》的印刷流傳。崇禎十五年六月，《兵部為梁山寇雖成擒仍嚴禁〈滸傳〉等事》記載：「咨東撫、登撫，合咨貴院煩為遵炤本部覆奉明旨內事理，希嚴飭道府有司，實實清察，務使降丁各歸里甲，勿令仍前佔聚殃民；一面大張榜示，凡坊間家藏《滸傳》並原版，速令盡行燒毀，不許隱匿；仍勒石山巔，垂為屬禁，清丈其地，歸之版籍。期於窟穴肅清，萑苻屏蹟，施行。」〔註9〕

　　在山東，有許多自認為水滸人物的後代，他們以此炫耀水滸英雄事蹟。據清康熙六年（公元 1667 年），壽張知縣曹玉珂《過梁山記》記載當地父老說：「祝家莊者，邑西之祝口也。關門口者，李應莊也。鄆城有曾頭市。晁、宋皆有後於鄆。舊壽張則李逵擾邑故治也。武松打虎之景陽岡，今在陽谷。且戰陣往來，皆能歷述，多與《水滸傳》合，更津津豔『忠義』之名，里閈猶餘慕焉。」〔註10〕據清初王漁洋《香祖筆記》卷十二記載：「兗州陽谷縣西北有冢，俗呼西門冢。有大族潘、吳二氏，自言是西門嫡室吳氏妾潘氏之族。一日社會，登臺演劇。吳之族使演《水滸記》，潘族謂辱其姑，聚眾大哄，互控於縣令。」就連《水滸傳》中的反面人物，也有自認其後代者。

　　鄆城縣丁里長公社晁莊，有一百零三戶人家，全是晁姓，直到今天還自稱是晁蓋後人。《晁氏宗譜》記載的九世祖晁盍，他們說就是晁蓋。因其造反，砍頭入譜，即把蓋字去了「艸」成為「盍」字。《晁氏宗譜》還記載五世祖晁補之（《宋史》有傳）元豐進士，曾任吏部員外郎、禮部郎中，兼國史編修等職，係鄆城縣晁姓始祖。按晁補之生於北宋仁宗皇祐五年（公元 1053年），死於北宋徽宗大觀四年（公元 1110 年），年五十七歲。《晁氏宗譜》記載晁盍的兄弟晁彰，是金貞祐年間濬州都統，遭讒被害。晁彰子晁望死於大德三年，年八十三歲。大德三年是公元 1299 年，那麼他是生於 1217 年。貞

〔註 8〕　《明清史料乙編，刑科右給事中左懋第題本》。
〔註 9〕　鄭天挺、孫鉞等編輯《明末農民起義史料》，中華書局 1964 年出版。
〔註10〕　《壽張縣志‧藝文志》。

祐年間是公元 1213～1216 年。距北宋宣和年間已九十多年，這個晁盍和宋江不是一個時代的人。據王利器先生考證：「《水滸》一書的斷限，不僅僅局限在宣和三幾年的一個歷史階段，而是上起北宋初期下迄南宋末年的。」〔註11〕《水滸》是根據幾百年的人物事蹟而虛構的故事。因此，這個晁盍也可能是晁蓋。但晁蓋造反的事，《晁氏宗譜》沒有記載。《晁氏宗譜》有乾隆四十年、光緒二十四年和民國二十三年三種版本，關於晁盍的記載是相同的。

梁山縣銀山公社石廟村，相傳係阮氏兄弟的石碣村。村中曾有一座七賢廟，塑著阮氏兄弟七人，其中有阮小二、阮小五、阮小七。說明這裏的群眾非常敬重這些水滸英雄。這座廟在解放後拆掉。鄆城縣水堡公社水堡村，傳說即宋江的宋家村。村中有一大坑，據說是宋江後人傳下來的。還傳說宋江兄弟五人，宋江是老三，所以也稱黑三郎。老大叫宋淮，老二叫宋漢，老四叫宋河，老五是宋清。鄆城縣黃堆集公社白垓村，傳說是白勝的安樂村，村中有白家墓，但沒有姓白的，據說現在村中的滕姓就是白姓改的。還傳說鄆城潘渡公社潘渡村，就是當年潘巧雲的村莊，楊雄殺妻的翠屏山，不在河北省冀州（今冀縣），而在現在梁山縣的壽張集。

這些傳說都沒有文字記載。很可能是群眾讀了《水滸傳》以後，根據小說的描寫，而附會的傳說。我們不必去考證傳說的真實性，反正總可以說明《水滸傳》對山東的影響。

（選自湖北省水滸研究會主編《水滸爭鳴》第四輯）

《水滸》文史辨析

朱希江　周謙

成書於元明之交的《水滸傳》，是以北宋末年宋江等多股農民起義和反抗活動為素材，生動形象地反映兩宋之交激烈的階級和民族鬥爭的古典文學名著。本文旨在探討《水滸傳》所描寫的梁山泊宋江起義與歷史真實的聯繫與差異，探討古典文學反映生活的規律，這對於解決《水滸》研究中諸多懸而未決的問題，乃至正確理解文史間的辯證關係，或許是有裨益的。

一

北宋末年，有沒有象《水滸傳》中所描繪的「山排巨浪，水接遙天」的

〔註11〕《水滸爭鳴》第一輯。

「八百里水泊梁山」？梁山泊是否《水滸傳》作者的憑空杜撰？要探討歷史真實和作為文學作品的《水滸》所描寫的基本內容的關係，我們就不能不首先解決這個問題。

梁山泊的前身是古鉅野澤（或曰梁山泊是古鉅野澤的下游）。

鉅野澤又稱大野澤，我國最早的地理典籍《尚書·禹貢》中就有「大野既豬」的記載。北魏酈道元的《水經注》中記載：「濟水又東至乘氏縣（今山東菏澤市西）西分為二，其一水東南流，其一水從縣東北流入鉅野澤。」唐《元和郡縣志》中曾指明它的確切位置：「在鉅野縣東五里，南北三百里，東西百餘里。」

五代時期，黃河北流，從當時的滑州（今河南滑縣）、大名府（今河北大名縣）、臨清（今山東臨清市）以西，過冀州（今河北冀縣）由天津南入海。五代割據，戰亂不斷，黃河失修，《新五代史》卷九中說：「石晉開運元年（公元944年）六月，丙辰，河決滑州，環梁山入汶、濟」。此間，鉅野澤北移，梁山泊開始形成。至五代末，後周「顯德六年（公元954年）濬五丈渠，東過曹、濟、梁山泊，以通青鄆之漕。」梁山泊之稱最早見於《資治通鑑》的這段記載。北宋天禧三年（公元1019年），黃河又從滑州決口，「岸摧七百步，漫溢州城，歷澶、濮、曹、鄆、注梁山泊。」（《宋史》卷九十一）梁山泊水勢日益擴大，到宋江起義的「宣和元年五月，大雨，水驟高十丈……汴渠將溢，於是募人決下流，由城北入五丈河，下通梁山泊。」（《宋史》）達到梁山泊水勢最大、水域最闊的時期，韓琦《安陽集》有詩形容說：「鉅澤渺無際，齊船度日撐……蒲密遮如港，山遙勢似彭」的情景。

宣和年間的梁山水泊水域範圍，南從鉅野東北不遠處，北到壽張南境，西從鄆城東不遠處，東到汶上境內。邵博《聞見後錄》卷三十載：「王荊公好言利，有小人獻言『決梁山泊八百里以為田，其利大矣』……」宗熙寧九年（1076年），作為政治家兼文學家的王安石，辭相後退居江寧，封荊國公，也稱王荊公。當時他對此說發過「策固善，決水何地可容」的議論。可見，梁山泊在北宋時確有八百里之說。當時發源於徂徠山以東的汶水，發源於沂蒙山的泗水，以及發源於山西王屋山的廣濟河（五丈河）等都匯集於此。蘇轍在過梁山泊時也曾留下了這樣的詩句：「近通沂泗麻鹽熟，遠控江淮粳稻秋。」因之，梁山八百里水泊，既為當時的農民起義提供了有險可憑的條件，又能沿水路進擊沂泗江淮流域，有著廣闊的周旋餘地。

《金史·河渠志》：大定二十年（1181年）黃河「失故道，勢益南行」，

明昌年間「北流絕，全河皆入淮，梁山泊受黃河改道的影響，水源竭少，水域日小」。《明史・河渠志》云：元代曾因南黃河「北決金堤，並河郡邑濟寧、單州、虞城、碭山、金鄉、魚臺、豐、沛、定陶、楚丘、武城以至曹州、東明、巨野、鄆城……等處皆罹患。」「水勢北侵安山（梁山山脈一峰）」。梁山泊水域一度擴大，但有元一代，梁山泊水域縮小的總趨勢未變。到了明永樂年間「築戴村壩，遏汶南流，歲欠填淤，梁山泊遂成平陸。」顧炎武《日知錄》云：「予行山東鉅野，壽張諸邑，古時潴水之地，無尺寸不耕，而忘其昔日為川浸矣。」八百里水泊梁山在明代已大部泯滅了。直到清代雍正年間，黃河再度北移，奪大清河入海，今日之東平湖才逐漸形成，但它已不是昔日的梁山水泊了。

從梁山泊的變遷中可以看出：第一，八百里水泊梁山的最盛時期，恰是宋江等起義的宣和年間前後。第二，元末明初，《水滸》成書前後，正是梁山泊泯滅時期。這裏我們要問，在梁山泊已不復存在的元末明初，《水滸》的作者對梁山泊的描述為什麼那樣符合客觀的歷史面貌呢？這顯然不是一種巧合而恰恰是有力地說明了《水滸》的作者是在歷史真實的基礎上，在參閱了有關水泊梁山的大量史料，並對這一帶的風光景色、風土人情進行了縝密細緻地考查之後（考查中，當然是不難發現二、三百年前的某些遺跡殘景，更不乏大量的膾炙人口的民間傳說故事），才進入了《水滸》的加工製作的階段。其間藝術的誇張和生動細緻的描繪當然是不可缺少的，這已經是進行了藝術的提煉與昇華，所描寫的山川風貌和人物事件已和原來的面貌大不相同了。

二

宋江起義軍是否曾在梁山泊安營紮寨？《水滸傳》中的梁山泊宋江起義與歷史上北宋末年的農民起義關係如何？這是接下來應當澄清的問題。

迄今為止，在已為人們發現的明確記載宋江起義曾駐紮梁山泊的材料中，最早是元初陳泰《所安遺集補遺》中的記載：「余童丱時，聞長老言宋江事，未究其詳，至治癸亥秋九月十六日，過梁山，泊舟，遙見一峰，嵲嶻雄跨。問之篙師，曰：『此安山也。昔宋江□事處……』宋之為人，勇悍狂俠，其黨同宋江者三十六人，至今山下有分贓臺……」元初陳泰生活的時代，距宋江嘯聚山泊僅百餘年，篙師漁夫世代於此，「過梁山，泊舟」，仍可說明元初的梁山泊還是大水浩淼。流傳於他們之中的故事是可信的。水泊梁山境域也確有「小安山」，距梁山主峰約十餘里。

我們認爲這個材料有著很重要的研究價值。

首先，如前所述，宣和年間梁山泊水勢達最盛時期，梁山被巨浸包圍。依山臨水，山雖不高，然「險在水而不在山」，它是反抗者鋌而走險的理想依託。宋江起義前和起義後均有人在此安營落草。北宋人劉延世《孫公談圃》記載，神宗時「蒲恭敏宗孟知鄆州日，有盜黃麻胡者……寇依梁山濼，縣官有用長梯蒲葦間，恭敏下令，禁用得乘小舟出入濼中。」宋江起義失敗後，仍有人入梁山泊舉事。南宋人洪邁《夷堅志乙志》卷六記載，宣和六年，蔡居厚駐防鄆城時，「有梁山泊賊五百人受降，既而悉誅之。」不一一列舉。

其次，宋代的不少文獻曾明確說明宋江等人活動於山東梁山水泊周圍。如北宋人張守《秘閣修撰蔣園墓誌銘》載：「宋江嘯聚亡命，剽掠山東一路，州縣大震，吏多逃匿。」《十朝綱要》卷十八也載：「宣和元年十二月，詔招山東盜宋江。」南宋人方勺《泊宅編》記載更爲具體：「宣和二年……十二月……初七日，歙守天章閣待制曾孝蘊，以京東賊宋江出青、齊、單、濮間，有旨移知青社（社似爲州字之誤）。」青州（今益都）、齊州（今濟南）、單州（今單縣）、濮州（今鄄城北），大致成東南西北方向分佈在梁山泊周圍。宋江等人要四方進擊，進退有靠，就必然在青、齊、單、濮這片廣闊的戰場上找一處有險可守、進退自如的根據地。那麼，位居四州中心地帶的梁山泊，當然是最理想的去處了。況且，在這一帶，可以憑險而居的也只有梁山泊一處。

再者，從宣和年間北宋官吏的調動也很能說明問題。《宋史·侯蒙傳》載：「（蒙）旋加資政殿學士，宋江寇京東，蒙上書言『江以三十六人橫行齊魏，官軍數萬，無敢抗者，其才必過人。今清溪盜起，不若赦江使討方臘以自贖。帝日『蒙居外不忘君，忠臣也。』命知東平府。」這位資政學士的招安建議獲得皇帝的贊許，接著便派他去東平府（亦稱鄆州）上任，幹什麼去呢？顯然是完成招撫宋江的使命的。東平府在梁山泊東岸，宋江等當時在梁山泊爲營是無疑的。這裏，言「〔宋〕江以三十六人橫行齊魏」，而齊魏交會接壤地帶仍應是水泊梁山。因泰山以北及處於山東境內的黃河流域爲古齊國境地，梁山泊在齊之西南；而山西夏縣至河南開封一帶曾是魏國版圖，梁山泊在其東北。宋江等三十六人在齊魏之間使「官軍數萬，無敢抗者」，顯然說明其部下兵卒也當以千萬計，「三十六人」乃指其主要將領而言。

有人以《宋史》沒有明確記載而否定宋江起義在梁山泊，這也是站不住

腳的，因爲《宋史》沒有專門記載過宋江等人的活動，只是在《侯蒙傳》,《張叔夜傳》和《徽宗本紀》中間接提起，是爲敘述侯蒙，張叔夜和徽宗的事蹟而涉及到宋江。《侯蒙傳》在敘述侯蒙因何調動任東平府知府時提到宋江，稱其爲京東賊，因宋江當時活動於京東地區。《張叔夜傳》中稱宋江爲淮南賊，是敘述張叔夜知海州破宋江有功時提到，當時宋江起義軍已轉移到淮南，所以《張叔夜傳》中不但不提及梁山泊，連京東也未提到，因爲敘述宋江在山東梁山泊的活動，對寫海州張叔夜是沒有必要的。

《宣和遺事》中有這樣的記載：「這李進義同孫立商議，兄弟十一人往黃河岸上，等楊志過來，將防送軍人殺了，同往太行山落草爲寇去也。」「那晁蓋八個劫了蔡太師生日禮物，不是尋常小可公事，不免約楊志等十二人共有二十個，結爲兄弟，前去太行山梁山泊落草爲寇。」有人以此爲據，斷言宋江起義發生在太行山，並以爲《宣和遺事》混淆了地域名稱，將山東的梁山泊與山西的太行山並在一起。這也是值得商榷的。第一，李進義同孫立商議打算去太行山，且不說去成與否，即使去了，也不能斷言宋江起事在太行山，因爲這裏並不包括宋江。第二，晁蓋等人約李進義、楊志等「前往太行山、梁山泊落草爲寇「是說去太行山，或梁山泊。據可靠資料斷定，晁蓋等人智取生辰綱的黃泥崗便在今日鄆城黃堆集一帶。至今猶存的明朝萬曆十九年重修黃堆集五聖廟碑文上載：此處距梁山六十餘里，屬「水滸南岸」，古稱黃泥崗（或黃土崗）。當年「垂綸執釣於聚魚之淵」的漁民。休息曬網，便「蟻附崗上，賣魚買酒，酣飲狂呼，眼窄天地，氣傲王侯……」仍有水泊梁山好漢們的遺風。因此可見，晁蓋等人由此劫了生辰綱，到梁山落草是最近便的。退一步講，即使像有人說的劫取生辰綱的地點在南樂縣，而南樂當時也在黃河南岸，距梁山泊不但比距太行山要近，而且要北渡黃河，他們不會攜帶大量金銀財寶去冒風險的。

尤其重要的是，我們決不應當把作爲當時說話人底本的《宣和遺事》當做史書對待。倘若說，其說話人是在當時的江南杭州一帶，而且作爲偏安江南的說話藝人，很難能夠對淪陷在異族之手的北國有確切的感性知識。身在南國，遙指北方太行山梁山泊，只是個籠統的稱呼。其實太行山縱橫數百里，包容數省，山左山右是相當廣大的。至今齊魯還以「山左」代稱，仍舊是把山東與太行山緊密聯繫在一起的。

有些人，片面強調了《宣和遺事》、龔開的《三十六人畫攢》與《水滸傳》

的繼承與發展的關係，但這二者決不可作爲史料當做《水滸傳》素材的來源，這是屬於文藝作品，屬於「文」而不屬於「史」的範疇的東西。倘若研究《水滸傳》與歷史素材的關係，我們認爲宋史中的《侯蒙傳》、《張叔夜傳》及《徽宗本紀》才是最重要的史料根據，這要比《宣和遺事》、《宋江三十六人畫贊》的價值和分量重很多，可信程度要大很多。史料上有宋江等佔據梁山泊的確鑿記載，但絕未見至佔據太行山的記載，《水滸傳》中也根本不曾寫到以太行山爲大本營一事。因此，硬要把宋江等人的活動拉往太行山的主張，除了違背歷史眞實的以訛傳訛之外，只能爲研究《水滸傳》帶來一些混亂的看法。當然，我們並不排除水滸人物確有部分在太行山留下蹤跡，像魯智深、史進、王進等，但這正像盧俊義、柴進活動於河北一樣，不能因此而把梁山好漢的大本營搬走。

　　還有一種意見認爲，宋江起義先在太行山，後又轉移至山東梁山泊，這也是缺乏證據的。因爲史料中從未一處提到宋江起事在太行山，而明確記載宋江起事在梁山泊的材料卻不少。元人陸友《題宋江三十六人畫贊》寫道：「京東宋江三十六，白日橫行大河北，官軍追捕不敢前，懸賞招之使擒賊……我嘗舟過梁山泊，春水方生何渺漠。或云此是碣石村，至今聞之猶䩇魄。」這裏已將「京東」和「梁山泊」並提，二者已經統一起來。後來，較有權威的歷史考證專著《讀史方輿紀要》也載：「宋政和中，宋江結寨於梁山泊。」其餘便不一一列舉了。

　　我們根據歷史資料並參閱余嘉錫、王利器等先生的考證，對《水滸傳》中塑造的主要將領所依照的歷史眞人模特兒進行了地域分類，列表如下：

姓　　名	史書記載活動範圍	最　早　的　資　料　來　源
宋江	山東鄆城梁山	宋《東都事略》元《余家僭亂諸寇》
王倫	山東沂州密州	宋《鐵圍山叢談》《歐陽文忠公集》
吳勝	山東濟南	《宋史》、《金史》
李逵	山東沂州密州	宋《三朝北盟會編》卷 114
李俊	山東單州	同上，卷 218
劉唐	山東	宋《宋會要輯稿》177 冊
解寶	山東鉅野	宋《三朝北盟會編》卷 217
宋萬	山東曹州	宋《建炎以來繫年要錄》

姓　　名	史書記載活動範圍	最　早　的　資　料　來　源
張橫	山西太原	宋《建炎以來繫年要錄》卷 95
韓存保	山西陝西	宋《宋會要輯稿》卷 126
王進	陝北延安	宋《建炎以來繫年要錄》
燕青	山西太行山	宋《三朝北盟會編》
女將一丈青	關西	宋《三朝北盟會編》
呼延贊	山西太原	《宋史》
史進	關中	宋《三朝北盟會編》
楊志	山西太原	宋《宋會要輯稿》

姓　　名	史書記載活動範圍	最　早　的　資　料　來　源
張順	襄陽	《宋史》
彭玘	襄陽、汝州	宋《建炎以來繫年要錄》
孫立	江陰、壽春	宋《宋會要輯稿》
張青	泗州、常州	宋《建炎以來繫年要錄》
呼延灼	淮陰、淮陽	宋《三朝北盟會編》
陳達	亳州	宋《建炎以來繫年要錄》
扈成	江淮金壇	宋《建炎以來繫年要錄》
李成	江淮	宋《揮塵後錄》卷二

姓　　名	史書記載活動範圍	最　早　的　資　料　來　源
王英	河北	宋《三朝北盟會編》
王雄	河北冀州	《橫唐集》卷七
董平	河南桐柏縣	宋《建炎以來繫年要錄》
李恩	河南	同上

　　前表中所列舉的《水滸傳》中主要將領眞人模特兒，從地域上講有宋江、李逵等山東梁山泊周圍八人；有楊志、史進等山西太行山周圍八人；還有河南、河北的四人。從身份上講有打富濟貧的綠林好漢，有抗擊遼金的民族英雄，有行俠仗義的平民窮漢，也有頗得民心的宋朝將官。史書上載：宋江三十六人轉略十郡，「官軍莫敢攖其鋒」，當時不可能有人逐一搞清記下這三十六人的名字。從南宋到元初，階級和民族鬥爭都十分尖銳激烈，人們對北宋末年的民族英雄和綠林好漢懷著崇仰的心情，他們的業績廣爲流傳，口傳筆

記，巷尾街頭，人們把這些眞人歸納集中到宋江三十六人之列，已進行了初步的藝術加工、概括。到元末明初，《水滸傳》的作者以山東梁山泊宋江起義爲中心線索，把原來活動在太行山和江淮地區的綠林好漢、民族英雄也一起集中到梁山泊，歸納爲宋江系統。

因之，我們認爲，歷史上的宋江起義確實發生在山東梁山泊地區，這支隊伍後來曾轉戰到江淮地區。在兩宋之交，太行山和江淮地區也確實活躍著一批反抗政府、抗擊金人的綠林好漢和民族英雄。南宋時《三十六人畫贊》、《宋江三十六人贊》中，這些人物被歸納在宋江三十六人名下。從元代《宣和遺事》到元明之交的《水滸傳》中，這些人物又被集中安排在水泊梁山。這是從史到文，即從眞實素材到文學作品的加工改造、提煉概括過程。

綜而述之，《水滸傳》創作是以歷史眞實記載爲基礎的，它較爲眞實地再現了兩宋之交社會生活的畫卷。這不僅表現在《水滸傳》生動形象地概括了北宋末年階級和民族鬥爭的眞實性，還表現在《水滸傳》創作有著歷史眞人模特兒，在一定程度上保留了當時社會的原貌。有人把《水滸傳》和《封神演義》《西遊記》列爲一類，認爲「全是憑空撰出」，是十分錯誤的。另一方面，《水滸傳》創作中還應用了集中處理和誇張等手法，用「想像和推測」「補充了事實鏈條中不足和沒有發現的環節」〔註12〕。正如魯迅先生所說：「藝術的眞實非即歷史的眞實，我們是聽到過的，因爲後者須有其事，而創作可以綴合、抒寫。」從歷史記載到《水滸》成書可以看出，文史是兩門既相聯繫又相區別的學科。史學的特徵在於眞實地記載社會歷史，以使後人得到教訓和借鑒，而文學的本質在於從眞實的社會現象，歷史記載中汲取原料，經過提煉，概括，以生動、鮮明的形象反映並影響社會。我們既不能將文史截然分開，也不能將二者混爲一談。

（原載湖北省水滸研究會主編《水滸爭鳴》第四輯，長江文藝出版社 1985年版）

《水滸》中的山東籍英雄

劉華亭

《水滸》第七十一回英雄排座次是天罡星 36 人，地煞星 72 人，如果加

〔註12〕《高爾基論文學》第 158 頁。

上初期的首領王倫和中間中箭身亡的晁蓋共 110 人。其中山東籍貫的 27 人，占四分之一弱，按今天行政區劃，在各省中人數居首位。《水滸》中的山東籍貫英雄有以下幾個特點：

一、從火併王倫以後到受招安、征遼、平方臘，處於領導核心地位的都是山東籍英雄。開始為晁蓋、吳用，後來為宋江，吳用。所以梁山義軍力量的不斷壯大，事業的不斷發展，他們起了重要作用，後來受招安以致走向失敗，他們也負主要責任。

二、社會下層人物居多。計有漁民（阮小二、阮小五、阮小七）、獵戶（解珍、解寶）、鄉村知識分子（吳用），閒漢（白勝、鄒淵、鄒潤），小牢子（李逵、樂和），羊馬販子（燕順），偷兒（時遷），開酒店的（顧大嫂、朱富），全真先生（樊瑞）。

三、上梁山之前，已有不少人占山為王，走上了反抗的道路。

燕順　販羊馬消折了本錢，流落在綠林叢中，和王矮虎、鄭天壽在清風山打家劫舍。

鄒潤、鄒淵　在登雲山臺峪裏，聚眾打劫。

孔明、孔亮　聚集起五、七百人，占住白虎山打家劫舍。

樊瑞　與項充、李袞結為兄弟，占住芒碭山打家劫舍。

四、出身富戶或下級官吏的，在走上反抗道路之前，多與江湖英雄有某種聯繫，或同情江湖英雄，或本身就是江湖英雄。

晁蓋　富戶、保正。平生仗義疏財，專愛結識天下好漢，江湖上都聞他名字，山東河北做私商的，多曾投奔他。劉唐、公孫勝打聽得北京大名府梁中書收買十萬貫金珠、寶貝、玩器等送上東京，與丈人蔡太師慶生辰一事，都來報知他，要取此一套不義之財。

宋江　富戶、鄆城縣押司。平生好結識江湖上好漢，但有來投奔的，若高若低，無有不納，便留在莊上館穀，終日伴隨，並無厭倦，若要起身，盡力資助，端的是揮金如土。山東河北聞名，都稱他作及時雨。晁蓋等劫生辰綱，案發以後，濟州緝捕使臣何濤帶著若干人，奉太師府鈞貼並本州文書到鄆城縣捉晁蓋等七人，身為值日押司的宋江得知消息後，穩著何濤在案房俟候，他卻擔著血海也似干係，飛馬來報知晁蓋。

朱仝、雷橫　朱仝富戶，與雷橫同為鄆城縣都頭。當他們夜裏奉命去東溪村捉拿晁蓋時，都爭著要打後門，以便放晁蓋走。雷橫進村以後，故意大

驚小怪，聲東擊西，催逼晁蓋走。朱仝則閃開條路，讓晁蓋過去，而且告訴他：只除梁山泊可以安身，一面和晁蓋說著話，一面趕他，卻如同護送的相似，以後朱仝還放了宋江、雷橫。

李應　富戶。他與祝家莊、扈家莊結下生死誓願，同心共意，但有吉凶，遞相救應，共捉梁山泊反賊，掃清山寨。以後楊雄、石秀、時遷從薊州去梁山入夥路宿祝家店，時遷偷了店裏報曉雞，石秀火燒祝家店，時遷被捉，李應卻雙修生死書，去祝家莊要時遷，為此和祝彪廝鬥起來，中了箭，以致造成李家莊、祝家莊同盟的破裂。

五、反抗性最強，反對招安最堅決的多為山東籍人，同樣力主招安，並終於使義軍實現了招安的也是山東籍人。反抗當時政府和反對招安最堅決的當首推李逵，他上梁山以後便提出：「晁蓋哥哥便做了大皇帝，宋江哥哥便做了小皇帝」，「殺去東京，奪了鳥位」。當宋江在菊花會上賦詞：「望天王降詔，早招安，心方足」時，他圓睜怪眼，大叫道：「招安，招安，招甚鳥安！」只一腳把桌子踢翻，顛做粉碎。此外，吳用、三阮也是反抗當時政府和反對招安最堅決的。還要提到燕順、朱貴兩個人。第三十四回，燕順等三個好漢笑道：「莫說你是一個都監，便是趙官家駕過，也要三千貫買路錢……」第三十九回，朱貴笑道：「這封鳥書打什麼不緊！休說拆開了太師府書箚，俺這裏兀自要和大宋皇帝做個對頭的。」當然力主招安，並實現了招安，使義軍全部走向失敗的，也是山東籍人，這人便是宋江。

六、山東籍人中也有沒骨氣的，就是樂和、蕭讓。樂和係茅州人。北宋時無茅州，茅乃古國名。《左傳》：「蔣、邢、茅、胙、祭，周公之胤也。」茅在今山東金鄉縣。茅州也許指這裏。樂和後來給駙馬王都尉當了幫閒，這王都尉是神宗的駙馬，徽宗的姐夫（按歷史應是神宗的妹夫、徽宗的姑夫），高俅就曾在他處幫閒。蕭讓給蔡京當了代筆，又任職門館先生。這雖都是在招安之後，但梁山多數英雄人物大概是不會接受這樣安排的。

山東籍英雄中很有幾個濃墨重寫的，如：晁蓋、宋江、吳用、三阮、李逵等，學者多有論述。此外，還有兩個人物形象比較突出，一是朱貴，一是顧大嫂。顧大嫂沒有明確說明籍貫，她和解珍、解寶是姑表姊弟，也似應為山東人。在「解珍、解寶雙越獄，孫立孫新大劫牢」一回裏，為爭取孫立參加劫獄活動，以便能於劫獄後安全撤退，去梁山泊入夥，顧大嫂先巧妙地向孫立說明利害，後「掣出兩把刀來」要和孫立「並個你死我活」，終於使孫

立這位登州軍馬提轄走上了反叛道路，表現了她獨具特色的智和勇，在梁山三位女頭領中形象是最突出的。金聖歎說：可號之爲母旋風，與李逵無二。朱貴屬於反抗性最強的英雄之一，前已提及，他又是到梁山泊聚義最早的頭領之一，對梁山泊事業的開創和發展作了貢獻。第十一回王倫要發付林沖下山，朱貴說了一段話：「哥哥在上，莫怪小弟多言。山寨中糧食雖少，近村遠鎮可以去借，山場水泊木植廣有，便要蓋千間房屋，卻也無妨。這位是柴大官人力舉薦來的人，如何教他別處去？抑且柴大官人自來與山上有恩，日後得知不納此人，須不好看。這位又是有本事的人，他必然來出氣力。」和王倫的嫉賢妒能形成鮮明對照，義正詞宏，使王倫無以辯駁，不得心不情願地、有條件地暫留林沖在山上。如果說以後的火拼王倫主要是林沖，而林沖能在梁山留下來，則主要是因爲朱貴。另三十四回沂水縣救李逵。雖然主要是朱富策劃，但朱貴也參加了活動，在事後上梁山一事上給朱富以指點。不但救了李逵，而且不殺都頭李雲，並爭取其上山，不失江湖大義。朱貴排座次是九十二位，顧大嫂是一百〇三位，但他們的形象要高出排次在他們前邊的好多人物。

（節錄自劉華亭《水滸新證》，中國文聯出版社 2007 年版，第 43～46 頁）

《水滸》對梁山附近的地理描述

劉華亭

有的學者認爲《水滸》一書的作者對梁山附近的地理不熟悉，他們的依據是：《水滸》中有幾回對梁山附近一些州、縣的方位、距離描述不正確，再是所寫梁山附近州、縣地名，有的不見於史籍記載。筆者認爲：所謂《水滸》作者對梁山附近地理情況不熟悉的說法是不能成立的，有必要予以辨正。誠然，《水滸》有幾回書裏對梁山附近一些州、縣的方位、距離描述有錯誤，但是，在此一回裏描述有錯誤，在另一回或另幾回裏的描述卻是正確的，我們不能只看到作者對這一州、縣方位、距離錯誤的描述而不看到作者對同一州、縣方位、距離正確的描述。至於梁山附近幾個不見於史籍記載的州、縣名，顯然是筆誤，這筆誤可能是成書以後傳抄造成的，也可能是再以後書商刻版造成的，因爲現在不可能再找到最早刻本，已經難以考證了。

梁山位於今山東省梁山縣，抗日戰爭時期於壽張、陽谷、鄆城、汶上、

東平幾縣接壤處新置崑山縣，建國後崑山縣改名梁山縣。梁山泊又名梁山濼，即處梁山下。《水滸》一書對梁山附近的府、州、縣及一些村鎮，多曾寫到，下面就談談具體的描述情況。

一、方位、距離描述正確的州、縣

郓城縣　北宋時屬濟州，即今山東省郓城縣，治所在梁山南偏西。第 14 回晁蓋、吳用等在郓城東溪村計議劫取生辰綱，說居於梁山泊邊石碣村的阮氏三雄爲「北地相助的人」（引文除說明者外，均據 120 回本），第 15 回說梁山泊邊的石碣村「離這裏（郓城東溪村）只有百十里以下路程」，「今夜三更便去，明日上午可到那裏」。今考之實地，郓城縣治距梁山 32 公里，（文中所說里程皆參據中國地圖出版社出版的《中國各省公路交通地圖冊》）書中所說郓城縣同梁山的方位、距離是正確的。

東平府　北宋時東平府郓州屬京東西路，治須城，須城即今山東省東平縣須城鎮，位於梁山東偏北。第 69 回說：「梁山泊東有兩個州、府，一個是東平府……」。說東平府的方位是正確的。

濟寧州　濟寧是元朝置，北宋時稱濟州，即今山東省濟寧市，位於梁山東南。第 64 回「大名府僧人大園，遊方來到濟寧，經過梁山泊」。大名（說明見下）、梁山、濟寧三地位於西北——東南一條線上，從大名去濟寧，梁山是應經之地。

汶上縣　北宋時汶上名中都，屬東平府郓州，金代貞元元年更名爲汶陽，泰和八年又更名爲汶上，即今山東省汶上縣，第 69 回吳用說：「先打汶上縣，百姓必然都奔東平府。」汶上縣有戰事，百姓逃向府治，這是合乎情理的。

壽張縣　北宋時屬東平府郓州，縣治在今梁山縣壽張集村。《太平寰宇記》：「壽張縣，梁山在城南二十五里。」第 74 回「原來這壽張縣貼著梁山泊最近」，書上這個說法是正確的。

泰安州　北宋時無泰安州，只有奉符縣，屬京東西路兗州，即今山東省泰安市，泰安州是金代所置。第 74 回燕青去泰安州，說「今日是三月二十四日了，來日拜辭哥哥下山，二十六日趕到廟上」。梁山距泰安 120 公里，單身空行客人兩日可達。這裏還要說一句，書中說三月二十八日天齊聖帝降誕之辰，上泰安州燒香。直至今天，山東人不論是給泰安的天齊聖君，還是給於其它地方建廟的天齊聖君慶誕辰，每年仍然是農曆的三月二十八日。

高唐州　高唐州爲明置，北宋時只有高唐縣，屬河北東路博州，即今山

東省高唐縣。當時縣治在今禹城縣境內，位於梁山北 145 公里。第 73 回燕青、李逵為捉拿假宋江，從梁山北邊荊門鎮附近的劉太公莊出發，先去正北，走了一兩日，又去正東上，又尋了兩日，直到淩州（淩州應為陵州，說明見下）高唐界內。書中所寫高唐同梁山的方位、距離是正確的。

滕州、單州、曹州　第 73 回宋江等去東京，走了一條迂迴路線：「抹過濟州，路過滕州，取單州往曹州來。」北宋時無滕州有滕縣，屬京東西路徐州，即今山東省滕州市，位於梁山東南。單州北宋時屬京東西路，州治在今山東省單縣，位於滕縣西。曹州為北齊設置，北宋時初稱彰信軍，宋建中靖國元年改為興仁軍，後升興仁府，府治在今山東省曹縣西北，位於單縣西。宋江等從梁山去東京，本應西南行，但為了避開一直對梁山義軍戒備很嚴的濟州（當時濟州治鉅野，即今山東省鉅野縣），所以先東南行，再從濟州之南，往西行，繞個大圈。從選定的這個行動路線，可知作者對滕、單、曹的地理位置以及濟州、東京的地理位置都是熟悉的。

二、方位、距離在此一回裏描述錯誤，而在另一回裏或是另幾回作了正確描述的州、縣

書中對梁山附近州、縣方位、距離描述錯誤的有以下幾處：

1. 第 5 回魯智深從五臺山去東京，不會路過青州地面的桃花山。五臺山位於今山西省北部，位於東京（說明見下）北偏西方向。青州（說明見下）在今山東省東部，位於東京之東北方向。

2. 、第 7 回史進從東京去少華山，不會走到離青州地面桃花山五六十里路的赤松林。（第 16 回楊志又說桃花山、赤松林位於北京大名府去東京的路上）少華山在今陝西省華陰縣，位於北京（說明見下）之西偏南，青州位於北京之東偏北。而東京則位於北京之南偏西。

3. 第 16 回楊志押運生辰綱，從北京大名府去東京開封，不會路過黃泥崗。據書上說：黃泥崗東十里地名安樂村（第 16 回），（濟州）北門外十五里地名安樂村（第 18 回），可知黃泥崗在濟州西北方向的二十里處，位於北京東南方向，而東京則在黃泥崗之西南方向，從北京經黃泥崗去東京要繞一個大彎。

4. 第 17 回楊志離開黃泥崗「往南行了半日」，「又走了半夜」，「又走了二十餘里」來到曹正酒店裏。曹正說：「小人此間離不遠卻是青州地面。」青州位於黃泥崗東北方向，從黃泥崗南行不會走到離青州不遠的地方。

5. 第 22 回武松從滄州橫海郡回清河縣，不會經過陽谷縣地面的景陽崗。北宋時滄州屬河北東路，州治在今河北省滄州市東南。歷代無橫海郡，只有橫海軍，唐代置，宋代廢改稱滄州，第 120 回即作橫海軍。清河縣北宋時屬河北東路恩州，即今河北省清河縣，位於滄州西南方向。陽谷縣北宋時屬京東西路鄆州，即今山東省陽谷縣，位於清河縣之南。武松西南行去清河縣，卻走到了陽谷地面，豈不是從陽谷再要返回來北行麼？

6. 第 36 回宋江刺配江州，從濟州出發，不會從梁山泊邊路過。第 39 回戴宗從江州去東京，不會經過梁山泊。北宋時江州屬江南東路，州治在今江西省九江市。江州在濟州之南，梁山泊在濟州之北，宋江從濟州去江州，當然不會先北到梁山泊再掉頭南行。東京開封在江州北略西，梁山泊在東京東北，戴宗從江州去東京，而經過梁山泊那就是先走到東京北邊，再回頭行了。

7. 第 44 回戴宗從梁山往薊州，不會經過沂水縣。北宋時薊州屬河北路，州治在今天津市薊縣。北宋時沂水縣屬京東東路沂州，即今山東沂水縣。薊州在梁山泊北，沂水縣在梁山泊東，戴宗北去薊州，當然不會先東行再北行。

8. 第 69 回宋江說：「梁山泊東有兩個州府，一處是東平府，一處是東昌府。」說東昌府在梁山東是錯的。東昌府是明代初年置，北宋時無東昌府，稱博州，即今山東省聊城市，位於梁山之北。

以上 8 條地理描述錯誤（書中還有些地理描述錯誤，因爲不是在梁山附近，故不論），除 5、7、8 三條外，都同當時的幾處通都大邑有關，即同北宋國都東京開封府，當時北方重鎮北京大名府，梁山泊所處的濟州府和參與義軍人員最多的青州府這幾處地方有關。那麼，作者對這幾處地方的地理位置和距離是不是不熟呢？當然不是，我們且看書中其它幾回描述。

開封 東京開封是北宋王朝首都，即今河南省開封市，位於梁山西南 216 公里。梁山人員多次去開封，官府人員也多次從開封出發去梁山，童貫、高俅先後組織幾萬人馬進剿梁山泊，都是從開封出發。作者把梁山同開封的方位、距離是寫得很清楚的。如前引第 72 回宋江等去東京，「抹過濟州，路過滕州，取單州，上曹州來，前往東京」。再如第 72 回燕青、李逵從開封回梁山泊，不敢從大路上走，恐有軍馬追來，大寬轉奔陳留縣來。陳留北宋時屬開封府，在開封東南。從這次宋江、燕青等於開封一去一回，迂迴行走的路線，可知作者是熟悉梁山同開封的方位的。第 78 回，童貫進剿梁山泊，從

開封出發，「不一二日已到濟州界分」，可知道作者也是熟悉梁山到開封的距離的。

　　青州　北宋時青州屬京東東路，府治在今山東省青州市，位於梁山東北290公里。第35回宋江在青州清風山說：「咱這南方有個去處，地名喚梁山泊。」宋江等從清風山投梁山泊來，「在路上行了五、七日」，「又行了兩日」，接近梁山泊。第57回呼延灼征討梁山泊失利後，去青州投奔慕容知府，「自投東北去了」。在路上騎馬走了兩日，又步行了一日，來到青州。宋江等大隊人馬，帶著步卒老小，假扮官軍，慢慢行來，這段路程，用了八九日，呼延灼一人騎著御賜的踏雪烏騅，落荒敗逃，用了三天多時間，從這裏可知，作者對青州的方位，以及青州同梁山的距離是清楚的。

　　濟州　北宋時濟州屬京東西路，位於梁山南50公里。梁山泊即位於濟州鄆城縣和東平府鄆州壽張縣之間。第11回柴進道：「山東濟州管轄一個水鄉，地名梁山泊。」第39回蕭讓、金大堅被賺去泰安州刻石鑴文，從濟州去泰安，梁山是應經之地。他們從濟州五更起行，走到未牌時候，走了七八十里路，到梁山腳下。第82回宿太尉招安梁山義軍，從濟州出發，未及十里，早迎著山棚，再行過數十里，又是結綵山棚，前邊望見宋江等，一同來到水邊。從以上這些敘述可知，作者對梁山同濟州的方位和距離也是很清楚的。

　　大名府　北京大名府北宋時為北方重鎮，府治在今河北省大名縣，位於梁山西北136公里。第61回盧俊義說：除非出去東南上一千里之外躲避，我想東南方向有個去處是泰安州。燕青說：去泰安州，正打從梁山泊邊過。以後盧俊義從大名府來梁山泊，每日走八九十里路，數日來到梁山泊邊。從這裏可知，書中所寫大名同梁山的方位、距離是正確的。這裏還要提一句，第44回有一句「晚來魏府吃鵝梨」，鵝梨是梨中個兒最大的，魏府鵝梨即大名鵝梨。大名本唐代魏州，宋代為軍府所在地，所以稱魏府，作者對大名府的特產也是熟悉的。

　　下邊再說說另外幾處州、縣。

　　滄州橫海郡、清河縣、陽谷縣　滄州距梁山340公里，滄州距陽谷300公里。第11回林沖從滄州行了十數日，來到了梁山泊邊，第24回武松從滄州來到陽谷地面，用了十幾日，可知作者對滄州至梁山以及滄州至陽谷的距離是清楚的。陽谷至清河155公里，所以第26回陽谷知縣說：「清河與我這陽谷只在咫尺。」第27回武松在陽谷殺了人，解本管東平府申請發落，可知作

者對陽谷同清河的距離以及陽谷縣的隸屬關係是熟悉的。

東昌府 第 51 回任鄆城縣都頭的雷橫，因公去東昌府，回來從梁山路口經過。鄆城、梁山、東昌三地成南北一直線，從東昌府回鄆城，正經梁山。第 54 回高唐州知府高廉去鄰近州府求救，「急急修書二封，教去東昌、寇州，二處離此不遠，差了兩個統制官，放開西門，投西奔路去了」。東昌府在高唐西南 56 公里，正合「離此不遠，投西去了」。第 70 回寫攻打東昌府，水陸並進，船隻相迎，河內又有糧草船，大小五百餘隻，河港內糧船不計其數。元代會通河掘開，從博州（東昌府）經過，是宋江等人所攻梁山附近州、縣唯一通河運的地方，所以用了船隻，同時分兵進攻東平府就沒有船隻，從書中寫東昌府的河港、船隻，可以知道作者對梁山附近州、縣地理情況是多麼熟悉。

那麼《水滸》作者既然對梁山附近的地理情況這樣熟悉，爲什麼又出現了像前邊舉出的地理描述錯誤呢？筆者認爲有以下幾條原因：

1. 作者爲了情節的需要，對一些地方的位置隨便做了改動。

第 44 回戴宗從梁山去薊州，在路行了三日，來到沂水縣界，只聞人說道，前日走了黑旋風。對此金聖歎批道：「隨手點綴。」（金本第 43 回）像這樣隨手點綴的地方還有，第 16 回楊志說，「從大名府去東京要經過的是紫金山、二龍山、桃花山、傘蓋山、黃泥崗、白沙塢、野雲渡、赤松林這幾處強人出沒的去處」。據書中說，二龍山在青州地面、桃花山在青州地面、黃泥崗在濟州地面、赤松林離桃花山五六十里，也在青州地面。顯然，楊志把各處強人出沒的去處集中排列出來，不過是說明路途的兇險。其實楊志剛剛在幾個月之前，從東京開封押解到北京大名府，走過這條路。如果二龍山在這條路上，那麼他丟失生辰綱之後，去二龍山落草，就無需曹正指點了。同時鎮守北京大名府的梁中書也會熟悉這條路。楊志回答他的話，說從大名府到東京，要過青州的二龍山、桃花山，又經過濟州的黃泥崗、青州的赤松林，楊志這樣胡言亂語，梁中書會答應他麼？作者這段話，把不同州、府的地方都移到大名去東京的路上，也是隨手點綴。

2. 作者有意把宋江等人的活動地點移到梁山泊來。

歷史上宋江軍人的活動地區，《宋史》有如下記載：

> 「犯淮陽等……又犯京東、江北，入楚州界。」《徽宗本紀》

> 「橫行齊魏。」《侯蒙傳》

「宋江起河朔，轉掠十郡。」《張叔夜傳》

南宋龔聖與作的《三十六人贊》則說他們在太行山，所以有「太行春色，有一丈青」的讚語。《宣和遺事》才提到了梁山濼，「且說那晁蓋八個劫了蔡太師生日禮物，不是尋常小可公事，不免邀約楊志等十二人，共有二十個，結爲兄弟，前往太行山梁山濼落草爲寇」。梁山濼似乎是太行山的一部分。《水滸》則只提梁山泊，作者有意把宋江等的保據點移到梁山泊來，這樣就出現了一些地理上的錯誤。如智取生辰綱一節，寫的地理錯誤最明顯。其實這一節是以《宣和遺事》的一節爲藍本寫的，據《宣和遺事》記載，生辰綱是在南洛縣五花營堤上被劫的。南洛縣應爲南樂縣，漢置樂昌縣，晉改昌樂縣，五代改南樂縣，北宋時先屬魏郡地，後爲鄴都（治大名）地。建國前屬河北省。本世紀五十年代劃河南省，即今河南省南樂縣，位於大名府正南，是從大名府去東京開封的應經之地。南樂縣也有五花營村，位於城北 8 公里，這個村規模較大，還有點小名氣，以前河北省南部五縣的軍事訓練，都集中於該村進行。《水滸》把劫生辰綱的地點，改在了濟州黃泥崗，書中又卻有南樂的痕跡，如寫黃泥崗的形勢時，有兩句：「休道西川蜀道險，須知此是太行山。」這顯然是寫離太行山較近的南樂，而不是寫離太行山很遠的濟州黃泥崗的形勢。《宣和遺事》的作者是知道大名去開封的大道的，那麼《水滸》作者的改道黃泥崗顯然是不能以不熟悉地理來作解釋，應當有另外的原因，這原因就是作者有意把宋江等人的保據點，移到梁山泊來，把一些人的活動，如宋江、晁蓋、吳用、三阮、朱仝、雷橫等人，以及李應、董平、張清等人的活動地點移到梁山泊附近來，由此也就不顧及因此而產生的地理形勢描述的錯誤了。

3. 爲了故事情節集中

《水滸》故事在成書之前，流傳於各地，書中眾英雄在同心歸水泊之前，有的進行個人反抗，有的占山爲王，拒敵官軍。其活動範圍，北到薊州，南到江州，西到少華山，東到登州（即今山東省蓬萊縣）。作者要把各路英雄匯集到水泊大寨是要頗費筆墨的，於是作者就採取了集中一批上山的辦法。比如所寫地理錯誤中，有幾處和青州有關，前已談及，作者就把很多英雄們集中到青州來。書中寫占山爲王的地點共有 11 處，青州就占 6 處，居一半以上。一百零八人中，籍貫是青州或是從青州走上反抗道路的就有 21 人，第 58 回眾虎同心歸水泊，幾個山頭一下就歸了梁山大寨，省卻了很多筆墨。此外，

武松去清河走到了陽谷、宋江去江州走到梁山附近，以及戴宗去東京走到了梁山下，作者都是爲了情節集中，節省筆墨。同時，爲了情節集中和節省筆墨，在故事敘述中也曾出現了漏洞，如第 69 回史進說自己「舊曾在東平府」。我們通讀全書，並不見有史進舊曾在東平府的情節。原來元雜劇曾說到史進在東平府，如李致遠撰《都孔目風雨還牢末》（《元曲選》中有此劇）寫到宋江先後派李逵、阮小五下山去東平府招劉唐、史進入夥。《水滸》書中未用史進在東平府這段故事，卻讓史進冒然說出曾在東平府這段話，作爲可以進東平府作細作的理由，就這一回說，故事情節集中了，就全書來說，卻出現了漏洞。這和書中所出現的地理錯誤，其原因是有一些相同之處的。

三、史籍無記載的州、縣名和史籍有記載的村鎮名

淩州　第 60 回段景住盜得大金王子騎坐的「照夜玉獅子馬」，來到淩州西南曾頭市，馬被曾家五虎奪了去。

第 73 回：燕青、李逵從梁山北邊七八十里處的荆門鎮附近的劉太公莊出發，先去正北上，走了一兩日，又去正東上，又尋了兩日，直到淩州高唐界內。

歷史上無淩州。從書中敘述可知：淩州是梁山北邊，約五日路程，同高唐毗鄰的一處地方。從方位和距離看，淩州應是陵州之誤，陵州即今山東省德州市，元代稱陵州。《元史・地理志》陵州：「本將陵縣，宋金皆隸景州，憲宗三年割隸河間府，是年升陵州，隸濟南路。」《辭源》（舊版）：「德縣，本漢鬲縣，隋置長河縣，宋將陵縣，元陵州。」一九四八年新置德州市：德州距梁山 220 公里，同書中敘述的方位、行程距離相合。

寇州　第 54 回高唐州知府向鄰近州縣求救，修書去東昌、寇州，說「二處離此不遠」，差了兩個統制官，放開西門，投西奔路去了。

第 67 回宣贊、郝思文在淩州被俘解往東京，路上被李逵等在寇州枯樹山下解救。

歷史上無寇州，從書中敘述可知，寇州離高唐不遠，位於高唐正西，是淩州去東京必經的地方。從敘述的方位、距離看，寇州應是冠州之誤。冠州即漢代冠氏縣，元代曾改冠州，即今山東省冠縣。《明史・地理志》：「冠縣，元冠州，洪武三年降爲縣。」冠縣位於高唐西南 110 公里，是陵州去東京的必經之地。

中淩縣　第 67 回關勝攻破淩州，魏定國奔中淩縣屯駐。

歷史上無中凌縣，筆者認為也是筆誤，但書中未敘述中凌縣的方位、距離，而陵州附近用陵字命名的地方多處，如陵縣、將陵、安陵、於陵、樂陵、甘陵等，誤的是那個地方，不好猜測。

另外還有把別處地名，混淆到梁山附近來的。

壽春縣　第 69 回宋江攻打東平府，軍馬佯敗，退到壽春縣界。

壽春縣顯係壽張縣之誤。百回本，百十五回本都作：「退到壽張縣界。」北宋時壽春縣即今安徽省壽縣，距東平甚遠，東平、壽張毗連，梁山位於壽張縣境，宋江退到壽張縣境內，才是假作敗回梁山的方向。

祥符縣　第 73 回燕青去泰安州智撲「擎天柱」，說是「驚動了泰安州，大鬧了祥符縣」。

此處祥符縣顯係奉符縣之誤，祥符縣北宋時屬開封府，即今河南省開封縣，不能同泰安州並舉。

《水滸》所寫州縣以下村鎮，多是隨手捏造，不交待其方位、距離。所寫梁山附近村鎮，也有隨手捏造的，但又確實有幾個村鎮、山崗，或有原型，或史籍有載，考之今日，實地猶存。

景陽崗　第 23 回武松來到陽谷縣地面的景陽崗，書中說：「此去離縣治還遠。」

陽谷縣治於北宋景德二年遷孟店，即今治。《陽谷縣志》云：「景陽崗在治東三十五里。」「離縣治還遠」的說法合乎實地情況。

祝家莊　第 46 回楊雄、石秀從薊州來梁山泊，行到鄆州地面，投宿到祝家莊店裏。店小二道：「莊前莊後有五七百人家」，「此間離梁山泊不遠」。

北宋時，東平府鄆州領須城、中都、陽谷、壽張、東阿、平陰六縣。從薊州來梁山，經過梁山北的陽谷、壽張縣境。《元豐九域志》：「壽張　四鄉竹口一鎮。」竹口又作祝口，《壽張縣志》卷八《藝文志》錄曹玉珂《過梁山記》云：「進父老而問之……云祝家莊……祝口也。」竹口在梁山北略西六十里，為壽張縣第一大村鎮，金大定十九年縣治曾遷於此。從書中所寫該村的方位、同梁山的距離、村鎮的規模來看，祝家莊像是以竹口為原型描述的，該村地勢高高低低，街道歪歪斜斜，這樣的地勢和街道佈局在平原地域是很少見的，外人入村，多迷失方向，頗有盤陀路之勢。

芒碭山　第 59 回史進等徑奔芒碭山來，三日之間，早望見那座山。

芒碭以漢高祖於此斬蛇而聞名，在今河南省永城縣。《明史·地理志》：

「永城北有碭山，又有芒山。」位於梁山南 170 公里，正是行軍三日的路程。

安山鎮　第 69 回宋江領兵到東平府，「離城四十里，地名安山鎮」。

安山鎮多種史籍有記載。《明史‧地理志》：「東平府西南有安山，亦曰安民山，下有積水湖一名安山湖，山南有安山鎮，會通河所經也。」安山鎮現屬梁山縣，為鄉政府駐地，梁山至東平的公路經此。

荊門鎮　第 73 回李逵、燕青從東京大寬轉到梁山泊北，「到寨尚有七八十里路，離荊門鎮不遠。」

荊門鎮現屬陽谷縣，《元史‧河渠志》：「會通河阿城閘二，南閘南至荊門北閘一十里。荊門閘二，北閘至南閘二里半，南閘南至壽張閘六十里。」荊門鎮位於梁山北 40 公里，同書中所說方位、距離相合。該鎮知名度很低，其見於史籍記載，最早即上引《元史》。第 73 回在荊門鎮附近發生的故事《梁山泊雙獻頭》，是根據元代康進之的雜劇《李逵負荊》寫的，不過康作是說故事發生在梁山附近的杏花村，賣酒人王林的女兒被冒充宋江的兩個強盜搶劫去了。《水滸》作者大約覺得其它強盜在離梁山太近的地方，冒充宋江搶劫人口不太合情理，於是就把故事發生的地點，改為距梁山七八十里的荊門鎮附近，同時受害人也由王林改為劉太公。

從以上對《水滸》梁山附近的地理的考察，可以知道，《水滸》作者對梁山附近的地理情況是非常熟悉的。有人以《水滸》作者不熟悉梁山附近的地理情況為論據，說《水滸》作者的籍貫，不會是梁山附近的東原。筆者認為，這條論據是不能成立的，恰恰相反，《水滸》作者對梁山地理情況包括州、縣及一些鄉、鎮情況非常熟悉，這應該是作者為東原人的一條重要佐證。

（節錄自劉華亭《水滸新證》，中國文聯出版社 2007 年版，第 66～78 頁）

《水滸傳》與泰山文化

周郢

從宋元話本《宣和遺事》到元雜劇「水滸戲」，再到長篇說部《水滸傳》，無不屢屢寫到東嶽泰山的場景。對此已有研究者予以關注，日本埼玉大學大塚秀高教授《天書與泰山──從〈宣和遺事〉看〈水滸傳〉成書之謎》〔註13〕，

〔註13〕〔日本〕大塚秀高《天書與泰山──從〈宣和遺事〉看〈水滸傳〉成書之謎》，漢譯載《保定師範專科學校學報》2003 年第 1 期。

即系統考察了《宣和遺事》中所寫晁蓋、宋江兩代梁山泊首領赴泰山進香的故事情節，並進而指出此一情節設置，「是在影射宋太宗與眞宗的泰山封禪」。雖然其最終結論還有待於繼續討論，但大冢注意到水滸文學與泰山文化之間存在的密切聯繫，確是目光如炬！本文試圖在前賢研究的基礎上，對《水滸傳》與泰山之間的聯繫作進一步抉發，考其名物風俗時代，察其本事史實背景，並基於此點，對小說成書時代提出自己的意見。

一、《水滸傳》中的泰山場景

早在《水滸傳》問世之前，成書於宋元之際的話本《宣和遺事》，已用較多筆墨寫到了東嶽泰山：

1. 宋徽宗遣太尉往東嶽獻金鈴弔掛。

2. 晁蓋爲劫生辰綱，向沿路酒店借取酒桶，聲稱要往「嶽廟燒香」。

3. 晁蓋臨終時叮囑吳用：「從政和間朝東嶽燒香，得一夢，見寨上會中合得三十六人之數。若果應數，須是行助忠義、衛護國家。」

4. 宋江承晁蓋遺志，「統率三十六將，往朝東嶽，賽取金爐心願」。

對此，大塚秀高論文指出：「《宣和遺事》的水滸說話，強調去東嶽泰山還願。」這表明在早期流傳的水滸故事，其情節、人物、場景便已同泰山發生若干聯繫。

如果說話本中的泰山還僅是作爲故事演進的背景，未作正面描繪，那麼，在元代「水滸戲」中，泰山的筆墨得到大大加強。元雜劇《雙獻功》、《還牢末》、《爭報恩》均曾寫到泰山附近的場景，其中《雙獻功》的描摹尤爲細緻，其不僅直接寫到了泰山進香的場面，還間接敘述了嶽廟打擂的風俗，劇中宋江一語：「泰安神州，天下英雄都在那裏！」道出了泰山在水滸豪傑心目中的非凡地位，實已開啓了《水滸傳》嶽廟打擂故事的先聲。

宋江與泰山的傳聞，還見於明嘉靖間學者陸采的筆記小說《覽勝紀談》，其書卷一《仁欽》篇云：「宋徽宗時，（靈巖寺）住持仁欽能詩，詠十二景刻石。大盜宋江等初犯其地，山神發鼓以驅之，後夜至，又爲雞鳴，故今有石鼓、雞鳴二岩。三至，盡取金帛以行，抵山門，群盜被釘其足，不得一展。懼而禮佛懺悔，乃捨物遁去。諺云：宋江三十六，回來十八雙。若還經此地，不死亦遭傷。蓋仁欽素諳黑夜釘身之術云。」

在《水滸傳》（用明刊容與堂百回本，下同）中，其關於泰山的描寫，較之此前之話本雜劇，益加濃筆重彩。全書中出現的泰山文字計有以下9處：

1. 第十一回：林沖在投奔梁山時，於酒店壁上題詩：「威震泰山東。」

2. 第十五回：描畫阮小五一段贊子：「休言岳廟惡司神，果是人間剛直漢。」

3. 第二十九回：蔣門神向人自誇：「三年上泰山爭跤，不曾有對。」

4. 第三十九回：吳用使戴宗以泰安州岳廟重修五嶽樓要寫鐫碑文，賺取蕭讓與金大堅二人上梁山。

5. 第五十六回：時遷盜取徐寧金甲後，對徐詭稱是「泰安州人氏」，奉本州財主之命，「來你家偷盜」。接著湯隆又向徐寧介紹前來接應之樂和，謊稱是「在泰安州燒香結識」。賺徐寧同往泰安討甲。

6. 第六十一回：盧俊義受吳用之誆，欲出門遠行以避災咎：「我想東南方有個去處，便是泰安州，那裏有東嶽仁聖帝金殿，管天下人民生死災厄……。」遂赴泰山進香。

7. 第七十三、七十四回：以幾近整回之長篇，演說泰安州東嶽廟擂臺之上，燕青擊敗「擎天柱」任原的故事。

8. 第八十回：高俅於梁山自誇相撲無對，盧俊義便說燕青「也會相撲，三番上岱嶽爭跤，天下無對」。引起兩人競技。

9. 第一百回：戴宗於征方臘功成之後，訣別宋江，「去泰安州東嶽廟裏陪堂出家，在彼每日殷勤奉祀聖帝香火」，卒後累次顯靈，廟祝「塑戴宗神像於廟裏，胎骨是他真身」。

這些關於泰山（及泰安）故事、場景的鋪寫，貫穿了一部百回《水滸傳》。其中所展示的寺觀廟貌、神祇供奉、風俗民情，應是當時泰山社會風貌的真實反映。而小說中所寫得這些泰山名物風俗，大多都有些鮮明的時代特徵。如以史籍文獻，與小說所寫作一對勘，明確其事物時代屬性，不但可為泰山文化研究增益確鑿的史料，同時也有助於《水滸傳》成書時代疑案的破解。爰秉此意，遂為下考。

二、《水滸傳》中的泰山名物

《水滸傳》對泰山場景的具體描摹，主要集中於第七十四回《燕青智撲擎天柱》一節，內中東嶽廟「贊子」一篇，濃墨重彩，細緻傳神地勾畫了東嶽廟及周圍各廟壯觀繁盛的景象：

> 廟居泰嶽，山鎮乾坤。為山嶽之至尊，乃萬神之領袖。山頭伏檻，直望見弱水蓬萊；絕頂攀松，盡都是密雲薄霧。樓臺森聳，疑

是金烏展翅飛來；殿閣棱層，恍覺玉兔騰身走到。雕梁畫棟，碧瓦朱簷，鳳扉亮槅映黃紗，龜背繡簾垂錦帶。遙觀聖像，九流晃舜目堯眉；近睹神顏，袞龍袍湯肩禹背。九天司命，芙蓉冠掩映絳綃衣；炳靈聖公，赭黃袍偏稱藍田帶。左侍下玉簪珠履，右侍下紫綬金章。闔殿威嚴，護駕三千金甲將；兩廊猛勇，勤王十萬鐵衣兵。五嶽樓相接東宮，仁安殿緊連北闕。蒿里山下，判官分七十二司；白騾廟中，土神按二十四氣。管火池，鐵面太尉月月通靈；掌生死，五道將軍年年顯聖。御香不斷，天神飛馬報丹書；祭祀依時，老幼望風皆獲福。嘉寧殿祥雲杳靄，正陽門瑞氣盤旋。萬民朝拜碧霞君，四遠歸依仁聖帝。

「贊子」所狀寫得東嶽廟，即今泰安岱廟。其廟始建於漢，至北宋而達極盛。徽宗一朝，「詔命屢降，增治宮宇」，「凡爲殿、寢、堂、閣、門、亭、庫、館、樓、廊、廡，合八百一十有三楹」（宋宇文粹中《宣和重修泰嶽廟記》）。《水滸傳》中提到東嶽廟多達六次，燕青打擂、戴宗出家等重要情節均設定於此。而此段「贊子」所摹廟貌，多可與宋元史籍相印證。

嘉寧殿：贊子云：「嘉寧殿祥雲杳靄。」正文中也有「東嶽廟中雙虎鬥，嘉寧殿上二龍爭」及「朝著嘉寧殿，紮縛起山棚」的描述。書中將嘉寧與嶽廟並舉，顯然是廟中主殿。今考：嘉寧殿確爲北宋時東嶽廟大殿，據宋建中靖國元年（1101）學士曾肇奉敕撰《東嶽廟碑》云：「中爲殿三，曰『嘉寧』、『蕃祉』、『儲祐』。」（《曲阜集》卷三）又近年於岱廟出土政和五年（1117）殘碑，亦有「嘉寧殿」字樣（詳後）。小說中所寫此殿名，完全與宋代建置相吻合。

仁安殿：贊子云：「仁安殿緊連北闕。」今考：仁安殿之名始見於金，係金元時東嶽廟之主殿。據《大金集禮》卷三四《嶽鎮海瀆·雜錄》所載，金世宗於嶽廟火災後敕諭重建，此後「大定二十一年正月十二日奉敕旨：『東嶽宮裏蓋來底五大殿、三大門撰名。』閏三月一日，奏定正殿曰仁安。」元至元三年（1266）重建，仍沿用仁安之名。元杜翱《東嶽別殿重修堂廡碑》云：「我世祖皇帝踐阼之七年，創構仁安殿，以妥嶽靈。」仁安殿之名在元雜劇中出現甚多：《看錢奴買冤家債主》第三折有〔商調·集賢賓〕曲，描摹東嶽廟與仁安殿之景象云：「這不是仁安殿蓋造的接上蒼，掩映著紫氣紅光。」又《劉千病打獨角牛》演東嶽廟打擂故事，《錄鬼簿續編》記其題目爲《諸直社

火初獻仁安殿》。元道經《東嶽大生寶懺》有詠讚東嶽大帝之辭曰：「仁安殿宇琉璃瑩，冠冕巍然御正中。」明代仍沿用「仁安」殿名，至明末方改稱「峻極殿」。按嘉寧、仁安為不同時期東嶽廟大殿的名稱，而《水滸傳》中混用一處，表明了其底本來源複雜，似是由各個不同時期的話本拼接而來，才會出現這一現象。

九天司命：贊子云：「九天司命，芙蓉冠掩映絳綃衣」。司命為傳說中嶽帝輔佐之神。《元始天尊說東嶽化身濟生度死拔罪解冤保命玄範浩咒妙經》云：「至心皈命禮：職贊天齊，股肱仁聖，布青陽之號令，掌泰岱之權衡。黼黻斯文，列嶽庭之上相；宣揚帝德，司塵世之下民。稟公忠正直之心，察善惡姦邪之事。大悲大願，大智大聰。東嶽上相司命鎮國眞君。」（《道藏》第34冊、頁731）

壁畫：贊子云：「闔殿威嚴，護駕三千金甲將；兩廊勇猛，勤王十萬鐵衣兵。」徐北文先生《燦爛的古代文化》一書認爲此係寫「殿內壁畫人物」[註14]，可從。今考：宋代東嶽廟殿繪有壁畫，確見於宋人記述，宋蘇轍《遊泰山四首·嶽下》云：「登封尙壇壝，古觀寫旗隊。戈矛認毫末，舒卷分嚮背。」蘇詩之詠「旗隊」、「戈矛」，與贊子所述「金甲將」、「鐵衣兵」，都言壁畫係以兵車軍旅爲內容，不謀而合，正堪互證。

五嶽樓：贊子云：「五嶽樓相接東宮。」第三十九回亦寫戴宗言道：「小可是泰安州打供太保，今爲本廟重修五嶽樓，本州上戶要刻道碑文。」又第七回林沖汴梁嶽廟進香，亦稱廟內有五嶽樓。今考：此謂宋代岱廟有五嶽樓，別無佐證。但宋代各州縣東嶽廟中，確有建五嶽樓者，如元人李質《重修五嶽崇樓記》載：江南金壇東嶽廟，「東嶽既專祀正殿，又像五嶽帝而以樓居之」，成於紹興十四年（1144），名曰「五嶽崇樓」（《江蘇金石志》卷二）。可見小說所寫得五嶽樓，確爲宋代嶽廟建置。

東宮：讚語見上。今考：此處所云東宮，當即東嶽廟中之炳靈宮，因建於廟之東部，故名東宮（同時亦寓王儲之意）。宮祀東嶽大帝之子泰山三郎（宋封爲炳靈公），贊子所詠「炳靈聖公，赭黃袍偏稱藍田帶」，即寫此神。炳靈有廟，自唐已然，至宋眞宗朝復行拓修。《續資治通鑑長編》卷七○云：大中祥符元年（1008）八月「庚戌，王欽若言：『臣自至嶽下，嘗夢神人以增築廟亭爲請，再夢如初，仍指其方位以識之。近因督役至威雄將軍祠，瞻其神像，

[註14] 徐北文先生《燦爛的古代文化》，齊魯書社1984年版，第163頁。

悉與廟合，今請以羨財於廟築亭。』從之。」此爲岱廟炳靈殿之始。宋張師正《括異志》卷十《李敏》云：「李敏嘗爲奉符縣主簿，會嶽廟炳靈公殿歲久，再加營茸，命敏督其役。……炳靈公自後唐明宗聽醫僧之語，遂贈官立祠。」又宋趙鼎臣《遊山錄》（政和四年，1114）記云：「己未，復謁嶽帝祠下，周覽廟貌久之。至炳靈公祠。」〔註15〕殿宋代又名「儲祐」（宋曾肇《東嶽廟碑》），金代名「威明」（見《大金集禮》卷三四《嶽鎭海瀆・雜錄》），明初猶仍此名（見弘治《泰安州志》卷一），明中葉後及清皆稱「炳靈殿」。按宋代炳靈公信仰極盛，宋筆記《括異志》、話本《鄭節使立功神臂弓》都寫到其神異傳說。將炳靈稱爲東嶽太子，又見於明代《元始天尊說東嶽化身濟生度死拔罪結緣保命玄範誥咒妙經》，中云「東嶽上殿太子炳靈仁惠王尊神」。故贊子稱其殿爲「東宮」。

北闕：讚語見上。一般認爲係指東嶽廟北門。按宋代時名「魯瞻門」（見曾肇《東嶽廟碑》）。

正陽門：贊子云：「正陽門瑞氣盤旋。」今考：宋代東嶽廟正門名曰「太岳」（宋曾肇《東嶽廟碑》），金代沿用此名（2000 年 10 月岱廟正陽門出土金代殘碑一方，中有「充修太嶽門使用，皇統七年（1147）三月日獻」字樣）。但《水滸傳》稱之爲正陽門，蓋北宋時之俗稱（詳後）。

火池：贊子云：「管火池，鐵面太尉月月通靈；掌生死，五道將軍年年顯聖。」今考：《東嶽大生寶懺》：「火池四聖五道大神。」是宋元時嶽廟設有火池五道將軍，爲嶽帝之屬官，掌此職事。

以上是贊子中寫到七處東嶽廟勝蹟，除此之外，正文中還寫到一處草參亭：「當時燕青遊玩了一遭，卻出草參亭，參拜了四拜。」今考：草參亭爲東嶽廟前建築。弘治《泰安州志》卷一《祠廟》云：「（岳廟）岱嶽門正南有草參亭，前達通衢，亭有銅鏡一面。左石闕，右石闕；左燈樓，右燈樓。」按：宋話本《楊溫攔路虎傳》中嶽廟贊云：「草參亭上，壚內焚百和名香。」又元高文秀《黑旋風雙獻功》雜劇中第二折正末云：「和俺哥哥草參亭上占房子去來。」是宋元時已有「草參」之名。其亭於明嘉靖時改額「遙參」。《水滸傳》所寫，與宋元及明前期名稱相合。

贊子中連帶狀寫了兩處嶽廟附近的殿宇勝蹟——

蒿里山：贊子云：「蒿里山下，判官分七十二司。」今考：蒿里山爲泰

〔註15〕《全宋文》卷二九八三，第 138 冊，第 246 頁。

山南麓小山，山上有森羅殿，設有鬼司。弘治《泰安州志》卷一《祠廟》云：「閻王廟：在蒿里山，廊列七十五鬼神之祠。」南梁陶弘景《眞靈位業圖》云：「鬼官有七十五職名，顯者凡百一十九人。」應是七十五司之所由起。至宋元時道人更演繹其說，宋道士呂元素所集《道門定制》有「更籍醮地府七十二司聖位」之說。元雜劇《看錢奴買冤家債主》第四折作「掌七十四司」。又元道籍《東嶽大生寶懺》作「設七十五司以掌權衡，有三十六獄以懲兇惡」。又《元始天尊說東嶽化身濟生度死拔罪解冤保命玄範浩咒妙經》云：「至心皈命禮七十五司案、東廊西廡神。十大太保，聽令於殿前；龍虎神君，鎮護於左右。速報見報，分善惡於兩途；陽曹陰曹，判儒釋之三教。注宰官將相之功勳，斷生老病死之苦趣。人鬼精邪之異類，胎卵濕化之生靈，事事悉歸於案掾，般般各屬於冥官。者對無停，詮量不息。大悲大願，大寬大仁，嶽庭州職曹僚，岱嶽諸司官典。」按蒿里山鬼司史志多記作「七十五」，贊子作「七十二」，兩者不同。然前列宋道書亦作「七十二」，與《水滸傳》合。疑北宋時蒿里鬼司爲七十二，元代累增至七十五。又小說第十五回，寫阮小五「休言岳廟惡司神」，則言東嶽廟中亦設有鬼司。其制不知始於何時，清代猶存。

白騾廟：贊子云：「白騾廟中，土神按二十四氣。」今考：白騾廟不見史乘，但泰山確有白騾遺跡。唐人鄭綮《開天傳信記》：「上（唐玄宗）將登封太山，益州進白騾至，潔朗豐潤，權奇偉異，上遂親乘之。柔習安便，不知登降之勞也。告成禮畢，復乘而下，才下山坳，休息未久，而有司言白騾無疾而斃，上歎異久之，謚曰白騾將軍。命有司具櫬櫝，疊石爲墓，墓在封禪壇北一里餘，於今存焉。」〔註16〕元道籍《東嶽大生寶懺》中嶽帝屬官有「白騾大王」。贊子言泰山有白騾廟，與《傳信錄》之異聞正合。至於言廟中有土神掌管二十四節氣，則別無佐證，不能確指其事。

除去以上所寫十餘處泰山廟宇勝蹟，小說中還多次寫到泰安州縣建置：

泰安州：此名在書中出現不下十餘次。今考：泰安之名及州之建置均始於金，金李守純《大定重修宣聖廟記》云：「廢齊阜昌之初改爲軍，曰泰安；本朝開國六十有八年（1182），升之爲州。」元明沿置不改。《水滸傳》研究者注意到書中「不少府州名稱和相關地理知識，宋代並不存在」〔註17〕，「泰安

〔註16〕〔五代〕王仁裕等撰《開元天寶遺事十種》，上海古籍出版社1985年版，第51頁。
〔註17〕沈伯俊主編《水滸傳研究論文集》，中華書局1994年版，第168頁。

州」便爲其中之一事例。

奉符縣:第七十三回:「有分教:哄動了泰安州,大鬧了祥符縣。」今考:祥符縣宋置,治今河南開封。小說中燕青打擂發生於泰安州東嶽廟,與開封無涉,此一「祥符」實應爲「奉符」。奉符縣爲宋大中祥符元年(1008)改乾封縣置,治地即今泰安市區。其縣金元沿置,明洪武初廢。東嶽廟即在奉符城內,小說所寫,與宋元建置合。今本作「祥符」,當爲後人抄、刻之誤。

通觀《水滸傳》中所寫到的十餘處泰山廟宇建置,除一「五嶽樓」不能確考外,其它均與宋、元狀況吻合,稱得上是於史有徵,而非宋元後人能信筆虛構。——這是我們考證後對《水滸傳》所寫泰山名物的一個初步認識。

三、《水滸傳》中的泰山風俗

《水滸傳》中對泰山風俗場景的摹寫,細緻而傳神,其中廟會與打擂場景。都是被人稱道的精彩篇章。

從前書所引可以看出,歷代水滸文學中均貫串泰山進香的情節,《宣和遺事》把宋江「賽取香爐心願」作爲故事高潮,《雙獻功》也以孫孔目還「泰安州三年香願」爲劇作主線;而《水滸傳》中亦寫盧俊義自言要往泰山「燒炷香消災滅罪」。在「水滸」故事中頻繁出現的泰山進香,原是宋代一大風俗。其俗源於漢,唐五代時漸盛,並逐漸形成香社組織——「嶽社」。《宣和遺事》中晁蓋宣稱集體往嶽廟進香,即屬於「嶽社」組織。書中又稱宋江往東嶽「賽取金爐心願」,「賽」即賽會,以儀仗、簫鼓爲酬神之會,稱爲賽會。據北宋元豐三年(1080)《高里山相公廟新創長腳竿記》碑云:「古沛張平者,即長河之舟賈也。乃集社聚緡,歲賽於祠下。」宋江所謂「賽取金爐」,即爲泰山神進獻金鑄香爐。今岱廟大殿前存有宋代建中靖國元年(1101)所造鐵桶,上有銘文云:「大宋國兗州奉符縣獻鐵桶會首李諒。右諒竊以神功默運,潛持禍福之權;妙用無私,密握生成之造。伏見國家尊崇廟貌,百物鼎新,而聖帝廟前,闕少水桶二隻,今糾到敬神之家,共結良緣。」足見《宣和遺事》所寫,正是趙宋風俗。

泰山進香活動,以每年三月二十八日最盛,此即《水滸傳》第七十四回所寫「東嶽廟會」。

以三月二十八日爲東嶽大帝聖誕,其俗始於北宋,舊題宋王暐撰《道山清話》云:「每歲三月二十八日,四方之人集於泰山東嶽祠下。」從中可觀宋人之俗。這一源起泰山的風俗,由於兩宋之際各地東嶽行祠的興建,遂遍行

於全國。《水滸傳》第五回中便寫到汴京東嶽廟會。廟會延至元初，達到又一個高潮。據元趙天麟《太平金鏡策》卷四《停淫祀》所記：「倡優戲謔之流（戲曲曲藝藝人），貨殖屠沽之子（商賈），每年春季，四方雲聚，有不遠千里而來者，有提挈全家而至者。」元雜劇《劉千病打獨角牛》、《黑旋風雙獻功》、《小張屠焚兒救母》、《看錢奴買冤家債主》等都寫到泰山廟會盛景。

入元，由於元廷是以少數民族入主中原，基於民族壓迫之考慮，對漢人集會深懷戒心，不斷下令對東嶽廟會加以限制。皇慶二年（1313），因泰安東嶽廟會期間發生香客劉信在火池焚死其幼子事件，元廷遂藉此下令將廟會全面禁絕（《元典章》卷五七《刑部》十九《禁投醮捨身燒死賽願》）在元廷的嚴厲措施下，盛極一時的東嶽廟會漸次停息。明代因碧霞元君信仰興起，泰山香火主要集中於四月，東嶽廟會雖仍延續，但已無復宋元之盛。

《水滸傳》中對廟會場面極盡鋪排：「原來廟上好生熱鬧，不算一百二十行經商買賣，只客店也有一千四五百家，延接天下香官。到菩薩聖節之時，也沒安著人處，許多客店，都歇滿了。」「那日燒香的人，真是亞肩疊背，偌大一個東嶽廟，一湧便滿了，屋脊梁上，都是看的人。」這些場景，雖不無誇張，但與宋元人的記錄較為吻合，不失為當日廟會的真實反映。

東嶽廟會上的精彩節目當首推打擂，這在歷代水滸文學中屢屢寫到——雜劇《雙獻功》第一折中，宋江對李逵言道：「那泰安山神州廟，有一等打擂賭本事的，要與人廝打。你見他山棚上擺著許多利物，只怕你忍不過，就要廝打起來也不見得。」李逵所唱曲詞亦有：「有那等打擂臺的使會能，擺個山棚搏個贏，占場沒一個敢和他爭施逞。拳打的南山虎難藏隱，腳踢的北海蛟龍爭住停……。」《水滸傳》第三十九回蔣門神自言「三年上泰山爭跤，不曾有對」。第七十四回更生動描畫了燕青智撲擎天柱的動人場面。

雜劇、小說中寫到的這一相撲比賽，在宋元東嶽廟會上真實存在。清人俞樾《茶香室叢鈔》卷十八云：「元吳自牧《夢粱錄》云：角觝者，相撲之異名也，又謂之爭跤。……按今小說家有所謂打擂者，即此是矣。」兩宋之際，「擂臺爭跤」便是為民眾喜聞樂見的一種體育形式。當日盛大節慶，上至宮廷，下至民間，都要舉行各種各樣的相撲表演或比賽，用以慶祝節日，奉獻神靈，更兼以娛觀者耳目。當時東京瓦市、臨安護國寺、泰山東嶽廟等處的打擂活動都十分著名。根據宋元小說、戲曲所記，東嶽廟擂臺賽均在農曆三月二十八日東嶽聖帝誕辰日舉行。這一天，「諸道州郡臂力高強天下無對者」，

各顯身手。據體育史研究者推考，東嶽廟會上的相撲，乃是「既有踢打又有摔拿的武術散打形式」〔註18〕。

東嶽廟打擂至元代形成又一個高潮。元雜劇《劉千病打獨角牛》中便生動展示了元代擂臺場景。此劇爲中國現存最早的武打戲，演的是劉千打擂的故事：武林敗類獨角牛在東嶽廟打擂所向無敵，他揚言自道：「我在這泰安州東嶽廟上，每年三月二十八日，東嶽聖誕之辰，我在這露臺上，跌打相搏，爭交賭籌，二年無對手，今年是第三年也。」饒陽豪傑劉千爲報父、妻遭獨角牛戲辱之仇，抱病來泰山打擂，出奇制勝，終於三敗獨角牛。第四折中通過劉千之口對擂臺鏖戰極盡渲染：「呀！獨角牛拽大拳，劉千見拳來到跟前，火似放過條鼍椽，出虛影到他胸前，劉千使腳去手腕上剪，他敢迤逗的到露臺邊，接住腳往上掀。胖身軀怎回轉？臂力的是劉千！」從這段描寫裏可以窺見相撲功夫的一些路數。另外劇中還有表現袒臂肉搏、筋斗、拳術的武打場面，這些都是元代嶽廟擂臺演武的真實寫照。據元人楊瑀《山居新話》「應中甫」條記「中甫……有臂力，能手搏，所傳乃劉千和尚之派」。是劉千實有其人，爲金末元初之著名武師。

由於宋元時期打擂活動的盛行，各地都出現了一些相撲社團和職業性的相撲手，宋人《武林舊事》記當時有「角抵社」，顯然便是由相撲手組成的社團。又書中「諸色伎藝人」記錄了臨安的相撲名手有王急快、撞倒山等四十餘人。前文舉到的擎天柱任原、山東夜叉李貴及獨角牛都是這類人物。除此之外，筆者還在元周南瑞編《天下同文集》卷二十六中發現了一條關於相撲手活動的新資料。是書所收王德淵《角觝說》（至元十七年寄崔左丞）云：「余幼從先大夫寓居磁州，磁有崔府君祠，歲以十月十日社，四方樂藝畢來獻其能，而以角觝之戲殿。角觝中復擇其勇且黠者殿，號曰首對。當時眾人指在東者一個相語曰：『此人前年獲勝於泰安廟下，去年獲勝於曲陽廟下，今日又將勝矣。』」——根據王氏的記載，當時由於相撲活動舉行頻繁，一些職業性相撲手周遊各地，作巡迴比賽。如文中的那位角抵高手，便屢勝於泰安、曲陽與磁州廟會，成爲一時擂臺霸主。從這些片段記錄上，可以看出宋元時期確稱得上是泰山相撲比賽的黃金時期，不僅名手輩出，賽事頻興，而且據學者研究，其比賽規則「已經具有了現代競技運動的體制和精神」〔註19〕。

〔註18〕周偉良《古代相撲的起源與發展》，載《文史知識》1993年第8期。
〔註19〕鄭小琴、蔡海欽《從〈燕青打擂〉看北宋的相撲活動》，《中華武術》2004年

金元兩朝都對此類演武活動不斷下令加以限制，金初曾下「迎賽神佛禁令」，元至元十一年（1274）中書省奏請禁止「祈神賽社」，得到元帝允准。皇慶二年（1313），元廷禁絕廟會，山東東西道廉訪司文牘中特別提到了「相撲」之徒，說明打擂已是東嶽廟會的重要內容。在元廷的嚴厲查禁下，盛極一時的嶽廟打擂漸次停息。

《水滸傳》打擂項目，第七十四回只寫到相撲，但據第七十三回所述，還有「使棒」一項。小說中言香客告稱：「天齊聖帝降誕之辰，我們都去臺上使棒。」又言：「三來也要偷學他（任原）幾路好棒。」此項賽事別見於宋話本《楊溫攔路虎傳》，話本演繹號稱「攔路虎」的東京武士楊溫棒打「山東夜叉」李貴的故事。話本寫道：三月二十八日東嶽廟會之月，「那獻臺上，……楊三官把一條棒，李貴把一條棒，兩個放對使一合，……那楊承局一棒劈頭便打下來，喚做大捷。李貴使一扛隔，楊官人棒待落，卻不打頭，入一步則半步一棒，望小腿上打著。李貴叫一聲，闓然倒地。」〔註20〕。《攔路虎》逼真地再現了宋代打擂的場面，具有重要的史料價值（附帶說明：楊溫其人也見於《水滸傳》中，第七十八回列為高俅調攻梁山之「十節度」名內）。

在上引燕青、楊溫、劉千打擂故事中，有著相近的情節，其都是以身材瘦弱者打翻強悍大漢，作為比賽的最終結局。因此我推測其故事素材可能同出一源，後來分別為小說、戲曲家採擷、演繹，由此出現了上述情節相同、而主人公各異的文學現象。

第七十四回「贊子」中，還寫到了碧霞元君信仰：「萬民朝拜碧霞君，四遠歸依仁聖帝。」碧霞元君始稱天仙玉女，其信仰源起於宋。宋真宗封禪時，曾「新玉女之像」，至元祐之時，岱頂已有玉女祠（即今碧霞祠之前身）。但碧霞元君名號源起甚晚，除《水滸傳》外，在其它宋元文字中絕無記錄，至明代始見稱述，現在研究一般認為其號初現於明。那麼《水滸傳》中的「碧霞君」之名的出現便有兩種可能：一是碧霞元君之名始起於元末，而被小說寫定者及時採錄；二是此句文字出自明代人的改筆。由於資料所限，兩者是非尚難作最後的判定。

不過，《水滸傳》中所寫泰山進香的場景，都只提「聖帝」，絕無碧霞元

第 8 期。

〔註20〕程毅中編《宋元小說家話本集》，齊魯書社 2000 年版，第 116～121 頁。

君的影子。有的學者認爲書中出現的九天玄女即碧霞元君，但玄女與元君職掌不同（一主兵事，一主生育等民間禍福），名號不同（元君廟或稱碧霞行宮，或稱泰山行宮，無稱爲玄女廟者），廟祀不同（玄女廟在鄆城），由來不同（玄女來源於先秦主兵女神傳說，而碧霞源於漢代以來名山玉女信仰），很難混爲一談。因此，把小說中關於九天玄女的描寫視爲碧霞元君信仰的體現，還缺乏有力的佐證。

要之，通觀《水滸傳》所寫泰山風俗，除「碧霞君」一名存疑外，其餘均體現了鮮明的宋元時代特徵，研究者多認爲《水滸傳》「而絕少明代社會的痕跡」〔註21〕，以此證之，實堪徵信。

四、從「泰山文字」看《水滸傳》本事與成書

此節我將《水滸傳》中關於泰山的描寫，通稱爲「泰山文字」，以此入手，對《水滸傳》的本事與成書試作蠡測。

1. 先說本事：從宋話本、元雜劇到《水滸傳》，無一不出現泰山的場景。我推測其著眞實的歷史背景——

歷史上宋江起義「起於河朔，轉略十郡」，其間曾活動於泰山附近。有兩條習見資料，並可爲證。

其一、《宋史》卷三五一《侯蒙傳》云：「宋江寇江東，蒙上書言：『江以三十六人橫行齊魏，官兵數萬無敢抗者，其才必過人，今青溪盜起，不若赦江，使討方臘以自贖。』帝曰：『蒙居外不忘君，忠臣也！』命知東平府，未赴而卒。」按：宣和三年（1121），因方臘起事，資政殿學士侯蒙獻招降宋江以討方臘之策，得到徽宗認可，遂命侯蒙出知東平府。這說明，此時此刻，宋江一軍正活動在泰山西南之東平府境，因爲只有在這種情況下，才能讓侯蒙在此任上實施他「使（宋江）討方臘以自贖」的特殊使命。又《宋史》卷三五五《虞奕傳》云：「襲慶守張漴使郡人詣闕請封。東平守王靚諫以京東歲凶多盜，不當請封。爲政者不悅，將罪靚。」時在宣和二年（1120）前後。可證泰山附近確有「巨盜」活動，以至宋徽宗泰山封禪活動被迫中止。兩相印證，似可推知在宣和初年，宋江兵鋒曾至於今泰安之境。

其二、宋人張守《左中奉大夫充秘閣修撰蔣公（圓）墓誌銘》云：「（蔣圓）知沂州，宋江嘯聚亡命，剽掠山東一路。……（圓）督兵鏖擊，大破之。餘眾北走龜蒙間。」（《毘陵集》卷二）按：龜蒙之「龜」，即龜山，在泰山以

〔註21〕沈伯俊主編《水滸傳研究論文集》，中華書局 1994 年版，第 165 頁，袁世碩文。

南新泰境內，其地爲時通沂州之官道所經，故宋江兵潰，退於此間。據兩則史料，宋江義軍曾轉戰東平、新泰。「水滸」故事中出現泰山，不爲無因。另出土於新泰樓德之宋政和七年（1117）《孫覿墓誌》云：「巨寇將至，鄉人大擾，謀徙避之，君（孫覿）止之曰：『少俟我。』即持牛酒造寇壁願見。因留與之醉飽，歌呼相樂，輸以其情。寇壯而義之，爲引去。」《墓誌》中所寫這一支活動於泰山周邊，行爲頗具豪俠之氣的「巨寇」，雖不能遽指爲宋江之屬，但足證在徽宗一朝，在泰山周邊確是「巨寇」頻繁活動之區。後人在演說水泊故事時，亦有可能將其事納入，於是在話本戲曲中，以泰山爲舞臺，演繹出一幕幕英武壯劇。

2. 再說成書：《水滸傳》成書時代，學界有「元末明初」、「明中葉」等多種說法，而對《水滸傳》中所寫泰山名物時代的考訂，實有助於這一問題的解決。

《水滸傳》中所描寫得泰山場景，研究者對其時代屬性作過探究。代洪亮先生《泰山信仰與明清社會》認定：「羅貫中生活於元末明初，《水滸傳》中涉及泰山廟會的描寫難以作爲宋代資料。」〔註22〕高有鵬《廟會與中國文化》亦稱：「值得說明的是，《水滸傳》中東嶽廟會的描寫，有人認爲是宋代的廟會再現，我認爲它應該是作者所處的時代的廟會——這是小說作家慣用的表現行爲，他也沒有必要索宋代史料去描繪泰山東嶽廟會的具體情形。」〔註23〕

兩位先生均認爲《水滸傳》中所寫泰山不是宋代場景，而是明初面貌，上溯亦不過元代。我對此有不同的認識。我以爲：《水滸傳》中的「泰山文字」，其主體部分，均是北宋泰山風貌的眞實反映，部分事物雖牽涉金元，但基本上未屬入明代以後內容。試以第七十四回中出現的「嘉寧殿」與「正陽門」兩例，加以舉證：

岱廟大殿的名稱，各種泰山典籍均稱爲宋代名天貺殿，我自宋曾肇《曲阜集》中查到《東嶽廟碑》，證明宋代廟殿之名實爲嘉寧，天貺殿建於城西，於岱廟無涉〔註24〕。2000 年 10 月，在岱廟整修施工中，於正陽門下出土殘石一方，碑陽刻辭云：「本路運使高大夫施錢三拾貫文省，本宅十七官人施錢三貫文足，周氏施錢伍貫文足，並爲翻修嘉寧殿使用。……政和五年三月初九

〔註22〕代洪亮《泰山信仰與明清社會》，南開大學 2002 年碩士論文。
〔註23〕高有鵬《廟會與中國文化》，人民出版社 2008 年版，第 414 頁。
〔註24〕參《周郢文史論文集》，山東文藝出版社 1997 年版，第 125～147 頁。

日。」又：「河東路都運陳知存施錢五十貫文，充修嘉寧殿。」此石的出土，最終證實了我「殿名嘉寧」之說。這一嘉寧殿，自金代大定被易額爲「仁安」之後，原殿名已不爲人知悉（明弘治《泰安州志》已無相關記錄），如非《曲阜集》碑文及嘉寧殘石的發現，則必湮沒無聞。而《水滸傳》卻直筆寫入這一宋代殿名，如果不是當時人記當時之事，後世作者於此實無從懸擬（小說非同於考據，實無必要爲一殿名稱，先來岱廟作考古發掘）。故這回文字中雖闌入金代「仁安殿」之名，但其初稿必成型甚早，至遲在宋金之際（大定之前），否則無法讓人理解這種記事驚人準確的現象。

再說正陽門，當代研究者多認爲「正陽」門名始於清代。但我考正陽門之稱，自宋已有。據民國時王次通於岱嶽觀附近所獲宋元符殘碑，「行書，有嘉寧大殿、第一重正陽門裏，第二重門，重木鉤欄百間等」（《岱臆》）。《水滸傳》的「正陽門瑞氣盤旋」，不期又與出土的宋代碑石暗合無間。

小說中重場鋪敘的「打擂」，也是宋元風俗，自元代被禁後，有明一代，再未見嶽廟設擂的記載。明末張岱《岱志》雖有「東嶽廟前，……相撲臺（擂臺）四五、戲臺四五，數千人如蜂如蟻」的記錄，但度其語意，似是表演性質的「喬相撲」，而非驚險激烈的武林爭霸賽（否則不可能多達「四五」）。

總觀《水滸傳》中出現的泰山事物，絕大部分爲宋元時期所獨有，而非入明之後世人所能知悉。因此也可據以推定，《水滸傳》底本的源起，可能始於宋末，而最後定型，亦不可能遲於元末。對於《水滸傳》的成書，著名學者葉德均先生在《戲曲小說叢考》卷中《水滸傳和宋元風習》中發表過精闢的見解，他指出：現在的《水滸傳》不是成於一代之中、一人之手，「是從宋代以來至晚明爲止四五百年間經過許多『書會先生』和民間文士及書坊主人之手，許多次的增補、修訂、刪削而成的」。其中的風習、事物、語言、習慣，都和宋元時實際情形相符，「它是宋元『說話人』就當時眞實的事物來敘述的；到了元末寫成定本時，對這類事物也很少更動」〔註25〕。——葉著這一睿見，竟然在《水滸傳》與泰山文化的聯繫對勘中，得到全面印證。

（原載《東平與羅貫中〈三國演義〉〈水滸傳〉研究》，中國出版社 2006 年版，有修訂）

〔註25〕葉德均《戲曲小說叢考》，中華書局 1979 年版，第 555 頁。

東平與水滸

馬成生

一

「水滸故事」主要源於北宋末年的宋江起義軍。這支起義軍，主要活動於山東省境內，而其中心則是東平地區、梁山泊一帶。

據宋人方勺《泊宅編》卷五：

> 京東賊宋江等出入青、齊、單、濮間。

這裏的「京東」，是指宋太宗至道三年（997）所劃定的「京東路」轄區。這個轄區，後來又重新劃分過。據《宋史》卷八五《地理志》：

> 熙寧七年，分東西兩路，以青、淄、濰、萊、登、密、沂、徐
> 州、淮陽軍爲東路，鄆、兗、齊、濮、曹、濟、單州、南京爲西路。

由此看來，北宋末年的宋江起義軍則是活動在京東東路的青州與京東西路的齊州、濮州與單州，而方勺指的具體時間是宋徽宗宣和二年（1120）。

據《宋史·地理志》及其它有關史料，青州轄區有益都、壽光、臨朐、博興、千乘、臨淄等縣，位於今天淄博市的北面、東面與東南面的數十里與百數十里的範圍內；齊州轄區有歷城、濟陽、禹城、齊河、臨邑等縣，位於今天濟南市的北面與西面的數十里與百數十里的範圍內。以上兩州，均位於今天東平地區的東北面與北面。而單州，轄區有單父、碭山、成武、魚臺等縣，位於今天東平的南面與西南面數百里範圍內；而濮州，轄區有鄄城、雷澤、臨濮、範縣等縣，位於今天東平的西面與西南面數百里範圍內。根據上述情況，就從山東省境內的地理態勢來看，宋江起義軍或出青州入單州，或出濮州入齊州，南北馳騁，東西縱橫，勢必都要往來東平地區。

還可以從宋江起義軍更大的活動範圍來看。據南宋汪應辰《文定集》卷二十三《顯謨閣學士王公墓誌銘》：「河北劇賊宋江者，肆行莫之禦，既轉掠京東，徑趨沭陽。」「河北」，當指黃河以北的河北省地區，位於東平地區西北面；沭陽，在江蘇省北部，位於東平地區南面。又據南宋李燾《續宋編年資治通鑒》卷十八：「宣和二年十二月，盜宋江犯淮陽及京西、河北，至是入海州界。」淮陽，在河南省東部，位於東平地區西北面；海州，在江蘇省東北部，位於東平地區東南面。從以上這些更大的活動範圍看來，東平地區也是宋江起義軍往來的經由之地。

　　宋江這支起義軍，儘管戰鬥能力很強，但基本上是一支游擊隊伍，山東省境內的青、齊、單、濮等州，以及山東省境外的河北、河南與江蘇等部分地區，都是他們的游擊之處；但是，相對說來，他們總還是有一個時間較長的駐地。這個駐地究竟在哪裏？

　　且看《新五代史》卷九所載：「石晉開運元年（944）六月，丙辰，河決滑州，環梁山，入於汶、濟。」之後，黃河常有泛濫或決口，於是便形成巨大的水泊，即梁山泊。直到明代宗景年間，決口修復，梁山泊水域逐漸縮小，這就是今天的東平湖。

　　再看《宋史》所載：「東平府，……縣六：須城、陽谷、中都、壽張、東阿、平陰；監一：東平。」（《宋史》卷八五《地理志》）就今天地理態勢看，須城就是東平，位於上述這個巨大水泊東面，東阿與平陰則在北面，陽谷與壽張俱在西面。非常明白，這個梁山泊就在東平地區之內。

　　據明代著名史學家范祖禹的《讀史方輿紀要》：

　　　　山南即古大野澤，宋政和中，盜宋江保據於此。

　　這「山南」，即梁山的南面。梁山，原名良山，漢代的梁孝王劉武，曾經到這座山上打獵過，所以改名梁山。「古大澤」，又名大野澤，原是古代的堆積湖，位於當今梁山縣南，鉅野縣北，東北距東平不遠。實際就是後來的梁山泊。據《宋史·蒲宗孟傳》：「梁山泊，素多盜。」因爲有山有水，形勢險要，便於把守，所以，宋江等與其它許多起義者一樣，也就「保據」在這裏。

　　總之，東平地區是宋江起義軍往來活動的中心地區，而梁山泊是較長期的「保據」之處。這樣特殊的歷史事件與地理態勢，自然便成爲以宋江爲首的「水滸故事」的主要「發源」地。

二

　　既然「水滸故事」的「源頭」是在東平地區、梁山泊一帶，自然而然，後來成書的《水滸傳》，其中有不少主要人物的「出身」也就「安排」在這一帶。例如：

　　晁蓋，梁山泊事業眞正開始興旺發達的首任領袖，其家就在鄆城縣東數十里的東溪村，北距東平湖——已經縮小了的梁山泊，大約是二、三十公里。

　　吳用，是梁山泊上義軍的軍師，執掌兵權的，與晁蓋同屬「本鄉人氏」。

　　阮小二、阮小五、阮小七，「智取生辰綱」的骨幹，均屬「天罡」數內，

「出身」在「梁山泊邊石碣村」，相距東溪村不過一天的步行路程——據傳說，即今天的石廟村，東南距今天的東平湖約六公里。

宋江，接任晁蓋的梁山泊領袖，「鄆城縣宋江村人氏」，相距縣城也不遠。且看《水滸傳》三十五回，宋江「申牌時候」回村，消息傳出，「一更時分」縣裏都頭便來捕捉了。

朱仝、雷橫，也是「天罡」數內，也是鄆城「本處」人氏。大致就在當今東平湖的南面不遠處。

等等。

既然一些主要的水滸英雄「出身」在這一帶，自然而然，他們的一些起義「壯舉」，也就在這一帶。如第十五回的「七星聚義」，就在晁蓋的故鄉鄆城東溪村。第十六回的「智取生辰綱」，就在鄆城縣的黃泥岡——據傳說，黃泥岡「原型」就是北距梁山約三十公里處的黃堆集。第二十三回，武松在景陽岡打虎。這個景陽岡，就在「陽谷地面」——據傳說，景陽岡「原型」，就在陽谷縣東四十里的沙固堆村頭，至今在土岡子上還建有武松廟，廟內有打虎的壁畫，東南距梁山三十五公里。第二十六回，「武松鬥殺西門慶」，地點就在陽谷縣城內「獅子橋下大酒樓上」——據傳說，陽谷縣城中十字街南邊不遠處確有一座獅子樓，即武松鬥殺西門慶處的「原型」。自四十七回開始，宋江連續三次攻打祝家莊。這個祝家莊，就在梁山泊西南不遠的「鄆州地面」——據傳說，祝家莊的「原型」就是東南距梁山約三十公里的祝口村。等等。

眾多的水滸英雄，就在他們不斷演示「壯舉」的過程中，愈來愈多地匯聚梁山，形成愈來愈有力的軍事集團，愈來愈多地演示更加宏偉的武裝行動。如五十八回，他們自梁山泊出發，東向攻下青州，殺卻那個「殘害良民」的青州知府慕容彥達。五十九回，又攻下華州，殺卻那個「為官貪婪，非理害民」的賀太守。七十七回，在梁山泊周邊，又打敗那個「統率十萬大軍、帶領八個都監和兩個大將（酆美和畢勝）的童貫」，以至「童貫止和畢勝逃命」回去。八十回，又打敗了那個統率十三萬大軍、帶領十個節度使的高俅，以至高俅本人也被活捉上梁山。這童貫和高俅，都是當朝能夠一手遮天、凌駕於法制之上的高級大官呢！

這些，固然是以歷史上的宋江起義軍為「源頭」而演化出來的藝術作品，是對生活素材的提煉與昇華，其中，對那種虐人害物、無法無天者的怨憤與

斥責之情，爲打開天下「不平路」的英雄氣概，確是讓弱小者圖強，受害者奮起。這些就是歷來所說的「水滸氣」，也就是，「水滸文化」的主要內涵。

三

從歷史上的宋江起義這個「源頭」，中經廣大人民於「街談巷語」中的傳說與發展，更有眾多文人以各種藝術樣式的想像與創造，這才有內容豐富的「水滸文化」以至偉大的名著《水滸傳》。其中，單從文人作品來看，元代雜劇裏的「水滸戲」，確是起了很大的作用。

提起「水滸戲」，自然便要提起元代雜劇著名作家高文秀。

這個高文秀，元人鍾嗣成《錄鬼簿》在「前輩已死名公才人，有所編傳奇行於世者」中，就分明寫著：

> 高文秀，東平人，府學，早卒。

高文秀雖然「早卒」，然而，雜劇創作數量甚多，光是《錄鬼簿》中所載的劇目，就有三十二種，其中「水滸戲」就有八種：《黑旋風詩酒麗春園》、《黑旋風大鬧牡丹園》、《黑旋風敷演劉耍和》、《黑旋風鬥雞會》、《黑旋風窮風月》、《黑旋風喬教學》、《黑旋風雙獻頭》、《黑旋風借屍還魂》。又，據脈望館抄本，有《雙獻頭武松大報仇》一種也是高文秀所作。據馬廉《錄鬼簿新校注》本（文學古籍刊行社 1957 年印），在元雜劇中總共有「水滸戲」三十二種（其中有十種未見署名），署有作者姓名的共二十種，即高文秀九種，紅字李二五種，康進之與李文蔚各二種，楊顯之與李致遠各一種。光從這些劇目的數字看來，高文秀在「水滸戲」中的地位就極使人注意。

在《錄鬼簿》的天一閣本中，對高文秀的介紹更爲詳細些：「東平府學生員，早卒，都下人號小漢卿。」並且，還有賈仲明的一則挽詞：

> 花營錦陣統干戈，謝館秦樓列舞歌。詩壇酒社閒談嗑，編敷演
> 劉耍和。早年六十不登科，除漢卿一個，將前賢疏駁，比諸公麼末
> 極多。

這「小漢卿」，就是把高文秀與關漢卿比較而言。關漢卿不僅是元雜劇中最偉大的作家，同時也是我國戲劇史上最偉大的作家。「小漢卿」，正是相當具體地表明了高文秀的地位。上述這首「挽詞」中的「除漢卿一個」等語，正是對他的具體評說。

底下，就看看高文秀「水滸戲」的特色，尤其是對後來《水滸傳》的影

響。十分可惜的是，九個劇本中除《黑旋風雙獻頭》外，其餘都未能流傳下來。其中的《黑旋風喬教學》，顧名思義，可能對《水滸傳》七十四回的情節有所影響——這一回中，描寫李逵「聽得一處學堂讀書之聲」，「揭起簾子走將入去，嚇得那先生跳窗走了，眾學生哭的哭，叫的叫……。」又，《雙獻頭武松大報仇》，則可能對《水滸傳》第二十六回的情節有所影響——這一回中，描寫武松殺了潘金蓮與西門慶，「將兩顆人頭」供在武大的靈位面前，哭訴：「哥哥魂靈不遠，早生天界，兄弟與你報仇！」至於其它六個劇本，則無法顧名思義，無法猜測其對《水滸傳》的影響了。這裏，就只能是針對《黑旋風雙獻頭》來談談。

現在，就從劇中兩個人物形象談起。

李逵，是劇中的主角，已經塑造得相當豐滿。

首先，他的行為是既粗又細。為了化裝去泰安，需要一套莊家衣服，他便說自己躲「在官道旁」，揪住一個莊家，「腳板踏著那廝胸膛，舉起我這夾鋼板斧來，覷著那廝嘴縫鼻凹」砍去。這種魯莽舉動，在《水滸傳》第七十三回的「喬捉鬼」中，把一對為「偷情」而裝鬼的青年男女砍殺了，完全可以看到它的傳神承髓處。至於李逵的細處，高文秀也描寫得很突出。李逵為了營救死牢裏的孫孔目，他先裝扮成一個「莊家呆廝」，給孫孔目送飯；又在羊肉泡飯中攪入蒙汗藥，引誘牢子吃；終於麻倒了牢子，救出孫孔目以及滿牢的人；而後，他又裝扮成「祗候」，藉此接近了那個拐帶孫孔目妻子郭念兒，並把孫孔目投入死牢的白衙內，終於把白衙內殺掉。這種細處，在《水滸傳》中雖然並不突出，但也還可看出一些痕跡。如第五十三回，李逵與戴宗一起去薊州尋公孫勝，為了一同「神行」，約定不能吃葷。某日晚餐，備了素飯，他卻假裝「我且未要吃飯」，讓戴宗一人獨吃，而後自己卻躲著吃牛肉。

更為值得注意的是，高文秀筆下的李逵，具有一種「言必信，行必果」的高度負責精神。他給孫孔目做「護臂」，要去「謊子極多」的泰安進香，堅決表示要「保護得孫孔目無事還家來」；而在途中，孫孔目遭到白衙內陷害之時，他便想方設法，竭力營救，終於「獻頭」立功。這種精神，在《水滸傳》中也常有閃光。如第三十九回，宋江因題「反詩」而入牢，戴宗叫李逵照顧宋江的飯食，切不可因「貪酒」而「失誤」；而嗜酒如命的李逵便當面發誓：「兄弟從今日便斷了酒！」尤其讓人難以意料的是，當他殺死白衙內之時，居然扯下白衙內一塊衣服，「撚做個紙撚」，蘸著血，在「白粉壁上寫道：『是

宋江手下第十三個頭領黑旋風李逵殺了這白衙內』。」眞是豪氣十足。這種豪氣，自然令人想起《水滸傳》第三十一回，當武松殺死貪贓害人的張都監之時，也是「去死屍身上割下一片衣襟來，蘸著血，去白粉壁上大寫下八個字道：『殺人者，打虎武松也』。」這些，正是草莽英雄的一種「豪俠」氣概。這種氣概，早已有人稱揚。明代的李卓吾就在這一回的後評中寫道：「武二郎是個漢子，勿論其它，即殺人留姓字一節，已超出尋常萬萬矣。」袁無涯也認爲：這「使靜人儒士亦能憤雄。」這種受人稱揚的「豪俠」氣概，自高文秀的《雙獻頭》到施耐庵的《水滸傳》，自可看出一條清晰的脈絡。

李逵接受這個保護孫孔目的任務時，還在宋江面前發出一句壯語：「我從來個路見不平，愛與人當道掘坑！」在後來的《水滸傳》中，「路見不平，拔刀相助」，幾乎成了英雄們的行動綱領了。這裏，也不難看出，後者對前者的承襲、演化關係。

宋江，是劇中的配角，但已表現出不少領袖的素質。當李逵準備做孫孔目「護臂」的時候，他諄諄教導並鼓勵李逵：爲了安全，既要「更了名，改了姓」；還要改穿「莊家的衣服」；更要立下軍令狀；而且，逼著李逵要以「六陽魁首」作保證；同時，要「忍事饒人」，不能與人「撕打」。總之，要平平安安「保著孫孔目回來」。當李逵一切照辦並上路之時，宋江仍不放心，立即「傳令」神行太保戴宗，「星夜下山，打聽李山兒消息」。他還耽心「李山兒一個」難以對付「有權有勢」的白衙內，便與吳用「星夜領一枝人馬」去「接應」。而當孫孔目回到梁山，但「不知李山兒下落」時，他便令「大小僂囉，作速與我趕上去」。李逵終於殺卻白衙內與共同私奔的郭念兒並向他「雙獻頭」之時，他便設「慶喜筵席」，以示獎勵。凡此種種，與後來《水滸傳》中的梁山首領宋江已經頗有共同之處。

此外，還有三點很值得注意。

第一，宋江自稱：「某聚三十六大夥，七十二小夥。」這「三十六大夥」，在高文秀之前的《大宋宣和遺事》中，宋江已有「俺三十六員猛將」之說，這當是後來《水滸傳》中的「三十六天罡」；而「七十二小夥」，未見有前人說起，高文秀筆下的宋江這麼一說，很可能就演變成後來《水滸傳》中的「七十二地煞」呢。

第二，這個宋江還描述了梁山泊甚爲壯觀的環境：

> 寨名水滸，泊號梁山，縱橫河港一千條，四下方圓八百里。東

　　連大海，西接濟陽，南通鉅野金鄉，北靠青、齊、兗、鄆。

　　這個梁山泊的環境，在此之前的《宋江三十六贊》中，絲毫未有提及，在《大宋宣和遺事》中，雖然提及，但說成是「太行山梁山泊」，而《黑旋風雙獻頭》中這種描寫，就成了後來《水滸傳》描寫梁山泊的藍本。如第十一回，柴進向林沖介紹時，說：「梁山泊，方圓八百餘里」，第三十五回，宋江向秦明等介紹時，也說：「梁山泊，方圓八百餘里」。不僅是《水滸傳》，就是其它一些文藝作品，描述梁山泊時，往往也都是「方圓八百里」呢。

　　第三，在這《黑旋風雙獻頭》的末了，高文秀還寫了一首「詞」，其中一句是：

　　　　宋公明替天行道。

　　這裏，「替天」的「天」，即傳統思想中的「天帝」，是一個居於冥冥之中而具有人格力量的人間萬物主宰者，也就是《書·湯誓》中的「有夏多罪，天命殛之」的「天」。「道」是法則、道理之意。「替天行道」，就是代替天帝來推行、實踐那些符合法則、道理的事情。這「替天行道」，在高文秀之前，如宋、元之交的《宋江三十六贊》、《大宋宣和遺事》等有關「水滸」英雄的文字中均未有見到，而在《水滸傳》的「招安」之前部分中，則是「水滸」英雄的一面旗幟，是行動的綱領，書中已作了全面、具體的描寫：在經濟方面，對外是「劫富濟貧」，內部是「論秤分金銀」；在政治方面，對外是「路見不平，拔刀相助」，內部是「一律以兄弟稱呼」。這樣的「替天行道」，正是代表了舊社會中廣大經濟上受剝削、政治上受壓迫的勞動人民的願望。高文秀在《黑旋風雙獻頭》中，自然遠沒有《水滸傳》那樣具體全面的描寫，但他筆卜的黑旋風，在泰安進香的路途中，終於把那個以強凌弱、橫行不法、既拐騙婦女還要把她親夫害死的白衙內殺掉，實在也是「路見不平，拔刀相助」的行為了。退一步說，即使沒有這樣的描寫，高文秀光是提出這個「替天行道」的口號，也是具有十分積極意義的。

　　我們光從高文秀的《黑旋風雙獻頭》來看，光從這個劇本中的李逵、宋江這兩個人物形象來看，實在已經具備了草莽英雄的種種特色，可以說，已經為後來的《水滸傳》準備了若干重要的「基因」。在「水滸文化」發展史上，高文秀實在是一位值得重視的作家。

四

　　「水滸文化」是我國古代文化中的先進文化。「水滸文化」的結晶《水滸

傳》已經被亞洲、美洲和歐洲許多國家翻譯成多種文字，享有世界盛譽。東平地區既是「水滸文化」的一個「源頭」所在地，又產生了高文秀這樣偉大的「水滸戲」作家，因此，很有理由也很有必要籌建一些項目，如「水滸文化紀念館」之類，以弘揚「水滸文化」，進一步提高東平地區的文化檔次。在「水滸文化紀念館」中，可以著重陳列如下內容：

1. 歷史上宋江起義的有關資料（還可用圖表展示其起義的地理態勢）。

2. 東平以及周邊地區有關水滸英雄的故事與傳說。

3.《水滸傳》成書前，各種對它有影響的文藝作品。其中，高文秀及其「水滸戲」的有關資料是重點：高文秀可以塑像；《黑旋風雙獻頭》，可用壁畫或塑像再現其主要鬥爭場面。

4.《水滸傳》的各種版本。

5. 有關歷史上的宋江起義與其故事傳說、「水滸戲」、《水滸傳》以及有關藝術作品的研究成果評論作品。

6.《水滸傳》中有關東平地區、梁山泊一帶水滸英雄的主要事跡。如《七星聚義》、《智取生辰綱》、《私放晁天王》、《梁山小奪泊》、《武松打虎》、《鬥殺西門慶》、《三打祝家莊》以及從梁山泊出發，攻打青州，攻打華州，攻打東平、東昌，還有打敗童貫、高俅，等等，均可用圖表、壁畫甚至群塑來展示。自然，如果條件具備，可以展示《水滸傳》所有主要鬥爭場面。

「水滸文化紀念館」，可以讓一般觀眾瞭解「水滸文化」發展脈絡與基本內容；至於中外的專家與學者，則可作為一個研究資料的中心。

（原載《東平與羅貫中〈三國演義〉〈水滸傳〉研究》，中國出版社 2006年版）

「九天玄女」與《水滸傳》

杜貴晨

九天玄女俗稱九天玄女娘娘，是我國道教之女神。這一宗教神話人物被寫入《水滸傳》，雖然只在百回本的十三回書中，共二十五次涉及名號，其中有形象出現僅兩次，描寫不多，給人的印象不深，研究者較少論及。但是，這個人物在《水滸傳》居高臨下，指揮一切，有重要作用，是不可忽略的。

（一）《水滸傳》「九天玄女」與太（泰）山文化

我國古代九天玄女傳說，見於《黃帝問玄女兵法》、《龍魚河圖》、《黃帝出軍訣》、《黃帝內傳》、《集仙錄》等書，宋人張君房輯《雲笈七籤》卷一百一十四《九天玄女傳》所載最詳，略曰：

> 九天玄女者，黃帝之師聖母元君弟子也。黃帝在昔，……戰蚩尤於涿鹿。　帝師不勝，蚩尤作大霧三日，內外皆迷。……帝用憂憤，齋於太山之下。王母遣使，披玄狐之裘，以符授帝曰：精思告天，必有太上之應。居數日，大霧，冥冥晝晦。玄女降焉，乘丹鳳，御景雲，服九色彩翠之衣，集於帝前。帝再拜受命，玄女曰：吾以太上之教，有疑可問也。帝稽首曰：蚩尤暴橫，毒害蒸黎，四海嗷嗷，莫保性命。欲萬戰萬勝之術，與人除害，可乎？玄女即授帝六甲六壬兵信之符、靈寶五符策使鬼神之書……。帝遂復率諸侯再戰，……遂滅蚩尤於絕轡之野、中冀之鄉，……大定四方。……然後採首山之銅，鑄鼎於荊山之下，黃龍下迎，帝乘龍昇天。皆由玄女之所授符策圖局也。

可知至宋代，九天玄女（以下簡稱「玄女」）在諸神譜系中，與黃帝並為王母即西王母弟子，是一品位頗高的太（泰）山女神。她法力極大，又關懷民命，因黃帝之請，自太上降臨「太山之下」，親授黃帝兵符策書等。黃帝因此得以殲滅蚩尤，安定天下，後又飛升成仙。至北宋末宋江起義發生，故事流傳，玄女便成為宋江故事的參與者。

今見最早把玄女與宋江故事聯繫起來的是《大宋宣和遺事》。這部宋徽宗宣和年間的野史，有一段敷衍宋江等三十六人故事。其中寫宋江在鄆城縣，因殺了閻婆惜，被官府追捕，逃回家鄉宋公莊上，「走在屋後九天玄女廟裏躲了」，因拜玄女，得「天書一卷」，上寫三十六個人姓名，又有詩曰：「破國因山木，刀兵用水工。一朝充將領，海內聳威風。」列三十六人名號，後又有一行字道：「天書付天罡院三十六員猛將，使呼保義宋江為帥，廣行忠義，殄滅姦邪。」〔註26〕《水滸傳》寫玄女，就在這一基礎之上敷衍生發，錘鍊再造，踵事增華。

但是，無論《大宋宣和遺事》還是《水滸傳》，寫宋江故事而能引入玄女的重要原因之一，應是由於宋江為山東鄆城人，因殺閻婆惜被追捕所至是其

〔註26〕丁錫根點校《宋元平話集》上冊，上海古籍出版社1990年版，第300～306頁。

住家的宋家莊或不遠的還道村，都離「（黃）帝用憂憤，齋於太山之下」得見玄女的地方很近。而泰山有王母池、玉女池、碧霞元君祠，是道教女神薈萃的地方。《水滸傳》的作者羅貫中又是當年梁山泊之濱的山東東平（今縣，屬山東泰安市）人，也離泰山不遠。這些因素的和諧存在，應該是自《大宋宣和遺事》以迄《水滸傳》，玄女得以被引入宋江故事，並不斷被放大加強的基礎與動力，從而九天玄女與《水滸傳》的關係是可以在齊魯文化的背景上得到解釋的。

（二）《水滸傳》寫「九天玄女」

《水滸傳》〔註27〕寫英雄傳奇為主，也不乏神仙。較重要的南有信州（今江西上饒）龍虎山張天師，北有薊州（今天津薊縣）二仙山羅真人，都屬地仙；而最著者為九天玄女，是降於南北兩者之間太（泰）山的唯一的天仙和女神，且著墨最多，在《水滸傳》諸仙中最引人注目。

今百回本《水滸傳》寫玄女文字不多，但比較《宣和遺事》的簡略，已是百倍的幻化與放大，無量的改造與增飾。從有些未盡妥貼的地方，如書中寫玄女雖至第四十二回才正式出場授書，但早在第二十一回卷首《古風一首》中，就已經提及宋江「曾受九天玄女經」，可見在比百回本更早的本子中，玄女授宋江天書事被寫在第二十一回或這一回之前，是今本挪至第四十二回，其間必有些如何是好的斟酌，從而表明寫定者對這一人物作用的重視，而文獻有闕，茲不具論。但是，從分散在前後十三回書中不時的提及，或為宋江回想玄女之教言，或用玄女課占卜以釋疑解惑，於情節上固然並無十分必要，但是，因此可以感知作者對這一人物推動故事發展的作用，一直縈繞於懷，而時時回顧照應，特筆點染，使讀者眼中心裏，始終不忘有此一玄女形象，對全書情節發展的連貫，神秘氣氛的持續與加強，都有一定作用。

但《水滸傳》寫玄女濃墨重彩處只有相關的最前最後兩回書。最前是第四十二回寫還道村玄女第一次出面，就救了宋江，又接寫曰：

> 殿上法旨道：「既是星主不能飲，酒可止。教取那三卷天書，賜與星主。」青衣去屏風背後玉盤中，托出黃羅袱子包著三卷天書，度與宋江。宋江……再拜祗受，藏於袖中。娘娘法旨道：「宋星主，傳汝三卷天書，汝可替天行道，為主全忠仗義，為臣輔國安民，去

〔註27〕李永祜點校，施耐庵、羅貫中著《水滸傳》，中華書局 1997 年版。本文凡引此書，如無特別說明，均據此本，僅隨文說明或括注回次。

邪歸正。他日功成果滿，作為上卿。吾有四句天言，汝當記取，終
身佩受，勿忘於心，勿泄於世。」宋江再拜，「願受天言，臣不敢輕
泄於世人。」娘娘法旨道：「遇宿重重喜，逢高不是凶。北幽南至睦，
兩處見奇功。」宋江聽畢，再拜謹受。娘娘法旨道：「玉帝因為星主
魔心未斷，道行未完，暫罰下方，不久重登紫府。切不可分毫失忘。
若是他日罪下酆都，吾亦不能救汝。此三卷之書，可以善觀熟視。
只可與天機星同觀，其它皆不可見。功成之後，便可焚之，勿留在
世。所囑之言，汝當記取。目今天凡相隔，難以久留。汝當速回」。
　　便令童子：「急送星主回去。他日瓊樓金闕，再當重會。」

這裏描寫既以玄女施救推動情節，又借玄女之口說破宋江以至百零八人共同
的因果，而更重要是指示未來，即聚義、招安、征遼、平方臘、死後封神等，
書中自此以後故事脈略的發展，就都是玄女這一番「天言」逐步的實現。而
宋江的思想性格也因此有根本的轉變，即不僅悟到「這娘娘呼我做星主，想
我前生非等閒人也……」，而且此後就念念不忘，或「昔日玄女有言……」
（第五十九回）或「宋江便取玄女課焚香占卜」（事見第八十一、八十二、
八十五、八十六等回），或「取出玄女天書」（第六十四回）觀看，以玄女「天
言」為最高的指示，以玄女天書為臨事的「錦囊」，而每有效驗。

　　最後是第八十八回寫宋江領兵破遼，「無計可施，正在危急之際」，玄女
再次託於宋江夢中相見：

　　　玄女娘娘與宋江曰：「吾傳天書與汝，不覺又早數年矣。汝能忠
義堅守，未嘗少怠。今宋天子令汝破遼，勝負如何？」宋江俯伏在
地，拜奏曰：「臣自得蒙娘娘賜與天書，未嘗輕慢泄漏於人。今奉天
子敕命破遼，不期被兀顏統軍，設此混天象陣，累敗數次。臣無計
可施，正在危急之際。」玄女娘娘曰：「汝知混天象陣法否？」宋江
再拜奏道：「臣乃下土愚人，不曉其法。望乞娘娘賜教。」玄女娘娘
曰：「此陣之法，聚陽象也。只此攻打，永不能破。若欲要破，……
可行此計，足取全勝。……吾之所言，汝當秘受。保國安民，勿生
退悔。天凡有限，從此永別。他日瓊樓金闕，別當重會。汝宜速還，
不可久留。」

這裏自「吾傳天書與汝」說起，使讀者可知，玄女雖自第四十二回一見之後，
即未再現身，但她其實於冥冥中一直都在關注宋江等百零八人的作為，直至

這一次也是最後一次，似不得已再親自出面，授宋江破陣之法，看來有故事情節發展的需要，但作者之意，似更在藉此照應第四十二回的「天言」等，以她對宋江「不覺又早數年」間的「考覈」，代表天意肯定了宋江「爲主全忠仗義，爲臣輔國安民」的「道行」將完，預示了故事大結局的即將到來，並以「天凡有限，從此永別」自情節中淡出，完成了這一人物的塑造。

儘管如此，《水滸傳》寫玄女總體上仍然著墨不是很多，形象也不夠鮮明突出，比較百零八人特別是李逵、武松、魯智深、林沖等形象鮮活的造型，僅可如驚鴻一瞥，是一個道具性人物。但是，也不能不說其已經是全書形象體系的一個有機的成分，不可忽略的角色。特別是前後兩回書的描寫，突出了玄女形象提綱挈領的地位與作用，使我們如果要對《水滸傳》作全面瞭解，比較快捷地抓住其要義與中心的話，就不能不對這一形象加以認眞審視。

（三）「九天玄女」在《水滸傳》中的地位與作用

《水滸傳》寫玄女雖然只成一個道具性人物，但是，由於小說的特殊構造，這一人物的地位非同一般，作用無可替代，更不可小覷。就《水滸傳》總體構思與邏輯的或抽象的意義上而言，她實可稱之爲全書關鍵人物中之關鍵，表現於以下幾個方面：

首先，玄女居高臨下，是玉帝的代表，天命之象徵。上引玄女兩度現夢，都是只見宋江一人，其自太上而降的尊貴，玉女天仙的神秘，可見一斑。又其道「玉帝因爲星主魔心未斷」云云，就是代玉帝說話，宣示「天命」。這些在今天看來，除了虛妄之外，自然還矯揉造作得可笑。但是，須知古往今來，無論任何作者的何等拙劣的文字，都不會是爲了見笑於後人，而必有其當下不得不如此的道理，更需要的是後人給予歷史的考察與科學的理解。因此，這裏我們先要打破一種成見，即《水滸傳》是寫「農民起義」等等的所謂「現實主義」的考量，認識到中國的幾部章回名著，沒有一部從總體構思上不是把「現實」問題作「天命」的問題來處理的。即其處理現實題材的思想，也就是把握故事情節、人物命運的基本觀念乃「天人之際，合而爲一」（董仲舒《春秋繁露》卷十《深察名第三十五》），「人事法天」（《周易正義・上經乾傳卷一》），「天人感應」（《全晉文》卷一許芝《上符命事議》），從而不可能只作現實的描繪，而不顧及「天道」如何。而是相反，不管是眞信還是僅僅爲了迎合讀者的期待，現實的描繪總是被作爲「天命」的注腳。從而雖然書中林林總總，活動著的最多自然是芸芸眾生，但是，必有一兩個代表「天命」的

人物——自然是神佛出來，代宣「天命」。《水滸傳》寫玄女就是這樣一個居高臨下，代宣「天命」的人物。

其次，照應開篇「誤走妖魔」，點明宋江等雖行事爲「替天行道」，但在自身卻是將功贖罪、去邪歸正、「重歸紫府」的修行之路。這表現在上引第四十二回《還道村受三卷天書，宋公明遇九天玄女》的作用，不僅是在這一回中玄女救了宋江故事的本身，也不僅是一般文章關節脈絡的承先啓後，而且是借玄女對宋江的教訓，照應並點明此前此後上梁山的人，都與宋江一樣是以宋江爲「星主」的第一回所寫洪太尉誤放的「妖魔」，亟待經歷世事的磨難，而後「去邪歸正」。這裏包含了作者對梁山全夥總體的看法，正如後來《紅樓夢》中所稱「正邪兩賦」（曹雪芹《紅樓夢》第一回。）之人，說不上完全的善，也說不上完全的惡，總是都要有一個性格命運的轉變。例如第十二回開卷詩論林沖、楊志：

> 天罡地煞下凡塵，託化生身各有因。
>
> 落草固緣屠國士，賣刀豈可殺平人？
>
> 東京已降天蓬帥，北地生成黑煞神。
>
> 豹子頭逢青面獸，同歸水滸亂乾坤。

詩中雖以林沖與楊志對比，就百零八人各自「託化生身」的情況作了區別，一種如林沖「落草固緣屠國士」，情有可原；一種如楊志「賣刀豈可殺平人」，罪不可恕，但無論如何，他們「同歸水滸亂乾坤」，並不可提倡。又第五十八回有詩評呼延灼背叛朝廷以降梁山曰：

> 呼延逃難不勝羞，忘卻君恩事寇讎。
>
> 因是天罡並地煞，故爲嚮導破青州。

這裏雖把呼延灼的叛降梁山歸因於「天罡並地煞」的前世緣，但畢竟譴責他「忘卻君恩事寇讎」的惡劣。這些一如書中寫李逵爲拉朱仝入夥而殘忍地殺死小衙內，又斧劈羅眞人，以及孫二娘賣人肉包子等，作者實際上都並不表贊成，而視爲如宋江一樣「魔心未斷」的表現。所以，玄女謂宋江「魔心未斷」的評價，亦不止針對宋江一人，而實際概指梁山全夥，都是「魔心未斷」，甚至「魔心」如熾的人。這對於《水滸傳》人物的塑造大有影響，自然也是我們觀察把握《水滸傳》人物應該注意的方面。

第三，玄女是宋江的保護神和導師，進而是百零八人命運即故事全局的主宰。《水滸傳》以「誤走妖魔」爲楔，引出宋江等一百零八人故事，不僅

是爲了聳人聽聞和好看好玩，更重要是通過這個故事，把宋江等一百零八人命運，置於「天人合一」的框架之中，定義其各爲「妖魔」轉世，結果歷經三度「聚義」，三易寨主，三度招安，乃歸順朝廷，攘外安內，建功立業，死後廟享，完成從「魔」到「神」的轉變。這自然也是荒唐言，卻正是作品的實際，作者的初衷。讀者倘不能無視而必須認眞對待的話，那就應該看到，這個帶領一百零八人總體上（不是指每一個人）完成由「魔」而「神」轉變之故事的關鍵人物是宋江，而啓發指導宋江認識並指導其負起這一責任的人物則是玄女。從而宋江是百零八人關鍵，而玄女作爲宋江保護神與導師，是關鍵中之關鍵。從描寫本身已足看出，更從《水滸傳》把《宣和遺事》寫宋江見玄女故事的地點原爲宋公莊，而改寫爲「還道村」，得到更直接的證明，此乃作者有意爲之並強調之，集中體現了作者的創作意圖。即在作者看來，此次玄女現身相救，雖然僅是對宋江一人，卻不僅關乎宋江一個，而是關乎梁山全夥，關乎梁山全夥當下的作爲與未來的命運，是一部大書故事全局的綱領。

第四，玄女「天言」、「天書」預言並指導未來，成爲全書此後敘事的中心線索。這從第四十二回寫玄女傳「三卷天書」並兩番「法旨」的內容，與後來情節發展的實際對照可見，而更集中體現於第七十一回寫排座次以後：

> 梁山泊忠義堂上，號令已定，各各遵守。宋江揀了吉日良時，焚一爐香，鳴鼓聚衆，都到堂上。宋江對衆道：「今非昔比，我有片言：今日旣是天罡地曜相會，必須對天盟誓，各無異心，死生相託，吉凶相救，患難相扶，一同保國安民。」衆皆大喜。各人拈香已罷，一齊跪在堂上。宋江爲首，誓曰：「宋江鄙猥小吏，無學無能。荷天地之蓋載，感日月之照臨。聚弟兄於梁山，結英雄於水泊。共一百八人，上符天數，下合人心。自今已後，若是各人存心不仁，削絕大義，萬望天地行誅，神人共戮。萬世不得人身，億載永沈末劫。但願共存忠義於心，同著功勳於國。替天行道，保境安民。神天察鑒，報應照彰。」誓畢，衆皆同聲共願，但願生生相會，世世相逢，永無斷阻。當日歃血誓盟，盡醉方散。看官聽說：這裏方才是梁山泊大聚義處。

這裏寫宋江的所作所爲，不折不扣就是落實第四十二回玄女之教。第八十八回寫玄女再次現夢，授宋江以征遼破陣之法，又有法旨云云，用意似重在傳法，但從全書總體構思看，恐怕更重在由玄女出面爲宋江以至梁山全夥

的表現作一總結，既照應第四十二回「還道村受三卷天書」，以至全書開卷第一回「誤走妖魔」，又以玄女的引退，爲後來「征方臘」諸人死亡殆盡——一個個「還道」或「重歸紫府」，做一大鋪墊，或說掃清了道路。所以，這一回玄女再次託夢宋江的描寫，是對第四十二回以來故事一大收束，並預告了大結局的開始，在水滸故事即梁山人物命運的轉折中，也起了關鍵的作用。試想如果沒有玄女這再一次的出現，征遼破陣的問題也許並不難解決，但是，此後「征方臘」的損兵折將，十去七八，就不好解釋，而顯得突兀了。

總之，《水滸傳》寫玄女形象雖說不上是很大的成功，卻是一書敘事的眉目，也是讀《水滸傳》把握全局的要領與關鍵。在《水滸傳》故事總體構思與全書意義的指向上，玄女是作者之代言，一部書思想與靈魂的象徵。讀懂了她，也就讀懂了《水滸傳》作者把握處理水滸故事的基本立場、認識與態度。

（四）《水滸傳》九天玄女形象的意義

九天玄女在《水滸傳》中是一個獨特的存在，因而也具有非同尋常的意義，約有以下幾個方面：

第一，加強了《水滸傳》的道教色彩。《水滸傳》從洪太尉奉旨請龍虎山張天師禳災而「誤走妖魔」寫起，就把全書故事置於了道教思想的籠罩之下。玄女的加入和自第四十二回至第八十八回不時的提及與遙相呼應的出現，更加強了水滸故事的道教色彩。雖然《水滸傳》中也寫有「花和尚」魯智深得道圓寂等佛教人物故事，但畢竟爲個別，而以天仙玄女爲中心，加以前有張天師，後有羅眞人，百零八人中又有入雲龍公孫勝等，各爲書中起關鍵作用的人物，從而《水滸傳》整個故事，就基本上是在道教人物與思想的支配下發展完成，而玄女則是書中道教人物與思想最集中的代表。

第二，體現了全書化「魔」爲「神」即弭「盜」爲「良」的淑世意圖。《水滸傳》中的玄女形象雖直接自《宣和遺事》而來，但進入《水滸傳》以後，卻成了作者整合所有水滸故事以再創造之主旨的象徵，是作者的代言。她對梁山的關懷，特別是對宋江的教訓指導，所體現作者的意圖，是既以天命爲諸如宋江之類「亂乾坤」者存在的理由，又以宋江等秉玄女之教，「替天行道」，恪守「忠義」，爲「亂乾坤」者說法，指一條朝野相安、上下妥協的弭「盜」爲「良」、治國安邦之路，作爲拯亂救世的良方妙藥。

第三，顯示了《水滸傳》成書資料有更複雜的來源。如上已論及，《水

滸傳》玄女形象直接並主要是來自上引《九天玄女傳》,為上古傳說中幫助黃帝安天下之玄女形象的繼承與發展。但從其寫宋江食仙棗後「懷核在手」與《漢武故事》寫武帝食王母仙桃而「留核」細節的近似看,實亦受了《穆天子傳》以降古代小說寫西王母的影響。而《漢武故事》這樣的文獻非宋元普通市井說話藝人所能通曉,由此可以認為,《水滸傳》成書的基礎雖主要是有關史料、傳說與話本等,但羅貫中最後創作的過程中,也還有過諸如《漢武故事》等更多的參考。

第四,在《水滸傳》敘事「天人合一」即從「誤走妖魔」宋江等謫世至「神聚蓼兒窪」之升仙的故事框架中,玄女為代表「天」而居高臨下指導一切的人物。這個人物的出現開章回小說這類人物設置模式的先河。後來《西遊記》寫「西天取經」故事中觀音菩薩、《紅樓夢》中寫時時護祐賈寶玉(即造世歷劫之神瑛侍者)的警幻仙子和一僧一道,雖妙用各有不同,但其構想與手法,就都從《水滸傳》寫玄女模擬而來,而《水滸傳》對這類模式的開創之功,實不可沒。

綜上所論,儘管九天玄女形象在《水滸傳》中描寫文字不多,以今天小說批評的標準也說不上是很大的成功,但是,書中這個人物所擔當的角色,是一個居高臨下為中心人物宋江以至梁山事業說法指路的人。她實際是代表作者給梁山人物、事業以指導和評價的人。因此,九天玄女形象研究是把握《水滸傳》作者與文本思想藝術的一大關鍵,遠比宋江以外的任何人物都更加重要。

(原載《濟寧師專學報》2006年第5期,略有改動)

武松的籍貫與打虎處

杜貴晨

《水滸傳》與《金瓶梅》都寫到武松,但是,兩書寫武松的籍貫不一,相應他打虎的景陽崗之所在,也有了兩說,值得一辨。

《水滸傳》第二十三回寫在滄州橫海郡,柴進向宋江介紹武松說:「這人是清河縣人氏,姓武,名松,排行第二……」又寫道:「相伴宋江住了十數日,武松思鄉,要回清河縣看望哥哥。」武松來到陽谷,打虎之前也曾對酒店老

闊說：「我是清河縣人氏，這條景陽崗上，少也走過了一二十遭……」〔註28〕如此等等，不下五處說武松是清河縣人氏，在陽谷縣的景陽崗打虎。

而《金瓶梅詞話》從《水滸傳》第二十三回敷衍開篇，卻寫道：「那時山東陽谷縣，有一人姓武名植，排行大郎，有個嫡親同胞兄弟，名喚武松……」打虎之後，眾人請問「端的壯士高姓大名」，武松道：「我行不更名，坐不改姓，自我便是陽谷縣人氏，姓武名松，排行第二。」清河知縣也對武松說道：「雖是陽谷縣的人氏，與我這清河縣，只在咫尺。」〔註29〕等等，至少有三處地方，說到武松是陽谷縣人，在清河縣的景陽崗打虎。

這樣，武松就有了兩處籍貫和兩個景陽崗打虎的地方。這兩處籍貫和兩個打虎的地方，名義上為四地，其實只是兩地。一是清河，《金瓶梅詞話》說屬山東東平州，但北宋時屬河北東路恩州，即今河北省清河縣（據何心《水滸研究》）；二是陽谷，《水滸傳》和《金瓶梅詞話》都說屬山東東平州，但北宋時屬京東西路鄆州後改東平府，即今山東省陽谷縣。這樣，依《水滸傳》是河北清河的武松，在山東陽谷的景陽崗打虎；依《金瓶梅詞話》是山東陽谷的武松，在河北清河的景陽崗打虎。顯然，這個不同是由《金瓶梅詞話》改《水滸傳》而來，並且是先改了武松的籍貫，隨之相應地改變了他打虎處景陽崗的隸屬。這就使我們思考，《水滸傳》是小說，它寫武松為河北清河縣人氏，到山東陽谷的景陽崗打虎，有何不可？而且約定俗成，《金瓶梅詞話》敷衍《水滸》故事，可以不做改動，何以《金瓶梅詞話》作者要多此一舉呢？

這個緣故，是《水滸傳》寫武松的故事有了破綻。孤立地看，《水滸傳》寫武松是清河縣人氏，到陽谷縣打虎，無所謂對錯。但是，「清河」、「陽谷」都是實有之地，它既然寫武松是清河人，那麼他從居北的滄州橫海郡南行，去清河探兄，路經陽谷，陽谷就應該在清河的北面。然而無論古今，地理上的陽谷都在清河的南面，比清河離滄州還遠。這樣，《水滸傳》寫武松從滄州回清河取道陽谷，就不是一般地繞了遠路，而是經清河過家門不入，到了陽谷，又折回來去清河，這就不合情理。看來《金瓶梅詞話》的作者蘭陵笑笑生發現了這個破綻，並且正確地認識到，只要把武松的籍貫「清河」和他景陽崗打虎的「陽谷」對調，這破綻就沒有了。他就這樣去做。這本是輕而易

〔註28〕 李永祜點校，施耐庵、羅貫中著《水滸傳》，中華書局 1997 年版。本文凡引此書，如無特別說明，均據此本，僅隨文說明或括注回次。

〔註29〕 〔明〕蘭陵笑笑生著，陳詔、黃霖注釋，梅節重校本《金瓶梅詞話》，香港夢梅館 1993 年印。本文以下引此書均據此本，不另注。

舉之事，但是，不知為什麼，這位笑笑生只做了個大概，改動了明顯的幾處，粗看已無破綻。但是，讀者稍加細心，總可以注意到，還有一處胡亂寫作「來到陽谷縣地方，那時山東界上有一座景陽崗」──景陽崗仍在山東陽谷，這就與打虎之後清河知縣賞拔他做都頭有了矛盾；另外，打虎之後那一篇《古風》還稱武松為「清河壯士」，也是未能補好的一個用語的漏洞。

古代通俗小說從說話而來。說話人缺乏地理知識，而且因為是小說，不甚講究人物和故事地點的設定，所以流傳至今的一些早期通俗小說，每多地理方面的錯誤，《水滸傳》中武松的籍貫及打虎處就是一例。《金瓶梅詞話》基本上是文人獨立創作的，作者注意到《水滸傳》的破綻，並盡力作了補正，是一個進步。但是從《水滸傳》到《金瓶梅》的寫定者或作者，從李卓吾到金聖歎、張竹坡等明清的批改評點者，都沒有把這個問題解決好。十年前某出版社出版刪節的《金瓶梅詞話》校勘本，把武松打虎的「陽谷縣」改為「清河縣」，並在校記中作了說明，解決了前一個矛盾，但是後一個漏洞還是沒有補正，仍經不起全面的推敲。可見「文章千古事」，真正做到好處，不是容易事。

雖然《金瓶梅詞話》改《水滸傳》並不徹底，但是自《金瓶梅》出來，小說中武松的籍貫和他打虎處，客觀上就有了「清河」、「陽谷」和「陽谷」、「清河」兩說。這兩說都不可當真。但是，作為著名小說人物，武松的籍貫和他打虎的地點，對於實際生活有人文的意義，所以小說中不必當真的事情，生活中也要有一個適當的說法。這個說法自然根據於小說，但是在流傳中，小說人物其實是作者與讀者共同創造的，所以生活中的說法根據於小說，不應只是看它的文本，還要看讀者接受的實際。《水滸傳》與《金瓶梅》都是名著，由於各種原因，《水滸傳》歷來擁有更廣大的讀者，而且問世早，先入為主，從來讀者接受的是《水滸傳》的說法。即使後來《金瓶梅詞話》的改動，從敘事學角度看頗有道理，讀者也全不理會──讀者從《金瓶梅》中注意的是另外的東西。所以武松籍貫和打虎地點的兩說，只是分別寫在小說裏。寫在讀者心裏的武松的籍貫只有一個，那就是清河；他打虎、鬥殺西門慶、殺嫂祭兄的地方則是陽谷。前年夏末，筆者去山東陽谷縣，趨車景陽崗，武松廟赫然在焉。陽谷縣城舊有獅子樓，附會武松鬥殺西門慶的故事而建，一度遭毀，現經修復，頗有氣派，也值得一看。

（原載《中國貿易報》1996 年 2 月 2 日《雅周末》）

《水滸傳》「山神廟」尋蹤

劉玉文

滄州無棣的一座「山神廟」，因一部《水滸》而名揚天下。

豹子頭林沖含冤刺配滄州，野豬林脫險、草料場大火、風雪山神廟、雪夜上梁山，已成家喻戶曉、婦孺皆知的故事。這一系列生動描寫，對揭示「逼上梁山」的主題宗旨起了關鍵作用。而「風雪山神廟」又是林沖人生道路上的轉折點。

林沖，是水泊梁山 108 條好漢中第一個登場亮相的重要人物，「山神廟」又是林沖雪夜上梁山的起點，所以說，這座「山神廟」已成為整部《水滸》的「戲眼」。這座「山神廟」到底在何處？

經查閱有關史料、方志，其結論是：該「山神廟」就是山東省無棣縣境內碣石山半腰的「鹽神廟」。「鹽神廟」始見於《魏書‧地形》：「陽信，治陽信城。有鹽山神祠」（引者按：今無棣縣大部，漢魏時屬陽信縣境，此處的「陽信城」即今無棣縣信陽鄉之信陽古城，隋開皇六年析置無棣縣）。所以，碣石山又稱為「鹽神山」，簡稱為「鹽山」。

《鹽山縣志》載：「隋開皇十八（598）年，以縣境東南近海處有一座山名鹽山，以山名改高城縣為鹽山縣。鹽山，今無棣縣境內大山。古稱碣石山，春秋時改稱無棣山。山下有月明沽產鹽，山腰建有鹽神廟，魏晉時稱鹽山。唐改稱馬谷山，元時稱大山。」鹽山神祠，建於魏晉時期，且載於史書，可見名氣不小。隋代至唐初，鹽山隸屬於鹽山縣。據《無棣縣地名志》載：「唐玄宗開元六（713）年，將鹽山縣東南海濱地區，包括馬谷山（即鹽山）在內劃入無棣縣境。」，即自此以後，鹽山又隸屬於無棣縣。所以《無棣縣志》載：「大山在魏晉時名『鹽山』，因山下有月明沽產鹽，山上有鹽神廟而得名。」《無棣鹽業志》也有相同的記載。

《滄州風物志》云滄州「多豪俠義士。由於地濱渤海，鹽鹼荒涼……是犯人發配的地方，也是一些失意拳師和被官府追緝的俠客隱身之地。」林沖發配地點正是北宋的滄州，《通考》載：「〔宋〕滄州領七縣：清池、樂陵、南皮、無棣、饒安、鹽山、臨津。無棣稱『望縣』，即縣治置軍使。」「軍使」即軍節度使。「軍」是地位略低於州而高於縣的一級軍政建置。《宋史‧地理志》載：「周置保順軍於滄州無棣縣南二十里。」《慶雲縣志》載：「後周顯德元（954）年置保順軍於縣東南二十里。」北宋滄州原有橫海軍，又在無棣境

內增設「保順軍」，保順軍節度使官階從五品，比七品知縣官階高，無疑說明無棣戰略位置的特殊重要性。

《元豐九域志》載：「治平元（1064）年徙無棣縣治保順軍，即縣置軍使。」就是無棣縣知縣遷到保順軍節度使駐地「辦公」。所以無棣縣的地位高於它縣，稱爲「望縣」。無棣地處北宋與遼國（契丹族政權）對峙地帶，地近宋代著名的高陽關都部署轄區「三關」益津關、瓦橋關、淤口關，屬邊防重地，所以軍政建制比較特殊。

需要提及的一點是，上面提到的「無棣縣城」，與現在的無棣縣城並不同址，它指的是隋唐時代的無棣縣城，城址在今慶雲縣大胡鄉於家店村北。宋治平元（1064）年縣治遷至保順軍城，成爲第二座無棣縣城。該城址在今無棣信陽鄉城角、花園村附近。元代至正十七（1357）年另建新縣城，即今無棣鎮舊城區，明清兩代稱海豐縣城，1914年復爲無棣縣城。

查宋代滄州所領七縣，除無棣之外，其餘六縣盡是一望無際的黃河沖積平原，地表上無一山丘可言。唯無棣縣古黃河口濱海處有座禹貢碣石山，天津之南，濟南之北亦僅此一山趾頂皆石，孑然特立，成爲歷代的海防要地。《資治通鑒》載：「大興元（318）年夏四月，段匹磾（晉幽州刺史）帥其眾數千，將奔邵續（晉樂陵太守，治所在今陽信縣東南，今稱邵城），（石）勒將石越邀之於鹽山」，就是指此地。說明這裏曾經是魏晉時期的古戰場。

林沖發配滄州的故事發生在北宋徽宗宣和年間（1119～1125），林沖是朝廷的軍職要犯，叫做「配軍」。當然應該先到保順軍節度使駐地辦理報到交割，然後分派到軍營加以「管束」。由於小旋風柴進「走後門」，才弄到一個管理「草料場」的差事。

保順軍城北距「鹽神山」46華里，其間有一重鎮叫做車鎮，此鎮南距保順軍城16里，北距「鹽神山」30里。據該鎮1975年出土的宋代文物方磚記載，車鎮原名「車店」，是宋代交通要道上的重鎮，因建有可供往來車輛歇息、打尖的「車店房」，被稱作「車店鎮」，後來簡稱爲「車鎮」。車鎮、鹽神山二者相距30里，恰爲古時的「一舍之地」，依此推測，保順軍的北部「草料場」應設在「鹽神山」附近。此山東南三四里處有一古村名叫館里，據《無棣縣地名志》載，此村立村時，因附近有一漢代迎賓館遺跡而得名。臨近村莊還有「便宜店」、「什方店」等，顧名思義，皆與「酒」有緣。遙想當年，林教頭看管草料場，由於受到滄州地面上的某些關照，受管不嚴，閒暇時可以槍

挑葫蘆外出沽酒，或到鹽神廟觀瞻敬拜，也算得一種寄託和消遣。待之草料場的住所被大雪壓塌，無處寄身時，他自然就會想到那座熟悉的「山神廟」。這便演繹出一幕風雪山神廟、雪夜上梁山的悲壯故事。拉開了《水滸》英雄史劇的厚重序幕。

綜上所言，北宋年間，無棣縣隸屬滄州，滄州七縣惟有無棣濱海處有一座山名曰碣石山，又名鹽山，山上有座「鹽山神祠」，也叫「鹽神廟」。如果林沖發配滄州確有此事並與「山神廟」有緣的話，那麼，這座「山神廟」必定是無棣縣碣石山上的「鹽神廟」。

（原載郭雲鷹主編《禹貢碣石山》，濟南出版社 2005 年版）

《水滸傳》語言的地域色彩與南北文化融合

李永祜

在中國燦爛的古代文化中，《水滸傳》是古代文化的瑰寶之一。中國古代人民特別是社會底層群眾扶困濟危的俠義思想，酷愛自由、反抗黑暗統治、企盼掌握自己命運的思想、行動和宋元說話藝術的空前發展，催化、鑄造出了《水滸傳》這部文學精品；而這部傑出的作品問世之後，又對中國社會產生了巨大的、深遠的影響。從文化視角來看，這擴大了古代文化的空間，爲後世的戲曲、小說、曲藝等民間文學藝術品種提供了題材，形成了水滸文化系列，對中國人民文化生活的影響是難以估量的。

在新的歷史時期，我們可以從多角度、多層面對《水滸傳》進行深入探討，以深化對這部傑出作品的認識。本文僅就《水滸傳》語言的地域色彩與南北文化融合問題，略陳管見。

讀過《水滸傳》的人，都會有一種強烈的感覺，即它的語言的地域色彩與其它名著不同。它不像《西遊記》、《儒林外史》及《紅樓夢》那樣，是以一種地方話作爲基礎方言，形成全書的語言色彩，而是既有大量的山東話，又有大量的江浙話，兩種方言構成了全書語言的地域色彩。在社會大眾的閱讀活動中，山東人或熟悉山東話的人，會覺得《水滸傳》基本上使用的是山東話。所以長期以來，《水滸》的語言一直被認爲是山東風格；而江浙人或熟悉江浙吳語爲人，則認爲使用的是江浙吳語，有的學者還專門著文論述「《水

滸傳》的基礎方言是江南吳地的方言」〔註30〕。

　　《水滸傳》語言的雙重地域色彩怎樣形成的？這種語言特點形成的動因是什麼？這雙重方言成分是一種簡單的混合，還是有機的融合、結合？這是本文要探討的主要問題。

《水滸傳》語言雙重地域色彩舉例

　　廣大讀者之所以有《水滸傳》使用山東話和使用江浙話的強烈感受，這是因為作品中有大量山東和江浙地區的語言詞彙和句式這種客觀存在造成的。

　　我們現在就列出作品中的一些例證，並對有的例證加括號作必要的說明。如所舉單詞含意難明，則列出一個短語，並將該單詞改為粗楷字，以表明重點所在。

　　山東話

　　　　俺娘兒兩個　哥兒兩個　頭口（騾馬等大牲畜）　被臥　時辰
搭膊（布製的繫在衣服外的寬腰帶）　條桌子　土炕　一個寬
門樓　草料場　乾糧　晌午　晌午飯　**刮劃**（主意、主見）　撒
潑（放肆）　蒿薦（用麥稭或其它穀草制做的席子）　梯己人（親
信人員）　蒙汗藥　撓鈎　證見（人證和物證）　財主　**做媒**　說
親　親事　扁擔　抹布鞋（棉鞋）　**便**（biàn）宜　長工　鏊子
（生鐵鑄成的圓形帶有三隻短腿做烙餅用的竈具）　妮子（女孩）
　　舅子　**那夥人**　鼈魚（圖形首尾相勾連的陰陽魚）　脊梁　屋脊
梁　大盡（大月）　頭上**疙瘩**　貨郎　我見他獨自個來　趁錢（富
有錢財）　作死　好歹　勾搭　**鼈拗**　尋思　匹腰揪住　瞅他
　　問酒保借筆硯　不自在　有功夫（時間）　四下裏（四周）　今
日且喜叔叔**家來**　**捎**到軍前覺近便

　　江浙話

　　　　面皮　索　索子　天曉　快活　吃酒　吃驚　吃官司　吃我
也殺得快活　箬笠　湯　麵湯　茶湯　粟暴　氣力　耳光　猢猻
　　馬泊六　沒腳蟹　間壁　隔落頭（角落頭）　角廝底（腳底）　胡

梯　郎中（醫生）　牢頭　禁子　家私　蕎魚　竹榻兒　丈丈　婆
婆　姆姆　阿舅　阿哥　老公　娘子　蓋老（孤老）　回頭人　路
歧人　張　張看　攛掇　攪擾　虧煞　受用　省得　曉得　理會
　不曉事　向火　消遣　尷尬　晦氣　周回（圍）　即目　目下　多
樣時（多時，許久）　個把　轉念頭　爭奈　爭些兒　見鬼了　做
張做智　酒也吃得　饒你不得　低著頭自做生活

　　在《水滸傳》全書中，特別是在魯智深部分、林沖部分、宋十回、武十回、征方臘部分等，無論是作者的敘述語言還是人物的語言，山東話和江浙話比比皆是，以上屬舉例性質，只是列出極小的一部分，但僅從這小部分例證就可以看出，它們包含了名詞、動詞、量詞、形容詞、代詞等實詞。在上列兩種方言詞語中，山東方言詞語現今仍在口頭使用，江浙方言詞語中有少數如「多樣時」、「角廝底」則在現今的口語中已經消失。

　　值得注意的是，這兩種方言詞語，不僅僅是在一個句子中單獨出現，往往是同時出現，它們組成的句子順暢、自然，並不使人有生澀不順之感。以下列舉出這類句子，並對其中的山東話詞語和江浙話詞語分別在下面加上直線和曲線，以示區別。

　　　　母親說他不得，嘔氣死了　大哥，你便打點一間房，請叔叔來家過話，休教街坊道個不是　問他討茶吃賊猢猻，高則聲，大耳刮子打你出去掇個杌子，橫頭坐了　捉個交床，坐在打麥場邊柳陰樹下乘涼　舀了一桶湯　且不要慌，老娘慢慢地消遣你　眾人憂的你苦，你卻在這裏風　且不要慌，我自幫你打捉　有些小事絆住了腳，來遲了一步　熬不得夜　提著桶洗麵湯進來

　　由以上隨手捻來的例句可以看出，山東和江浙這兩種方言的詞語組成的句子，不是簡單的混合在一起，而是在其它語言要素黏合之下，結合、融合在一起，成為一個和諧的整體。

　　通觀全書，除少數篇章如征遼部分外，大部分篇章都使用山東話和江浙話兩種方言，但又不是以一種方言為主，再少量吸收另一種方言，而是兩種方言並存並行，而且相互結合、融合，共同構成《水滸傳》語言的雙重地域色彩。這種總體特徵充分表明，作品的語言是以山東方言和江浙方言即吳語方言作為基礎方言的。

《水滸傳》語言的地域色彩是在南北文化
交流融合的大背景下特殊環境的產物

　　《水滸傳》語言的雙重地域色彩是怎樣形成的呢？根據對有關史料的研究可知，這與《水滸傳》成書之前水滸說話藝術發展的歷史、與宋代「靖康之變」後南北文化交流，其中包括說話藝術中心南移這兩個因素直接相關。

　　我國的說話藝術源遠流長。大約在中唐時期，說話已從先秦和魏晉六朝俳優手中自然分化出來，成為一個面向社會大眾的獨立的藝術品種；到北宋時期，說話進一步發展，分為小說、說鐵騎兒、說參請、講史四家〔註31〕，著名說話人有十五人之多，而且有了專題說話藝人，如霍四究是「說三分」的專家，尹常賣是說「五代史」的專家，張山人是「說諢話」（諷刺、幽默）的專家〔註32〕。同時，說話藝人有「瓦舍勾欄」作為自己獻藝的固定場地。據史料記載，北宋國都汴京（今開封）的六處瓦舍中有「大小勾欄五十餘座」，其中最大的「可容數千人」〔註33〕。這些說話藝人的演出吸引了大量觀眾，他們「不以（論）風雨寒暑」，從早到晚「日日如此」。可以說，當時的汴京是全國的文化也包括說話藝術的中心。

　　但是，發生在十二世紀二十年代末的「靖康之變」，打斷了北宋歷史的進程，迫使全國文化中心南移，客觀上為南北文化的交流、融合創造了條件。當時，金兵攻陷汴京，北宋滅亡。一方面，金兵將徽欽二帝、后妃宗室、部分朝廷官員和大批工匠伎藝人員以及朝廷御用器物、文物圖籍等劫持北去；另一方面，新即皇帝大位的康王趙構，又率領原來朝廷的大批文臣武將渡江南下，於建炎三年（1129）──紹興五年（1135）三次駐蹕杭州，稱杭州為行在所。紹興八年（1138）第四次駐蹕杭州時，正式定國都於此。金兵攻陷汴京以後，除朝廷文官武將外，還有數以鉅萬計的文人學士、商賈富戶、工匠伎藝及一般市民，紛紛南渡，到江南許多州郡居住，其中以杭州最為集中。南宋李心傳《建炎以來繫年要錄》卷 158 載：「四方之民，雲集兩浙，百倍於常」。同書卷 173 紹興二十六年（1156）載：「西北人以駐蹕之地，輻湊駢集」。大詩人陸游《老學庵筆記》卷 8 云：「大駕初駐蹕臨安，故都及四方之民，商賈輻輳」。陸游的《劍南文集》卷 15《傅給事外制集序》一文中也記

〔註31〕見耐得翁《都城紀勝・瓦舍眾伎》。
〔註32〕見孟元老《東京夢華錄》卷 5「京瓦伎藝」。
〔註33〕《東京夢華錄》卷 2「東角樓街巷」。

述：「中外人物悉會於行在」。杭州在北宋時，本來就是經濟繁榮、人文薈萃全國有數的幾個大城市之一。柳永的《望海潮》詞中曾說杭州「參差十萬人家」。按每戶五口推斷，應是 50 萬人口的大城市。但在靖康之變後，在建炎三年、四年，金軍兩次攻陷杭州，第二次攻陷後火焚全城，城垣民居，化為廢墟，殘存人口只及原人口的十分之二三〔註34〕。但從建炎初年到紹興二十六年（1156）這三十年間，經過三次北民南遷的大浪潮，外來人口已超過殘存的原居民數倍〔註35〕。在此後百年左右，已有人口的自然繁殖，再加上陸續遷入的北方移民，到南宋後期，杭州城區的人口激增至一百五十萬人口之眾〔註36〕。

伴隨著大量北方移民而來的是，杭州的城市面貌、人文風俗也出現了北方化的特點。一方面，南宋朝廷在杭州大興土木，仿照汴京的樣式，建造新的宮殿、官署，許多重要宮殿、城門都以汴京原有的名稱命名〔註37〕；另一方面，杭州北方移民和當地原居民在杭州的恢復和發展過程中，諸凡街道房舍、酒樓歌肆、瓦舍勾欄、諸行百業、餐飲風味等等，均以汴京為藍圖、為標準進行建造和經營。《都城紀勝》、《夢粱錄》和《武林舊事》三書在記述南宋中後期杭州各行各業繁榮興盛景象的同時，一再指出許多行業是「舊京師（指汴京）人開張」或「多是傚學京師人」。例如，杭州的茶肆「插四時花，掛名人家畫，裝點門面」；酒肆「門首彩畫歡門，設紅綠杈子，緋綠簾幕，貼金紅紗梔子燈，裝飾廳院廊廡」，這都是傚學汴京風俗。至於杭州的民風民俗，也與汴京相似。如杭州「若見外方人為人所欺，眾必為之解救。或有新搬移來居止之人，則鄰人爭借動事，遺獻茶湯……又率錢物，安排酒食，以為之

〔註34〕 《建炎以來繫年要錄》卷 173 云：「初見臨安府自累經兵火後，戶口所存，裁十二三。」

〔註35〕 《建炎以來繫年要錄》卷 173。

〔註36〕 吳自牧《夢粱錄》卷 18「戶口」條載乾道年間（1165～1173）和咸淳年間杭州附郭錢塘、仁和兩縣人口分別為 14 萬 8 千餘人和 43 萬 2 千餘人，但未載杭州城區的人口數。當代學者沈冬梅根據史料分析、推斷，杭州人口在北宋末年有 150 萬之多，見《宋代杭州人口考辨》，載《宋史研究論文集》，河北大學出版社 2002 年 7 月出版。

〔註37〕 將《東京夢華錄》與吳自牧《夢粱錄》、周密《武林舊事》所載的大內宮殿和城門等名稱相互對照，杭州有大慶殿、垂拱殿與汴京相同，而大慶殿又隨事務和儀式的不同，臨時改易殿牌曰文德、紫宸、集英，這也是汴京宮殿舊名。宮禁中的龍圖、天章、寶文、顯謨、徽猷等閣名，宮禁城門的東華門、西華門也是汴京的舊名。

賀」。這種濟困扶危的民風都是「效學汴京氣象」，與《東京夢華錄》記述的汴京民風相同。又如「七夕節」的乞巧活動、互贈的食物果品、市井兒童手執荷葉模仿「摩喉羅」塑像舉動等這樣的風俗，也是「東京（指汴京）流傳，至今不改」。應當指出的是，靖康之變後在杭州地區南北經濟、文化的交流並非單向輸入，而是雙向交流與融合。雖然這方面的史料缺乏，但現在所見的幾條記述，仍然透露出個中消息。《都城紀勝》「食店」條記述：「都城食店，多是舊京師人開張」，他們開的「南食店謂之南食，川飯分茶。蓋因京師開此店，以備南人不服食北食者。今既在南，則其名誤矣。」汴京人開的食店，為了適應、照顧南方人的飲食習慣，不得不學習南食的製作工藝並單開南食店，以滿足南方人的需要，這就是一種雙向的交流和融合。《夢粱錄》卷 16「麵食店」條記述：「向者汴京開南食麵店，川飯分茶，以備江南往來士夫，謂其不便北食耳。南渡以來，幾二百餘年，則水土習慣，飲食混淆，無南北之分矣。」這條記述清楚地說明，經過長期和交流、磨合，在杭州地區人們的飲食習慣已經不分南食、北食，完全融合了。另有《武林舊事》卷 3、卷 7 兩處記述，有一位「東京人氏，隨駕到此（杭州）」的賣生魚羹的宋五嫂，在宋高宗遊西湖時，被接見並賞賜財物，從此她的生魚羹名聲大振，成為人們競相品嘗的風味。這道菜肴至今已八百餘年，盛傳不衰，變成地地道道的杭州風味名菜，被載入典籍〔註38〕。這幾條史料雖然只是記述的飲食菜肴的狀況，但觀一葉而知秋色，它們還是有說服力的。

杭州在宋室南渡後，不僅成為南宋的政治中心、經濟中心，又是當時中國境內的文化中心。據《夢粱錄》、《武林舊事》等記載可知，杭州在南宋中後期，文化娛樂業空前發達、繁榮。當時的文化藝術團體稱「社會」。「文士有西湖詩社」，下層群眾有蹴社、打球社，錦體社、傀儡社、女童清音社等名目繁多的團體 20 個〔註39〕。有瓦舍 23 處，有包括說話人在內的「諸色伎藝」人員 506 人，其中僅說話人就有 88 名〔註40〕，可謂精英薈萃，名家雲集，其規模和繁盛程度，遠遠超出了北宋的汴京。

〔註38〕見《杭州方言辭典》267 頁「宋嫂魚羹」條。

〔註39〕見《夢粱錄》卷 19「社會」條。

〔註40〕見《武林舊事》卷 6「瓦子勾欄」條、「諸色伎藝人」條。《武林舊事》記載的說話人數量並不完全。近人話本史料專家胡士瑩先生另據《西湖老人繁勝錄》、《夢粱錄》、《三朝北盟會編》、《建炎以來繫年要錄》、《偏安藝流》等多種宋人筆記統計，共得 110 人。見《話本小說概論》上冊 63 頁。

　　杭州處在江浙吳語方言區的中部，屬於核心地帶。吳語在音調、詞彙、句式上與北方官話差別較大。靖康之變後大批北方人移入杭州，這必然產生語言、文化交流與融合的局面。由於宋高宗率大批朝廷官員進駐杭州、號令全國這種居高臨下的政治態勢，由於被杭州人稱爲「西北人」的北方人是以數以鉅萬計的數量密集湧入，再加上不少人有「隨駕到此」的政治色彩，所以，他們所使用的北方官話就是一種強勢方言，這種強勢方言在集中、成片地進入汪洋大海般的吳語區後，不會被淹沒、消失，而會持久地存在下去。同時，數量相對較少的杭州原居民，他們使用的吳語方言，雖然不佔優勢地位，但因爲有周圍廣大吳語區爲依託，他們的方言也不會被北方官話所代替。兩種方言在並存並行的局面中，經過長時期的交流、碰撞、磨合，必然會相互吸收，相互融合，這樣就形成了以兩種方言爲基礎，既有吳語方言色彩，又有北方官話色彩的混合型的方言。近代語言學家把這種特殊的方言稱爲「杭州官話」，也有的稱爲「半官話」。他們經過實地調查發現，這種特殊的方言「它的分佈地域有限，大致相當於杭州市區的範圍」〔註41〕。有的研究者講得更爲具體：「杭州方言屬吳語方言太湖片方言，使用範圍很小。東部及南部到錢塘江邊，西至九溪、轉塘、留下一帶，北經拱宸橋至三墩附近，東北經筧橋至橋司之間，比城市五個政區的範圍略小一點」〔註42〕。

　　《水滸傳》的語言就是在這種南北文化交流融合的大背景下形成的。

　　近代以來，學術界公認《水滸傳》是在宋元說話藝術的基礎上成書的。南宋羅燁的《醉翁談錄》記載的《石頭孫立》、《青面獸》、《花和尙》、《武行者》這四種話本的名目，應當是最早出現的小本水滸故事。這些小本故事的主人公在宋江三十六人起義之列。宋江等人的起義發生在「靖康之變」前的宣和元年至宣和三年（1119～1121）之間，比「靖康之變」後張浚、韓世忠、劉錡、岳飛等人的抗金活動稍早。後四人抗金故事在《醉翁談錄》裏被稱作「新話」。在《夢梁錄》中記載張浚、岳飛等人的抗金故事又被稱作《中興名將傳》，是由一個名爲王六大夫的說話人在宋度宗咸淳年間（1265～1274）講說。相比之下，《石頭孫立》等這四個話本的主人公的活動年代只比張、韓、劉、岳抗金活動稍早數年〔註43〕，但在《醉翁談錄》中卻被列在一些傳

〔註41〕周振鶴、游汝傑《方言與中國文化》第二章「方言與移民的關係」。
〔註42〕李榮、鮑士傑《杭州方言詞典・引論》。
〔註43〕這裏是以張、岳等人於靖康之變後開始抗金戰爭而言，實際上他們的抗金活

統的話本名目之中，而且並未稱作「新話」，這就表明，它們的出現會遠遠早於咸淳年間，大約是在南宋中期，即宋光宗在位期間（1190～1224），也或許更早一點，在宋孝宗晚年。我認爲最早講說這些水滸故事的，應當是南宋初年南移入杭州的魯西南籍山東人。這些說話藝人，有的從客居的汴京南下入杭，有的由魯西南直奔杭州，成爲這個新的文化中心的成員。《東京夢華錄》「京瓦伎藝」條記有「張山人說諢話」。據王灼《碧雞漫志》卷 2 載，張山人爲山東兗州人，活動於宋神宗、哲宗年間（1068～1093），他「以詼諧獨步京師」。南宋洪邁《夷堅志》卷 18 載：「張山人，自山東入京師，以十七字詩著名於元祐、紹聖間，至今人能道之。」《東京夢華錄》中記載的說話藝人均未注明籍貫，但我懷疑山東籍貫的未必只有張山人一人。宋代的南戲《宦門弟子錯立身》中描寫了一個東平府女藝人到河南府（今洛陽）去演出的情形：「老身趙茜梅，如今年紀老大，只靠一女王金榜作場爲活。本是東平府人氏，如今將孩兒到河南府作場多日。」這趙茜梅母女雖然是作品中虛構的人物，但作品寫她們的籍貫和前去河南府作場的行徑，必然有生活基礎和依據。這兩條材料都表明魯西南地區的說話藝人走向大城市獻藝的趨向。魯西南地區的兗州、東平、任城（今濟寧市）等州郡，自唐宋以來即人文興盛；這幾個州郡所在的地區又是宋江等三十六人起義的發源地和南宋初年民間抗金義軍活躍的區域，可以爲說話藝術提供豐富的生活素材。這個地區的說話藝人在南宋初期經過不同的路途陸續進入新的文化伎藝中心杭州後，一方面講說傳統的說話故事，另一方面經過一段較長時間的消化、醞釀和揣摩後，獨自也可能與當地書會人才合作，編撰出了《石頭孫立》、《行者武松》等這樣小本的故事進行講說。他們以山東人、用濃厚的山東鄉音講說發生在山東的英雄好漢故事，自然會激昂慷慨、聲情並茂、神采飛揚，富有濃鬱的生活氣息和感染力，因而也會受到新移居杭州的廣大北方市民和北方士兵的熱烈歡迎〔註44〕。在這些北方受眾面前，來自山東的說話藝人並不感到有重起爐竈學用杭州吳語方言講說的迫切需要。但是，他們畢竟生活在杭州，他們的受眾不可能只是北方人，必然也有或多或少的杭州原居民，因此

動延續數十年之久，四人中最後一人劉錡死於宋高宗紹興三十二年（1162）。

〔註44〕《夢梁錄》卷 18「瓦舍」條記載：「杭城紹興間（宋高宗第二個年號稱紹興）駐蹕於此，殿岩（又稱殿帥，正式名稱爲殿前都指揮使，統率禁軍衛戍國都——引者）楊和王因軍士多西北人，是以城內外創立瓦舍，招集妓樂，以爲軍辛暇日娛戲之地。」軍士是當時瓦舍基本觀眾、聽眾的重要組成部分。

他們在講說時也就不能不注意適當吸取一些吳語詞彙，以吸引原居民。同時，他們的行業晚輩承傳人，無論是自己的子侄抑或拜師入門的原居民，這些自幼生長在杭州的年輕一代，在嚴格遵循父老、師尊的說話家數、規矩和口耳相傳的水滸故事內容的同時，在講說時也會自覺或不自覺地攙入了更多吳語方言詞彙和句式。而且年代越久，承傳的輩份越多，故事中的吳語方言色彩越重，以致達到了並存並行的程度。經過幾代說話藝人淘沙取金、刪蕪存精般的千錘百鍊，水滸故事由小本單傳，發展到南宋後期的《宣和遺事》具有整體框架的三十六人的大故事，最後到思想、藝術俱臻成熟的元代後期的「施耐庵的本」，水滸故事的基本內容、篇章結構、語言風格終於定型化，再也容不得後輩藝人隨意作出改動了。直到元末明初經羅貫中最後「編次」成為定本的百回《水滸傳》，他雖然作了一些加工和增益，但對我們前面指出的那些基本部分，並未觸動，書中這幾部分有的在描寫上仍然存在著一些明顯的疏漏之處就是佐證〔註 45〕。因此，我們今天看到的這個百回本《水滸傳》，其基本部分在語言上仍然呈現著雙重地域色彩的原貌。以上所論，就是《水滸傳》語言雙重地域色彩形成的具體情形和原因。

　　總之，《水滸傳》語言以江浙吳語方言和山東方言為基礎方言構成的雙重地域色彩，是在南北宋交替之後，在南北經濟和文化交流、融合的大背景下出現的現象；是當時文化中心南移，大批北方包括山東籍說話藝人移入杭州，說話藝術在一個南北兩方的人們群居共處、兩種方言並存並行的特殊環境中生存和發展而形成的產物。這種雙重語言成分，由於經過幾代藝人千錘百鍊的功夫，它們和諧自然地融合在一起，放射出強烈的藝術魅力，顯示出有別於其它長篇名著的獨特風格。這就是本文的結論。

2007 年 8 月 27 日午夜完稿
（原載《明清小說研究》2008 年第 2 期）

《水滸傳》與好漢敘事傳統

房福賢

　　《水滸傳》以北宋宣和年間山東宋江起義為歷史基礎和故事原型，後又經過民間傳說等口頭文學的傳播、各種修訂本的長期演變，最終由文人整理

〔註 45〕見鄒振九等《〈智取生辰綱〉的地理疏誤》，《水滸爭鳴》第四輯。

加工創作而成，歷時四百多年。在這漫長的構思醞釀過程中，水滸好漢的英雄故事不斷發展、豐富、傳播。早在宋、元時代，山東地區就流傳著許多有關水滸故事的民間傳說，元明雜劇中也出現了一大批「水滸戲」，這些作品大多宣揚不畏強暴、反抗暴政、見義勇為等民間俠義觀。成書於 16 世紀的成熟小說文本《水滸傳》經過民間文化想像和文人想像的雙重建構，最終將「梁山好漢」這一「社會集體想像物」定型，並以其獨特的敘事藝術，成為此後以塑造傳奇式的英雄人物為重點的中國古典長篇小說重要的類型。書寫英雄好漢形象由此成為山東文學一大特色，而且這些英雄形象或多或少都以母體文化形象——梁山好漢——為依據塑造，英雄情結成為民間傳統。

一、英雄與烏托邦的文學想像

「好漢山東」的敘事傳統離不開《水滸傳》的影響。《水滸傳》對後世的影響當然很多，但主要有兩個內容，一是梁山好漢的形象，二是江湖世界的精神追求。英雄與烏托邦，構成了《水滸傳》好漢敘事的文學想像傳統。

雖然《水滸傳》的主題意蘊十分複雜，歷來說法不一，但是有一點大家比較認同，那就是小說塑造了許多個性鮮明的梁山英雄好漢形象，對「山東大漢」性格的認識正是來源於此。一提起山東人的豪爽、講義氣，《水滸傳》中的英雄好漢立刻成為「山東大漢」的形象標尺。宋江、魯智深、林沖、武松、李逵等好漢形象不僅在小說中最為醒目耀眼，而且成為梁山英雄的性格代表。由於小說所描寫的一百零八位好漢聚義山東梁山泊，在山東境內活動，多次擊敗朝廷大軍的圍攻，所以很大程度上人們將梁山英雄看成「山東好漢」。《水滸傳》所塑造的梁山英雄形象產生了廣泛深遠的影響，逐漸在人們心裏積澱起對山東地域文化人格的集體想像，直到今天對山東人豪爽、講義氣等性格特徵的體認仍然很大程度上得益於《水滸傳》中的英雄好漢形象。

作為一種獨特的地域文化形象「母體」，「梁山好漢」不僅影響到了山東地域文化人格的深層心理結構，成為山東人身份認同的心理基礎和文化基礎，同時也影響到了後世「好漢山東」的文學書寫，成為最有活力的人物「原型」。「梁山好漢」之所以能在人們的記憶中不斷被激活，一個重要的原因是小說在英雄想像中，介入了強烈的生命認同意識，讓人們在這些血性男兒身上，看到了生命的本真狀態，體驗到了生命的強悍不羈，感受到了生命的酣暢淋漓，而這正是民間文化追求的自由自在精神價值的集中表現。

　　梁山好漢給人最直觀的印象首先在於高大威猛的體形和強悍粗獷的外貌。《水滸傳》雖然寫了一百多位英雄好漢，但作者花費大量筆墨著力塑造的只有魯智深、林沖、武松、李逵、燕青等人，他們不僅是作者塑造的代表梁山好漢群像整體特徵的「上上人物」（金聖歎語），也是最符合民眾心中理想的英雄形象。小說對這些好漢一出場就做了這樣的描寫：「（魯智深）生得面圓耳大，鼻直口方……身長八尺，腰闊十圍」；「武松身長八尺，一貌堂堂，渾身上下，有千百斤氣力……」；「（林沖）生的豹頭環眼，燕頷虎鬚，八尺長短身材……」〔註46〕這些外在形體的「大」的特點，正是「山東大漢」的本義之一。只有具備這樣的體形才能蘊含無盡的勇力和豪情；只有具備這樣的體形才有懲惡揚善、除強扶弱的可能。

　　這些英雄不僅有著高大威猛的體形和強悍粗獷的外貌，而且有著超常的力量和武藝。如魯智深的倒拔垂柳、拳打鎮關西；武松的景陽岡打虎、醉打蔣門神、大鬧飛雲浦、血濺鴛鴦樓；李逵的沂嶺殺四虎等。這些神奇的力量、非凡的本領使梁山好漢身上充滿了傳奇色彩，他們鏟奸除惡、濟困扶危的英雄故事散發出一種雄奇、粗獷、剛健、豪放的美感氣息。尤其是眾英雄驚人的食量、對酒肉的迷戀，更給人以形而下的深刻感性印象。梁山好漢經常活動的場所就是充滿了酒氣肉香的酒樓茶社，「大碗喝酒、大塊吃肉」不僅是英雄們的物質追求，更是一種自由生存狀態和生命意志的寫照。據王前程教授統計，《水滸傳》120 回中有 114 回寫到喝酒，「酒」字出現 2021 次；有 83 回寫到吃肉，「肉」字出現 368 次；並且酒和肉不分家，有酒就有肉，「酒肉」一詞出現 73 次。〔註47〕在民眾的眼裏，充填到梁山好漢腸胃中的酒和肉，能夠全部轉化為征服敵人的能量，把吃喝當作戰鬥的有機組成部分。在梁山好漢身上，酒肉與生命力、創造力緊密相連，酒肉不再是充饑解渴之物，而是勃發青春豪情的興奮劑，是膽量和強力意志的來源。這種極具生命本真特色的身體修辭，在 20 世紀「好漢山東」敘事中，也是屢見不鮮，成為英雄塑造的基本手段。

　　梁山好漢不僅有著令人神往的生命之勇，而且，他們也有著對於生命意義的獨特理解，有著自己的生命之道。什麼是梁山好漢的生命之道？就是那

〔註46〕施耐庵：《水滸傳》（上冊），第 52 頁、第 406 頁、第 130 頁，北京：同心出版社，1996 年。

〔註47〕王前程：《〈水滸傳〉酒肉文化與北方游牧習俗的關係及其意義》，《江漢論壇》2004 年第 10 期。

些血性男兒們終生信奉的好漢信條。在《中國古典小說史論》中，夏志清對「好漢信條」作了這樣的概括：講義氣、愛武藝；疏財仗義、慷慨大方；不貪女色而嗜食貪杯。〔註48〕也有人將其概括爲：劫富濟貧、除惡揚善，敢於掃蕩人世間一切不公平、不合理現象的理想道德；重承諾、講義氣，爲朋友兩肋插刀的理想品格；眞誠、坦蕩、耿直豪爽、不虛僞、不矯飾的理想性格；不畏強暴、勇往直前，象徵人類勇敢和力量的理想行爲等。〔註49〕這些理想化了的人生追求不僅契合了幾千年來民間傳統文化對英雄的審美追求，而且暗合了人類追求公理正義、崇尙英雄的共同審美願望。正是在實踐自己所信奉的好漢信條中，梁山英雄們在歷史的舞臺上演出了一齣齣壯美、甚至是血腥的人生悲喜劇，將生命的光輝演繹到極致，成就了他們作爲「好漢」的千古美名。這種好漢性格無疑對山東地域文化人格的形成起到關鍵作用，外地人說山東人豪爽、能喝酒、耿直，這正是梁山好漢性格的寫照。同時，我們應該注意到，小說也寫到了英雄好漢的陰暗面，比如他們性格中的殘酷兇狠，殺人的暴力渲染以及對女性的輕蔑等，浦安迪、夏志清等學者對此早有論述，「《水滸》對中國人精神世界中的陰暗面的見解也很值得我們進行深入的心理研究」〔註50〕。

　　好漢信條傳遞的是一種反抗現有生活秩序、舒展自由的生命意志的強烈信念。這種理想化的人生哲學，也是山東地域文化含有的內在生命衝動，有著強大的自我認同性，因此，在 20 世紀的「好漢山東」敘事中，它不斷地被呼喚出來，與現代人的心靈形成強烈的精神共鳴。這些英雄好漢的性格在以後的山東現當代文學中多有表現，許多形象繼承了梁山好漢的性格特徵。有趣的是，在不同時期英雄好漢的性格在作家筆下均受到不同程度的改造，或彰顯好漢性格中正面因素或表現其負面因素的消弭或將正反兩面同時突出，因而不同時代「好漢」形象的具體內涵是有所變化的，這顯然與意識形態等因素的介入有很大關係，後文我們將分析到這一點。

　　《水滸傳》不僅描繪了一批令人讚歎的英雄好漢，還成功地描繪了一個令人嚮往的人間極境。如果說水泊梁山之外的現實世界是一個充斥著黑暗、

〔註48〕夏志清：《中國古典小說史論》，胡益民等譯，南昌：江西人民出版社，2001年，第 92 頁

〔註49〕陳穎：《中國英雄俠義小說通史》，南京：江蘇教育出版社，1998，第 42 頁

〔註50〕夏志清：《中國古典小說史論》，第 77 頁，胡益民、石曉林、單坤琴譯，南昌：江西人民出版社，2001 年。

腐敗、民不聊生、弱肉強食的人間地獄，那麼，在這八百里水泊梁山之內，則是洋溢著酒神精神的人間「烏托邦」，正是這個人間的「烏托邦」，激動了並且繼續激動著閱讀它的讀者。

這是個相對於朝廷也相對於普通百姓所生存的民間不同的江湖世界。在這裏，脫離了朝廷的等級秩序和刑罰律條束縛的眾好漢們，不僅得到了生命的保護，而且最大限度地高揚了自由的個性精神。他們大碗喝酒、大口吃肉、大秤分金銀，無論出身貴賤一律兄弟相稱；他們行俠仗義、快意恩仇、無所顧忌；他們嗜酒貪杯、魯莽粗暴、動輒放潑撒野、殺人放火……盡情地發泄生命力的光輝，抒發被壓抑的欲望，展現生命的強力。這是一個強人作主角的世界，任何呆板、僵硬、機械、孱弱的生命個體都無法融入其中。這是大宋王朝裏的獨立王國，它的出現正是對現存秩序、規範的反抗，體現了反抗暴政的叛逆精神。這是一個現實的、也是被理想化的「烏托邦」世界，正是在這裏，久被社會強權壓抑的欲望得到了極度宣泄，深深潛伏的生命強力得以極度張揚。可以說，這個「江湖世界」不僅是英雄好漢的棲身之所，更是人們心中反抗壓抑、釋放本我、追求自由的理想樂土。或許人們可以對這些生命的過度張揚而有所質疑，但在一個充滿暴政和嚴格秩序、無從反抗也無法反抗的社會裏，還有什麼比這個能夠讓生命放射出自由光輝的理想之境、能夠讓欲望充分舒展的樂園更能激起人們對精神自由的嚮往？「梁山泊傳奇確實寄託了一民族的桃源烏托邦，千百年的不義與冤屈，藉此獲得某種想像性的解決。」〔註51〕

《水滸傳》所描繪的自由的烏托邦世界，也以不同的形式不斷出現於 20 世紀「好漢山東」敘事的英雄想像中，成為一種人生極境的隱喻。雖然不同時期英雄好漢的行為方式、個人信仰、追求的目標有所不同，但是反抗既定的規範秩序，嚮往自由自在的生命狀態，追求「烏托邦式」的理想社會是英雄們共同的欲望訴求。二三十年代抗暴英雄們拼死去闖的「關東」，是農民心中躲避貧困和死亡的理想樂土。四五十年代革命英雄奔赴的「延安聖地」、嚮往的「新中國」，則是沒有剝削和壓迫的人間天堂，而他們也正是在這一理想的世界裏，才獲得了人生的意義與價值。新時期草莽英雄所生存的「高密東北鄉」、沂蒙山中的「老鷹崮」，則是作者張揚個性和生命強力的精神家園，這是和水泊梁山一樣彌漫著自然野性、充盈著江湖氣息的法外世界。無論是

〔註51〕黃子平：《「灰闌」中的敘述》，第 30 頁，上海：上海文藝出版社，2001 年。

遙遠的「關東」、聖潔的「延安」、「新中國」，還是「高密東北鄉」、沂蒙山中的「老鷹崮」，這些都是水泊梁山烏托邦理想的變體。雖然在不同的意識形態和文學觀念的規訓、引導下，它們的內容有所不同，但是對抗黑暗的現實環境，反抗各種壓抑束縛，張揚充沛的生命強力，追求自由自在的生存方式與水泊梁山的烏托邦夢想是一致的。江湖世界已經成為一個象徵，是具有叛逆精神的英雄好漢活躍於其間張揚生命力的世界，也是一個產生類似於梁山好漢「大同」理想的河床。

二、《水滸傳》的英雄敘事模式

「在民族國家想像中，英雄常常成為現代民族國家理想的集中體現者，他是現代民族國家人格化的形象，英雄正是通過這樣的方式來整合現代民族國家的秩序。」〔註52〕同樣，「梁山好漢」也是山東地域人格化的形象，是齊魯文化形象的集中體現者。《水滸傳》作為小說文本因其強大的可複製性和典型的敘事模式，發揮著強大的想像、虛構、傳播的文化功能，成為山東人這一文化群體自我辨識、他者認同的重要載體。而《水滸傳》的敘事模式也成為 20 世紀「好漢山東」的主要敘事模式。

1.「官逼民反」──當統治者剝奪了下層民眾最基本的生存權利，激化了官民對抗情緒，就會促使人們反抗觀念萌生、成熟和爆發，並將個體的反抗行為轉變為揭竿而起的群體反抗行動，衝擊破壞著現存的不合理秩序。《水滸傳》為了激發梁山好漢身上的反抗能量，總是將其置於現實生存的困境之中，最明顯的就是「將關注視點聚焦於社會現實的虛偽和不平以及腐敗吏治對人們的壓抑與異化，將筆墨集中於自己精心虛構出的充滿烏托邦色彩的理想國度──『江湖世界』，從而構成『江湖』與『官府』截然對立的環境，形成善惡美醜的對照意義，通過官民對立的敘事模式，讓那些『其言必信，其行必果，己諾必誠，不愛其軀，赴士之困厄』的豪俠擺脫世間秩序的羈絆，背負平民社會的理想，懷一腔正義之氣，將墨俠理想變為抱打不平、解民倒懸的行為，進而表達干預政治、改變現實的願望，獲得心理的宣泄和滿足。」〔註53〕後來的許多文本在塑造英雄形象時，也是將人物置於生存的絕境，一

〔註52〕楊厚均：《革命歷史圖景與民族國家想像》，第 20 頁，武漢：湖北教育出版社，2005 年。
〔註53〕劉書成：《中國古代小說敘事模式的文化內涵及功能》，《西北師大學報》（社會科學版）1997 年第 3 期。

方面展現英雄現實生存境遇的黑暗和殘酷，另一方面也暗示「哪裏有壓迫，哪裏就必然有反抗」的真理性，以及英雄好漢走向反抗道路的必然性和正義性。

2. 「復仇模式」——《水滸傳》的「復仇」並不是個人之間一種簡單的相互仇殺和報復，而往往與除惡聯繫在一起，具有更深刻的文化功能。「從個體來說，它意味著對個人人格尊嚴的一種維護和伸張方式；從群體上說，它是對危害群體利益、貶損群體信仰的團體或個人實施懲罰的一種社會行為。」〔註54〕所以武松血濺鴛鴦樓、殺嫂祭兄的手段雖然極其殘忍、暴力，卻沒有人去譴責他的「嗜血」，這是因為「復仇」被道德倫理「合理化」了，這樣就極大地沖淡了復仇過程中血腥恐怖的意味，從而使讀者從「伸張正義」的道德層面寬恕了梁山好漢用暴力手段進行復仇的一切打殺行為。復仇過程中，主人公往往被置於生與死、義與利、感性與理性的尖銳對立之中，這對於展現人的豐富內心世界具有重要意義。同時復仇也成為推動故事情節發展的主要動力，主人公在曲折離奇充滿傳奇色彩的復仇過程中，憑藉以暴抗暴的形式來彰顯民間式的末日審判意向，終獲冤仇必報、善必勝惡的勝利結局。這種敘事結構在後來的革命文學中也常常借用，例如將個人恩怨與階級仇恨相結合，擴大恩仇的涵義來突出「革命」的歷史合理性和社會正義性。

3. 「神魔鬥法」——「善－惡」、「正－邪」二元對立思想的一種具體體現，《水滸傳》中不僅有「朝廷」與「江湖」的對立，更有梁山好漢與姦臣污吏的對立，即便是梁山好漢身上也存在著人性善與人性惡的對立。《水滸傳》一方面描述了打虎英雄武松怒殺潘金蓮、西門慶為哥哥報仇的痛快淋漓；另一方面卻又在第三十一回描繪了血濺鴛鴦樓那場令人毛骨悚然的大屠殺，更是以神來之筆，對無辜奴婢的絕望乞憐、武松席卷金銀器皿而走等細節進行了細緻的描寫。在後來的革命歷史小說中，作者往往也採取這種二元對立的敘事策略，將敵我雙方的軍事鬥爭通過「醜化」、「妖魔化」敵人和「美化」、「神聖化」我軍的方式，形成一種鮮明對比，實現了軍事鬥爭、政治鬥爭在道德層面的成功轉化。

另外，在塑造梁山好漢時，作者有意採用了人物並置式的結構形式，將兩個性格對立互補的角色放在一起，一個角色是另一個角色的陪襯，其中最有代表性的就是「宋江＋李逵」式的組合。宋江行事謹慎、理性、節制，對

〔註54〕陳山：《中國武俠史》，第73頁，北京：三聯書店，1999年。

既定的價值規範如「忠義」等持認同態度，是儒將式的「樣板」人物；而李逵行事全憑「快活」二字，少理性、無算計、率性而為，是宋江本我的象徵。宋江敢想而不敢說、不敢做的事完全可以交給李逵去說去做，這樣宋江可以通過李逵「代入式」的想像，獲得本我暢快淋漓的宣洩。「宋江＋李逵」這一人物組合方式，雖然後來被衍化成「儒將＋莽漢」、「政委＋草莽」等多種表現形式，但充分展示英雄複雜的人性內容的本意並沒有變化。《水滸傳》善於處理英雄人物共性與個性的辯證關係，不僅寫出了英雄們性格的異中之同，更注意以同中之異來表現性格相近人物之間的細微差別。作者往往設置類似的故事情節，以犯中求避、對比映襯等手法，突現人物的獨特個性，做到了「同而不同處有辨」。這些手法都被以後的文本吸收借鑒，比如曲波的《林海雪原》中小分隊英雄群體的不同性格，有儒將式的少劍波，也有忠厚的孫達德、粗俗詼諧的欒超家。楊子榮深入匪穴時更是表現出滿身的匪氣和流氣，這恰是小說最為吸引人之處。

總之，《水滸傳》以「梁山好漢」為原型創造的「好漢山東」地域文化形象，已滲透到小說家創作心理的深層結構，形成一種超個體的心理定勢思維。在實際創作中，他們總是自覺不自覺地受已有類型的框定，繼承、改寫或者翻新已經存在的文化形象，約定俗成地選擇某種敘事模式表達自己的文學思想。同時，作為接受主體的讀者在這個特定的文化系統中，通過閱讀活動，積累了一定的文學經驗，形成了某種閱讀期待。梁山好漢的文學記憶滲透到讀者的深層文化心理層面，甚至成為一種集體無意識，深深地影響了讀者的閱讀習慣和接受心理。所以一提起山東人就「本能」地和風風火火的梁山好漢聯繫起來，這種「條件反射」充分說明了文學在地域文化形象建構中的重要作用。

三、「好漢山東」文化形象的傳承與嬗變

「好漢山東」文化形象在 20 世紀的山東書寫中，應當說是最為連貫和活躍的形象。「好漢山東」文化形象不斷發展，究其原因主要有這樣幾方面：一方面，英雄好漢的故事富有傳奇性。傳奇的故事不同於我們平凡的日常生活，容易帶來情節曲折、大起大落的敘事效果，可以引起更好的閱讀效果，從而使作品流傳比較廣泛，也極易被模仿；二是英雄好漢自身的性格魅力。英雄好漢往往具有超人的智慧和力量，加上非凡的事跡，成為人們心目中崇拜的對象。正如英國學者托馬斯·卡萊爾所說：「人類總是或這樣或那樣地崇拜英

雄；我們崇拜偉人，而且是永遠的崇拜。我覺得，這種崇拜就像一塊富有活力的基石，橫在傾瀉而下的激流之中，——現代革命史中若沒有這塊固定不移的基石，就會變成一片無底無岸的汪洋。」〔註55〕英雄好漢又與人們心中固有的「英雄情結」相呼應。「人類崇拜偉人，也不斷在自己的生活歷程中塑造和培植英雄，這種『英雄情結』，從本質上說，正是對人類自身生命理想的凝聚方式、自身危機的拯救途徑和人生價值意義表現的尋求。」〔註56〕英雄人物也往往容易成爲「卡里斯瑪」型人物。「卡里斯瑪」一詞，出自《新約・哥林多後書》，本意爲因蒙受神恩而獲得的天賦。後經西方社會學家韋伯、希爾斯等人的不斷引申，泛指具有神聖性、原創性和感召力的特殊力量。王一川將其引入 20 世紀中國小說研究，指稱「藝術符號系統創造的位於人物結構中心的、與神聖歷史動力源相接觸的、富於原創性和感召力的人物。」〔註57〕卡里斯瑪型人物大致相當於所謂「聖人、英雄、先知、偉大人物、傑出人物、領袖」等等，具有象徵性、中心性、神聖性、原創性、感召力等特徵。「卡里斯瑪」型人物的巨大感召力和感染性是英雄形象長久不衰的一大原因，不同時代「卡里斯瑪」型人物都有不同，這裏當然少不了意識形態的形塑力量。第三，英雄好漢是民間理想的體現。英雄好漢是正義力量的化身，在與邪惡勢力的較量中顯示自身的光輝形象，體現的是正義必然戰勝邪惡的民間理想訴求，同時也體現出人們與生俱來的反抗既定規範秩序的內心願望。自清末到新中國成立，中國命運多舛，戰事不斷，人們生活困苦。長期的壓迫、戰爭不但使百姓內心渴求理想的生活樂土，而且也使人們通過文學想像催生正義的英雄，長期以來形成的戰爭文化心態爲英雄人物提供了活躍於歷史的思想基礎。《水滸傳》塑造的一群綠林英雄好漢，自然成爲山東敘事繼承的重要資源。

縱觀 20 世紀「好漢山東」的文學書寫，主要呈現爲三個階段。二三十年代的「好漢山東」主要是以鄉土抗暴英雄形象出現的。二三十年代的中國可謂是一幅亂世圖景。內有天災人禍，外有列強欺侮。各地軍閥混戰，土匪橫行，人民生活困苦。而鄉間農村更是一幅破敗凋敝的景象，兵匪官紳、苛捐

〔註55〕〔英〕托馬斯・卡萊爾《論英雄和英雄史詩》第 15 頁，北京：中國國際廣播出版社，1988 年。

〔註56〕房福賢《中國抗日戰爭小說史論》，第 125 頁，濟南：黃河出版社，1999 年。

〔註57〕王一川《中國現代卡里斯瑪典型——二十世紀小說人物的修辭論闡釋》，第 12 頁，雲南：雲南人民出版社，1994 年。

雜稅加之自然災害已使中國農民生活極端困苦。國家的混亂激蕩著文學家的血脈，於是一批鄉土抗暴英雄形象脫穎而出。如楊振聲的短篇小說《濟南城上》、《拋錨》，王統照的長篇小說《山雨》等，都反映了在軍閥混戰和帝國主義的壓榨之下，百姓備受天災人禍、苛捐雜稅之害的悲慘生活，同時也描寫了他們的覺醒與反抗。二三十年代的抗暴英雄形象與鄉土小說的興起和「五四」啟蒙意識的影響密不可分。作家們聚焦鄉土時往往描寫農村的凋敝現狀和痛苦根源，他們不僅同情農民的不幸，而且更要啟蒙農民，喚醒他們的覺醒和反抗意識。這顯然受到「五四」時代啟蒙文化思潮的影響，啟蒙意識的燭照使作家深入農民靈魂的深處，他們描寫農民的內心如何衝破傳統文化的束縛，向不公的社會舉起反抗的拳頭。在作家們看來，只有反抗才能使農民脫離苦難的深淵，而鄉土抗暴英雄形象最能體現農民反抗意識的覺醒。山東則是一塊富於反抗精神的土地，長久以來梁山好漢的形象已經深入人心，好漢們的俠義行為給黑暗的社會帶來一線光明。面對動蕩的鄉土社會，山東作家重新樹起反抗的大旗，激活靈魂麻木、毫無生氣的農民形象，用啟蒙意識的光輝照亮他們病弱的身心，塑造出流淌著叛逆之血的抗暴英雄形象，喚醒農民認清現實，去建構新的理想的世界。

五六十年代的「好漢山東」是以革命英雄形象出現的。曲波的《林海雪原》、劉知俠的《鐵道游擊隊》、馮德英的《苦菜花》、蕭平的《三月雪》、賽時禮《三進山城》等作品都塑造了許多革命英雄形象。此時的英雄形象與二三十年代的抗暴英雄有了很大的變化。英雄好漢經歷了一個思想改造的過程，也就是被主流意識形態「收編」的過程。意識形態按照集體主義原則、組織紀律性以及樹立崇高理想目標等要求，去除英雄身上的「草莽氣」，塑造更加神聖高大的「卡里斯瑪」型英雄。新生的共和國剛剛經歷戰火的洗禮，如何在和平時期激起人們繼續革命的激情成為具有重大意義的問題，革命歷史小說的一大功能是講述革命的起源和合法性，以先烈們的光榮事跡感染後人珍惜來之不易的勝利，文本的敘述頗有「憶苦思甜」之功效。所以意識形態必須改造梁山好漢式的英雄，以達到新的宣傳效果，這關係到革命的連續性以及為人們提供強大的精神動力問題。另外，傳奇性的敘事模式、二元對立的思維方式等仍在借鑒使用，敘述上並沒有什麼新的實驗。有趣的是，文本中的英雄身上的「草莽氣」和傳奇性的故事恰恰是讀者閱讀印象最深的地方，這些地方最能體現小說的民間色彩。

新時期以來，「好漢山東」雖然繼續以革命英雄形象的面目出現在「文學

山東」的書寫中，但「革命性」光彩已大爲減弱，這時候更爲耀眼的是草莽英雄形象。文學史彷彿開了一個玩笑，在 20 世紀五六十年代被主流意識形態規訓、改造的草莽英雄形象又回到了文本世界，演繹更爲多彩的人生故事，江湖世界重新煥發了生機。究其原因，主要有：一、民間文化意識的興起。在一個主流文化意識形態佔據絕對空間的時代，民間文化意識勢必受到擠壓，無法顯示其應有的活力，文學的一體化進程使具有民間色彩的形象不能走到舞臺的中央。即使許多文本能夠找到民間文化意識的身影，也多是改頭換面、躲躲藏藏，在主流意識的縫隙中閃爍微光。新時期社會思潮趨於多元化，主流文化意識控制的鬆動使民間文化意識可以大大方方的書寫自己的故事。巴赫金認爲，一個時代文學的深厚根源在於民間文化的強大潮流。民間文化體現的是人民大眾的世界感受和審美感覺，是最富有生命力和創造力的。民間敘事視角的運用，能夠更好地展現人性的本眞和生命的本色，所以草莽英雄形象在民間文化意識的護祐下向主流文化形象發起衝擊。二、重寫革命歷史題材。如前所述，革命歷史題材在主流意識形態的規約下創作日益模式化，英雄形象也逐漸失卻了生命活力，成爲理念的符號，如何「救活」革命歷史題材小說？唯有運用民間視角加以重寫，山東作家對此最大的貢獻就是塑造草莽的土匪形象。其中，最有影響的文本是莫言的「紅高粱系列」和尤鳳偉的「石門系列」小說。「土匪」角色爲何能夠「救活」革命歷史題材？「一是土匪強盜精忠報國的故事，上接《水滸》英雄傳統，下合民眾廣泛的俠義趣味，既有行爲的傳奇性，又確保能維護道德正義。二，土匪英雄本色，既不必像黨的幹部等正面形象那麼言行有規範，也不會如知識分了般文質彬彬，所以他們的『爲所欲爲』，正好幫助當代中國的先鋒派作家們去宣泄對荒誕、對血腥、粗鄙等的現代主義審美欲望。第三，土匪英雄角色佔據革命歷史舞臺並贏得喝彩，也說明『文革』後人們對一般革命歷史故事中國、共兩黨兩軍的傳統角色及其互相關係，有了一些新的看法。」〔註 58〕土匪形象不僅「救活」了革命歷史題材小說，而且也重新賦予英雄應有的草莽氣和民間色彩，使好漢的形象更爲豐富複雜。這種草莽氣的土匪形象承傳《水滸傳》塑造的江湖匪盜形象，具有梁山好漢的忠義精神，同時也展示了欲望性情的自由揮發，爲好漢形象注入充沛的生命力。土匪形象解構了傳統的道德歷史

〔註 58〕許子東：《當代小說中的現代史——論〈紅旗譜〉、〈靈旗〉、〈大年〉和〈白鹿原〉》，《上海文學》1994 年第 10 期。

敘事，「匪性」作爲對抗舊式道德的符號，它的文化內涵已被深化，帶上了「江湖」和「民間」歷史敘事的意味，土匪的「行俠仗義」、「除暴安良」、「劫富濟貧」等民間精神的展現和自由人性的張揚，使他們在歷史敘事中更加充滿著某種自由的魅力，成爲反主流的民間敘事的象徵符號。

英雄好漢形象在不同歷史時期有著不同的內涵，這裏體現著主流文化意識與民間文化意識的相互較量。《水滸傳》塑造的梁山好漢形象具有更多的民間氣息，成爲塑造英雄好漢形象不可或缺的重要文化基因，不同時代的形象結合不同的文化語境對母體文化形象都有所借鑒，這也再一次證明了《水滸傳》開創的「好漢山東」文化形象的旺盛生命力。

（節錄自房福賢著《齊魯文化形象與百年山東敘事》，山東畫報出版社 2009 年版，第 27～41 頁）

第四輯　《水滸傳》作者羅貫中考

羅貫中是鄆人

胡　適

看王惲《秋澗大全集》，記出其中於曲家有關諸事。有一點是偶然發現的。諸書記羅貫中的籍貫不一致。或稱爲太原人，或稱爲杭州人。白十五回本《水滸》稱爲『東原』人。今夜讀《秋澗集》，見其中兩次提及『東原』，其一次顯指東平。因查得『東原』即宋之鄆州。後又偶翻《元遺山集》，稱『東原王君璋』，玉汝是鄆人。羅貫中是鄆人，故宋江、晁蓋起於鄆城。」

（《胡適日記全編（1937 年 3 月 7 日）》第六冊，安徽教育出版社 2001 年10 月版。題目爲編者擬）

誰把《水滸》的中心放到鄆州？

稜磨

考定梁山泊的地名，大概是於讀《水滸》很有幫助的，但想借此說明宋江何以會以梁山泊爲根據地似乎非必要。我一向懷疑宋江等曾否固定地佔據過梁山泊，但我沒有考據的興趣，所據的懷疑幾項簡單理由，應是有目共見的，不值發表。可是到現在還未看到同具此意而更精闢的見解，而卻有人向相反的方面探索，那麼我的意見，倒終於還值一談吧。

據各家相同的徵引，正史所記載的宋江這一群盜，是起於河朔而受招安

於海州的。其中間則曾「橫行齊魏」，有「犯淮陽軍」，「寇京東」等等。這樣宋江等明明是一群流寇，其流竄的路線，很有些和前年劉黑七由河北竄回山東相仿佛。雖然宋江未必是的同樣短的時期，走上這樣長的路程，但宋江的流寇生涯，似也不過久。宋江何時起河朔，正史上沒有記載，但《宣和遺事》記楊志、李進義等的赴太行落草，是在宣和二年，這是三十六人中落草的最早的一批，地點和正史的起河朔吻合，時間雖也可信，那末上距失敗，不過一年餘，恐沒有據山寨之基業的餘裕吧。

吳加亮等七人的落草是第二批，會合著楊志等十二人，當然也是到太行山。這裏出現了梁山泊之名，但這梁山泊傾就在太行山。太行山本有一部分稱梁山，而太行山多盜也是素有名的，這簡直無須如說山東梁山泊的素作盜蔽尚須尋冷僻的證據。接著另十三人的人夥大概也還在太行山，以後勢力大了，才流寇齊魏，呼延綽等與戰不勝，及投入夥，湊足三十六人，大概是在中途了。

如果他們在流寇中曾有一時間比較固定，那大概在淮河流域。元雜劇《雙獻功》裏所寫梁山泊地勢是：「寨名水滸，泊號梁山，縱橫河港一千條，四下方圓八百里；東連大海，西接濟陽，南過詛（巨）野，金鄉、北靠青齊兗鄆。」這已把梁山泊遷至後來《水滸傳》所寫的附近，但顯然更南更東。縱然在這一帶不一定有可以安插梁山泊的地帶，作者既甯把梁山泊來遷就他所知的故事，總可信梁山泊的地點安置，比較更是浮動性些。

把梁山泊固定到鄆州的是誰？這因大家並未發過如上的疑問，所以也未有人探求過，我也沒有試解答問題的能力與欲望。空洞地自然可推定是寫今本《水滸》的最初的底本的人。在《宣和遺事》與羅本《水滸》之間，似也容不下幾次改變，若意思只一次，就非是施耐庵不可了。就《水滸》的內容看，寫這書的人該是個魯西人，不會是杭人的施耐庵。但宋江的故事，南方人似自有特殊的傳說，或者曾有杭人寫的並非後來《水滸》所祖的《宋江》一書也可能。兩者的關係，決不十分密切。杭州那時的書業是相當發達的，也許後來初本的《水滸》流行，杭州也刻過，胡亂加上當地所識熟悉的作家的名字。以後筆記所載也傳此誰。

改編《水滸》者的羅貫中，舊題其籍貫為東原，倒是接近鄆州的地方，可是被近來的考據根據筆記疑掉了，現在所甯信的是羅貫中為杭人或太原人。杭州之說，大概只為施耐庵之為杭人，連帶纏入，未必有何根據。《水滸》

中的地理記載，北到大名，南到濟州，東西[至]東昌，里程日期都頗正確，薊州、青州、東京就不大可靠，對江南的建康無為江州，簡直渺茫，這焉能出於南人之手。說是太原人問題比較少些，但太原人不取近的太行而取遠的鄆州水泊，這取捨有點奇怪。並且魯〔智〕深由華陰而五臺山而青龍山的旅程記載，也不像是山西人寫的。因此我覺得，寧可考據掉羅貫中，暫勿考據掉東原還穩當些。至若可承認東原羅貫中，他又何以要抬一個錢塘人的本以自重的問題，則大概可推測那時杭本有板（版）本上的權威，或增加的材料，其中有取自杭本小說的。

《水滸傳》中的地理固可以作推測作者的生地的根據，《水滸》中的語言，對這方面也很可有幫助，有這兩項直接研究材料，而我們在有了幾十萬字的關於《水滸》考證文字的現在，仍並未解決作者的生地問題，真不能不使我們懷疑考據家所用的方法。

以前考據所注意到的《水滸》本身上的材料，大致只及故事的增加一點。但也太編（偏）重於羅本以後而忽略羅本以前了。固然材料實在太少。但就《水滸》與《宣和遺事》不同的各點，也欠分析。舉例說，《遺事》雖不曾說各人的習貫，大致是可以看出並無南人的，也沒有宋江選配江州的事。那末使宋江南邊來一行，帶許多南人上梁山的故事，一定是南人編造的。到《水滸》大結集才一律加入。供其作根據的，許就是雜劇，也許是與雜劇同來源的或種杭州刊行的故事或即郎瑛所說的《宋江》。

不僅後加的七十二小夥中廣及四方豪傑，大夥中一些已定人物的活動地也被分散四方，李逵的本為山東人雖未改，發跡卻移到江州，史進的由東下節級變為華陰公子也是有跡可尋的。《水滸》中重要的具十回資格者為魯之於五台，石之於薊州，盧之於大名，情形當亦如上。也許各種十回，流行的地點原不同，最後才結集一處。

民眾會高興當地出孟姜女，則高興當地出武松，也是可能的。由杭人的武松墓，我們就可想見各地人怎樣把《水滸》人物與其當地關連。《水滸》的人物本多，因之似未引起兩級同爭一人的事，但各地一定把其所傳說的人在梁山的位置看得極高。也許《水滸》如不是魯西人寫，宋江的領袖地位也會動搖吧。這也足看出《水滸》的中心落在鄆州，原是偶然。作者一方面想成就其中心，一方面又受各地傳說的限制，遂顯出支絀的狀態，不正很值我們注意嗎？

（原載《申報·自由談》一九三五年五月十五日、十六日）

考證：

①稜磨是茅盾的另一筆名，一九三四年六月十三日在《申報·自由談》發表《「談鬼」》一文時開始署用，以後在月刊發表《第三個娜娜》、《從二十四史說起》、《關於整部二十四史》、《關於命數字》、《從歷史到無之》、《關於水的浪費》、《信任自然力的兩面》、《「春之前望」》、《太活之並》等文也均著此名。

②該加書名號（《》）處不加書名號是茅盾的習慣，本文也是如此。

③喜用破折號（——）也是茅盾的習慣，本文也是如此。

（轉載自《喀什師範學院學報》1988 年 01 期。原文中著作名酌加書名號。其他未作改動。）

《水滸傳》的真正作者是山東東平人羅貫中

刁雲展

《水滸傳》的作者是誰？——施耐庵？羅貫中？施、羅合作？集體創作？80 年來，眾說紛紜，莫衷一是。〔註1〕筆者認為，小說的真正作者既不是「施耐庵」這個假託的名字，也不是山西太原的羅貫中。而是山東東原（今東平縣）的羅貫中。論證如下：

一、羅故鄉「梁山泊」的英雄故事吸引著作家們廣泛注意

首先，「梁山泊」是羅貫中的故鄉（參見拙作：《羅貫中的原籍在哪裏》）〔註2〕（1）從地理環境上看「梁山泊」，這裏的確是古代草澤英雄聚義的好地方，羅貫中在創作上才選擇了這個他熟悉的故鄉的典型環境（包括自然環境）。梁山泊又名張澤泊，古稱鉅野澤，在宋代以前就已經形成了以梁山為中心的「八百里水泊」。從五代至北宋末年，黃河三次大決口〔註3〕，進一步擴大了「水泊」的面積。生長在「梁山泊」故鄉（東平縣的東平湖是與梁山泊

〔註 1〕黃俶成《近八十年來對「水滸」作者的爭議》見《文史知識》1984 年 11 期。
〔註 2〕拙作《羅貫中的原籍在哪裏》見《三國演義學刊》第 2 期，四川社會科學院出版社出版。
〔註 3〕顧祖禹《讀史方輿紀要·壽張縣》《宋史·河渠志》。

連在一起）的羅貫中，他創作《水滸傳》時，首先要考慮這個自然環境的眞實性，即典型環境中的自然環境問題。（2）梁山泊各種英雄故事的產生，是各種體裁《水滸》作品產生的基礎。產生在這裏的梁山泊英雄事跡有兩種：一是宋江等人的英雄事跡，二是宋江以外的梁山泊其它英雄事跡。歷史上這兩種英雄事跡產生的原因，都是由於這裏地瘠民貧，災荒連年，官逼民反所致。所謂歷來「多盜」，逼上梁山者，代不乏人。

所謂歷史上的兩種「梁山泊」英雄事跡，其一是指宋江以外的英雄事跡：a‧俞樾的《茶香室叢鈔》卷十七轉引宋‧孫陞的《孫公談圃》說：「蒲恭敏宗孟知鄆州日，有盜黃麻胡者，……依梁山泊，……」b‧據宋‧洪邁《夷堅志‧侍郎》，記載了蔡「帥鄆時」，曾殺掉了「梁山泊賊五百人」。c‧宋史《任瓊傳》中也記載了「梁山泊漁者習爲盜，蕩無名籍。」d‧徐夢莘的《三朝北盟會編》中記載了：「張榮，漁人也，聚梁山泊，有舟師二、三百人，（《繫年錄》作「有舟數百」），常劫掠金人，杜充爲留守時，借補榮官至武功大夫……軍號張敵萬。」

從上列歷史階段（尚未包括宋江）的梁山泊「多盜」，可以初步瞭解到這裏人民起義反對官府惡霸的情況，和他們抗擊外來侵略的民族英雄光榮鬥爭傳統。羅貫中受故鄉「梁山泊」人民鬥爭傳統的影響、薰陶，這對他構思這部《水滸傳》創作靈感的啓發，是不無關係的。

其二、梁山泊宋江等人英雄事跡的傳說，較前產生更大魅力。歷史上的宋江實有其人。今人余嘉錫《宋江三十六人考實》與王利器的《水滸傳的眞人眞事》，對於梁山泊宋江等人考證，可供參考。正是宋江等人的英雄行爲，震動了羸弱的北宋王朝，鼓舞著廣大的人民。他們的英雄行爲，在社會上自然有奇聞異說，生於民間，輾轉繁變，形成了多種動人的「梁山泊」故事，逐漸在民間廣泛流傳開來。魯迅認爲這些民間流傳的梁山泊英雄故事，「似即稗史所本」。〔註4〕自南宋以來，這些口頭傳說故事，也開始在民間藝人書會中口頭出現。以「梁山泊」爲題材的各種文藝作品，無論是話本、戲曲、美術、詩詞，開始被第一批有識有膽的現實主義作家表現出來。正像宋遺民龔聖與在《宋江三十六人贊》中說的：「宋江事，見於街頭巷語，不足採著，雖有高如、李嵩輩傳寫，士大夫亦不見黜」〔註5〕。接著是話本《石頭孫立》《武

〔註4〕魯迅《中國小說史略》。
〔註5〕周密《癸辛雜識》續集上。

行者》《大宋宣和遺事》等作品出現，劇本講唱文學等相繼問世。特別是元代，北方寓居南方杭州一帶地方的作家很多，他們與當地民間藝人相結合，寫出來不少反映「梁山泊」的作品。如元雜劇「水滸戲」就有 36 個之多。值得一提的是在當時有個「東原作家群」一行十人，寓居杭州一帶地方，創作很活躍；其中有個被譽為「黑旋風專家」的高文秀，寫「水滸戲」也最多，他一人寫出來 9 個「水滸戲」〔註6〕本子（雖然劇本有些已佚失）。當然這個「東原作家群」中就包括「東原羅貫中」。對此如果質問：東原作家羅貫中、高文秀等人在寫「梁山泊」題材上何以這樣積極呢？我看這是主要由於他們故國神思、故鄉神思，在元代流亡江南，借「水滸」題材中英雄人物鬥爭精神，以抒發胸中積憤。至於後來明清傳奇創作中，仍有沈璟的《義俠記》、許自昌的《水滸記》和沈自晉的《翠屏山》等「水滸戲」，至少有 21 部。羅貫中面對自己故鄉歷史上宋江等「三十六人」驚心動魄的英雄事跡，在完成《三國演義》等幾部長篇小說創作之後，繼續發揮善於寫長篇小說的才能，要對故鄉「梁山泊」投以畢生最大的勞動熱情。特別是在社會上誕生了許多既令人滿意又令人不太滿足的各種小型「梁山泊」作品之後，創作形勢逼人，客觀上也孕育著大型「梁山泊」作品出世的必然性。所以，這部《水滸傳》創作的偉大而又光榮和艱巨的任務，也就歷史地落在這位始於北方的「有志圖王」，終於南方「傳神稗史」的東原（東平）羅貫中身上了。

二、誰把《水滸》的中心放到鄆州？

早在 20 世紀 30 年代上海《申報》的「自由談」上，有一篇不顯眼的短文：《誰把「水滸」的中心放到鄆州？》〔註7〕這個題目提得好，我認為抓住了從作品內容探討作者究竟是誰的問題。可惜，該文語焉不詳，小說作者卻「被近來（指三十年代中期）考據筆記疑掉了」。〔註8〕討論是「誰」的問題只好被中止。所謂「被考據筆記疑掉」的話，大概指賈仲明的《錄鬼簿續編》被人發現，考據羅係「太原」人似乎有了文字根據。（按：這種「太原說」站不住，見上頁注〔2〕）儘管這篇短文曾客觀地提出質疑：「太原人？為何寫遠遠的鄆州？」但在當時那個混亂的年月裏，也無奈而中斷了這個問題的繼續討論。我認為：把《水滸》的中心放到鄆州的人正是東原羅貫中。

〔註6〕拙作《羅貫中的原籍在哪裏》見《三國演義學刊》第 2 期，四川社會科學院出版社出版。
〔註7〕上海《申報》中「自由談」1935 年 5 月 15 日至 16 日。
〔註8〕上海《申報》中「自由談」1935 年 5 月 15 日至 16 日。

　　羅是山東東原（東平）人，東平在唐宋時代屬鄆州（見清《東平州志》）；梁山泊當時亦屬鄆州，即東平的毗鄰。因而，羅在他的故鄉熟悉「梁山泊」英雄故事之後，一定會被梁山泊英雄行爲所感動。特別在羅親自參加過農民起義的實踐，在世界觀上更進一步對「梁山泊」英雄產生更正確的看法之後，對於他創作《水滸傳》起著決定性的作用。如果作者沒有農民起義生活實踐的「鍛鍊」和感受，沒有梁山泊環境素材和人物故事的具體瞭解，是不可能產生這一部曠古爍今的偉大作品來的，這也是江南的「施耐庵」或山西太原的「羅貫中」瞠目結舌而難以脫穎而出的事實。

　　東原（東平）羅貫中爲何把《水滸》的中心放到鄆州呢？從感情上（即農民起義的階級感情）講，我認爲主要由於他在思想上熱愛鄉邦梁山泊英雄好漢的結果。這比有人把《水滸傳》中「唯一」好官陳文昭放在作者故鄉東平當府尹，以示作者嘉愛自己家鄉的看法，似乎更有些說服力吧。從小說的中心主題（即寫農民起義爲中心）來考察，我覺得這樣結構佈局是合理的。作者把作品的中心放到鄆州，寫農民起義的大型作品還是首創。因爲中國歷史上大小數百次農民起義，能得到氣勢磅礡、旗幟鮮明、通過感人的藝術形象反映出來的大型作品，羅貫中的《水滸傳》是最可貴的第一部。

　　關於征遼的描寫，羅把小說的中心放到鄆州梁山泊，更有充分的理由。因爲北宋末年，遼金、蒙人貴族先後入侵中原，刀鋒所及，殺掠慘重。廣大人民義軍，如紅襖軍、紅巾軍、忠義軍，紛紛揭竿而起，共禦外侮（《水滸》不是又名爲《忠義水滸傳》嗎？）魯迅先生對此評論道：「宋代外敵憑陵，國政馳廢，轉思草澤，蓋亦人情」〔註9〕。國難當頭，草澤愛國，提倡忠義，統一對外，這也正是當時人民愛國主義的一種表現。歷史上在鄆州有兩個正確對待「入侵」的例子，對羅在《水滸傳》中寫「征遼」創作思想有所啓發：一、張榮在梁山泊抗擊金人入侵，雖無詳細記載，但是歷史上實有其事；二、據古地方志《東平州志》〔註10〕記載：「宋宣和四年，金立劉豫爲大齊皇帝，都大名，後遷居東平，爲東京，置丞相以下官……（重點號係引者所加）。又據《金史·劉豫傳》記載：「有關勝者，濟南驍將，屢出城拒敵，豫殺勝出降」。有忠義思想的羅貫中，對於前代降金的劉豫並遷都到自己故鄉東平的事實，定會產生極大的反感。尤其是寫《正氣歌》的文天祥，在流憩汶陽、

〔註 9〕魯迅《中國小說史略》。
〔註10〕清·光緒《東平州志》卷22。

鄆州、東平、東阿等魯西幾個縣時，曾寫過七首至今沒人注意的詩，其中的第三首是《東平館》〔註11〕，詩曰：

> 憔悴江南客，蕭條古鄆州；〔註12〕
>
> 雨聲連五日，月色徹中流。
>
> 萬里山河夢，千里宇宙愁；
>
> 欲鞭劉豫骨，煙草暗荒邱。

羅讀過文天祥在自己故鄉寫的《東平館》一詩中的「欲鞭劉豫骨，煙草暗荒邱」之後，對詩中表達的民族愛國思想，大概也會受到一定的感染。所以，他把《水滸傳》中心放到鄆州梁山泊，對「征遼」的描寫上。難道不是「轉思草澤，蓋亦人情」的嗎？！

羅貫中把《水滸》的中心放到鄆州的一個根本原因，從創作上看，是由於他熟悉故鄉「梁山泊」生活素材。下面僅舉幾個與《水滸》有關的地名為例：

（1）《水滸傳》中的石碣村，是三阮的家。而生活中實有其地，今改名石廟村，在梁山北 35 里銀山鎮（今之石廟村係由石碣村、南欒村、北欒村合併而成），在石廟村 280 戶人家中，今有三分之一是姓阮的住在這裏。據說在石廟村曾有三賢殿（明代建築），是紀念三阮的。可見，石碣村這個細節真實存在，對於根本未到過石碣村的人來說，無論南方的施耐庵或山西的「羅」某，是無法表現這個細節真實的（筆者按：小說中有吳用到石碣村「訪三阮」一節，大概正是作者羅貫中親自到過石碣村的真實留影）。還有，在石碣村這個細節真實性問題上，有位學者說是施耐庵「顯然從方臘那裏搞來的」〔註13〕，並引宋・方勺《泊宅編》卷五為證，來批評金聖歎「沒有深入研究」，竟把「洪太尉誤走妖魔」那一回中的「石碑」改為「石碣」了。實則，這位學者看法錯了。錯就錯在沒有社會調查研究就肯定《水滸傳》是施耐庵寫的。「石碣」一例頗能說明問題。後來，這位學者在另一篇談《水滸全傳》〔註14〕的文章較前客觀些了。談到《水滸》「的本」的三個來源系統，即：梁山泊系統本與羅貫中、太行山系統本與《宣和遺事》、施耐庵的本與

〔註11〕 《泰安州志》。

〔註12〕 《鄆城縣志》：文天祥流憩鄆城，勒石於該縣城明倫堂後面，以作紀念。

〔註13〕 王利器《施耐庵是怎樣創造梁山泊的》見 1954 年 8 月 15 日《光明日報》「文學遺產」。

〔註14〕 王利器《水滸全傳是怎樣纂修的》見《文學評論》1982 年 3 期。

施惠。而且還談到羅籍貫大概因傳抄訛誤，把東原印作太原了。這些提疑問的意見大致可取。但，若不分主次地籠統地談「三個系統」，因而忽視了小說主要的、結構三個系統全局的真正作者——確係東原羅貫中，是不應該的。講「三個系統」「的本」之後，究竟是「誰把《水滸》的中心放到鄆州」的？遺憾的是沒有得到這位學者正面評論和回答。

（2）在今天鄆城城南十里確有個晁莊，據傳說是當年晁蓋的家。今存晁氏家譜上確有晁蓋的名字，唯「蓋」字刪掉了草頭，變成了『盍』字，以誌其祖先晁蓋當年『落草』之意。

（3）鄆城有個水堡集村子，傳說是宋江的家。

（4）拳鋪：梁山南 12 公里的拳鋪（即船堡），是當年農民起義軍靠船的碼頭，亦即小說中朱貴賣酒的地方。

（5）黃泥崗：在鄆城城南 35 里，即今之黃堆集，亦名沙土集，係小說中「智取生辰綱」處；黃泥崗附近今仍有個白坨，乃白勝的家。

（6）祝家莊：在鄆城城北 35 里，黃河邊上，今名祝莊，該村至今祝姓仍占多數。小說中「三打祝家莊」即寫這個地方。

（7）景陽崗：在陽谷縣張秋鎮沙固集東頭，有幾個土岡子，相傳是武松打虎處。土岡子上頭建有武松廟，廟壁上有武松打虎的壁畫。

（8）梁山遺跡：梁山由虎頭峰、雪山峰、郝山峰、青龍山 4 個主峰，和鰲子山、玉皇頂等 7 個支峰組成。虎頭峰南側有懸崖，當年聚義廳在這裏，但建築物早已不見；只有宋江寨這個殘垣尚存：寨牆由碎石壘成，呈橢圓形，寨牆南端緊靠懸崖邊沿，東、西、北三面各有兩重石牆，寬約六、七尺，中央係聚義廳舊址，在一塊平滑的石面上，有個碗口大小的石窩，即當年樹立「替天行道」大旗的旗杆窩子。在雪山、郝山之間還有個山口，即「黑風口」，乃山下通往山寨的咽喉，相傳當年李逵曾在這裏把守。山下「八百里水泊」，即著名的「梁山泊」。水泊後來大部乾涸。

關於「梁山泊」英雄故事傳說，在當地鄆城一帶流傳很多，古代和現代都有。如最近由中國民間文藝出版社新出一本《水泊梁山的傳說》，就是證據。可以想見，生活在「梁山泊」故鄉的羅貫中，由於時代接近，採訪和搜集到更多的英雄故事是完全可能的。因此，羅氏將鄆州作為《水滸》的中心來寫是順理成章的。

三、從古籍的最早記載看，《水滸傳》作者是羅，非施。

古籍中關於羅貫中、施耐庵的記載，是可信的。魯迅對古籍研究造詣頗深，他在逝世的前幾天給日本友人信中曾肯定地說：「(1) 羅是元朝人，(2) 確有其人，而不是某作者化名」〔註15〕。對「施耐庵」這個假託的名字，魯迅早在《中國小說史略》中，就已講的很明確了，他認為《水滸》之「簡本撰人，止題羅貫中，周亮工聞於故老者亦第云羅氏，比郭本出，始著耐庵，因疑施乃演為繁本者之託名，當是後起，非古本所有。後人見繁本題施作羅編，未及悟其依託，遂或意為敷衍，定耐庵與羅貫中同籍，為錢塘人（明·高儒《百川志》六），且是其師……」（重點號係引者所加）。這些話值得重視，魯迅的意見很明確：羅實有其人，施乃託名。

從古籍記載看來，首先是較早的 115 回《水滸傳》，這個本子上署名「羅貫中編輯」，還有「舊本羅貫中《水滸傳》二十卷（見《也園書目》）」，亦可作證；其它有相當羅同時代人的筆記、雜記等，也可以從不同的角度，證明羅是《水滸傳》的作者：(1) 明·田汝成《西湖遊覽志》云：「錢塘羅貫中者，南宋時人，編纂小說數十種，而《水滸傳》敘宋江事，好盜脫騙機械甚詳」。(2) 明·王圻《續文獻通考》云：「水滸者，羅貫著，貫字貫中，杭州人。編纂小說數十種，而《水滸傳》敘宋江事，奸盜脫騙機械甚詳。」(3) 明·郎瑛《七修類稿》云：「《三國》《宋江》二書，乃杭人羅本貫中所編，予意舊必有本，故曰編。《宋江》又曰錢塘施耐庵的本。」從以上三條明人早期記載中，可以看到田汝成、王圻一字不提施，只講羅著；田、王都是明嘉靖時人，他們看到的本子，即較古的本子，所以他們肯定《水滸傳》係羅著，當然此證比較可靠。

另外，從創作的角度來考察，羅貫中這位「湖海散人」，由北方寓居南方「傳神稗史」時，雖然在故鄉「梁山泊」已經熟悉了當地流傳的英雄事跡，作了寫《水滸傳》的準備，但是他仍不滿足已掌握的材料，還需要繼續搜集《水滸傳》寫作的素材。據明人許自昌說：「余聞貫中酷嗜水滸事，凡客自北來者，無不延請於家，咨其稱述，各筆之於牘，篋笥充滿，積有歲年；於是薈萃纂葺，不論事之有無，祇即其可駭愕者，聯而絡之，貫而通之，嘔心刻肝，雕腎劌腸……」〔註16〕這位「東原羅貫中編輯」（羅的《三國演義》等幾

〔註15〕《魯迅書信集·致增田涉》1936 年 10 月 5 日。
〔註16〕許自昌《樗齋漫錄》卷六，〔明〕萬曆刻本。

部小說，也署「編輯」），所署「編輯」二字，其特定含義即「作者」。至於上面提到田說羅是「宋人」，不確；說「元·羅貫中」是正確的。羅至明初還活著，他的幾部大型作品都是明初在南方脫稿問世。可見，《水滸傳》的著作權在明初一直是屬於羅貫中的。但是，後來羅貫中是怎樣丟掉《水滸傳》的著作權的？郭勳家刻出的 100 回本子，就署名「錢塘施耐庵的本。羅貫中編次」了。郎瑛、高儒所見的《水滸傳》，大約已是郭本，所以施、羅並舉。到了萬曆年間，胡應麟的《少室山房筆叢》，就把《水滸傳》著作權歸施一人，認爲羅是施的門人；或曰「施作羅編」（李贄說）。袁無涯託名李贄的《忠義「水滸」發凡》第六條說：「古本有羅氏『致語』，相傳『燈花婆婆』等事」。後來「……羅氏之命名微矣！」看來，羅氏命運每況愈下，終於連名字也被人砍掉。最後，是清初金聖歎的「施作羅續」說，在金刪定的 70 回本子上，乾脆署名只有施耐庵（金刪本之文學價值，姑不論）了，眞正屬於羅的著作權竟被全部纂奪！這是一椿冤案。其實，對於金的作僞欺世，早被金同時代的周亮工《因樹屋書影》所揭穿：

> 故老傳聞：「羅氏爲《水滸傳》一百回，各以妖異語引其首。嘉靖時，郭武定重刻其書，削其致語，獨存本傳」。

又：

> 《水滸傳》相傳爲洪武初越人羅貫中作，又傳爲元人施耐庵作。田叔禾《西湖遊覽志餘》又云：「此書出宋筆」。近金聖歎自七十回之後斷爲羅所續，復僞爲施序於前，此書遂爲施有矣。予謂世安有爲此等書人當時敢露其姓名者，闕疑可也。定爲耐庵作，不知何據？

　　周亮工在金聖歎時期就反對說《水滸傳》作者是施耐庵，並揭露「施序」是假的。至於金之後吳梅在《顧曲塵談》中說《水滸》作者「耐庵居士」；胡應麟《莊嶽委談》中說「元人武林施某所編《水滸》」，以及清代中後期其它贊施冗談，均不可取。

　　要之，羅作之說在前，施作之說居後。這在文學史上應當肯定這個事實所在。「施」係「託名」，也許是作者羅貫中或修訂出版者爲了逃避「文網」（明初有「文字獄」），而採取的一種保身方法與措施。

　　最後，關於 1952 年《文藝報》發表關於施耐庵調查報告，學術界至今對施依然難以肯定（我以前也贊同過「施作」說）。實則，關於「調查」中提出的施的「墓誌」等均繫後人僞作；至於把《三國演義》《隋唐志傳》等幾部鉅

著也劃歸施作，大家更難以贊同，因眾所週知，這些書是羅寫的（除非施乃羅的「託名」）。還有，施由秀才、舉人、進士、翰林而官錢塘二載之說，即在科舉仕途上一帆風順之後，又作《江湖豪客傳》（即《水滸》）等小說。其實，這是個矛盾現象，因爲科舉仕途一帆風順者，絕對寫不出《水滸》這種現實主義巨作來的。所以，施某令人難以置信，施作《水滸》之說終難成立。

（原載《社會科學》1991 年第 6 期）

關於羅貫中生平的新史料

周楞伽

一九八一年三月十九日，《人民日報》評論員在《愛國主義是建設社會主義的巨大精神力量》一文中，把羅貫中列入我國歷史上爲中華民族的發展作過傑出貢獻的人物之一。

說羅貫中是我國歷史上爲民族文化的發展作過傑出貢獻的人物，絕非過譽。是他，首先把簡單粗陋的講史平話小說敷演成情節曲折洋洋數十萬言的長篇歷史演義；是他，敢於不畏禁令，在明初文綱嚴密的時期，寫下了《水滸傳》、《三國志通俗演義》《隋唐志傳》、《殘唐五代史演義》、《三遂平妖傳》等大量長篇歷史小說，而不是像那些膽小文人一樣去寫風花雪月才子佳人的作品。在中國有名的四大奇書《水滸》、《三國》、《西遊》《紅樓》中，羅貫中一人就佔有二部。

現在一般公認的關於羅貫中的生平以及《三國志通俗演義》的成書年代大致如下：

羅貫中，名本，原籍東原（今山東東平），寄寓浙江。元末曾作《龍虎風雲會》雜劇，並有志圖王，以不遇眞主，乃退而寫歷史小說，爲死於元亡前一年的宋宗室後裔趙偕字子永（人稱寶峰先生）的門人之一。所作七十回本《水滸傳》在《三國志通俗演義》之前，均成書於明初。其生卒年約 1330～1400。

在提出關於羅貫中生平的新史料以前，有必要先指出古人和今人的某些錯誤。

首先要批評的是明賈仲明《續錄鬼簿》中關於羅貫中的記載。新版《辭海》「羅貫中」條認爲他的記載「較爲可信」，我卻認爲最不可信。其不可信

處有二：第一，一般公認羅貫中是東原人，連羅貫中在所著的書中也自署「東原羅貫中編次」，賈仲明卻獨說羅貫中是太原人，不知何所據而云然？第二，他把羅貫中的《龍虎風雲會》雜劇列於《續錄鬼簿》第一條，並自稱與羅貫中爲忘年交，卻根本不提締交於何時。我們並不要求他說明與羅貫中相差多少年紀，但第一次會面在何時至少應該提一提吧，他卻也不提，只說「至正甲辰復會」。至正甲辰是元亡前二年，「其後六十餘年」，正是羅貫中以作《水滸傳》、《三國志通俗演義》等歷史小說聲譽鵲起之時，他卻一無所知，而且竟不知羅貫中之所終。天下有這樣的「忘年交」，豈不奇怪？據我看來，賈仲明完全是謬託知己，他自認與羅貫中爲「忘年交」，羅貫中卻並不承認賈仲明這個「忘年交」。何以見得？只要看一看《續錄鬼簿》中賈仲明的傳記，就可知道他是怎樣一個人物。

> 賈仲明，山東人。天性明敏，博究群書。善吟詠，尤精於樂章、隱語。嘗侍文皇帝於燕邸，甚寵愛之，每有宴會應制之作，無不稱賞。公豐神秀拔，衣冠濟楚，量度汪洋，天下名士大夫咸與之相友。自號雲水散人。所作傳奇、樂府極多，駢儷工巧，有非他人所及者，一時儕輩，率多拱手敬服以事之。後徙居蘭陵，因而家焉。所著有《雲水遺音》等集，行於世。

這個諂事永樂溜鬚拍馬的人，不但把他自己的小傳收入他所編著的《續錄鬼簿》裏面，而且把別人對他讚美的評語也大量收入，這正等於「黃婆賣瓜，自賣自誇」，可謂恬不知恥！對於這樣一個品質卑劣的人，羅貫中對他只有敬而遠之，避之惟恐不速，哪裏肯和他締交，又怎肯把自己的行蹤告訴他？所以他與羅貫中「至正甲辰復會」以後，羅貫中就和他斷絕了往來。他所以不知道羅貫中的蹤跡，並不是如他所說「遭時多故，天各一方」，而是羅貫中輕視他的爲人，根本不願告訴他。因此他對羅貫中後來的種種活動根本一無所知，只好說：「竟不知其所終。」

上海書店於一九五九年收購到一部《趙寶峰先生集》，卷首有門人羅本等三十一人祭文一篇，祭文所具日期爲至正二十六年（1366）丙午十二月戊申朔越十二日己未，即農曆十二月十三日，這是元亡的前一年。該店曾將這消息於《業務通訊》中加以報導，這使我對羅貫中所處的時代有了進一步的瞭解，知道他既非南宋人，也非元初人，而是正如魯迅和鄭振鐸所說「蓋元明間人。」即由元入明的元末明初人。於是我在《文學遺產季刊》1981 年第 4

期《小說札記》第二條「羅貫中的生卒年新證」中，除了介紹《趙寶峰先生集》卷首的《門人祭寶峰先生文》，證明羅本（貫中）是趙寶峰的門人之一外，同時也批評了排印本《三國志通俗演義》「前言」的作者用書中的小字注來考證此書的成書年代和羅貫中的生卒年，是鑽牛角尖，南轅而北轍。由於「前言」作者具名的有章培恒、馬美信二位，我不知哪一位提出這看法，所以文中只籠統地稱「前言」作者，沒有指名。第二年即 1982 年，《文學遺產季刊》第 3 期發表了章培恒先生的《關於羅貫中的生卒年》一文，直認這一段「前言」是他所作，文中仍堅持他「前言」中的觀點，並沒有解決羅貫中的生卒年問題，只是為他自己辯護，同時又發表了兩點看法：第一是說「這位趙寶峰先生是個理學家，並非一般的塾師。羅本若非服膺理學，是不會師事趙寶峰的。而羅貫中則大寫通俗小說和雜劇。」羅本難道一定要服膺理學，才會師事趙寶峰嗎？如果羅本有一位哥哥，是早就師事趙寶峰的理學家，為了常和趙寶峰親近，也卜居慈谿，深得趙寶峰的喜愛；羅本在圖王失敗以後，去慈谿投奔他的哥哥，從而拜趙寶峰為師，趙寶峰愛屋及烏，收他為門人，是不是可以呢？我認為是完全可以的。這一點且留待後面提及我所獲得的新史料時再談；第二是說「這篇祭文雖列有羅本之名，但既無字號，又無籍貫，安知這個羅本不是跟羅貫中同姓名的另一個人？」唐朝有兩個韋應物，兩個韓翃，兩個李益，元末明初卻沒有兩個羅本，如果有，請拿出證據來。「無證不信」。

劉友竹先生的《〈三國志通俗演義〉是元代作品》（見《三國演義研究集》，四川省社會科學院出版社 1983 年版）一文，認為《三國志通俗演義》大約寫成於十四世紀，即至正元年（1314）至十一年（1351）之間，這時羅貫中大約四十歲至五十歲。這就是說，他和章培恒先生同樣認為羅貫中生於元初成宗鐵木耳時代，不知他根據何書？他雖把《三國志通俗演義》的成書年代較章培恒先生下調了十四年至二十四年，但完全拿不出證據來。同時他還犯了一個更大的錯誤，說「明王圻《稗史彙編》中的宗秀羅貫中、國初葛可久一句，從文字訓詁，語法邏輯等方面來看，『宗秀』應為『宋季』之誤，說明王圻認為羅貫中是南宋末年人。」我雖沒有學過文字訓詁，語法邏輯，但認為宗秀和羅貫中明明是兩個人，《稗史彙編》中的「宗秀」二字下應加點號點斷，與羅貫中的名字分開，不應像劉友竹先生那樣把宗秀羅貫中連寫在一起。宗秀當是個僧人，元末明初僧人以宗字為法名的很多，如宗衍、宗泐、宗淨等

都是。元末農民起義中有志圖王的僧人很多，最初起事以紅巾爲號推徐壽輝爲主的就是袁州僧彭瑩玉，見《明史・陳友諒傳》。明太祖朱元璋也曾做過皇覺寺僧。王圻所以把宗秀和羅貫中二人之名列於「國初葛可久」之前，是因二人都是元末人，先於明初的葛可久，怎麼會在「國初」二字上不提元朝就提「宋季」呢？宋季只有勤王之師，何來圖王之輩？王圻是明嘉靖四十四年（1565）進士，《續文獻通考》的作者，《稗史彙編》就是《續文獻通考》的姊妹篇，收集史料極爲豐富；他是一個博覽群書的人，又是一個治學謹嚴的學者，會把「宋季」二字誤書爲「宗秀」嗎？劉友竹先生妄改「宗秀」爲「宋季」，已屬荒謬，又武斷地說「王圻認爲羅貫中是南宋末年人」，更是厚誣古人。

張國光先生的《〈三國志通俗演義〉成書於明中葉辨》，對新安虞氏在元至治年間所刊平話五種的評價是對的，說《三國志通俗演義》的誕生不能不遠在平話之後也不錯，但說它不是元末明初人羅貫中的作品，而是明代中後期的書商爲了抬高其身價而託名羅貫中的卻錯了。因爲元末明初除了純文言的傳奇小說外，不論是長篇演義小說或是短篇話本小說，都是文白夾雜，這是當時流行的文風。我們試把《三國志通俗演義》和明洪楩編的《清平山堂話本》對照讀一下，就不難看出《話本》中的作品文白夾雜，與《演義》不相上下，有時甚或過之。羅貫中的描寫手法固然已趨成熟，但其文風不能不受時代的局限，還難以做到純粹白話沒有絲毫文言夾雜的地步。純粹熟極如流的白話要到明中葉以後才有，連郭勳所刻託名施耐庵的繁本《水滸傳》都還不能完全做到，怎麼能求之於明初的作者羅貫中呢？因此而取消羅貫中的作者資格，把《三國志通俗演義》的作者歸之於爲此書作序的庸愚子（蔣大器），更不恰當，因爲庸愚子在此書弘治甲寅本的序中已說得很明白：「若東原羅貫中，以平陽陳壽傳，考諸國史，自漢靈帝中平元年，終於晉太康元年之事，留心損益，目之曰《三國志通俗演義》。」豈能自居作者的地位？

自拙作於 1981 年在《文學遺產季刊》發表後，很多學者專家承認羅貫中是趙寶峰的門人，《門人祭寶峰先生文》中的羅本即羅貫中是可信的，這是很令人欣慰的事。但也偶有偏差，如王利器先生在《羅貫中與〈三國志通俗演義〉》（見《社會科學研究 1983 年 1～2 期》一文中，因趙寶峰是宋宗室，就誤認他是南宋人，其實趙寶峰死於元亡前一年，完全是元代人。王先生又把羅本即羅貫中也認爲是元代人，在元末創作了《三國志通俗演義》，這也不然。

趙寶峰死於元末，他的門人羅本卻沒有死於元末，而是由元入明。《三國志通俗演義》並不是創作於元末，而是創作於明初，只有《龍虎風雲會》雜劇是創作於元末。不但《三國志通俗演義》創作於明初，就是七十回本《水滸傳》雖於元末發軔於羅貫中的原籍東原，而其完成則是移家浙江慈谿以後的明初的。

從 1983 年 4 月首屆《三國演義》學術討論會在成都舉行以來，至今已七年有餘，在這七年多的時間裏，關於《三國志通俗演義》作者羅本即羅貫中的生平和成書年代的討論，並沒有多大進展，卻異說紛紜。我在這段時間裏，埋頭作進一步的探索，頗獲得一些新史料，但由於其它筆墨工作繁忙，始終沒有時間寫出來發表。現在我已八十高齡，今春又生了一場大病，深恐一旦溘逝，這些史料也隨之湮滅，所以不得不在百忙中寫出來提供探討。

我在 1983 年就曾設想，趙寶峰既是元人，又是一位理學家，那麼清人黃宗羲編撰的《宋元學案》中當有他的學案，於是開始到《宋元學案》中去翻查；果然在卷二十三中查到了「靜明寶峰學案」，查到了趙寶峰的小傳，知道趙寶峰是宋陸九淵門人楊簡字敬仲卒諡文元人稱慈湖先生的三傳弟子，其小傳如下：

> 趙偕，字子永，忠惠公與籌（宋太祖十世孫，寧宗嘉定十三年進士，理宗景定元年卒，諡忠惠）後，慈谿人也，學者稱爲寶峰先生。志尚敦實，不事矯飾。嘗習舉業，曰：「是富貴之梯，非身心之益也。」棄不治。及讀慈湖遺書，恭默自省，有見於萬象森羅、吾道一貫之意，曰：「道在茲矣，何他求爲？」乃確然自信三代之治可復，而百家之說可一也，遂隱於大寶山之麓，其鄉之秀烏本良之輩皆從之，日舉遺經之言，以裁狂簡。或勸之仕，曰：「吾故宋宗子也，非不欲仕，但不可仕，且今亦非行道之時也。」然嘗謂孔子以道設教，而未嘗一日心忘天下，故雖處山林，時有憂世之色。慈令陳文昭執經請業，行弟子禮，先生以治民事宜告之，文昭以是得慈民心。嘗因馬易之入大都，寄聲危素曰：「疇昔所言聖賢治務，可行否耶？」元之亂也，方國珍據浙東，逼先生仕，不起。遺文有《寶雲堂集》，以兵火不完。嘉靖間。其後人文葦，集爲二卷。先生之學，以靜虛爲宗，然其墮於禪門者，則固慈湖之餘習，要其立身行己，自可師也。

接著我又去查趙寶峰門人，共三十五人，其排列次第如下：

> 烏本良、烏斯道，向壽、李善、羅拱、方原、王桓、葉心、李
> 恒、鄭原殷，馮文榮、王眞、顧寧、羅本、翁旭、洪璋、徐君道、
> 方觀、裘善緝、翁日方，芩仁、王愼、童惠、王權、高克柔、顧勳，
> 王直、裘重、周士樞、茅甫生、鄭愼、胡舜咨、李孝謙、陳麟、桂
> 彥良。

《宋元學案》是黃宗羲原著，全祖望修訂，王梓材增補的。王梓材於「羅本」條下有小字按語云：

> 《戴九靈集》（指元末明初人戴良所作《九靈山房集》）「書畫舫
> 宴集詩序」言：沈師程之友羅彥直氏。羅先生拱。字彥威，則彥直
> 蓋先生之字也。

這眞是一個驚人的發現，原來羅本並不字貫中，而字彥直，貫中乃是他作雜劇和小說時所用的別號，等於今人的筆名。他還有一個哥哥羅拱字彥威，早已拜趙寶峰爲師，研究理學。於是我又去查羅拱條的按語：

> 羅拱，字彥威，慈之杜湖人也。寶峰爲作《常明齋銘》，因稱常
> 明子。

趙寶峰顯然很喜愛羅拱這個弟子，所以羅本有志圖王失敗之後，由原籍東原到慈谿來投奔他的哥哥，趙寶峰推屋烏之愛，也收羅本爲門人，從此他們兄弟倆同住於慈谿的杜湖。一般說羅貫中是越人，浙人，失之籠統，就是說錢塘人、杭州人，也不完全正確，他兄弟是因師父趙寶峰隱居慈谿大寶山之麓，所以也寄籍慈谿，以便時相親近的。

清人重考據，王梓材增補《宋元學案》，對每一學派每一傳人無不於原文後加小字按語，考證極詳。如考證趙寶峰爲楊慈湖（文元）的三傳弟子云：

> 梓材謹按：謝山與鄭南溪論明儒學案事目云：楊文元公之學，
> 明初傳之者尚盛，其在吾鄉，桂文裕公彥良、烏先生春風、向獻縣
> 樸，其著也。是爲慈湖四傳之世嫡，宜補入遯志學案之前，蓋謝山
> 又有意修補明儒而未暇，每於宋元儒之末補而附之。且所謂四傳世
> 嫡，皆在寶峰之門，亦可見寶峰之爲三傳矣。

他對學派的繼承關係及其傳人的考證既如此精詳，則他在羅本名下按語中提到「羅先生拱字彥威，則彥直蓋先生之字也」。必非虛語，何況他還提到戴良的《九靈山房集》中有關於羅彥直的文章，更覺信而有徵，於是我開始到《九靈山房集》（今有《叢書集成》本）中去找羅彥直亦即羅本（貫中）的

資料。因為我們對羅貫中的生平所知很少，如果能找到一些資料，即使是一鱗半爪，也好比吉光片羽一樣，彌足珍貴。

《九靈山房集》作者戴良是怎樣一個人呢？他是元末明初人，入明不仕，可說是個元朝遺老，清朱彝尊曾為他作了篇小傳，言簡意賅。茲摘錄如下：

> 戴良，字叔能，浦江人。父暄，與柳貫交，命良受業於貫，並從黃溍、吳萊遊，又學詩於余闕，旁及天文、地理、醫、卜、佛、老之書。貫卒，良持心喪三年。元末，以薦授淮南、江北等處行中書省儒學提舉。時太祖兵已定浙東，良乃避地吳中。久之，挈家浮海至膠州，欲投擴廓軍前，不得達，僑居昌樂。洪武六年還，變姓名，隱四明山。十五年，徵入京，試文詞，留會同館，命光祿給膳，欲官之，以老疾固辭，忤旨。明年四月，卒於獄。良世居金華九靈山下，自號九靈山人。

《九靈山房集》卷首有四明桂彥良的序，桂彥良正是趙寶峰門人之一，楊慈湖的四傳世嫡。集中有關與趙寶峰師生交遊的詩文很多，不能備述。這裏只摘錄有關羅彥直即羅貫中的資料，首先是王梓材在羅本條下按語中提到的《戴九靈集》「書畫舫宴集詩序」。這篇文章開頭所記的年月是「己酉十月初吉」，己酉是明洪武二年（1369），這說明羅本在朱元璋登基後的明初，還字彥直。

> 歲己酉十月初吉，予偕天台毛雲莊，出遊慈水之上，主東山沈師程氏。於時東平李先生元善、四明桂先生同德、錢塘錢君明遠、劉君庸道，及諸能賦之士咸在焉。明日，師程之友羅彥直氏，邀予與諸公列飲所居之書畫舫，樽俎既陳，肴羞維旅，洗爵奠斝，載獻載酬，而李先生攝衣以起，執爵而歌，眾賓交倡疊和，愉愉如也，洋洋如也。酒既闌，先生復請座人各賦古律一章，章十二句，以程伯子「雲淡風輕近午天，傍花隨柳過前川」為韻，序其年齡而先後之，合詩凡十四首，亦既繕寫成卷，彥直徵予為序引。予讀《詩》至《伐木》之篇，於是知古人之於朋友，未嘗不假酒食以相樂。自今觀之，不曰「寧適不來，微我有咎」，則曰「民之失德，乾餱以愆。」夫酒食之微，固非君子之所尚，而詩人之意，則以為人之所以失朋友之義者，非必皆有大故，而或始於酒食之不施，以奪其歡心，故我於今日，惟知具酒食以相樂也。酒食之不施，亦微過耳，於過之

微而猶不敢有，則其大者可知矣。嗚呼！此處朋友之要道，而詩人所爲拳拳者也。彥直之爲是飮，其殆《伐木》詩人之微意乎？先生既已歌之於其前，復率在座諸公賦之於其後，亦可謂得夫是詩之遺音者矣。予既嘉彥直處朋友之有道，而又羨先生之能兩盡其道也，於是乎書。

　　從這首序看來，可見羅貫中是一個慷慨好客的人，而且是一個儒雅多才之士。他所居既命名爲「書畫舫」，則他即使不像宋朝米芾那樣工書善畫，也愛好收藏名家書畫的，尤其是歷史書籍的收藏，一定非常豐富。這樣一個文采風流的人物，寫《龍虎風雲會》雜劇，《水滸傳》、《三國志通俗演義》等長篇小說，一點都不足爲奇，但他能在元末農民起義時參加圖王的事業嗎？這也未嘗不可能，因爲文人擅長武藝的並不少見，古時禮樂射御書數六藝本來就是統一的必修科目，羅貫中如果沒有參加過龍爭虎鬥的實踐經驗，則他在《水滸》和《三國》中的爭戰和策略描寫怎麼會寫得這樣出色生動而又各不相同，爲後來從事戰爭者所仿傚，幾與《孫子兵法》並傳。而且他又爲什麼特別喜歡採取歷史上朝代的興亡遞嬗和農民起義戰爭爲寫作題材？他無疑地曾參加過龍爭虎鬥的圖王事業，但因「不遇眞主」，投錯了人，才退隱慈谿，在所居「書畫舫」中「傳神稗史」。所以《三國志通俗演義》寫於明初，確無可疑，他是以新安虞氏所刊元至治本《全相三國志平話》爲底本，刪去其中荒誕不經的情節，參考陳壽的《三國志》和裴松之的注，以他實際從事戰爭的經驗，寫成洋洋八十萬言的《三國志通俗演義》的。他們兄弟二人於趙寶峰死後的明初，一個傳慈湖先生楊文元的理學，一個埋頭寫作長篇通俗演義小說，各得其所。

　　戴良生於元仁宗延祐四年（1317），卒於明洪武十六年（1383），享年六十六歲，他參加書畫舫宴集時是五十二歲，當時人的平均壽命很短，五十二歲已可算老了，所以在依年齡先後分韻賦詩時，他得到第二個「淡」字《九靈山房集》卷二十九有一首《寄羅彥直》的詩云：

　　　　畫舫高齋起澗阿，米家書畫貯來多。清風時至自舒卷，俗客不來誰嘯歌？千里故人嗟我老，一時交友奈君何！只應別後增惆悵，頻寫新詩待雁過。

　　從詩中「千里故人嗟我老」這句看來，戴良的年紀顯然大於羅貫中，書畫舫宴集時他是五十二歲，羅貫中的年紀當比他小十來歲，所以魯迅和鄭振

鐸定羅貫中的生卒年為 1330～1400，是不無理由的。

那麼羅本著書時為什麼要用羅貫中為別號呢？這也不難解釋，因為彥直的「直」字與貫中的「中」字有著密切的連帶關係，孔子不是曾在《論語・子路篇》中說過「直在其中矣」嗎？「中」字的取義就在於「直」。孔子又在《論語・里仁篇》說：「吾道一以貫之。」而趙寶峰的學案正是「有見於萬象森羅、吾道一貫之意。」森「羅」、一「貫」，再加直在其「中」，這就是字彥直的羅本著作時用貫中為別號的由來。

我所得的關於羅貫中生平的新史料就是以上這些，至於羅貫中在何處「圖王」，依附的是什麼人？那我可說不上來，因為王圻在《稗史彙編》中所提到的「有志圖王」「的三個人，明代任何正史野史中都找不到他們的名字。顧苓《跋水滸圖》說他幫助過張士誠，也沒有任何明顯的證據。我倒疑心他依附的是陳友諒。《明史》卷一百二十三《陳友諒傳》，記明太祖與陳友諒在鄱陽湖康郎山大戰：「友諒集巨艦，連鎖為陣。太祖兵不能仰攻，連戰三日，幾殆。已東北風起，乃縱火焚友諒舟，其弟子仁等皆燒死。……是戰也，太祖舟雖小，然輕駛；友諒軍俱艨艟巨艦，不利進退，以是敗。」這一段記載，何等像《三國志通俗演義》裏的火燒赤壁呀！但這也只是推測，供討論者參考而已，不能作準。

近代學者也不全是強作解人，信口開河，也有許多認真讀書的人，如羅爾綱先生的《水滸真義考》，據王圻《稗史彙編》「今讀羅《水滸傳》，從空中放出許多罡煞，又從夢裏收拾一場怪誕」，證明羅貫中所寫的《水滸傳》為七十回本，即從洪太尉誤走妖魔起到梁山泊英雄驚惡夢止，並沒有招安的事，所有征遼，征田虎、征王慶、征方臘，都是後人增入。他又把羅貫中所著《三遂平妖傳》與七十回本《水滸傳》對勘，發現《三遂平妖傳》中的二十一篇贊詞，竟有十三篇與《水滸傳》裏面的贊詞相同，證明《三遂平妖傳》和七十回本《水滸傳》同為羅貫中所作（見《學術月刊》1984 年第 10 期《從羅貫中〈三遂平妖傳〉看〈水滸傳〉著者和原本問題》），這些都是信而有徵不可動搖的。

王利器先生雖然誤認趙寶峰是南宋人，但他能發現《水滸》中有一個東原太守陳文昭，是書中唯一的好官，這是羅貫中的精心安排。陳文昭實有其人，他與羅貫中（本）同為浙江慈谿人趙寶蜂的門人，曾作慈谿縣令，頗著政跡。羅從師於趙，必曾客籍於浙江。（見《文學評論》1982 年第 3 期）可謂

讀書得間。不過也有不確之處，就是陳文昭並非趙寶峰的門人，他不過向趙寶峰執經請業，行弟子禮，趙寶峰告他以治民事宜，他因此深得慈谿民心而已。趙寶峰並沒有收他作門人，三十五門人名單中並沒有陳文昭的名字。據我推測，羅貫中著《水滸傳》當發軔於他原籍東原，即今山東東平，那地方密邇梁山，鄆城即爲其西南鄰縣，所以他把梁山泊首領宋江安排爲鄆城人。從開頭到宋江怒殺閻婆惜、朱全義釋宋公明止當寫於東原，以下寫武大，武二、潘金蓮、西門慶的事時他已到了浙江慈谿了。因爲陳文昭的東平府尹名字始見於武松發配孟州之時，所以我認爲《水滸傳》的完成亦當在慈谿他的書畫舫齋中，當然這也是推測。

（原載譚洛非主編《〈三國演義〉與中國文化》，巴蜀書社 1991 年版）

近百年《三國演義》研究學術失範的一個顯例
——論《錄鬼簿續編》「羅貫中」條資料當先懸置或存疑

杜貴晨

民國二十年（1931），趙斐雲、鄭振鐸、馬隅卿三位學者訪書天一閣，合抄明藍格抄本《錄鬼簿》二卷附《續編》一卷，不久由北京大學出版組影印行世；二十五年，《國立北平圖書館館刊》十卷五號又刊出馬隅卿校注本；其後刊本漸多，大顯於世。其中《續編》所載「羅貫中」條尤爲學者所重。該條原文是：

> 羅貫中，太原人。號湖海散人。與人寡合。樂府、隱語極爲清新。與余爲忘年交。遭時多故，各天一方。至正甲辰復會，別來又六十餘年，竟不知其所終。
>
> 《風雲會》（趙太祖龍虎風雲會）、《蜚虎子》（三平章死哭蜚虎子）、《連環諫》（忠正孝子連環諫）

《續編》承《錄鬼簿》記元及明初雜劇作者，本條從其體例，述羅貫中生平，錄其劇目。學者由此能夠知道的，應不過是字面所表明羅貫中爲雜劇作者等情況。然而不然，因爲《三國演義》的作者也叫羅貫中，早在《續編》未被現代學者注意之前，「羅貫中」就已經是家喻戶曉的演義名家，卻幾乎沒有可靠的生平資料留傳下來；所以，《續編》「羅貫中」條初被發現，學者如獲至寶，竟不是出於對資料本身的興趣，其注意力也根本不在此一羅貫中爲

元雜劇作者之上，而徑以其為《三國演義》作者生平資料的一大發現。魯迅寫於 1935 年 1 月的《〈小說舊聞抄〉再版序言》稱：

> 此十年中，研究小說者日多，新知灼見，洞燭幽隱⋯⋯自《續錄鬼簿》出，則羅貫中之謎，為昔所聚訟者，遂亦冰解，此豈前人憑心逞臆之所能至哉！

這個看法代表了當時學者共同的意見，其影響至於後來各種小說史、文學史著作，以及論議《三國演義》作者羅貫中的場合，大都以此「羅貫中，太原人」云云為據，罕見否定或存疑者。看起來也就如人民文學出版社 1981 年版《魯迅全集》相關的注釋所說：「關於他（羅貫中）的籍貫生平，歷來說法不一。自發現《續錄鬼簿》中所記羅氏生平事略以後，有關爭論基本得以解決。」

這也就是上個世紀中後以至今天盛行的羅貫中籍貫「太原說」的由來。許多學者因對這條資料的信任而持「太原說」甚堅，誠無足怪；可怪不主「太原說」，而從明庸愚子《三國志通俗演義序》及多數明刊本《三國演義》題署等相關資料稱羅貫中為東原（據今本《辭海》指今山東省東平、寧陽、汶上等縣）人者，也往往從《續編》可能誤抄「東原」為「太原」處立論，其話語背景仍然是以這條資料對研究《三國演義》作者羅貫中身世具基本可靠的價值，從而「聚訟」未斷。但爭論各方對此一資料所稱羅貫中為《三國演義》作者一點並無異議，分歧只在「東原」之「東」與「太原」之「太」誰為誤抄。這當然是無可究詰之事，從而討論陷入僵局。至於有學者稱發現了太原羅貫中的家譜，進而考其為山西某地人，一時驚動學界，並引起該地方為羅貫中《三國演義》大興土木，也好像是合乎邏輯的發展。

但是，這一切的判斷和做法都是錯誤的。問題出在對《續編》「羅貫中」條資料的適用性缺乏實事求是的鑑定。學術研究的常識告訴我們，資料的價值在於對課題的適用性，即它與研究對象關係的有無和這種關係確鑿與密切的程度。而此條資料貌似與《三國演義》作者羅貫中相關而實經不起推敲，在沒有旁證的情況下，不足為論說《三國演義》作者羅貫中生平的根據，理由有四：

首先，《續編》「羅貫中」條並無一字半句表明此一羅貫中即《三國演義》作者。從其內容看，一如《錄鬼簿續編》全書是一部戲曲史料著作，所記皆戲曲家，本條所載這位戲曲家的羅貫中除作有三部戲曲之外，「樂府、隱語極

爲清新」，而絕未及稗官小說，更不曾說到《三國演義》。雖然這並不完全排除他有與《三國演義》作者爲同一人的可能，但是學術重證據而不可想當然。從而《續編》本條既未明載，學者就不便無中生有。換句話說《續編》本條資料只對研究山西太原的戲曲家羅貫中直接有用，而對明庸愚子弘治甲寅序及多種明刊本題署《三國演義》的作者羅貫中的研究，至多具有潛在的價值，而不可用爲現實立論的根據。

　　其次，這條資料與《三國演義》作者相關的唯一之點是同名「羅貫中」。但是，從古今中國人稱名多重複的情況看，這一聯繫未必就有實際的意義。多年來，研究者除了從所謂《續編》作者爲明初人賈仲明〔註17〕生卒年推論此一羅貫中與《三國演義》作者爲同時代人之外，絕無另外的根據說明他與《三國演義》的作者爲同一人。而在另一方面，舊有關於《三國演義》作者羅貫中的資料也絕無與《續編》「羅貫中」條相關的任何信息。所以，僅僅根據從並不可靠之《續編》作者賈仲明推得之所謂時代相同，就認兩羅貫中爲同一人，實乃大失學術論斷應有的謹愼。而且，這是不合邏輯的。因爲，在《續編》發現之前，《三國演義》作者是否元末明初人並無定論：高儒《百川書志》稱「明羅本貫中」，田汝成《西湖遊覽志餘》稱其爲「南宋時人」，王圻《稗史彙編》稱「宗秀羅貫中，國初葛可久」（按此當以羅貫中爲明「國初」以前人，即元人），何嘗有羅貫中爲元末明初人的可靠證據或學界共識？所以，以《續編》「太原羅貫中」與舊說「東原羅貫中」爲同時代因而爲同一人，並不是用後來發現《續編》之資料與各舊說相互印證得出的判斷，而是把由《續編》推考得山之所謂「太原羅貫中」的時代加於《二國演義》作者「東原羅貫中」而後生出的比附。無論有意無意，這種做法給人的印象是：先造了一個《三國演義》作者羅貫中爲「元末明初人」的莫須有之成說，然後拿了從《續編》考得「太原羅貫中」是元末明初人的己見與之相併觀，其做法之有悖學理，其結論之不足爲典要，顯而易見。

　　另外，眾所週知，我國古來人口之眾和同姓名人之多爲世界之冠，以致要有一部專門的辭典供查考之需。在歷代層出不窮的重姓名現象中，同時同姓名又都有一定名氣的文學家也大有人在，如五代有兩張泌，南宋孝宗、光宗朝有兩李洪，宋元之際有兩李好古，金元間有兩周馳，元明之際有兩王翰，

〔註17〕《錄鬼簿續編》作者未必即賈仲明，今當以無名氏作品看待。參見王鋼《錄鬼簿三種校訂》，中州古籍出版社1991年版《前言》第27～29頁。

明正統、嘉靖年間有兩陸釴，明嘉靖、萬曆間有兩吳鵬和兩李春芳（並見譚正璧《中國文學家大辭典》），等等。眾所週知，當今同姓名人之多更是公安等部門工作一件頭痛的事，而文壇兩李準並相輝映以致當時讀者不得不作大小（指年齡）之別，還只是十幾年前的事。更有治古典者當所習知劉向《新序》載「鄭人有與曾參同名姓者殺人」的故事。其或爲寓言，卻可說明如兩羅貫中一樣不同籍貫而同時同名者向來眾多，考論中國人之事，當先對事主「驗明正身」。即同時同地又同姓名者亦不難見，如近年《文學遺產》曾載文考清初山東毗鄰之新城（今山東桓臺，屬淄博）、淄川（今屬山東淄博）同時有兩王士禛。更何況一在太原，一在東原，其爲同名不同人的可能性自然更大一些。此皆常事、常情、常識，學者只須不存成見，即可對《續編》「太原羅貫中」是否《三國演義》作者取懷疑態度。而學貴有疑，學術考證又當如老吏斷獄，超越常人之可疑而更加慎重，必使無可反證才最後定案，豈能在常人都不免生疑的情況下，徑以《續編》所載之「太原羅貫中」與《三國志通俗演義序》及多種明刊本題署之「東原羅貫中」爲同一人？正如明朝人把吳承恩的《西遊記》混同於元朝人長春眞人的《西遊記》，造成長期的誤會一樣，焉知這不是把戲曲家的「太原羅貫中」誤認作是小說家的「東原羅貫中」呢？總之，置我國古來層出不窮的大量同姓名人現象於不顧，而堅執此一羅貫中即彼一羅貫中，殆不僅有失學者的謹慎，更有武斷之嫌疑，難得服人。

爲治古代小說論此「太原羅貫中」有「驗明正身」的必要，當可據小說說法，而且就是相傳羅貫中爲作者之一的《水滸傳》，其第 32 回《武行者醉打孔亮，錦毛虎義釋宋江》寫王矮虎、燕順、鄭天壽等誤捉了宋江，將動刀取其心肝：

> 宋江歎口氣道：「可惜宋江死在這裏！」……燕順便起身來道：「兀那漢子，你認得宋江？」宋江道：「只我便是宋江。」燕順走近前又問道：「你是那裏的宋江？」宋江答道：「我是濟州鄆城縣做押司的宋江。」燕順道：「你莫不是山東及時雨宋公明，殺了閻婆惜，逃出在江湖上的宋江麼？」宋江道：「你怎得知？我正是宋三郎。」

這裏所寫燕順三問，所疑正就是縛中宋江是否爲與「山東及時雨宋公明」同名的另一人。《水滸傳》妙體世情，燕順之問無疑是必要的。〔補訂：古代小

說中頗多此類描寫，如同在《水滸傳》中，第四十三回寫李達自述因兄弟李達「見在梁山泊做了強盜」，被捉「到官比捕」，有財主替他「官司分理」，說：「他兄弟已自十來年不知去向，亦不曾回家。莫不是同名同姓的人，冒供鄉貫？」又《西遊記》第三回寫「十王道：『上仙息怒。普天下同名同姓者多，敢是那勾死人錯走了也？』悟空道：『胡說，胡說！……』」《儒林外史》第二十四回寫牛浦對牛奶奶道道：「天下同名同姓最多，怎見得便是我謀害你丈夫？這又出奇了！」同回寫向知縣問案，也準了牛浦的辯護，向牛奶奶道：「眼見得這牛生員叫做牛布衣，你丈夫也叫做牛布衣，天下同名同姓的多，他自然不知道你丈夫蹤跡；你到別處去尋訪你丈夫去罷。」《紅樓真夢》第四十一回寫寶玉笑道：「有個西施，就有個東施，天下同名同姓的多得很呢，何必跟他們嘔氣。」《春柳鶯》第二回寫石生笑道：「那人雖然名姓相對，但天下同名同姓者多，難叫分辨。」準此，學者研究《三國演義》作者羅貫中，而以《續編》「羅貫中」條為據，是否也應該問一問「你是那裏的羅貫中？」「你莫不是有志圖王不得而傳神稗史寫了《三國演義》的羅貫中麼？」這應該是此項研究者基本的「規定動作」，捨此則有失規範。

因此，儘管學術考據不能如寫小說的隨意布置更起古人而問之，但當盡可能從不同角度作有理有據的推考，爭取信以傳信，否則疑以傳疑，不當在白紙黑字載羅貫中一為「太原人」一為「東原」人的情況下，為了定《續編》「太原羅貫中」是《三國演義》作者，而不惜把庸愚子《三國志通俗演義序》「東原羅貫中」之「東原」說成是「太原」之誤抄；相反地堅守羅貫中為「東原」人的主張，更不必把《續編》「羅貫中，太原人」之「太原」說成是「東原」之誤抄。這裏，抄誤的可能並非全無，但是無可實證，也就無可斷定《三國演義》作者為「羅貫中，太原人」或是「東原人」誤為「太原人」。同是在羅貫中的研究中，據舊本題署等羅貫中名本，而1959年上海發現元人《趙寶峰先生集》卷首《門人祭寶峰先生文》列其門人31人，中有當為慈谿人羅本者，遂有人認為即《三國演義》作者羅本，從而又有羅貫中籍貫慈谿人之說。對此，袁行霈主編，黃霖、袁世碩、孫靜本卷主編之《中國文學史》第四卷第一章注（5）以為：「但此『羅本』與《三國》作者羅本是否一人，尚缺乏確鑿證據。」此種態度實為審慎，而作存疑處理無疑是聰明的做法，可用為對待《續編》「羅貫中」條的借鑒。

復次，從「羅貫中」取名所自看，「太原羅貫中」與「東原羅貫中」也未

必就是同一人。我國同姓名人多的一大原因，在古代就是取名好用經典，而羅氏之「貫中」當自《論語・里仁》「吾道一以貫之」和《尚書・大禹謨》「允執厥中」等語而來。這兩句是經學——理學的時代士人爛熟於心的古典，從中提取出「貫中」之名很可能是無獨有偶，從而概率上又加大了《續編》之戲曲家羅貫中與《三國演義》作者羅貫中爲同姓名之二人的可能。此說「貫中」出處或有不確，但是，縱然「貫中」之名別有出處，而人所熟悉之經典文獻有限，這因同源而重名之可能性的概率也並未減低。因此，目前情況下，筆者並不要作出兩羅貫中一定不是同一人的結論，但是，認兩羅貫中爲同一人的結論也不可靠，甚至更不可靠。

最後，上已提及《續編》本條於羅貫中戲曲之外，僅稱其「樂府隱語」的成就，而沒有提到《三國演義》，其作有《三國演義》的可能性已然不大。《錄鬼簿續編》列「羅貫中」爲全書第二條，是見錄諸家中行輩較早的。《續編》作者稱此羅貫中「與余爲忘年交」，又說「不知其所終」，是作《續編》時認他早就去世了。據此，可以認爲此一羅貫中比《續編》作者要年長許多——這是學界的共識——其與《續編》作者初會結交時或已屆中年，而「至正甲辰（1364）復會」時當已垂暮。如果是時尚無《三國演義》，則其後有作的可能性也就極小，從而又進一步減小了這位「太原羅貫中」爲《三國演義》作者的可能性。若以該書體例不便載而失載，則本條下「汪元亨」也是「至正間與余（《續編》作者）交於吳門」的一個人，卻記他「有《歸田錄》一百篇行於世，見重於人」，《歸田錄》當即筆記小說一類，與《演義》相去不遠。於汪元亨能載其《歸田錄》，卻不載此羅貫中有《三國演義》，正表明其並未作有此書。

綜上所述，《續編》「羅貫中」條資料不載其作有《三國演義》，今見有關《三國演義》各種資料也沒有與《續編》所載「太原羅貫中」任何相關的信息，即使這並不完全排除二者有某種聯繫的可能，而當下卻舉不出這種聯繫的任何證據。考據如審案，首發信任《續編》「羅貫中」條用爲《三國演義》作者研究資料的學者，負有以確鑿證據在二者之間建立這種聯繫的責任！但從鄭振鐸、魯迅以來，似從沒有人注意於此，遂以可疑爲可信，以訛傳訛久而彷彿就是不刊之論，實屬學術上不可思議之事。至於本文並無肯定或否定的主張，僅是對此近百年一貫以「太原羅貫中」爲《三國演義》作者判斷之合理性的發問。我們充分尊重學者主張「羅貫中，太原人」爲《三國演義》

作者的權利，但是，我們也有理由期待持論者於《續編》本條之外舉出對其主張有利的充分證據。

　　筆者深知此一獻疑對《三國演義》作者研究將會帶來一定影響。近百年來，治小說史特別是研究《三國演義》的學者，很少不對《續編》的這一記載信之不疑，用爲《三國演義》作者羅貫中研究的部分甚至全部的基礎。換句話說，近百年來《三國演義》作者羅貫中研究的相當大部分成果建立在對此一資料的信任之上，將因爲這一資料有可疑之點而面臨被動搖或需修正的前景。這是一個事實，還可能是一個遺憾。但如宋儒所言：凡事求一是處。學者追求眞理，自應義無反顧，以求取正確結論爲歸，只論當不當，不計得與失。而且，從學術發展看，本文的質疑應能促進《三國演義》作者羅貫中研究有實質性的進步。即使這進步只是對以往過失的糾正，那也不僅是針對某一位或幾位學者，特別當今學者包括本人多半因前人而誤。總之，這是《三國演義》研究界較爲普遍的疏誤。即本人雖久已有所懷疑，卻也有時把「湖海散人」與《三國演義》作者聯繫起來，實乃把筆之際，以爲《演義》作者自當如此，殊不知還是爲這一記載所惑。至於前代學者致誤之由，大約不過欲解「羅貫中之謎」心思太切，霧裏看花，以似爲眞，癡人說夢；而由筆者之有懷疑尚且不能自止，乃知學術上愼思明辨之難。所以，本文欲對此問題作徹底清理，固然是有憾於前輩之失，而更多是檢討自己，切盼時賢不要對號入座的好。

　　近百年來《續編》「羅貫中」條資料的誤用，突出表明古典文學研究資料鑒別工作的重要。這本是學術研究的基礎，未必有很大的困難。但是，包括魯迅等某些大師在內，數代眾多學者對此一資料有失精鑒，又可見做好這項基礎工作亦非易事。但是，學術本來常在糾正錯誤中前行，所以這一具體的失誤決不掩抑前輩學者於古典文學研究多方面程度不同的重大貢獻。但教訓應該總結和記取。諸葛亮曰：「非寧靜無以致遠。」這裏首要是能以學者的平常心對待那怕是寶貴資料的發現，其次是要有重新檢驗前人的研究成果和有獨立判斷的精神而不人云亦云。以此條論，當年我國早期治小說史的一批學者偶然得之而歡喜，欣然用之而不疑，後世治小說史、研究《三國演義》的學者因於前輩而不疑，遂因此資料的適用不當鑄成百年不解之惑。究其深層原因，正就是梁啓超早在《中國歷史研究法》第五章論「鑒別史料之法」所指出的：「似此等事，本有較詳備之史料作爲反證，然而流俗每易致誤者，此

實根於心理上一種幻覺，每語及長城輒聯想始皇，每語及道教輒聯想老子。此非史料之誤，乃吾儕自身之誤而以所誤誣史料耳。吾儕若思養成鑒別能力，必須將此種心理結習痛加滌除，然後能向常人不懷疑之點能試懷疑，能對於素來不成問題之事項而引起問題……」

最後，爲著可能發生的討論不致橫生枝節，筆者再一次明確本文用意：並不要把這一資料說成一定與《三國演義》作者無關，而更希望它眞正能成爲研究羅貫中生平的根據。但是，現在我們缺乏資料所說這位「太原羅貫中」與《三國演義》的作者「東原羅貫中」爲同一個人的合理而堅強的證明。爲今之計，一種做法就只好是在《三國演義》研究中把《續編》「羅貫中，太原人」云云這條資料暫時懸置，待有進一步的證據再加論斷；另從其已造成很大影響計，可本疑以傳疑的原則，採用時作存疑性說明，如上舉袁本文學史注說羅本之例。至於對《三國演義》作者正面的說明，還應回到舊來「東原羅貫中」的基本共識，並顧及舊有各說的存在。這看來好像是這一研究的倒退，實際是走出不愼陷入的誤區，踏上了學術守正以求發展的希望之途。

（原載《北京大學學報》2002 年第 2 期。後收入杜貴晨《數理批評與小說考論》，齊魯書社 2006 年版，有補訂。茲據後者收錄）

《三國演義》作者羅貫中是山東東平人
——羅貫中籍貫「東原說」的外證與內證

杜貴晨

《尙書·禹貢》：「東原底平。」鄭玄注謂東原「即今之東平郡」。清蔣廷錫《尙書地理今釋》進一步說明：「東原，今山東兗州府東平州及濟南府泰安州之西南境也。」今本《辭海》釋「東原」說：「據鄭玄注，即漢東平郡地，相當於今山東東平、汶上、寧陽一帶。」所以，作爲地域之稱，東原即山東東平。

東平在漢代以後建置屢變，或稱國，或稱郡、府、州、路等，從來是魯西南重鎮；隋唐以後，東平因地跨京杭大運河兩岸，爲商旅必經駐足之地，經濟文化格外發達；至金、元二代，人文薈萃，更成爲文化名區，出了許多文學家，如高文秀、王繼學、顧仲清、趙良弼、陳彥時、張壽卿、張時起、李顯卿、張好古等，皆一時名家，近世有「東原作家群」之稱。其中擅長水

澔戲的高文秀甚至有「小（關）漢卿」之譽，而最傑出的代表，則是《三國演義》的作者羅貫中。

《三國演義》作者羅貫中名本，字貫中。他是山東東平人有文獻的根據。首先，今見明刊《三國演義》有多種版本署名「東原羅貫中」，如最早版本之一刊於嘉靖 27 年（戊申，1548）的葉逢春本題「東原羅本貫中編次」；其次，今見明刊《三國演義》最早的序文，即嘉靖壬午（嘉靖元年，1522）刊《三國志通俗演義》首載別號庸愚子的金華人蔣大器所寫的序中稱「東原羅貫中」是該書作者。這篇序寫於明弘治甲寅（1494）年間，序稱「書成，士君子之好事者，爭相謄錄，以便觀覽」〔註 18〕，比今見錄載它的嘉靖壬午本《三國志通俗演義》要早 28 年，說明早在明弘治甲寅之前，《三國演義》已經成書並流行於世。這兩種最早的版本以不同方式表明其作者爲「東原羅貫中」，後出各版本均無異辭，使我們可以相信，《三國演義》作者爲「東原羅貫中」，至少是明清出版界公認的事實。

甚至有的學者認爲，這些刊本題「東原羅貫中編次」類字樣，是根據最早羅貫中本人的題署。這至多是一種可能，或說可能性很小。但是，至少可以相信，當時刻書、寫序的人，不會沒有根據地把這樣一部大書歸於某個人名下。至於有人認爲可能是書商託名牟利，就更沒有道理。古代雖有託名著書、刻書的風氣，但是，所託之人必是先已有了名氣，才可以收致託名牟利之效。而據現有資料可知，在《三國演義》之前，羅貫中並沒有成名。以羅貫中爲《三國演義》作者的託名完全不合邏輯，而《三國演義》「東原羅貫中」的題署不會是任何意義上的僞託。總之，以平常心度之，當時刻書、寫序的人以《三國演義》的作者爲羅貫中，必有當代文化人值得相信的理由，後世不可以也不應當隨便懷疑它。

需要注意的是，上述《三國演義》兩種嘉靖本雖是今存最早的版本，卻沒有一部是作者原本，而且難以確定它們之間是否有直接的關係。上已提及兩種嘉靖本《三國演義》爲「東原羅貫中」所著的方式不同：壬午本「東原羅貫中」字樣出現在序中而題署無「東原」，葉逢春本「東原羅貫中」出現在題署中而不載庸愚子的序。這個重要的不同可使我們大致認定，後出葉逢春本的題署並不源於壬午本，兩種嘉靖本以《三國演義》的作者爲「東原羅貫

〔註 18〕庸愚子《〈三國志通俗演義〉序》，《三國志通俗演義》，上海古籍出版社 1980年版。

中」各自有據。也就是說，在嘉靖本之前，至少有兩種以上的資料線索表明《三國演義》的作者爲「東原羅貫中」，從而後世無論從何處看，都只能把它作爲同一「東原羅貫中」的作品，這大概是《三國演義》版本不止一個系統的多種明刊本都署「東原羅貫中」類字樣，而從無異說的原因。總之，《三國演義》作者「東原羅貫中」不僅有可見最早版本的證明，而且這種證明又是來自不同方面的互證，後世就更加不可以也不應當隨便懷疑它。

最後，除了《三國演義》，還有《水滸傳》（115 回本）、《隋唐兩朝志傳》、《殘唐五代史傳》、《三遂平妖傳》等四部小說也署名羅貫中。這四種小說除《殘唐五代史傳》不題羅貫中籍貫，其它也均題「東原羅貫中編輯」類字樣。一般公認羅貫中是《水滸傳》的作者或作者之一，《水滸傳》各版本中獨有115 回本《水滸傳》題「東原羅貫中編輯」，以羅貫中爲「東原」人，也不會完全沒有根據。至於《殘唐五代史傳》與《三遂平妖傳》有託名羅氏的可能，但爲其託名的人也是以羅貫中爲「東原」人，說明這四種小說作「東原羅貫中」的署名即使不盡可信，卻都能從不同角度間接地起到旁證作用，加強《三國演義》作者爲「東原羅貫中」的可信性。

當然，明人記載中也有說羅貫中是「錢塘人」、「杭人」、「越人」即浙江杭州人的，也有說他是「廬陵人」即今江西吉安人的，但是皆晚出，而且其口氣似據傳聞，比較「東原羅貫中」有《三國演義》等書版本的說明，並不足信。同時在上個世紀 20 年代之前，小說的地位還不夠高甚至很低，很少有人在意羅貫中是哪裏人，因而諸說並存，並沒有什麼爭論。但是，到了 1931年，古典小說、戲曲等通俗文學的研究受到學界空前重視。當時有趙斐雲、鄭振鐸、馬隅卿三位學者訪書寧波天一閣，合抄明藍格抄本《錄鬼簿》公諸於世。其中《錄鬼簿續編》所載「羅貫中」條是這樣寫的：

> 羅貫中，太原人。號湖海散人。與人寡合。樂府、隱語，極爲清新。與余爲忘年交。遭時多故，各天一方。至正甲辰復會，別來又六十餘年，竟不知其所終。
>
> 《風雲會》（趙太祖龍虎風雲會）、《蜚虎子》（三平章死哭蜚虎子）、《連環諫》（忠正孝子連環諫）

這條資料被當時乃至今日眾多學者認作 20 世紀有關《三國演義》作者羅貫中生平資料的唯一重大發現。近百年來各種文學史、小說史著作凡涉及羅貫中生平的，大都以此爲據，棄多種明刊本「東原羅貫中」的題署等於不顧，稱

羅貫中爲「太原人」，進而推論其生卒年等等。這就是《三國演義》作者羅貫中籍貫「太原說」的由來。它不僅使包括「東原羅貫中」說在內其它諸說受到極大排斥，而且也給社會文化造成一定影響。最突出的是去年報載山西太原列《三國演義》的作者羅貫中入「三晉文哲壁」，弄出把《三國演義》開篇「滾滾長江東逝水」的詞鐫爲羅貫中所作的笑話〔註19〕。

以《錄鬼簿續編》「羅貫中，太原人」爲《三國演義》作者及其籍貫的根據，定《三國演義》的作者爲山西太原人羅貫中，目前看來，是一件極不穩妥的事。理由也極簡單，就是這條資料並沒有說「羅貫中，太原人」寫過《三國演義》。而我國從來同姓名現象屢見不鮮。我在《近百年〈三國演義〉研究學術失範的一個顯例》〔註20〕一文中已經舉過許多古代的例子，而據中新江蘇網 8 月 21 日消息：「南京大學……今年錄取的 1400 多名新生中，竟有 65 人或兩個或三個同名同姓，甚至還有四人共取一個名字。」這更加使我們相信，即使元明之際同姓名現象並不如今天這樣嚴重，而在中國這樣的姓氏文化傳統裏，「東原羅貫中」之外另有一個「羅貫中，太原人」——他是古代山西太原一位優秀的戲曲家——也並沒有什麼稀罕。「學貴有疑」，我們至少應當並且可以抱這樣的懷疑。如果連這樣的地方都徑自確信無疑，那還談什麼科學精神、學術考證！而且，白紙黑字可以看得明白，《錄鬼簿續編》「羅貫中，太原人」條資料沒有記載這位太原羅貫中寫過《三國演義》，而多種明刊本《三國演義》顯著標明「東原羅貫中」是《三國演義》的作者，研究者若不抱成見，據實立論，就只能無處說無，有處說有，而決不可從《錄鬼簿續編》無中生有，推翻多種明刊本的實有；否則，就是對學術規範的冒犯。但是，這一種冒犯卻由來已久，部分是因其始於大家名流而不得糾正，爲一些學者盲目推崇而愈演愈烈，使我們不能不把它作爲「學術失範」的個案加以批評。

這的確是一種「學術失範」。且不說我國古代治學要求博學、審問、愼思、明辨等基本的態度和無徵不信的原則，單就學術研究技術操作的層面而言，也有一個如何對待資料的規範問題，即要求對無論何種資料都要先經過認眞無誤的鑒別，弄清其眞僞及其與所探討問題相關的程度，看其能否和在

〔註19〕楊榮《太原「三晉文哲壁」錯誤百出》，《光明日報》2001 年 9 月 15 日。
〔註20〕杜貴晨《近百年〈三國演義〉研究學術失範的一個顯例》，《北京大學學報》
　　　　2002 年第 2 期。

多大程度上可以用作證據。此即胡適所說：「凡做考證的人，必須建立兩個駁問自己的標準……第一個駁問是要審查某種證據的真實性。第二個駁問是要扣緊證據對本題的相干性。」〔註21〕這是我國考證學最根本的傳統，漢唐以來有成就的考據學者都是這樣做的。但是，近世學者把《錄鬼簿續編》「羅貫中，太原人」條用爲研究《三國演義》作者資料，顯然沒有經過這樣的駁問，所以就是「學術失範」；其論證沒有在這條資料與《三國演義》作者之間建立起證據鏈，所以結論就不能服人。這看起來只是一條資料的適用不當，其實「學者考訂史實是一件最嚴重的任務，是爲千秋百世考證歷史是非真僞的大責任」〔註22〕，當事者又怎麼可以掉以輕心？而後來者又怎麼可以對如此明顯的失誤等閒視之或視而不見？

另外，退一步說，即使不排除「羅貫中，太原人」是《三國演義》作者的可能，但是，歷史上有一段時間今濟南長清爲中心毗連東平的一帶正叫做「東太原」。因此，這位「太原」羅貫中也有可能是「東太原」即山東東平人〔註23〕。總之，上世紀 30 年代初《錄鬼簿續編》「羅貫中，太原人」條資料的發現，根本不足以改變明代以來有《三國演義》版本爲據的「東原羅貫中」約定俗成的結論。這位世界性的大文豪是元代東原即今山東東平、汶上、寧陽一帶人。他一生可能到過許多地方，所以他的籍貫有「杭人」、「廬陵人」等多種說法。但是，《錄鬼簿續編》那位「羅貫中，太原人」，除了同姓名外，卻很可能與《三國演義》沒有任何關係，至少現在應當這樣認爲。

除了以上版本、歷史地理等方面的原因以外，關於《三國演義》的作者爲「東原羅貫中」而不是「羅貫中，太原人」，我們還可以從羅著《三國演義》、《水滸傳》等小說的文本風格及具體內容方面找到內證。當然，這是難得的，也未必十分可靠，但是結合已有研究，我們認爲以下四例值得注意：

一是從《三國演義》、《水滸傳》諸書風格看，《三國演義》作者不可能是「羅貫中，太原人」。我的理由是，這位太原羅貫中「號湖海散人。與人寡合。樂府、隱語，極爲清新」，是一位浪迹江湖的詩人氣質很重的文學家。他可以以詩筆爲戲曲——也確實是一位戲曲家，卻好像很難成爲一個以史筆爲小說

〔註21〕胡適《考據學的責任與方法》，《讀書與治學》，北京三聯書店 1999 年版，第285 頁。
〔註22〕同上第 284 頁。
〔註23〕杜貴晨《羅貫中籍貫「東原說」辯論》，《傳統文化與古典小說》，河北大學出版社 2001 年版。

的演義家——《錄鬼簿續編》「羅貫中」條也正是沒有他寫作《三國演義》等小說的記載。此原因無他，大概史與詩的分野或界限，即使到了野史小說與樂府、隱語以及戲曲同屬文學的範疇而更爲接近的地步，其在風格手法也有很大區別甚至難以兼容的地方。所以，古代作者於詩、戲曲與小說（特別是歷史小說）很少兼擅，如吳偉業的戲曲，李漁的小說，其實都與他們各自擅長的詩歌、戲曲是兩種體式，一樣風格。而《三國演義》、《水滸傳》並非不具詩意，很多描寫也可以說有戲劇性的，但其總體風格毋寧說是史筆。所以與《紅樓夢》不同，書中沒有或者極少作者自撰的詩文，而多引「史官曰」、「後人有詩歎曰」或沿用書場的韻語，也不甚依賴戲曲家常用的誤會與巧合等構造情節，更看不出作者有刻意顯揚文才的表現。而如果《三國演義》的作者像吳偉業、李漁那樣是一位詩人或戲曲家，恐怕少不了「傳詩」之想，總要忍不住自己「歎曰」一番。總之，就作者性情、文筆風格而論，筆者寧肯相信「據正史，採小說」寫作《三國演義》的羅貫中是那位「有志圖王」的羅貫中——他當是一位史家作風很重的人——而不敢相信那位詩人氣質很重的「太原人」羅貫中是《三國演義》的作者。

附帶說到，作家總是就其所熟悉的題材進行創作，如果這位「羅貫中，太原人」是一位戲曲家而還是《三國演義》作者的話，那麼他至少應該寫有一部三國戲曲，或者在他的戲曲中有與三國相關的內容、語辭等。但是，我們還未見有研究者舉出這方面的證明來。這豈不是說，不僅《錄鬼簿續編》沒有載他寫有《三國演義》，而且他的文學創作與三國題材根本就不沾邊？

二是已故著名學者王利器先生爲「東原說」所找出的根據之一：「我之認定羅貫中必是東平（即東原）人，還是從《水滸傳》得到一些消息的。《水滸全傳》有一個東平太守陳文昭，是這個話本中唯一精心描寫的好官，東平既然是羅貫中父母之邦，而陳文昭又是趙寶峰的門人，也即是羅貫中的同學，把這個好官陳文昭說成是東平太守，我看也是出於羅貫中精心安排的。」〔註24〕這是　個有趣的發現，也啓發了新的思路。以至於信從《三國演義》作者爲「羅貫中，太原人」的研究者，也發現了於己說有利的論據，如所舉《三國演義》寫得最成功的人物關羽是山西解州人之類，卻實在不能說明問題。因爲關羽作爲「武聖人」，決不是只有太原人才崇拜他。倒是另有學者爲「太原說」找出的根據之一，即發現繁本百回本《水滸傳》第 99 回顧大

〔註24〕王利器《羅貫中與〈三國志通俗演義〉》（上篇），《社會科學研究》1983 年第 1 期。

嫂「封授東源縣君」，以為羅若是東原人的話，就不該把「東原」錯為「東源」。但是，在我們看來，卻相反地成為《三國演義》作者為「東原羅貫中」的又一內證。

即第三，正如發現者所指出，上引「封授東源縣君」中「『東源』二字，在簡本中，或同……或作『東原』（例如 115 回本）」，這使我們很容易想到「東源」的「源」字是「原」字在傳抄翻刻過程中的音訛，「東原縣君」才是作者原文。其間道理也並不複雜：我們知道，《水滸傳》極少虛構郡縣地名，而歷史上雖無「東源縣」，卻有「東原」地，並且是載在《書經》的。所以，雖然古代稱「東原」的地方也有一些，甚至《三國志通俗演義》卷之二十一《諸葛亮六出祁山》則還提到陝西渭水之濱的「東原」，小字注說「地名」，但是《水滸傳》寫山東事，我們只能相信「東原縣」是作者據《尚書·禹貢》古「東原」之稱的捏造。按照例一舉王利器先生所開闢的思路，顧大嫂在《水滸傳》中是最後活下來的唯一女將，作者因《尚書》「東原」而捏造出一個「東原縣」來，為顧大嫂結末「封授」為「君」之稱，也應該不是無所謂的安排；而可以作這樣的推斷：羅貫中若果為山西太原人，就難得想到為顧大嫂封一個「東源（原）縣君」；而只有在「東原羅貫中」筆下，這個「女將一員，顧大嫂，封授東源（原）縣君」的設計才合乎情理。

第四個內證是東原即山東東平與泰安臨近，今東平為今山東省泰安市屬縣，《水滸傳》第 73 至第 74 回寫那位在泰安州東嶽廟前設擂，「自號擎天柱，口出大言」，後來被燕青「攧下獻臺來」的任原，倒是「太原府人氏」。這當然不是作者有意褒貶這兩大名區。但是，可以看出作者對臨近東平的泰安州東嶽廟至少是熟悉的，而對「太原」並無「故土」情結。進一步，又把《水滸傳》（120 回本）行文中一回稱「太原府」，一回稱「太原縣」，而對「東平」一例稱「東平府」的情況相比較，可知作者對「東平府」和「太原府」熟悉、認知乃至熱情的程度是很不一樣的。這是不是也可以看出《三國演義》作者羅貫中對「東原」有某種「故土性」呢？

以上四點作為「東原羅貫中」的內證，各自來看，有的還可以說比較牽強。但是，合而觀之，就不能不承認《三國演義》、《水滸傳》的作者不像是「羅貫中，太原人」；他在小說中對東原（東平）情有獨鍾的諸多表現，與各版本「東原羅貫中」的題署與記載相印證，說明《三國演義》作者為「東原羅貫中」是可信的。

當然，《水滸傳》成書過程漫長，前後文本變化很大而今存可據考者已經

不多。因此，我們不能認爲上述四例一定都是羅貫中所爲。但是，即使如此，也仍然不能根本動搖「東原羅貫中」的可信性。因爲，極端的情況雖然並不完全排除，但是，在確認此書爲羅貫中所著和已有研究成果的基礎上，研究者對羅氏籍貫一般只在「東原」或「太原」二者之間選擇，在這種情況下，上述四例中只要有任何一例可靠，特別後三例中那怕只有一例是《水滸傳》的編定者羅貫中親筆所爲，也足以說明他不是山西太原人，而是東原即山東東平人。

　　總之，在對《三國演義》作者籍貫作了盡可能詳盡的「內查外調」之後，我們只能尊重多種明刊本「東原羅貫中」的古傳，而不能信從據《錄鬼簿續編》「羅貫中，太原人」斷《三國演義》作者爲太原人羅貫中的新說。進而近百年來各種教科書與傳媒幾乎無不以「羅貫中，太原人」爲定論，客觀上封殺了「東原羅貫中」等其它諸說的偏頗，也應當盡快修正爲以有版本爲據的「東原羅貫中」說爲主諸說並存的客觀表述上來。若不得已而簡言之，自應以《三國演義》作者羅貫中是東原（今山東東平、汶上、寧陽一帶）人爲是。至於杭州、廬陵，則應該是他南下後的客籍。而《續編》所謂「羅貫中，太原人」只是一位優秀戲曲家，還不能說他與《三國演義》有任何實質性的聯繫，從而這條資料能否用於《三國演義》的研究也還不確定，只能懸置或存疑——目前看來，《三國演義》作者羅貫中籍貫「太原說」完全是想像力的產物。

　　儘管如此，從最徹底的意義上說，《三國演義》作者羅貫中「東原說」還不是最後的結論。但是，在這類問題上，研究者不能更起古人而問之，從來能做到的，不過言之有據，言之成理；信所當信，疑所當疑。在這個意義上，羅貫中籍貫「東原說」就是這一學術問題的結論。

（原載《南都學壇》2002 年第 6 期）

羅貫中籍貫論爭小議

曲沐

一

　　關於羅貫中祖籍的研究，如今主要集中在東原說和太原說的分歧上。看來，期待新的史料的發現已不太可能，爭論的關鍵是在對現有史料的認識和理解上，理解不同結論也就不同。比如：堅持《三國志演義》的作者羅貫中

是山西太原人，只說他「樂府、隱語，極爲清新」，與「尤精於樂章、隱語」可能是《錄鬼簿續編》的作者賈仲明氣味相投，是位雜劇作家；《錄鬼簿續編》所列舉的羅貫中三部代表作都是戲劇作品，隻字未提到他寫過《三國志演義》；也沒有講他的名子叫羅本字貫中；就是「湖海散人」的稱號，也只有《錄鬼簿續編》有此記載，所有的《三國演義》與《水滸傳》版本，所有的有關《三國演義》作者羅貫中的文字記述，都沒有出現過這個別號。由此，有人認爲就算「太原」二字並未寫錯，那麼，《錄鬼簿續編》所說的這個羅貫中，不可能是創作《三國志演義》的羅貫中。創作《三國志演義》的羅貫中是山東東原人，姓羅名本字貫中，是位「有志圖王者」。同時，他還和施耐庵共同創作過《水滸傳》，還創作過其它英雄俠義小說，是位古代小說家，不是雜劇作家。這種認識應該說是有道理的。古代同名子的作家大有人在，元末明初有兩個羅貫中是並不奇怪的。

又比如，明代不少《三國演義》刻本卷端均有「東原羅貫中」的題署。劉世德先生指出：署有「東原羅貫中」的《三國演義》版本有十三種，《水滸傳》版本四種，其它小說四種，共計二十一種；其中明刊本十六種，清刊本五種。這是歷史的存在，不管是否佔有 29 種《三國演義》版本的「大多數」，也是十分驚人的。對這一事實怎樣看待，是值得人們重視的。我覺得不能肯定全部都是「作者自題」，也不能否定全部都不是作者「題署」，應該具體加以分析。比較早的版本應該說是有作者題署的可能，後來在流傳過程中的翻刻印刷有延續這種既定題署格式而刻錯了的也是有可能的，於是出現「羅道本」「羅貫志」等字樣。像明嘉靖本《三國志通俗演義》署「後學羅本貫中編次」，總不能說這也不是作者題署罷？他人誰會在作者姓名前面加上「後學」兩個字呢？顯然非作者莫屬。既然這裏是作者題署，「東原羅本貫中編次」，怎麼會不是作者題署呢？在不同場合有不同署名方式，這是可以理解的。刁雲展先生指出「這是作者本人題署，應當相信」，這話並未說錯；沈伯俊先生也指出：「事實上大家都承認這些刻本的題署是羅貫中本人所爲」（《三國演義新探》第 19 頁），這話也沒說錯。不知爲什麼劉世德先生卻說：「這 21 種版本的題署與羅貫中本人沒有任何瓜葛，完全是出於後世書商的手筆；它們是不可靠的，因而也是不可信從的」（《羅貫中籍貫考辨》，載《〈三國演義〉與羅貫中》）。這話就說的未免太絕對了，劉世德先生是信從太原說的，如果我們換一種思維方式、換一種眼光看一看：這 21 種小說，或者 16 種明刊本，

或者 29 種明刊本《三國演義》，或者其它英雄俠義小說，有沒有哪一種刻有「太原羅貫中」的題署呢？一種都沒有！這又當何解釋呢？如果《三國演義》作者羅貫中是山西太原人，「太原」是大家很熟悉的地名，怎麼會在《三國演義》的版本流傳過程中，一點痕跡都沒有留下呢，這不是太不可思議了嗎？

胡適曾說：「凡作者考據，有一個重要的原則，就是要注意可能性的大小。可能性（Probability）又叫著『幾數』，又叫著『或然數』，就是事物在一定情境之下能變出的花樣。把一個銅子擲在地上，或是龍頭朝上，或是字朝上，可能性都是百分之五十，是均等的。把一個『不倒翁』擲在地上，他的頭輕腳重，總是腳朝下的，故他有一百分的站立的可能性」（《胡適紅樓夢研究論述全編》第 151 頁）。從《三國志演義》等小說的卷端題署情況來看，作者羅貫中是山東東原人比山西太原人的「可能性」是要大得多而且多，也可以說是「百分之百」的，這不是明擺著的事實嗎。

再比如，明嘉靖本《三國志通俗演義》所載庸愚子蔣大器的序，寫於明弘治甲寅（1494），明言「東原羅貫中」，這是如今所見最早的記載，絕非空穴來風。如果說蔣大器誤將「太原」寫成「東原」，這種可能性極少，因為，「太」和「東」二字，字型與讀音完全不同，決非筆誤；只有不熟悉「東原」而習見「太原」者的有意改動，才具有一定可能性。

從對以上現有史料的認識和理解來看，我認為《三國志演義》的作者羅貫中是山東東原人的說法，是可信的，我贊同這種說法。

二

否定羅貫中是東原人的學者中，有人從《水滸傳》故事中描寫的北方的所謂「地理錯誤」，認為作者不是北方人，不熟悉北方的地理環境。這種認識很值得商榷。我覺得不能用今天的地理觀念去衡量小說描寫的宋元時期的地理環境，因為古今的地理環境有很大的變化。

如說魯智深從山西河北交界的五臺山出發，「取路投東京來」，「行了半月之上」，來到了桃花村。桃花村據說在山東青州一帶，青州即今山東益都。宋時東京即今河南開封市，在五臺山東南面。魯智深本應向東南走，如何卻向東走到了山東境內？由此說這是作者描寫的地理錯誤。我覺得這種說法是很勉強的。東京開封和山西五臺山的地理位置，應該說是無人不知，無人不曉，羅貫中再怎樣不熟悉地理環境也不至於將這兩個地方的地理位置搞錯。只要這兩個地方的地理坐標未錯，至於中間怎樣走法，各有各的路線，何能

強求一律，誰又能說出在那時哪條路線是最正確的呢？如果眞的是魯智深走錯了路，那也是小說家的有意安排，或者是古代的交通路線特別複雜，並不是作者不熟悉北方的地理環境。

再如說宋江從山東鄆城發配江州，寫他「正從梁山泊過」，與梁山眾頭領在聚義廳上聚會了一下。據說江州即今之江西九江市，在鄆城南面，而梁山泊卻在鄆城北面，宋江離開鄆城本應向南走，怎麼向北走了呢？由此說這是作者不熟悉山東鄆城一帶地理環境，羅貫中不是山東東原人。這種說法也是很勉強的。這可以理解爲當時交通的不便，需要輾轉多處；或者滄海桑田，古今生態地貌的變化之大，用今天的眼光看，就會覺得這是走錯了路線。實際上宋元時期的梁山泊，「方圓八百餘里」，綿延到鄆城附近並不奇怪；也可能從鄆城往江西地區進發的交通路線是要經過梁山泊的，當時的交通情況不是今人所能識別和想像的。

1989 年 4 月在山東聊城參加《水滸傳》研討會，閉幕式是在菏澤舉行。從聊城到菏澤，途經陽谷縣景陽崗，參觀景陽崗時令我大失所望：如今那裏連個山丘也沒有，哪來的「景陽崗」，難道小說描寫的毫無現實依據，完全出於想像和虛構嗎？後來瞭解到清代的陽谷縣志才知道，據縣志記載，明清時期這裏尚是「九嶺十八堌堆」「河丘起伏，莽草無涯，古木參天，人煙稀少。」可見古今生態地貌的變化何等之大！小說的描寫是有一定生活依據的。回到貴陽之後，我寫了一篇《景陽崗紀遊》的散文在省電視報上發表。我說：「……隨著人口密度的增加，耕地面積的擴大，滄桑巨變，嶺也罷，堌堆也罷，早已夷爲平地，小說中描寫的情景已永不復返了。現在密集的村落，來往轟鳴、穿梭的汽車、拖拉機，一片片平整而油綠的麥田，一排排一行行的桐樹、桐花，以及來自大平原沃野上習習的和風，早已將此地之古貌蕩滌的一乾二淨，渺無蹤跡了。」

當時省文聯主席老家是陽谷縣的老幹部武光瑞同志，看了我的散文之後很發感慨，也寫了一篇散文在電視報上發表。他糾正我的錯誤說：不是因爲人口密度的增加，人爲的將「嶺」「崗」夷爲平地，而是自然原因形成的。他講他小時候在家鄉小學讀書時，每到黃河洪水泛濫過後，去到山野一看，許多溝啊嶺啊都被沖積的泥沙塡平了，有些地方的地平面上僅僅露出稀疏的樹梢。此處，包括梁山一帶，過去都是黃泛區，如此年復一年的沖刷、淤積，所以如今山也罷、崗也罷，都早已不復存在了。就像站在梁山上放眼望去，

如今是平疇千頃，桃花成林，方圓八百餘里的水泊，也早已不復存在了的情況是一樣的。

　　列舉《水滸傳》描寫的所謂北方地理錯誤，據說最早是著名學者馬幼垣先生提出來的。馬幼垣先生長期居住國外，也可能從小就生活在國外，所以對山東鄆城一帶這一特定地區的地理環境以及古今生態地貌的變化不是十分瞭解，可能是根據今天的交通地圖考察小說人物的行蹤，由此得出小說描寫的「地理錯誤」的結論，而我們一些朋友怎麼也能跟著這麼說呢。何況在元雜劇的《水滸》故事中就有這些描寫，可能那時的交通情況就是如此，不能由此斷定《水滸傳》的作者之一的羅貫中不是山東人，更何況小說家因故事情節的需要，並不一定非要準確的地理描寫不可。

　　就拿現在的交通情況來看，我從貴陽到山東煙臺牟平老家探親，多次是先到北京，再從北京乘車前往煙臺，這不是向北繞了一個大圈子嗎？並不是我不熟悉北方地理，而是貴陽沒有直達煙臺或濟南的火車，總要在鄭州中轉，可是在鄭州轉車很困難，往往上不了車，且十分擁擠，不得已只有從北京繞這個大彎，多走一千多里路了。還有一次湖南一帶發大水，京廣線阻滯，只得從上海轉程回山東，這又向東繞了一個大圈子。今天的交通尚且如此，更何況古代！所以不能得出《水滸傳》的作者不熟悉北方的地理環境的結論。

三

　　有的學者從羅貫中的東原情結，審視羅貫中是山東東原人的不虛，這是一個很好的研究視角。由此發現《水滸全傳》第 27 回描寫的東平太守陳文昭，是《水滸傳》中唯一的好官，這個好官是施、羅二公共同讚賞的，這應該說是甚有說服力的。然而有的學者卻反對這種說法，認為陳文昭的進入小說，是施耐庵的創作，不是羅貫中所為。這就出現一個值得審慎思之與認真研究的問題：即《水滸傳》的故事，哪些地方是施耐庵的用筆，哪些地方是羅貫中的「加入」？能不能將《水滸傳》120 回全書割裂成若干碎片，或者腰斬為兩塊，將施、羅二公的創作分開？我看這種研究方法是不可取的。

　　實際上，《水滸傳》既然是施、羅二公的共同創作，已經成為渾然一體的藝術精品，既有施耐庵的用筆，也有羅貫中的心血灌溉，其中許多故事情節，既是施耐庵的，也是羅貫中的。如果一定要截然分開各自的寫作部分，不僅有損於《水滸傳》的整體藝術審美，也有損於施、羅二公的大家形象。也不能用「繁」「簡」的版本的不同，加以區分作者的不同。「繁」「簡」是在《水

滸傳》流傳過程中，刻板印刷的不同方式造成的，不是某一個作家的個人所為。

孟繁仁先生是位潛心研究羅貫中的學者，用筆最勤，成果甚夥，他認為小說中著力描寫的許貫忠，就是羅貫中的「夫子自道」、「虛象化身」，暗寓作者身世。從作品中探尋作者「潛在的自我」從而瞭解作者情況，應該說這是一個很好的課題，這種研究方法也是難能可貴的。可惜的是他所引證的例據是不充分的，不具有說服力。

比如《水滸傳》全書第91回描寫許貫忠和燕青的故事，孟繁仁先生認為都是羅貫中所寫，七十回以前，宋江、林沖、魯智深、武松等三十六人的故事，才是「『施耐庵的本』的主要內容」。他多次引證91回（通行本90回）的這段文字是這樣的：

> ……許貫中引了燕青，轉過幾個山嘴，來到一個山凹裏，卻是三四里方圓平曠的所在。樹木叢中，閃著兩三處草舍。內中有幾間向南傍溪的茅舍。門外竹籬圍繞，柴扉半掩，修竹蒼松，丹楓翠柏，森密前後。許貫忠指著說道：「這個便是蝸居」。

這段文字實際上與第四回（通行本第5回）魯智深到桃花村時的景物描寫，如同出一轍，我們不妨也引證如下：

> （魯智深）正行之間，貪看山明水秀，不覺天色已晚，趕不上宿頭；路上又沒人作伴，那裏投宿是好？又趕了三二十里田地，過了一條板橋，遠遠地望見一簇紅霞，樹木叢中，閃著一所莊院，莊後重重疊疊都是亂山。

從這些文字來看，兩處除字數的多少不同外，其構思、用筆，甚至連自然審美情趣以及特殊用語，都是極為一致的，可以肯定是一個作家的同一筆法，同一語言修辭特點。就在第91回這段引文的下面，燕青說許貫忠這裏也是「山明水秀」，為什麼不說「山青水秀」呢？看來，「山明水秀」已經是作家的習慣用語，在大腦中已經定型，難以改易的。尤其「樹木叢中，閃著一所莊院」，「閃著」一詞的運用，極有創造性，可謂畫龍點睛之筆，整個場面都寫活了，這不是同一作家的同一筆法又是什麼呢？由此可見《水滸全傳》前後是統一的，不可分割的。

除了魯智深眼中的桃花村的景物描寫之外，明代萬曆年間楊定見序本《水滸全傳》（如今通行本）對桃花村的自然風景尚有一段讚語，描寫得美

極了。所以 91 回繁仁先生這段引文的景物描寫，決不是《水滸傳》中「絕無僅有」的。

既然《水滸傳》前後是統一的，怎麼能夠區分出魯智深的部分是施耐庵所寫，許貫忠的部分是羅貫中所寫呢？又怎麼能夠區分出陳文昭的進入小說是施耐庵的「始作俑者」，而不是羅貫中呢？

所以說許貫中是羅貫中自寓身世，自己的「虛象化身」，晚年隱居河南許家溝的說法是令人生疑的。所以說將《水滸傳》割裂開來，一定要找出哪些是施耐庵的筆墨，哪些是羅貫中的筆墨，這種研究方法是不妥的。

我國古代不少小說的作者都蒙著一層朦朧的面紗，至今尚是撲朔迷離，難以完全確識其眞面。這不光是古代小說家的地位卑下所致，往往也是多種因素造成的；不惟中國如此，外國亦然。諸如《荷馬史詩》的荷馬，《伊索寓言》的伊索；甚至安徒生、莎士比亞等著名大作家，據說都存在一個作家「糾紛」問題。和對羅貫中的研究一樣，只有逐步地探討、考索、對話、磋商，才能逐步接近其「眞面」；就是沒有完全揭開其「眞面」，只要心平氣和，就這樣探討下去也是滿有意思、滿有意義的。

（原載《東平與羅貫中〈三國演義〉〈水滸傳〉研究》，中國出版社 2006年版）

兩個羅貫中

陳　遼

偉大小說家羅貫中的籍貫在哪？原有山東東原（即東平）、山西太原、江西廬陵、浙江杭州四種說法。經過半個多世紀的辯證，江西廬陵說、浙江杭州說已不再有人堅持。羅貫中籍貫東原說、太原說成了《三國演義》研究界雙峰並峙的兩種意見，誰也說服不了誰。2006 年 8 月，我參加了在山東東平縣舉行的「羅貫中與《三國演義》《水滸傳》國際學術研討會」，閱讀了「泰山名人研究室羅貫中課題組」的調查研究報告《關於羅貫中原籍「東平」說的研究和調查》以及其它有關資料，結合對羅貫中原籍「太原」說的論文和資料進行分析，經過長時間思考，方才發現，原來關於羅貫中籍貫研究的誤區在於，把小說家羅貫中的籍貫資料和雜劇家羅貫中的籍貫資料混爲一談（按：過去我也曾進入過這一研究誤區），於是相互牴牾，彼此矛盾，怎麼也

不能統一起來。如今我走出這一研究誤區，另闢羅貫中籍貫的研究新思路，於是豁然開朗，柳暗花明，終於解開了羅貫中籍貫之謎：一個是小說家羅貫中，山東東平人；一個是雜劇家羅貫中，山西太原人。他倆不僅籍貫不同，而且年齡差別很大，小說家羅貫中比雜劇家羅貫中大約年長四十幾歲。下面，我據事實說話，說明我的羅貫中籍貫研究的新思路是符合兩個羅貫中的實際的。

一、雜劇家羅貫中，其籍貫確為太原

說羅貫中的籍貫是山西太原人，雖然資料僅有一則，但這則資料是過硬的。這一資料見於《錄鬼簿續編》（《續編》作者一說為賈仲明，一說為無名氏）：「羅貫中，太原人，號湖海散人。與人寡合。樂府、隱語極為清新，與余為忘年交。遭時多故，各天一方。至正甲辰復會，別來又六十餘年，竟不知其所終。」和羅貫中有「忘年交」的《錄鬼簿續編》的作者，對羅貫中的籍貫是不會搞錯的。古代人見面、相識後，第一件事就是瞭解對方的郡望。因此，雜劇家羅貫中的籍貫為山西太原是否定不了的。「忘年交」，一般相差二十歲以上，如只相差十來歲，可稱「師友之間」。我們已知，《續編》作者在永樂二十年（1422）為八十歲，他生於 1343 年。假定《續編》的作者和羅貫中結為「忘年交」時為 17 歲（1360），羅貫中為 37 歲；「各天一方」約四年，那麼，「至正甲辰（1364）復會」時，《續編》作者為 21 歲，羅貫中為 41 歲。也就是說，《續編》作者生於 1343 年，雜劇家羅貫中約生於 1323 年。「別來又六十餘年」，《續編》作者，活到八十歲以後。假如雜劇家羅貫中享年七十五歲，他的生卒年月約為 1323～1398。到《續編》殺青時（1422）止，《續編》的作者只提及太原的羅貫中有雜劇《風雲會》（即《趙（宋）太祖龍虎風雲會》、《連環珠》（即《忠正孝子連環諫》）和《蜚虎子》（即《三平章死哭蜚虎子》）。假如《三國演義》為山西太原人羅貫中所著，作為與羅貫中「忘年交」的他，是一定要提及這一到永樂二十年（1422）已經有一定名氣的名著的。《錄鬼簿續編》作者隻字不提《三國演義》，恰好從另一角度反證雜劇家的羅貫中並無《三國演義》這一著作。（按：《三國志傳》及《三國志通俗演義》的書名，直到明嘉靖以後才出現。）

二、小說家羅貫中，是山東東平人

我們說小說家羅貫中是山東東平人，是有確鑿的證據的。

第一、明蔣大器在《三國志通俗演義·序》中寫得很清楚：「若東原（即

今東平）羅貫中，以平陽陳壽傳，考諸國史，自漢靈帝中平元年，終於晉太康元年之事，留心損益，目之爲《三國志通俗演義》，文不甚深，言不甚俗，亦庶幾乎史。」該序寫於明弘治甲寅（1494），而在此以前《三國志通俗演義》已經流行，「書成，士君子之好事者，爭相謄錄，以便觀覽。」王利器先生在《羅貫中與〈三國志通俗意義〉》上篇（載《社會科學研究》1983 年第 1 期）中說：大多數明刻本《三國》都「認定羅貫中是元東原人」。

第二、簡本系統的《水滸傳》，現存最爲完整的是《水滸志傳評林》（1594年），題「中原貫中羅道本名卿父編集」。

第三、「明嘉靖間人說《水滸傳》的作者，多是施耐庵、羅貫中並提，偏重謂《水滸傳》文本出自羅貫中之手，並認爲他即爲《三國志演義》的作者羅本字貫中。」（袁世碩：《水滸志傳評林·前言》，東平縣人民政府重印本，2006 年 6 月，江蘇廣陵古籍刻印社）

第四、百十五回本《水滸傳》署「東原羅貫中編輯」；百十四回本《水滸傳》署「東原羅貫中參訂」；萬曆本《三國志傳》署「東原羅貫中道本編次」；《三遂平妖傳》署「東原羅貫中編次」。這都說明，作爲小說家的羅貫中，其籍貫應爲東原（今東平）無疑。

那麼，東原羅貫中其人找到了沒有呢？《關於羅貫中原籍東平說的研究和調查》向我們報告說：找到了！據元代延祐五年（1318）狀元霍希賢的後代霍樹元、霍衍皆介紹，「霍希賢和羅貫中是同時代人，他有位好友叫羅本，就是寫《水滸》的羅貫中。」「羅在宿城羅莊住，也是個大家庭。我祖上爲了與他相處，即把他的府第（狀元府）建在了宿城，府府相鄰。」「我們霍狀元曾和羅貫中是很好的把兄弟，兩人的關係親如手足。」我們假定霍希賢於 1318 年中狀元時爲 35 歲，生於 1283 年，羅貫中小他 3 歲，那麼，小說家羅貫中的生年約爲 1280 年，即生於元至元庚辰年左右。如果他活了八十歲，小說家羅貫中的生卒年約爲 1280～1360 年。小說家羅貫中的年齡比雜劇家羅貫中（1323～1397）的年齡大約年長四十多歲，幾乎大了兩輩。把《錄鬼簿續編》中雜劇家羅貫中的資料與小說家羅貫中的資料「合二而一」，必然扞格不入，難以解釋兩者之間無法調和的矛盾。

羅貫中既已找到，他的生卒年已大致確定，那麼 1366 年（至正二十六年）《門人祭寶峰先生文》中的羅本（其生年約在 1315～1318 之間），是另一個羅本，並非東平羅貫中的羅本，不能把這兩個羅本混爲一談。

三、羅貫中於元代末年創作的《三國》原本，是《三國志傳》和《三國志通俗演義》的祖本，這個原本雖然至今尚未找到，但《三國》原本之謎可解

從二十世紀八十年代起，中國的《三國演義》研究者，經反覆討論，對《三國演義》原本問題基本上取得這樣一些共識：在羅貫中的《三國》原本問世後，其手抄本被後人加工，以兩種版本系統出版。一是《三國志傳》系統；二是《三國志通俗演義》系統。這兩種版本系統都源自羅貫中的《三國》原本，但有多處異文，說明它們之間是「兄弟」，而非「父子」關係。較多學者還認為，《三國志傳》系統據以出版的底本早於《三國志通俗演義》系統據以出版的底本。然而，羅貫中的《三國》原本究竟怎樣，因原本早已佚失，誰也無法回答這個問題。但只要我們把見存的《三國志傳》系統中的異文加以研究，當可得知羅貫中《三國》底本的大致面貌。

（一）西班牙愛斯高里亞爾靜院所藏嘉靖年間的（序中有一日期為嘉靖二十七年，即 1548）《三國志傳》為十卷（後來的《志傳》系統的本子大多分為二十卷）。該書第一卷正文前三十二行的七言詩，自「一從混沌分天地」到「曹劉孫號魏蜀吳，萬古流傳三國志」，對漢以前和漢代三國歷史作了概述，很有說唱文學的特點。多本《三國志傳》都有這首歌，並被冠之以《全漢總歌》的名字。這應該是羅貫中《三國》底本所有。

（二）分卷分節不分回，各節題目的字數是不整齊的。

（三）正文前有三國君臣《姓氏附錄》（個別後出《三國志傳》易《姓氏附錄》為《三國志宗僚》，那是因為《三國志通俗演義》本已經流行的緣故，如《三國志傳評林》，萬曆年間余象斗刊本，載《三國志宗僚》，那是從《三國志通俗演義》本上抄來的）。

（四）無略、表等。

（五）文字比較通俗，如稱「宦官」，不稱「中涓」。個別地方，文字多於後出的《三國志通俗演義》，如第一節關於十常侍的描寫。

（六）某些情節與後出的《三國志通俗演義》本不一樣，且比較合理。從周曰校本《三國志通俗演義》（1591 年出版）中得知，該書與其它《演義》本不同，有多種異文，可見該文「顯然不是以嘉靖本（即嘉靖壬午本《三國志通俗演義》，本文作者注）為底本，而是取自別的底本。」（王長友：《周曰校本與閩建本》，載臺灣《小說與戲劇》第 6 期，1994 年）如關羽之死，嘉靖

本如此寫：「時五更將近，正走之間，喊聲舉，伏兵又起。背後朱然、潘璋精兵掩至。公與潘璋部將馬忠相遇，忽聞空中有人叫曰：『雲長久住下方也，茲玉帝有詔，勿與凡夫較勝負矣。』關公聞言頓悟，遂不戀戰，棄卻刀馬，父子歸神。」（見上海古籍出版社《三國志通俗演義》，第 739 頁）迴避了關公被擒被斬。而周曰校本寫關羽之死，則爲：「時五更將近，正走之間，喊聲舉處，兩下伏兵皆用長鈎大竿，一齊並出，先把關公座下馬絆倒。關公身離雕鞍，已被潘璋部下步將馬忠所獲。關平聽知父已被擒，火速來救。背後潘璋朱然精兵皆至，四下圍住，孤身獨戰，力盡，父子皆受執。吳侯孫權恐不了事，自引諸將直至臨沮。時東方已白，聞已擒關公父子，權乃大喜，聚眾將於帳中。少時，馬忠簇擁關公至前。權曰：『孤久慕將軍盛德，欲結秦晉之好，何相棄？公平昔自以天下無敵，今日何由被我所擒？將軍今日伏於孫權否？』關公罵曰：『碧眼小兒，紫髯鼠輩，聽吾一言：吾與劉皇叔義同山海，今日誤中奸計，但有死而已，何能伏耶？』權回顧與左右曰：『雲長世之豪傑，孤深愛之，孤欲以厚禮宥之，若何？』主簿左咸曰：『不可。昔口曹操得此人時，三日一小宴，五日一大宴，上馬一提金，下馬一提銀，爵封漢壽亭侯，賜美女十人，如此恩養，尚留不住，其後五關斬將，曹公憐其才而不忍除之，今日自取其禍，欲遷都以避其鋒。況主公乃仇敵乎？狼子不可養，後必爲害。』孫權低首良久而言曰：『斯言是也。』急命推出。是歲十月中旬，關公於臨沮而亡。與子關平，一時遇害。」嘉靖本《三國志通俗演義》的整理者，以爲關羽被擒被斬，有損關公形象，改爲「玉帝有詔」，「父子歸神」。其實，還是羅貫中寫關公就義，虎虎有生氣。嘉靖本《三國志通俗演義》將它刪卻，不當。毛綸、毛宗崗父子加工的《三國演義》，恢復羅貫中《三國》底本對關公就義的描寫，正表現了他父子倆的藝術識見。

（七）有關索故事（嘉靖本已刪去）。

（八）把《三國志平話》的「七虛三實」，以《三國志》等史書爲根據，糅之以民間傳說、三國戲等多種資料，改爲「七實三虛」，終於將《三國志平話》整理、加工、再創造爲不朽的《三國志傳》底本。從總體說，羅貫中的《三國》底本，比起嘉靖本《三國志通俗演義》要粗糙些，但某些段落卻比嘉靖本寫得好。

綜上所述，羅貫中及《三國志傳》底本之謎可解，作爲《三國志傳》底本的創作者，羅貫中可以不朽矣！

四、羅貫中創作的是《水滸》簡本，比現有《水滸》簡本還要「簡」；施耐庵在此基礎上加工改寫為繁本，《水滸》乃羅、施二人合作

根據出土文物施讓（施彥端之子）（《施氏族譜》謂施彥端即《水滸》作者施耐庵）墓誌銘（《故處士施公墓誌銘》）、施廷佐（施彥端曾孫）墓誌銘（《處士施公廷佐墓誌銘》），我考證出施彥端的生卒年為 1332～1406 年（詳見《去偽存真，施耐庵之謎可解》，載《陳遼文存》第 1 卷，香港銀河出版社 1998 年出版）。也就是說，《水滸》作者之一的施耐庵比羅貫中小了五十二歲。難怪明人記載中多謂《水滸》的作者是羅貫中。託名「天都外臣」汪道昆、《七修類稿》的作者郎瑛、《癸辛雜識》的作者周密、《續文獻通考》的作者王圻、《忠義水滸全書發凡》的作者袁無涯、《西湖遊覽志餘》的作者田汝成、《樗齋漫錄》的作者許自昌等人都明確肯定羅貫中是《水滸》的作者。但是，如今印刷出版的《水滸》，都署名施耐庵，這又是怎麼回事呢？

還是魯迅目光如炬，他在《中國小說史略》中斷定，簡本《水滸》乃羅貫中所作，繁本《水滸》乃施耐庵所作，所謂《水滸》施作羅續、施是羅的老師的說法是不可靠的。魯迅的原話如下：「總上五本觀之，知現存之《水滸傳》實有兩種，其一簡略，其一繁縟。」「若百十五回簡本，則成就殆當先於繁本，以其用字造句，與繁本每有差違，倘是刪存，無須改作也。」「又簡本撰人，止題羅貫中，周亮工聞於故老者亦第云羅氏，比郭氏（郭勳）本出，始著耐庵，因疑施乃演為繁本者之託名，當時後起，非古本所有。」「後人見繁本題施作羅編，未及悟其依託，遂或意為敷衍，定耐庵與貫中同籍，為錢塘人，（明高儒《百川書志》六）且是其師。」現在，羅貫中與施耐庵的大致生卒年既已考定，根本不存在施作羅續的問題。正確的說法應該是，籍貫為東平、靠近梁山泊的羅貫中在晚年撰寫了簡本《水滸傳》，後由施耐庵加工、改寫、再創造為繁本《水滸傳》，並流傳至今。因此，今後如重新出版《水滸傳》，署名應為羅貫中、施耐庵合著。但羅貫中撰寫的《水滸》，比現存的一百十五回本、一百二十回本《水滸》還要「簡」。其中無「知會」一詞，無「里甲」（按：里甲制度始於洪武十四年，公元 1381 年）則是可以肯定的。但是，十分可惜，原本《水滸》現已無存。

五、結　論

有兩個羅貫中，一個是小說家羅貫中（約 1280～約 1360），山東東平人；一個是雜劇家羅貫中（約 1323～約 1397），山西太原人。羅貫中創作的《三

國》原本是明代《三國志傳》和《三國志通俗演義》據以加工、改寫的底本。羅貫中創作的簡本《水滸》（不是明代出版的《水滸》簡本）是施耐庵據以加工、改寫、再創造的繁本《水滸》的底本，《水滸》應爲羅貫中、施耐庵合著。羅貫中還創作了其它一些歷史演義小說，他是我國古代第一個長篇小說大家。

（原載《江蘇社會科學》2007 年第 4 期）

羅貫中的籍貫——太原即東原

劉華亭

羅貫中的籍貫，學者們或認爲是太原，或認爲是東原。持太原說的主要依據是《錄鬼簿續編》，該書第二條：

> 羅貫中，太原人，號湖海散人。與人寡合，樂府隱語極爲清新。
> 與余爲忘年交，遭時多故，各天一方，至正甲辰復會，別來又六十
> 餘年，竟不知其所終。

持東原說的主要依據是《水滸傳》、《三國演義》等書的作者署名，如：

百十五回《水滸傳》署：東原羅貫中編輯；

百二十四回本《水滸傳》署：東原羅貫中參訂；

萬曆本《三國志傳》署：東原羅貫中道本編次；

《三遂平妖傳》（二十回本）署：東原羅貫中編次；

另外，弘治甲寅庸愚子寫的《三國志通俗演義序》也說「東原羅貫中」。

筆者贊同東原說，但同時也認爲「羅貫中，太原人」雖然僅僅見於《錄鬼簿續編》，但這是至今所發現的記載羅貫中身世最爲詳盡的一條資料，而且《錄鬼簿續編》的作者與羅貫中爲忘年交，所以這條資料是決不可輕易否定的。筆者認爲：《錄鬼簿續編》所說「羅貫中、太原人」的這個「太原」，很有可能是指東太原。在中國歷史上，曾經有過三個太原郡與兩個太原縣，按照今天的行政區域來說，即有：山西太原、寧夏太原、山東太原。而山東太原的區劃正是東原一帶。如果說「羅貫中，太原人」的這個「太原」是指的山東太原，則上述二說並無齟齬，太原和東原實爲一地。

現在把歷史上的太原和東原介紹如下：

（1）東原

《書・禹貢》：「大野即瀦，太原底平。」《地理今釋》：「東原，今山東兗

州府東平州及濟南府泰安州之西南境也。「

（2）太原

《書·禹貢》：「既修太原，至於岳陽。」《漢書·地理志》顏師古注：「太原，今之晉陽是也。」秦置太原郡，隋又於郡下置太原縣。這個太原即今太原市一帶，一些學者認爲的羅貫中太原人，就是指這個太原。

《詩·小雅·六月》：「薄伐玁狁，至於大原。」「大」通「太」，大原即太原；《南齊書·州郡志》：「泰州領郡：武都郡、略陽郡、安固郡、西扶風郡、京兆郡、南太原郡……」。這個太原在今寧夏固原一帶。

山東太原則爲人們所不熟悉。《宋書·文帝紀》：「（元嘉）十年八月丁丑於青州立太原郡。」同書《州郡志》：「泰山太守，漢高立。《永初郡國》又有山茌、萊蕪、太原三縣。」「太原太守，秦立，屬并州。文帝文嘉十年割濟南、太山立，統縣三：山茌、太原、祝阿。」「太原令，晉安帝義熙中土斷立，屬太山。」《魏書·地形志》：「齊州領郡六：東魏郡、東平原郡、東清河郡、濟南郡、太原郡……」「太原郡，劉義隆置，魏因之。領縣四：太原、祝阿、山茌、盧。」「太原縣、司馬德宗置，治升城，有靡溝垣城。」《隋書·地理志》：「長清，開皇十四年置。又有東太原郡，後齊廢。」這個太原即今山東濟南市、泰安市西南一帶，與東原正是一個地方。今之濟南市長清縣《縣志》，也有該縣區域內歷史上曾建有太原縣的記載。

「羅貫中，太原人」，如果指的是這個太原，則《錄鬼簿續編》上的記載，《水滸傳》、《三國志傳》等書上的署名都是對的。只是因爲分別用了兩個生冷的古地名，致使後人爲羅貫中的籍貫困惑了多年。

劉義隆（劉宋文帝）置太原郡，司馬德宗（東晉安帝）置太原縣，中經魏到後齊廢置，東太原建制大約一百五十年；羅貫中生活於元末明初，距該郡、縣廢置已經幾個朝代，約近八百年的時間。那麼，《錄鬼簿續編》的作者在寫羅貫中的籍貫時，爲什麼還要使用這一生冷的地名呢？筆者認爲：其原因正在於這一地名的生冷。《錄鬼簿續編》的作者記載戲曲作家籍貫多用古地名、地方別名、地方習慣稱呼，或是使用一個大的行政區域單位名稱。該書作者有人認爲是賈仲明，即如作者書寫自己的籍貫就爲「山東人」，用了一個大的行政區劃單位名稱，而不及於府、縣。查《錄鬼簿續編》一書共記載戲曲作家 71 人，其中無籍貫記載的 21 人，所余 50 人中，籍貫記載用當時通用地名者 15 人，而書古地名、地方別名、地方習慣稱呼者竟達 35 人，

如古汴、金陵、西域、隴右、廣陵、燕山、晉陵、江右、高昌、淮東、蘭陵、京口、武林等。其中有的地名如：錫峰確實鮮爲人知。這有籍貫記載的 50 人，其籍貫分屬於 34 個地方，而古地名、地方別名、地方習慣稱呼竟達 21 個。另外，作者給各戲曲作家做的事略介紹，行文中涉及地方，也多用生冷地名，如：吳門、吳山、武林、金陵、吳下、吳江、京口、蘇門、姑蘇、吳越、荊溪、東廓、蘭陵等。大概《錄鬼簿續編》的作者有使用生冷地名的習好，因而對於羅貫中的籍貫也用了一個生冷的地名。這大概也就是明文人筆記野史多說羅貫中爲錢塘（杭州）人，《水滸傳》、《三國志傳》、《平妖傳》等書署東原羅貫中，皆不及於太原；而說羅貫中爲太原人的僅僅《錄鬼簿續編》中一條資料的原因。以致使世人在鄭振鐸諸先生未將其所發現的《錄鬼簿續編》抄本公諸於世之前，於羅貫中太原人皆所未聞。

（原載《濟寧師專學報》1995 年第 1 期）

太原的異名與羅貫中的籍貫問題

辛德勇

《文史知識》2009 年第 3 期上所刊田同旭撰《羅貫中到底是哪裏人？》一文，就《三國演義》作者羅貫中的籍貫問題提出新的解說，以爲前人所主張的山西太原說與山東「東原」說這兩種看似互不相容的觀點，從其原始記載來看，本來只是指今山西太原，與今山東之「東原」並沒有什麼關係，故「東原羅貫中」亦即「太原羅貫中」，羅貫中爲山西太原人「應當是個明確的結論」，而所謂山東「東原」說，不過是後人誤讀誤解相關史料而衍生出來的一種謬說而已。

而今各地方關注名人故里，大多意在爲鄉梓增添歷史的光彩，進而復將其用作文化資源，加以開發利用。田同旭氏供職於山西大學而力主羅貫中身屬太原，故所作論述，與此世風不知是不是也有一定關聯。惟著名歷史人物的生長地點，實際上關係到諸多歷史現象所賴以產生的自然、政治、經濟和文化環境，在學術上自有不可忽視的價值，確實需要盡可能辨明眞相。

學術研究貴在創新，寫論文一定要勇於提出獨到的見解。不過，《文史知識》是一份普及性刊物，它的讀者大多並不是專業研究人員，在這裏講述比較複雜的學術問題時，還是應當儘量愼重一些，尤其需要注意運用史料的準

確性。我沒有好好讀過《三國演義》，更沒有接觸過前人有關羅貫中籍貫的討論，本來沒有資格對此說三道四。不過，由於田文主要是就太原的地名展開論述，與我所學專業有關，所以，在這裏想就相關地理文獻的解讀，談一點兒不同看法，供大家參考。

按照田同旭的敘述，所謂山東「東原」說，最早見於嘉靖刊本《三國志通俗演義》卷首之蔣大器《序》，乃稱述羅氏曰「東原羅貫中」。因《尚書‧禹貢》有句云「大野既豬，東原底平」，東漢鄭玄注以爲「東原，地名，今東平郡即東原」（見《史記‧夏本紀‧集解》），後世論者便疏釋蔣《序》所說「東原」爲今山東東平。過去持此「東原」說者，以爲其它文獻所記「太原」當屬「東原」草書字形的訛誤；而持太原說者，則又反過來推測蔣大器序文當中的「東原」應是「太原」的誤書。

關於《三國演義》的作者，文獻記載確實比較複雜。明朝弘治至嘉靖年間人郎瑛在《七修類稿》中還記述說羅貫中是杭州人，嘉靖萬曆間人王圻稍後著《續文獻通考》，也有相同的記載。前人疏通「東原」與「太原」文字差異的做法啓示我們，這種南人與北人的差異，同樣也未必非互相排斥不可，或許可以思考是不是存在北人南寓的可能。惟折中調和文獻記載的歧異，需要有合理可信的依據，類似這樣的猜想，僅僅是一種研究的思路而已。

若單純就「東原」與「太原」兩種說法之間的關係而論，從草書「東」、「太」二字的字形和古代典籍文字訛誤的一般規律來看，上述兩種說法，都可以說是比較合理的推測。由於作爲通行的地名來說，「太原」要遠比「東原」更爲世人所知悉，「東原」訛作「太原」的機率，相對來說似乎要更大一些；再說「東原羅貫中」這樣的題署形式，除了嘉靖以下《三國志通俗演義》諸本之外，尚別見於明金陵世德堂刻本《三遂平妖傳》，諸書一同致誤的可能性自然會更小一些。

然而，田同旭卻另闢蹊徑，依據《水經‧汾水注》如下記述，對「太原」與「東原」之間的矛盾，做出了全新的解析：

> 汾水，出太原汾陽縣北管涔山。……東南過晉陽縣東，晉水從縣東南流注之。太原郡治晉陽城，秦莊襄王三年立。《尚書》所謂既修太原者也。《春秋說‧題辭》曰：高平曰太原。原，端也，平而有度（底）。《廣雅》曰：大鹵，太原也。《釋名》曰：地不生物曰鹵。鹵，墟也。《穀梁傳》曰：中國曰太原，夷狄曰太鹵。《尚書大傳》

曰：東原底平，大而高平者，謂之太原，郡取稱焉。《魏土地記》曰：

城東有汾水南流，水東有晉使持節都督并州諸軍事鎮北將軍太原成

王之碑。

上述引文和標點，俱照錄田文，其中頗有一些地方，似乎不夠妥當。譬如與這裏所論述題直接相關之《尚書大傳》引文，應當截止於「大而高平者，謂之太原」一語之下，在此圈以句號，清人袁鈞纂集《尚書大傳注》、王闓運補注《尚書大傳》，從《水經注》中輯錄此語，都是截止於這裏，而其下文「郡有稱焉」云云，應該是《水經注》作者酈道元自己的話，乃是遙承上文「太原郡治晉陽城」一語，總括《尚書》、《春秋說題辭》、《廣雅》、《釋名》、《穀梁傳》和《尚書大傳》諸書相關記述，為太原郡的得名緣由作出疏釋。田同旭認為，上引《尚書大傳》以及《水經注》的記載，足以「說明漢代即有學者認為東原不僅指今山東之東平，也指山西之太原」；田氏復進而質問說，那些主張羅貫中籍隸東平的學者，「不知為何對《尚書大傳》與《水經注》所記『東原即太原』視而不見，致使太原說與東平說二家長期爭論不休，人為製造了一場學術疑案」。

今案原、隰對稱，經書屢見。《公羊傳・昭公元年》注釋「大原」（太原）地名當中的「原」字，謂「上平曰原，下平曰隰」，即是並言原、隰。檢《太平御覽》引《尚書大傳》，亦有語云「下而平者謂之隰」。依《公羊傳》例連類比附，可以推知，《水經注》引述的《尚書大傳》似乎有所闕略，其原文在闡釋《禹貢》「東原底平」一語當中的「原」字時，理應先寫有「高而平者謂之原」的說法；事實上，也只有在這一前提之下，才會談到「大而高平者謂之太原」云云這樣的話，以進一步闡釋這種「原」之「大而高平者」尚且另有專名，「謂之太原」。《水經注》引《春秋說題辭》謂「高平曰太原」，雖然不如《尚書大傳》「大而高平者謂之太原」的說法準確，但二者語義卻大致相同，都是解釋「太原」作為普通語詞的涵義，與某一特定地名並沒有直接關聯，更根本沒有「東原」其地即是今山西之「太原」的含義。而如前文所述，酈道元《水經注》引述此說，亦不過是用以說明太原郡的得名係緣於其地「大而高平」而已，與所謂「東原」本絕然無涉。田同旭的解析，與其原意相去甚遠，而且檢核相關地理文獻，可知以「東原」來指稱「太原」，絕沒有任何其它例證，因此恐怕不能成立，從而也就無助於解決羅貫中的籍貫問題。

除了上引《水經注》的記述之外，田同旭還引述有明陳耀文纂《天中記》、清孫之騄輯本《尚書大傳》，以及清趙一清著《水經注釋》的相關內容，宣稱

「明清兩代學者也普遍認爲東原即太原之說」。然而，核諸田氏引文，可知陳耀文《天中記》實際上是依樣移錄《水經注》的文字，這本是此等類書通行的做法；而孫之騄輯《尚書大傳》則只是編錄佚文，並沒有表述自己的看法，況且其相關佚文，就是從前引《水經注》文中錄出；至於田氏所引趙一清《水經注釋》，更只是酈道元《水經注》的原文，沒有摘錄出一句趙一清氏本人撰著的釋文，實際上等同於重複引證前述《水經‧汾水注》的內容。可見，在這些明清人的著述當中，同樣也根本不存在「東原即太原」的說法，田同旭此說，事實上竟沒有一條足以憑信的史料依據；若非另行找尋到其他佐證，似此無根之談，姑且置之可也。

2009 年 3 月 6 日記

（原載《文史知識》2009 年第 5 期）

關於羅貫中原籍「東平」說的研究和調查（節錄）

泰山名人研究室羅貫中課題組（蔣鐵生）〔註25〕

一、本文作者的觀點

我們認爲羅貫中原籍「東原」說，史料充足，專家論據充分，應予肯定。在吸收前人成果的基礎上，我們有如下認識。

第一，我們認爲作者創作的「故土性」是客觀存在的。

東平能產生羅貫中這樣的大作家，是因爲當時的東平有適當的「土壤和氣候」。這就是從金、元時，東平到臨清的運河貫通後，東平成了南北漕運必經之地，東平城發展加快，正如《馬可‧波羅遊記》中描述的：「這是一個雄偉壯麗的大城市。商品與製造品十分豐盛。」「大河上千帆競發，舟楫如織，數目之多，簡直令人難以置信。」〔註26〕

當時東平轄地甚廣，在物質繁榮的同時，文藝事業很興盛，是元雜劇的又一中心。從南宋起，就有人把梁山好漢的故事演述成話本在街頭巷尾說唱，到了元代，劇作家又把梁山好漢如李逵和武松等人搬上舞臺。據胡適先生考證，元雜劇中演述梁山泊好漢故事的很多，他在《〈水滸傳〉考證》一文中就

〔註25〕 「泰山名人研究室羅貫中課題組」是 1996 年下半年由泰安師專泰山名人研究室和東平縣政府聯合成立。成員：蔣鐵生、劉憲章、閔軍、湛志生、寶桂欣、吳緒綱、張德順等。本文執筆：蔣鐵生。

〔註26〕 見《馬克‧波羅遊記》，福建科學技術出版社，1982 年 4 月版，P162。

列舉了 19 種，其中東平劇作家高文秀一人的作品就列舉了 8 種。〔註 27〕當時，東平文人輩出，不僅產生了元好問那樣的著名作家，而且也產生了以寫梁山好漢為主的劇作家群，像楊顯之、康進之、李文蔚、李致遠等。到了朱明政權建立後，小說這種藝術形式也興旺發達起來，生活在這個時代的羅貫中，把民間流傳的「說三分」根據有關史料集撰為《三國演義》，又把從小接觸到的梁山好漢的故事，集撰為《水滸》是順理成章的。也就是說，東平的經濟發達和藝術的繁榮，造就了羅貫中這樣的偉大作家。同時也培育出了《水滸傳》這樣的偉大作品。這正如胡適先生所云：「《水滸傳》不是青天白日裏從半空掉下來的」，是「『梁山泊故事』的結晶」。〔註 28〕

羅貫中從小生活在梁山故事的中心——「東平湖」畔，對當地的地理環境十分熟悉。這一點從《水滸全傳》中可找出許多實證。如第十五回：吳學究說三阮撞籌，是說吳用從鄆城東溪村啟程的，「當日吃了半晌酒食，至三更時分，吳用起來洗漱罷，吃了些早飯，討了些銀兩藏在身邊，穿上草鞋，晁蓋、劉唐送出莊門。吳用連夜投石碣村來。行到晌午時分，早來到那村中」〔註 29〕書中所云的石碣村，現在叫石廟村，屬東平縣銀山鎮，據史料記載：「北宋哲宗年間，該村附近有南巒村、北巒村和石碣村三個村莊，明萬曆年間，在石碣村東建了一座全石結構的廟宇，三村合稱石廟。」〔註 30〕本村位於東平湖西北湖畔，村邊公路距鄆城縣城 80 里左右，村民說過去該村到梁山是 70 里水路。吳用三更起走，正午能夠到達。書中描寫與實際距離相符；又如《水滸全傳》第六十九回中，宋江領兵攻打東平府時，書中說：「卻說宋江領兵前到東平府，離城只有四十餘里路，地名安山鎮、紮住軍馬。」〔註 31〕經考察地名和距東平州城的距離無誤。細讀《水滸》就可以看出，凡是梁山好漢的故事發生在東平、梁山、鄆城、陽谷一帶就和今天的地理環境相吻合。故事離開東平這一帶，就不太相符了。這可以說從羅貫中的著作本身，可以

〔註 27〕 胡適《〈水滸傳〉考證》，見《水滸全傳》，吉林文史出版社，1995 年 9 月版，P9。

〔註 28〕 胡適《〈水滸傳〉考證》，見《水滸全傳》，吉林文史出版社，1995 年 9 月版，P9。

〔註 29〕 見施耐庵、羅貫中著《水滸全傳》，吉林文史出版社 1995 年 9 月版，P143～144。

〔註 30〕 見周汝昌著《紅樓夢的真故事》，華藝出版社，1995 年 12 月版，P622。

〔註 31〕 見施耐庵、羅貫中著《水滸全傳》，吉林文史出版社 1995 年 9 月版，P143～144。

看出作家在東平的生活烙印。

第二，我們認爲，《錄鬼簿續編》中的「太原」也許不是指山西太原。因爲在中國歷史上太原不止一個，如寧夏固原附近過去叫過太原：山東東平附近也叫過太原郡，即魏晉之際，齊州的下屬郡，酈道元《水經注》卷八「濟水條」曰：「水南出太山入汶，半水出山荏縣，西北流經東太原郡南。」〔註32〕另外，中法戰爭前越南北方有一個山西省，省治也叫太原。這說明在中國古代至少有三個太原。只是因爲兩宋及明清直到現在，山西太原都是省、府治所，名氣大，名稱使用時間長，所以廣爲人知。因此，人們很容易把《錄鬼簿續編》中的「太原」理解爲山西太原。但這並不能排斥書中是指其它太原，尤其是「山東太原」的可能性，因爲該書作者是山東人。既便不這樣認定，由於歷史外上還有幾個鮮爲人知的太原存在，那麼《續編》一書中的「太原」作爲山西太原說的唯一史料，也就不那麼可信了。

第三，關於所謂山西祁縣河灣村發現所謂羅貫中家譜一事，我們認爲其中漏洞百出，不可徵信。

原報導載《中國文化報》1996年9月29日，說在山西祁縣發現羅貫中家譜曰：「本朝初（指明朝——引者），吾祖諱本，貫中、流他鄉，有鉅著。在正本的字譜排列中還詳細地介紹了父、母、妻、兒的情況，與明代賈仲明《錄鬼簿續編》中的文字記載相吻合。」〔註33〕對此，我們的疑問是；一、既然是家譜，羅貫中又有鉅著，他是個名人了，也能爲祖上生輝了，爲什麼沒有生卒年代呢？二、所謂家譜上記載了羅氏父母妻兒的情況並和《續編》上相吻合，但《續編》上隻字沒有談及他父母妻兒的情況，那怎麼能吻合呢？

二、有關羅貫中的調查

2-1　調查的方法

泰山名人研究室和東平縣政府聯合組織了調查組，對羅貫中家鄉東下一帶進行了多次調查。在有組織的調查中，我們作了大量的記錄，並有被調查人寫出的書面材料，材料上由被調查人和調查人簽字。還搞了部分音像材料。調查是嚴肅認眞的。

調查雖然沒有取得與羅貫中有直接關係的文字史料，但蒐集了大量有關《水滸傳》上的地名、人物的故事和傳說，並對東平縣與「水滸」故事有關

〔註32〕酈道元：《水經注》卷八，「濟水」條。
〔註33〕柳秉鈺文，見《中國文化報》，1996年9月29日。

的人文景觀進行了實地考察。（調查內容將以調查報告形式另文發表）特別使我們高興的是，我們取得了一些有關羅貫中在東平的「口碑」材料，現發表如下：

2-2　霍希賢與羅本有關

霍希賢和羅本的第一個材料，來自東平縣文物所所長吳緒綱在 1981 年全縣文物普查的記錄。

被調查人是東平縣霍家莊的霍樹元，他說：「我們家族在元代興盛，有位狀元叫霍希賢，他有位好友叫羅本，就是寫《水滸》的羅貫中。羅在宿城羅莊住，也是個大家庭。我祖上為了與他相處，即把他的府第（狀元府）建在了宿城，府府相鄰。自羅水滸問世，引起官家不滿，滿門追殺，羅家府第羅姓均走往他鄉。後羅家府第被侯、姜、李、劉等姓占，就引出了現在幾個姓的羅莊而沒有姓羅的了。」〔註 34〕

1997 年初對霍家莊的第二次調查中，現年 70 歲老人霍衍皆說：「我們霍家在東平是有功名的，據說在元朝曾出了個狀元霍希賢，狀元府在宿城東西大街路北，狀元墓在宿城西南。我們霍莊是從宿城，搬往堤子，後又從堤子遷居霍莊而得名。所說，我們霍狀元曾和羅貫中是很好的把兄弟，兩人的關係親如手足。」〔註 35〕

對上述有關霍希賢和羅貫中的二則證明材料，經我們核對有關歷史資料和對實地進一步考察，得出如下三個結論：

第一，霍希賢和羅貫中確為同時代人。元史記載「元延祐五年春三月，廷試進士護都達兒，霍希賢等五十人」。〔註 36〕又載「三月戊辰，御試進士，賜忽都達兒，霍希賢以下五十人及第，出身有差。」〔註 37〕從史料看，東平人霍希賢是元延祐五年（1318 年）狀元。此時距元朝滅亡還有 50 年。是和羅貫中同時代的東平歷史名人之一。他的官稱為「賜進士及弟奉議大夫廣平路威山知州兼管本州諸軍奧魯總管管內勸農事。」〔註 38〕（廣平路：可能是廣平路，今河北永年；威州：今河北威縣；奧魯：蒙古人出征時，留在後方的

〔註 34〕被調查人霍樹元，已於 1995 年去世，享年 86 歲。調查人吳緒綱。東平縣文物所長，52 歲。當年他還不知羅本就是羅貫中，後經霍樹元解釋才知羅本是誰。
〔註 35〕被調查人，霍衍皆，東平縣霍家莊人，現年 70 歲。調查人：吳緒綱等。
〔註 36〕《元史》卷 81，2026 頁。
〔註 37〕《元史》卷 26，582 頁。
〔註 38〕見光緒《東平州志》卷 22，金石下。

家屬、輜重；勸農事：官名。筆者注）據了解霍希賢在東平寫的碑文有三件尚存，即元東平路新政頌碑、東平元代文廟內一方碑、東平龍山上有霍氏碑文一方。

第二，經核對地方史料和實地調查，證明霍希賢狀元村和狀元墓都在宿城附近，靠近現在的侯羅莊、姜羅莊、李羅莊和劉羅莊，與材料所述相符。

東平地方志記載：霍希賢狀元之墓，位於州城東三十里。〔註39〕經考察霍氏墓位於現今馬莊村北，據該村 52 歲的展延安和 50 歲的李廣海說該村村北的一塊地，村民長期叫它「石羊子地」，因為從他們記事時起，地上就躺著很多石羊、石馬、石人、石豬等，是在 1976 年春天，村裏成立科技隊時為修豬圈，把這些石刻都打碎壘豬圈了。現在僅展延安家有幾塊石頭和一個羊頭。當地人都說此地為「皇林」或「霍狀元林」〔註40〕可以認定，宿城馬莊的「石羊子地」就是當年的霍希賢墓，與地方志記載相符。

我們調查了霍氏後人霍衍興，他說：「1958 年我去犬羊鄉出夫（當地人叫出官差叫出夫）時，路過宿城，我們霍狀元府還有府門，府門前兩邊一邊一個石獅子。狀元林還有石人、石豬、石羊、望天猴等等。」〔註41〕

第三，經與東平縣有關單位核實，現在宿城附近的幾個羅莊，確實一個姓羅的人家都沒有了。但我們還了解到，宿城的霍姓人家也從宿城消失了。這一點也基本與材料相符。

從這些口碑中，我們雖然不能肯定地說霍希賢和羅貫中是一對生活在元末東平的好友，也不敢說羅貫中故里就是東平羅莊，因為這要有待於日後更翔實的史料出現或者有更為可信的考古材料來證明。但畢竟我們在東平首次發現了與羅貫中故里有關的口碑材料，這一點是十分重要的。我們可以據此提出兩個問題：為什麼霍、羅兩姓雙雙離開了原住地？霍希賢是否和《水滸傳》作品本身也有什麼聯繫？

2-3　二聖宮和羅本

二聖宮，古稱二聖堂，創於元初，時珍建，今圮。地址在徂徠山竹溪六逸址南。在調查時，我們聽山東泰安教育學院政史系主任李安本副教授介

〔註39〕見民國《東平縣志》卷15。古跡。
〔註40〕被調查人：展延安，52 歲，宿城馬莊村支書；被調查人：李廣海，東平馬莊村長，50 歲。調查人：本課題組全體人員。
〔註41〕被調查人：霍衍興，東平縣霍家莊人，現年 60 歲；調查人：吳緒綱等。

紹，他從上中學起，就經常聽他叔父李平湖（泰山郊區地方名儒）說，羅貫中是在二聖宮內寫的《三國演義》，二聖宮附近山陽村一帶過去的讀書人大都知道這個傳說。〔註42〕類似傳說，劉憲章教授也聽一些研究泰山的學者給他講過。

這項調查，雖不能直接證明羅貫中是東平人，但起碼可以證明，羅貫中在從事創作時，曾經從新籍又回到過故里，並在李白等人曾到過的竹溪名勝隱居寫書。

三、結　論

從對羅貫中故里「東原」說的史料和研究成果的整理入手，通過我們的研究和調查所得，認爲羅貫中是東平人，是可信的。應該進一步引起史學界、文學界和出版界的高度重視。

（原載《泰安師專學報》1997 年第 2 期）

〔註42〕被調查人：李安本，泰安教育學院副教授。53 歲。調查人：蔣鐵生、閔軍。